Wolfgang Belitz

Arbeit unser täglich Brot

Sozialethische Texte zu Arbeit
und Wirtschaft aus drei Jahrzehnten

SWI VERLAG

© 2003 SWI Verlag, Bochum
Selbstverlag des Sozialwissenschaftlichen Instituts
der Evangelischen Kirche in Deutschland
Postfach 25 05 63, 44743 Bochum
Umschlagentwurf und -gestaltung: Ulf Claußen (SWI)
Satz, Layout: Manuela vom Brocke
Herstellung: Books on Demand GmbH, Norderstedt
Alle Rechte vorbehalten
Printed in Germany
ISBN 3-925895-84-1

Für Sigrid

Inhaltsverzeichnis

Statt eines Vorworts

In der Kunst der Gegenwart gibt es kaum Werke, die sich mit dem Thema Arbeitswelt befassen. Die siebziger Jahre, in denen das anders war, sind verflossen und seit den achtziger Jahren wird die Realität vom Neoliberalismus interpretiert und regiert, der die menschliche Arbeit in einem umfassenden Sinne vertreibt – aus der Fabrik, aus dem Büro, aus dem Geschäft, aus der Kunst, aus dem öffentlichen Bewusstsein insgesamt. Die uns vorgeführte Realität ist arbeitslos. Trotz anhaltender Massenarbeitslosigkeit ist die menschliche Arbeit kein öffentliches Thema mehr. Die Ergebnisse menschlicher Arbeit werden von der Werbung als Konsumgüter vermarktet, sind aber nicht erkennbar als Produkte menschlicher Arbeit und werden als solche nicht erkennbar gemacht.

Die Orte der Arbeit werden im Unterschied zur letzten Generation nicht mehr veröffentlicht und coram publico besprochen. Der ethische Diskurs über humane Arbeit ist verstummt. Je länger die Massenarbeitslosigkeit währt, desto tiefer verfällt die Gesellschaft in Bewusst- und Besinnungslosigkeit gegenüber Wert und Würde humaner Arbeit. Der Neoliberalismus bestimmt die Tagesordnung der Welt. Er interessiert sich nicht für Menschen, sondern allein für Märkte. Alles ist eine Preisfrage. Wenn die Produktionen steigen, wachsen die Märkte. Wenn die Märkte wachsen, steigt die Beschäftigung. Die wichtigste Voraussetzung für das Wachstum der Produktionen sind nicht die innovativen Kräfte der Unternehmen, sondern die Kosten der Arbeit. Sie sind zu hoch und müssen sinken. Die alleinige Ursache aller gesellschaftlichen Übel der Gegenwart von der Massenarbeitslosigkeit bis zur Rentenkrise sind die zu hohen Arbeitskosten. Diese Ursachenanalyse wurde empirisch nie überprüft, sondern wird bis zur Gehirnwäsche unreflektiert kolportiert. Damit formuliert sich das gesamtgesellschaftliche Reformprogramm wie von selbst: Absenken der Arbeitskosten. Ein anderer Gedanke zu Wesen und Wert menschlicher Arbeit hat in den Gehirnen der Menschen unserer Zeit keinen Platz mehr. Damit wird das niedrigste Niveau der ethischen Betrachtung der menschlichen Arbeit seit den Zeiten der Reformation erreicht und gepflegt. Im Sprachgebrauch der Eliten des Neoliberalismus heißt Modernität Abwesenheit von Ethik des Lebendigen und Dominanz der leblosen Kosten.

Die Reproduktion der Installation von Eva Johanna Belitz „*Arbeit unser täglich Brot*" (2003) ist eine utopische Erinnerung unter den Bedingungen der Fremde. Noch einmal wird die Fragwürdigkeit der Arbeit thematisiert als Gabe und Aufgabe menschlicher Existenz und Koexistenz.

In einem modrig riechenden, fensterlosen Kellergewölbe hockt ein knochiger Mensch aus Lehm und arbeitet wie zu Urzeiten. Der Linkshänder bearbeitet ein Werkstück mit dem Hammer. Der Erdmann hockt auf oder lehnt an einer verschlossenen Thermoskanne mit Kaffee im Alessi-Stil. Daneben ist ein Tetrapak Milch zu erkennen. Unser täglich Brot kann auch als Milchkaffee getrunken werden. Im Maschinenraum ist eine Versorgungsleitung verlegt für Gas oder Wasser. Sie stützt und behindert den Erdmann bei der freien Entfaltung seiner Körperkräfte. Vielleicht ist es auch gar keine Versorgungsleitung, weil das Stück Rohr auch einen Anfang und ein Ende haben kann. In Reichweite des Erdmanns hängt ein Fleischerhaken an der Versorgungsleitung als Platzhalter für unser täglich Brot in Gestalt einer Dauerwurst oder eines Schinkens. Solange beides nicht am Haken hängt, kann man auch einen Menschen daran aufknüpfen oder sich daran aufknüpfen lassen. Das Schicksal des Erdmanns scheint das nicht auszuschließen. Viel archaische Symbolik versteckt sich zwischen Hammerschlag und Tetrapak.

Die Gestalt des knochigen Menschen aus Lehm erinnert an den zweiten Schöpfungsbericht und die Folgen im ersten Buch der Bibel: „*Da machte Gott der Herr den Menschen aus Erde vom Acker und blies ihm den Odem des Lebens in seine Nase. Und so war der Mensch ein lebendiges Wesen.*" Der Herr schafft seinem Lebewesen einen wunderbaren, reich bewässerten und üppig bewachsenen fruchtbaren Garten als Lebensraum. „*Und Gott der Herr nahm den Menschen und setzte ihn in den Garten Eden, dass er*

ihn bebaute und bewahrte." Die in der christlichen Tradition in Vergessenheit geratene paradiesische Arbeit ist wie unser Lebenstraum: Unter dem Segen arbeiten und ernten in einem fruchtbaren Garten.

Aus dem fruchtbaren Garten wird ein feuchter Keller nach den Erfahrungen, die der Mensch in seiner Arbeit macht. Arbeit tut weh und bereitet Schmerzen.

„Verflucht sei der Acker um deinetwillen! Mit Mühsal sollst du dich von ihm nähren dein Leben lang. Dornen und Disteln soll er dir tragen, und du sollst das Kraut auf dem Felde essen.
Im Schweiße deines Angesichts sollst du dein Brot essen, bis du wieder zu Erde werdest, davon du genommen bist. Denn du bist Erde und sollst zu Erde werden."

Zwischen Erde und Erde arbeitet der Mensch, um am Leben zu bleiben. Ohne Arbeit stirbt er, ohne dass er auf der anderen Seite seinem Leben eine Elle zufügen könnte. Unsere Tradition hat das Bild der Arbeit geformt mit einem Januskopf. Arbeitsleid wird erfahren und Arbeitsfreude wird aufgespürt. Arbeit wird der Ausdruck von unausweichlicher Notwendigkeit und möglicher Freiheit. *„Arbeit ist das bewusste Handeln zur Befriedigung von Bedürfnissen; darüber hinaus Teil der Daseinserfüllung des Menschen."* (Brockhaus) Viele Wortpaare ranken sich um diese elementare Definition der Arbeit in der Neuzeit, die den Doppelcharakter des menschlichen Tuns als Arbeit charakterisieren: Kreatürliche Notwendigkeit und kreatorische Freiheit, Existenzsicherung und Existenzgestaltung, Selbsterhaltung und Selbstverwirklichung, Herstellung und Darstellung, Entfremdung und Erfüllung, Humanisierung und Ökonomisierung. Die aus dieser Dialektik resultierenden individuellen Ansprüche und Bemühungen, sowie die sich daraus ergebenden gesellschaftlichen Diskurse und Auseinandersetzungen sind in der Gesellschaft der Gegenwart abhanden gekommen. Arbeit verflüssigt sich elektronisch und erübrigt sich technologisch. Der arbeitende Mensch weiß nicht, was zu tun ist. Er ist arbeitslos und fraglos.

Der Erdmann stellt die Arbeit in Frage. Zur menschlichen Arbeit als kreatürlich-kreatorischem Prozess der erfüllenden Existenzsicherung gehört der dialektische Vorgang von Entfremdung und Erfüllung. Indem der Mensch menschlich arbeitet, ist er zugleich außer sich und bei sich selbst. Er verliert sich im Prozess der Herstellung an die Kräfte jenseits seiner eigenen in Natur als Technik und kommt wieder zu sich im Prozess der Herstellung als Subjekt der Darstellung seines Produktes. Der Erdmann kann so nicht arbeiten. Er gerät außer sich, indem er bei sich selbst bleibt. Das Werkstück, das er bearbeitet, hält er in seiner rechten Hand und es *ist* seine rechte Hand. Die Unterscheidung von arbeitendem Menschen und bearbeiteter Materie ist aufgehoben. Eine endlose Wechselwirkung wird verdeutlicht. Der Mensch ist das Werkstück und das Werkstück ist der Mensch. *„Nicht die Subjekte machen die Gegenstände, sondern die Gegenstände machen die Subjekte."* sagte Marx. So verhält es sich hier nicht. Die Wechselwirkung ist nicht eindeutig. Es gibt keine Subjekt-Objekt-Bewegung. Lässt sich der organisch-mechanische Kreislauf unterbrechen? Mit einem Handstreich (Hammerschlag) gewissermaßen. Oder ist der entfremdet Gefesselte in einem zweiten Sinne fremdbestimmt, indem er von außen in den Ring eingeschlossen worden ist? Die Verhältnisse sind unklar, unübersichtlich, wie wir heute sagen, für den, der hinsehen möchte. Aber kaum jemand kann oder will heute noch hinsehen und von selbst tritt nichts in Erscheinung.

Der Erdmann bleibt allein in seinem feuchten Keller, in einem wenig erhellenden Kunstlicht. Nichts deutet auf die Anwesenheit von Mitmenschen hin. Arbeit ist wie Einzelhaft. Der solidarische Prozess der Naturbewältigung ist abhanden gekommen. Der Haken zum Erhängen ist allezeit zur Hand. Damit ist die dritte Form der Entfremdung angezeigt.

An der Arbeitsstelle lagern die Produkte der Arbeit, unser täglich Brot als Pausenmahlzeit des Erdmanns. Der letzte Stand des Verpackungsdesigns kommt dem Kaffee und der Milch zugute, aber nicht dem Ort der Arbeit und dem arbeitenden Erdmann. Die schöpferische Arbeit ist zerstört. Es gibt keinen erkennbaren, erlebbaren oder gestaltbaren Prozess vom Stoff zum Produkt, von der Herstellung zur Darstellung. In der Arbeit tritt das Produkt nicht hervor aus dem Schleier der Unwissenheit. Außerhalb der Arbeit wird im Produkt die Arbeit nicht wahrnehmbar. Es gibt keine Beziehung zwischen Produzenten und Produkt. Die Beziehung ist ersetzt durch das diabolische und symbolische Kommunikationsmedium des Geldes. Auch die Arbeitsteilung ist eine Form der Entfremdung.

Es ist nun einmal so, dass die Welt nur als Welt der Arbeit Welt sein kann. Daran wird auch die neoliberale Schändung der Arbeit nichts ändern. Zum Doppelgesicht der Arbeit im Kapitalismus gehörte immer die Spannung, die sich aus dem Wert der Arbeit für die Würde des Menschen und dem Preis der Arbeit für die Kalkulation der Kosten ergab. Diese Spannung haben die Gottheiten des Neoliberalismus großspurig und menschenverachtend aufgelöst. Die Verfluchung der Arbeit durch die neoliberalen Herrscher verschlechtert nicht die Lebensbedingungen der Menschen, sondern greift das Leben selber an. Der Markt korrigiert den Schöpfer und die Schöpfung.

Der Erdmann macht die alten Fragen neu. Eine ganz und gar unzeitgemäße Figur. Aber die Vergangenheit muss immer ausgebreitet werden, wenn der Zukunft ein Weg bereitet werden soll in einer Gegenwart, die nichts mehr sieht.

Bochum im Herbst 2003   Wolfgang Belitz

Einleitung

Von 1970 bis 1997 war ich Pfarrer im Sozialamt der Evangelischen Kirche von Westfalen in Haus Villigst bei Schwerte (Ruhr). Seither bin ich Pfarrer im Sozialwissenschaftlichen Institut (SWI) der Evangelischen Kirche in Deutschland mit Sitz in Bochum.

In meiner Villigster Zeit habe ich zahllose Seminare in der Aus- und Weiterbildung für Theologiestudierende, Vikarinnen und Vikare, Pfarrerinnen und Pfarrer abgehalten, lange Tagungsreihen für Berufstätige durchgeführt, nahezu jederzeit Vorträge gehalten bei einem breiten Spektrum von Veranstaltern und in vielen Ausschüssen, Arbeitsgruppen und Beratungsgremien mitgewirkt. Während dieser Tätigkeit als Sozialpfarrer und bis auf den heutigen Tag habe ich immer wieder kleinere und größere sozialethische Texte geschrieben für den Hausgebrauch ohne wissenschaftlichen Anspruch zu Themen, an denen gerade gearbeitet wurde oder zu denen die Zeitläufte herausforderten. Anstoß war auch immer wieder die Tatsache, dass die Vorlagen, die aus dem Bereich der wissenschaftlichen Sozialethik gegeben wurden, nicht eben zahlreich und dann auch nicht immer gut verwertbar waren. So habe ich über dreißig Jahre lang selber sozialethische Fingerübungen veranstaltet und die Ergebnisse in Kirche und Gesellschaft vorgetragen. Die Texte sind in den unterschiedlichsten Publikationen verstreut veröffentlicht.

Nun in meiner Zeit in Bochum hat mir der SWI-Verlag, genauer gesagt sein Leiter Dr. Hartmut Przybylski, die Gelegenheit gegeben, eine kleine Auswahl dieser Texte in einer handlichen Anthologie zusammenzustellen und zu veröffentlichen. Für diese Möglichkeit bin ich Dr. Hartmut Przybylski sehr dankbar und mache erfreut Gebrauch davon.

Mehr als ein Dutzend Texte konnte ich für eine überschaubare Publikation nicht auswählen. Ich habe Texte genommen, die sich sozialethisch mit den Themen Arbeit, Wirtschaft und Kirche als Arbeitswelt befassen und zeitlich einigermaßen gleichgewichtig über die Jahrzehnte verteilt sind.

Eher wie von selbst stellten sich dann vier Schwerpunkte heraus, denen sich die ausgewählten Texte zuordnen lassen.

- Humanisierung der Arbeit
- Arbeitslosigkeit/Zukunft der Arbeit
- Ethik und Wirtschaft
- Kirche als Arbeitswelt

Humanisierung der Arbeit
Diese Schwerpunktbildung spiegelt ein Stück Sozialgeschichte unseres Landes im letzten Drittel des vergangenen Jahrhunderts. Die letzten Jahre vor Beginn der Massenarbeitslosigkeit ab 1975 können als eine kurze Phase der Neubesinnung und der sozialen Reformen erinnert werden. Ein Schwerpunkt der gesellschaftlichen Diskussion war durch das Schlagwort „Qualität des Lebens" gekennzeichnet. Auch die Arbeitswelt geriet unter dieser neuen Fragestellung in den Blick und in die Kritik. Nach der notwendigen und langen Konzentration der Arbeiterbewegung auf Lohnerhöhungen und ähnliches wurde auch in der Fabrik die Frage nach der „Qualität des Arbeitslebens" gestellt. Die theoretische und praktische Diskussion wurde programmatisch unter dem Begriff „Humanisierung der Arbeit" geführt und bewegte über die Jahre hinweg die Akteure des Arbeitslebens in der Industrie und deren Wissenschaftler. Humanisierung der Arbeit meinte Reduzierung des körperlichen und seelischen Arbeitsleids, Erweiterung und Vergrößerung des Tätigkeits- und Entscheidungsspielraums des arbeitenden Menschen und nicht zuletzt (Mehr Demokratie wagen!) mehr Mitbestimmung am Arbeitsplatz und Demokratisierung des Betriebes. Der Kirchliche Dienst in der Arbeitswelt beteiligte sich intensiv an dieser Reformdebatte um eine „soziale Erneuerung der Produktion". Die beiden Texte *„Herrschaft im Betrieb"* und *„Entfaltung der Persönlichkeit..."* sind Zeugnisse jener hoffnungsfrohen Jahre, die bald vorüber sein sollten. Der erste Text wurde 1974 auf der Deligiertenkonferenz des Kirchlichen Dienstes in der Arbeitswelt (KDA) in Bad Boll vorgetragen, der zweite entstand aus der Mitarbeit im KDA-Fachausschuss „Humanisierung der Arbeit" in jenen Jahren.

Zu diesem Themenschwerpunkt zählt schließlich auch noch der Text unter dem Stichwort „Messwartentätigkeit" mit dem es eine besondere Bewandtnis hat. Die sozialethische Diskussion zur Humanisierung der Arbeit wurde in engster Anbindung an die betriebliche Realität und die Erfahrungen der in der Industrie arbeitenden Menschen geführt. In dem Buchprojekt „Am Ort der Arbeit" wurden Erfahrungsberichte aus der Welt der Arbeit veröffentlicht, die ihrerseits mit sozialethischen Kommentaren und Würdigungen versehen waren. In die Reihe dieser Beispiele gehört mein Text, der von der Kompetenz des Messwartenarbeiters zehrt.

Arbeitslosigkeit/Zukunft der Arbeit

Als die Zahl der Arbeitslosen 1975 die Millionengrenze überschritt, wendete sich das Blatt. Die Humanisierungs- und Demokratisierungsdebatte trat in den Hintergrund. Viele hatten geglaubt, dass Arbeitslosigkeit ein Problem vergangener Epochen der Sozialgeschichte sei. Nun zeigte sich schlagartig, dass auch in der Wohlstandsgesellschaft die Existenzunsicherheit der arbeitenden Bevölkerung noch längst nicht der Vergangenheit angehörte. War eben noch von der Entfaltung der Persönlichkeit in der Arbeit die Rede, so stand auf einmal die Frage der materiellen Existenzsicherung wieder zur Debatte. Ging es eben noch um humane Arbeit, so ging es auf einmal wieder um nackte Arbeit. War eben noch die Rede von Rechten in der Arbeit, so ging es plötzlich wieder um das Recht auf Arbeit. Seither ist Massenarbeitslosigkeit eine Erscheinung unserer fortgeschrittenen Industriegesellschaft geblieben bis auf den heutigen Tag und ein Ende ist nicht abzusehen. Die Kirchen haben sich stets mit „dieser brennendsten Wunde unserer Wohlstandsgesellschaft" auf unterschiedlichen Ebenen auseinandergesetzt: seelsorgerlich, diakonisch, wirtschaftspolitisch, sozialethisch.

Mit meinen hier zum Schwerpunkt „*Arbeitslosigkeit/Zukunft der Arbeit*" ausgewählten Texten kann ich Etappen einer bestimmte Entwicklung dokumentieren, ohne sie an dieser Stelle umfassend und vollständig darstellen zu können und zu wollen. Der Text „*Arbeitslosigkeit als Anfrage an die soziale Gerechtigkeit*" wurde 1975 für den Sozialausschuss der Evangelischen Kirche von Westfalen geschrieben. Er behandelt unseren ersten damaligen Ansatzpunkt „Recht auf Arbeit – Sinn der Arbeit" und ging ein in einen Zwischenbericht an die westfälische Landessynode.

Im Jahre 1982 befasste sich die Synode der Evangelischen Kirche in Deutschland angesichts der andauernden Arbeitslosigkeit mit dem Schwerpunktthema „Sinn und Wandel der Arbeit in der Industriegesellschaft – Herausforderung für die Kirche". Im selben Jahr war auch die Studie der Kammer der Evangelischen Kirche in Deutschland für soziale Ordnung erschienen mit dem Titel: *„Solidargemeinschaft von Arbeitenden und Arbeitslosen – Sozialethische Probleme der Arbeitslosigkeit"*. Die Vorbereitung des Tagungsthemas erfolgte durch einen vom Präsidium der Synode im Einvernehmen mit dem Rat eingesetzten Ausschuss, dem auch der damalige KDA-Vorsitzende und ich angehörten. Für diesen Ausschuss habe ich einen Text geschrieben, der als KDA-Stellungnahme zum Thema eingereicht wurde unter der Überschrift *„Zukunft der Arbeit"*. Diesen Text habe ich hier nicht aufgenommen zugunsten eines umfassenderen, der in demselben Kontext entstanden ist. Eine Projektgruppe der Fachausschüsse „Arbeitslosigkeit" und „Humanisierung der Arbeit" des KDA legte im Jahre 1982 eine umfangreiche dreiteilige Ausarbeitung mit dem Titel *„Jenseits der Vollbeschäftigung – Über die Zukunft der Arbeitswelt"* mit der Absicht vor, einen Beitrag zu den Beratungen der EKD-Synode zu leisten. Der erste Teil dieser Veröffentlichung enthielt meinen längeren Text *„Mensch und Arbeit in Gottes Schöpfung und Reich"*.

In jenen Jahren, sagen wir zwischen 1978 und 1985, kam es sozialethisch betrachtet zu einer bemerkenswerten Rezeption der Arbeitslosigkeit unter der Überschrift „Zukunft der Arbeit". Der Begriff findet sich zum ersten Male in meiner Schrift von 1975 (s. S. 60) und prägt dann eine interessante Diskussion bis Mitte der 80er-Jahre.

Auf den Punkt gebracht wurde die neue Herausforderung der Zeit durch Ralf Dahrendorf, der mit erheblicher Wirkung an Hannah Arendts frühe Automationsthese erinnerte: Der Arbeitsgesellschaft geht die Arbeit aus. Die anhaltende Arbeitslosigkeit und die seit Mitte der 70er-Jahre einsetzende Rationalisierung auf der Basis neuer mikroelektronischer Entwicklungen wurden aufeinander bezogen und als eine Verbindung von säkularer Bedeutung interpretiert. Von einer neuen industriellen Revolution war die

Rede. Es erschien ein neuer Bericht des Club of Rome („Auf Gedeih und Verderb – Mikroelektronik und Gesellschaft", 1982) und das wegweisende Büchlein von André Gorz „Wege ins Paradies – Thesen zur Krise, Automation und Zukunft der Arbeit" (1983). Arbeitslosigkeit wurde nicht mehr nur als ein konjunkturelles Phänomen betrachtet, sondern als Begleitung und Folge eines unumkehrbaren technologisches Prozesses, der diese Gesellschaft tiefgreifend berühren und verändern werde, weil die Produktivität schneller steigen konnte als die Produktion (jobless growth). Mit immer weniger menschlicher Arbeitskraft konnte gleichbleibend oder mehr gesellschaftlicher Reichtum erzeugt werden. Damit waren stärker Verteilungsprobleme gegeben als Wachstumsprobleme. Ein ganz neues Gesellschaftsmodell mit einem erweiterten Arbeitsbegriff (Erwerbsarbeit und Eigenarbeit) und einem erweiterten Einkommensbegriff (Erwerbseinkommen und Bürgereinkommen) begann sich abzuzeichnen.

Ein Jahr nach der Synode der Evangelischen Kirche in Deutschland befasste sich die Synode der Evangelischen Kirche von Westfalen im Jahre 1983 mit dem Schwerpunktthema Arbeit. Dazu hatte die Kirchenleitung ein Jahr zuvor ein vom Sozialausschuss verfasstes Heft mit dem Titel „Zukunft der Arbeit – Leben und Arbeiten im Wandel" als Proponendum in Umlauf gesetzt, dessen sozialethische Passagen ich geschrieben hatte. Dieses Heft versuchte die neuen Fragestellungen aufzugreifen und fortzuführen. Bis zur Synode konnte ich landauf und -ab weit mehr als hundert Vorträge dazu halten. Die Erkenntnisse und Erfahrungen jener Zeit habe ich in einem längeren Text zusammengestellt und auf Einladung des Präsidiums des Deutschen Evangelischen Kirchentags auf einer Veranstaltung am 14. November 1984 in der Evangelischen Akademie Mülheim zur Vorbereitung des Evangelischen Kirchentags in Düsseldorf 1985 vorgetragen. Der Titel war vom Veranstalter vorgegeben: *„Die Entwicklung der protestantischen Arbeitsethik und ihr Beitrag zu einem neuen Arbeitsverständnis"*. Der Titel ist etwas missverständlich, weil der Beitrag eher das enthält, was ich damals zum Thema „Zukunft der Arbeit" sagen wollte und gesagt habe.

1985 erreichte die Massenarbeitslosigkeit ihren vorläufigen Höhepunkt, und das soziale Modernisierungsprojekt „Zukunft der Arbeit" kam an sein Ende. Die „neoliberale Konterrevolution" hatte unser Land erreicht und begann angeblich mangels anderer Alternativen ihren bemerkenswerten Siegeszug, der auch nach 20 Jahren noch anhält. Es gibt wohl keine politisch-ökonomische Weltanschauung, die ideologisch erfolgreicher und praktisch erfolgloser war als der so genannte neoliberale Marktradikalismus, der schon vor Jahrzehnten von John Galbraith als „Pferd-Spatz-Theorie" verspottet worden ist, weil unter der Verheißung von mehr Beschäftigung für die kleinen Leute durch mehr Wachstum die Angebotsseite in historisch beispielloser Weise entlastet und privilegiert werden muss: Befreiung der Wirtschaft von Steuern und Abgaben, Deregulierung sozialer Errungenschaften, zunehmende Privatisierung der Vorsorge für die soziale Sicherheit. Die gesamte Gesellschaft begibt sich in eine Kostenfalle, aus der es kein Entrinnen gibt. Denn wenn die verheißenen Erfolge für Wachstum und Beschäftigung auch kurzfristig, mittelfristig und langfristig ausgeblieben sind und weiterhin ausbleiben, so liegt es eben daran, dass die Kosten für die menschliche Arbeit immer noch zu hoch sind. Noch nie wurde in der Geschichte der Ethik auf so niedrigem Niveau von der menschlichen Arbeit geredet.

Immerhin werden seit Mitte der 90er-Jahre die zum Schweigen gebrachten Stimmen des Alternativkonzeptes „Zukunft der Arbeit" erneut vernehmlich, wenn auch schwach und ohne großes Echo. Ich habe unten in meinem letzten Beitrag zum Thema die entsprechenden Publikationen einzelner Autoren oder gesellschaftlicher Gruppen aufgeführt. Selbst die Kirchen meldeten sich noch einmal zu Wort mit einem neuartigen gesamtgesellschaftlichen Konsultationsprozess, dessen Ergebnisse 1997 in dem so genannten Sozialwort der Kirchen veröffentlicht wurden: „Für eine Zukunft in Solidarität und Gerechtigkeit. Wort des Rates der Evangelischen Kirche in Deutschland und der Deutschen Bischofskonferenz zur wirtschaftlichen und sozialen Lage in Deutschland. "

Ich habe in jenen Jahren an meine Überlegungen der frühen 80er-Jahre wieder angeknüpft und das Konzept „Zukunft der Arbeit" weiter entwickelt. Dabei fand ich zwei unbeachtete Hinweise des Sozialwortes für meine Perspektiven sehr anregend. Da war einmal zu lesen, dass es angesichts der zunehmenden Arbeitslosigkeit und Verarmung in einem sehr reichen Land heute vor allem auf „eine breite und nachhaltige Einkommenssicherung" ankomme. Da fand ich zum andern ein Zitat, das sich wie ein alternatives Gegenprogramm zum Kostenmythos des Neoliberalismus und den so genannten Reformprogrammen seiner politischen Erfüllungsgehilfen lesen ließ: *„Auch angesichts knapper öffentlicher Kassen bleibt es sinnvoller, Arbeit statt Arbeitslosigkeit zu finanzieren. Arbeit ist genügend vorhanden. Es müssen Mittel und Wege gefunden werden, den gesellschaftliche Reichtum* (sic!) *so einzusetzen, dass sie auch bezahlt werden kann. "*

In diesem Geiste habe ich angesichts der Folgen der dritten industriellen Revolution das Konzept für einen neuen Gesellschaftsvertrag vorgestellt mit Arbeit und Einkommen für alle Menschen, sozusagen als vorläufigen Schlusspunkt meiner Gedanken zur Zukunft der Arbeit. Der Titel ist ein Zitat von Anthony Giddens: *„Man muss neue Wege beschreiten, um soziale Gerechtigkeit zu erreichen. "* Das Konzept wurde zusammen mit anderen und älteren Texten und Beiträgen anderer Kollegen 2001 als Buch veröffentlicht mit dem Titel *„Zukunft der Arbeit in einem neuen Gesellschaftsvertrag ".*

Wirtschaft und Ethik

Seit Mitte der 80er-Jahre gab es im Schatten der „neoliberalen Konterrevolution" einen wirtschaftsethischen Aufbruch, der seinen Ausgang in den Reihen philosophisch interessierter Ökonomen und ökonomisch interessierter Philosophen nahm. Es wurde neu gefragt nach dem Ort der Ethik im ökonomischen System (z.B. bussiness ethics) und dem ethischen Gehalt der Grundlagen der ökonomischen Wissenschaften und ihrer Geschichte. Dahinter stand die selbstkritische Haltung von aus der Schulökonomie stammenden oder ihr verpflichteten Denkern, denen es nicht länger gleichgültig war, dass die herrschende Ökonomie und Ökonomik nicht den geringsten Beitrag geleistet hatten zur Verringerung der Massenarbeitslosigkeit, zur Verminderung von Hunger und Armut in der Welt und zur Verlangsamung der ökologischen Katastrophen. Inzwischen ist es nach einem forschen Aufbruch im System selber wieder sehr ruhig geworden. Die Kirchen und ihre Sozialethiken wurden von diesem systeminternen Prozess wirtschaftsethischer Erneuerung nicht sonderlich tangiert. In der kirchlichen wirtschaftsethischen Diskussion, die eher parallel als konziliar verläuft, kann man zwei sehr unterschiedliche Positionen und Interessenlagen ausmachen, mit denen ich mich in zwei hier aufgeführten Beiträgen auseinandergesetzt habe.

Knapp zehn Jahre nach der Denkschrift zur Arbeitslosigkeit erschien im Jahre 1991 eine umfangreiche wirtschaftsethische Denkschrift der Evangelischen Kirche in Deutschland mit dem altertümlichen Titel *„Gemeinwohl und Eigennutz. Wirtschaftliches Handeln in Verantwortung für die Zukunft"*. Ihre Absicht und ihre Interessen waren apologetischer Natur. Gegenüber vermeintlichen Kritikern der wirtschaftsethischen Kompetenz der Kirchen aus Wirtschaft und Unternehmen wurde der Versuch unternommen, in umfangreichen Darlegungen und biblischen Bezügen nachzuweisen, dass die kapitalistische Wirtschaftsweise und christliche Werte letztlich sich nicht konträr gegenüber stehen, sondern sich in tiefer Übereinstimmung befinden. Von Teilnehmern der eben erwähnten neuen wirtschaftsethischen Diskussion wurde der Denkschrift vorgeworfen, dass sie sich nicht auf dem Niveau einer modernen Wirtschaftsethik bewege. Ich habe mich in meinem Beitrag zu dieser Denkschrift besonders mit Teil III *„Wirtschaft als Ort christlicher Verantwortung"* auseinandergesetzt, um die sozialethische Bedeutung der Grundwerte „Gerechtigkeit und Gleichheit" für eine wirtschaftsethische Orientierung aus christlicher Sicht zu unterstreichen.

Auf der anderen Seite gibt es in ökumenischer Vielfalt und Weite christliche Gruppen und Strömungen, die Wirtschaftsethik als Kapitalismuskritik betreiben und auf die Unvereinbarkeit von kapitalistischer Wirtschaft und dem lebensstiftenden Worte Gottes verweisen. In dem Beitrag *„Ökumene und Wirtschaft"* erörtere ich die antikapitalistische Erklärung einer ökumenischen Konferenz von Vertreterinnen und Vertretern weltweiter Kirchen und christlicher Basisgruppen.

Kirche als Arbeitswelt

Die Kirchen sind heute ein bedeutender Teil der Arbeitswelt. Im Jahre 2000 arbeiteten allein in der Evangelischen Kirche von Westfalen und ihren diakonischen Einrichtungen 60.963 Angestellte und Arbeiterinnen, davon waren 78,5 Prozent Frauen und 21,5 Prozent Männer. Die am meisten verbreiteten Tätigkeiten sind einfache Dienstleistungen im Haus- und Wirtschaftsdienst und personenbezogene Dienstleistungen von Schwestern, Pflegerinnen und Erzieherinnen. Die Kirche als Arbeitswelt unterliegt im Wesentlichen der juristischen Betrachtung vor allem nach Art. 140 des Grundgesetzes (*„Jede Religionsgemeinschaft ordnet und verwaltet ihre Angelegenheiten selbständig...“*) und der betriebswirtschaftlichen Betrachtung unter dem Sparzwang durch sinkende Einnahmen. Die sozialethische Betrachtung im Lichte des Evangeliums und der Errungenschaften der Sozialgeschichte ist demgegenüber noch sehr unzureichend entwickelt. Auf diesem Felde habe ich zwei Beiträge ausgewählt, die sich mit der Frage der Tarifverträge und der Mitbestimmung in der Kirche auseinandersetzen. Beide Texte sind zu ihrer Zeit in der Diskussion um den so genannten Dritten Weg und die Entwicklung des Mitarbeitervertretungsrechtes in der Kirche entstanden und haben, wie ich meine, an Aktualität nichts eingebüßt. Ihr Abdruck an dieser Stelle soll den Wunsch signalisieren, dass auf diesem Felde ein dringlicher Nachholbedarf abzuarbeiten ist.

Für alle Hilfen bei der Entstehung dieses Sammelbandes habe ich vielfältigen Dank abzustatten. Vor allem wie geschehen bei Dr. Hartmut Przybylski. Gisela Lorenz hat alle Texte eingescannt. Dietmar Kehlbreier hat sie durchgesehen und verbessert. Manuela vom Brocke hat den Band insgesamt sorgfältig redigiert und das Layout für den Druck besorgt. Ihnen allen gilt mein herzlicher Dank.

Bochum im Herbst 2003   Wolfgang Belitz

Herrschaft im Betrieb.
Theologisch-sozialethische und anthropologische Aspekte

1. Humanisierung der Arbeit, industrielle Herrschaft und Sozialethik

Herrschaft ist der Schlüsselbegriff in der Diskussion über die Humanisierung der Arbeit. Die Etikettierung industrieller Veränderungen mit dem Wort von der Humanisierung wird überprüfbar mit der Nachfrage nach der Veränderung betrieblicher Herrschaftsverhältnisse. Betrachten wir Vilmars Tableau der Dehumanisierung industrieller Arbeit – Ausbeutung, Arbeitsleid und Fremdbestimmung (Vilmar 1973, S. 23) –, so wird deutlich, dass die Inhumanität industrieller Arbeit die Folge der Herrschaft von Menschen über Menschen ist. Nur sofern Herren und Knechte vorhanden sind, können solche verheerenden Formen der privaten Aneignung vorkommen. Ebenso ist, was wir als Arbeitsleid bezeichnen, nicht die universelle Mühsal der Naturbewältigung, sondern eine konkrete historische Form der Knechtschaft. Fremdbestimmung ist die unmittelbare Erscheinung der Herrschaft, beziehungsweise Knechtschaft in der Produktionshierarchie. Ohne Macht ist die ausführende Arbeit.

Herrschaft ist seit Max Weber eine wichtige soziologische Kategorie, und Herrschaft ist zugleich eine zentrale theologische Kategorie. Unsere theologisch-sozialethischen Überlegungen stellen den Versuch dar, das eine in Beziehung zum anderen zu setzen. Wir möchten versuchen, so von theologischer Herrschaft zu sprechen und christliche Inhalte so zu entfalten, dass sich eine Perspektive ergibt für das industrielle Herrschaftssyndrom (Veränderungs- oder Rechtfertigungsmöglichkeit). Wir sprechen die christlichen Inhalte der Herrschaft so, dass die Gegenwartsprobleme der Herrschaft in ihnen zur Sprache kommen.

In der modernen Gesellschaft gibt es zwei Herrschaftsbereiche, denen wegen ihrer umfassenden Wirkungen besondere Bedeutung zukommt. Der Staat mit seinem Monopol physischer Sanktionen und der wirtschaftliche

Betrieb, besonders der Industriebetrieb (Dahrendorf 1960, Sp. 570) mit seinem Monopol sozialer Sanktionen. In Theologie und Kirche hat die theologische Auseinandersetzung mit der Herrschaft des Staates bislang mehr Gewicht gehabt als die Auseinandersetzung mit der Herrschaft in der Industrie.

Unser sozialethisches Interesse an der Humanisierung der Arbeit ist genauer das Interesse an der Veränderung industrieller Herrschaftsstrukturen, denn Humanisierung der Arbeit ist nur möglich durch Humanisierung ihrer herrschaftlichen Organisation. Eine theologische Aufgabe sehen wir darin, die traditionellen Elemente der Herrschaftstheologie, das heißt zum Beispiel die Interpretation der Gottesherrschaft, die verschiedenen Akzentuierungen der Zwei-Reiche-Lehre, die Lehre von der Königsherrschaft Christi daraufhin zu befragen, was sie im Blick auf das industrielle Herrschaftssyndrom aussagen oder auszusagen vermögen.

Aufgegeben ist ferner, Herrschaftstheologie weiter auszubilden durch die Ausarbeitung des für die christliche Tradition kennzeichnenden Zusammenhangs von Herrschaft, Knechtschaft und Bruderschaft, der darin begründet ist, dass Gott und Liebe untrennbar sind.

Ergeben sollte sich die Vermittlung von Herrschaftstheologie als Bruderschaftstheologie mit gegenwärtiger Betriebsherrschaft. Homiletisch ausgedrückt: Wir suchen die Beziehung von Gottesreich und Arbeitswelt. In der Perspektive von Vilmar und Paulus könnte dies widersprüchlich geraten.

Industrielle Herrschaft heißt nach Vilmar: Ausbeutung, Arbeitsleid, Fremdbestimmung. Gottesherrschaft heißt nach Paulus (Römer 14,14): Gerechtigkeit, Freude und Friede im Heiligen Geist – in dieser Reihenfolge das exakte Gegenteil der Industrieherrschaft. Statt Ausbeutung – Gerechtigkeit; statt Arbeitsleid – Freude; statt Fremdbestimmung – Frieden.

Innerhalb des so bezeichneten Rahmens werden wir versuchen, einige Aspekte zur Herrschaftssoziologie und Herrschaftstheologie zu bedenken – mit dem Ziel, einige Argumente beizubringen für eine theologisch-sozialethisch vertretbare Legitimation der Herrschaft.

Es werden keine praktischen Lösungen angestrebt, sondern Klärungen der prinzipiellen Ziele politischer Arbeit. Dennoch gibt es konkrete Umrisse. Wir sind der Auffassung, dass die Forderung nach Humanisierung der Arbeit als *„soziale Erneuerung der Produktion"* (Palme) einzulösen ist, deren Kern die Veränderung industrieller Herrschaftsverhältnisse meint. Wir argumentieren darum gegenwärtig auf dem Wege von der Produktions-oligarchie des status quo zur Produktionsdemokratie mit dem Blick auf die Möglichkeit einer fraternellen Produktionsassoziation.

2. Der Betrieb als Herrschaftsverband

Das industrielle Herrschaftssyndrom ist vielschichtig. In unseren Über-legungen stützen wir uns auf eine soziologische Behandlung der Auto-ritätshierarchie des Betriebes.

2.1 Zum Begriff Herrschaft

Zur Beschreibung und Kritik industrieller Herrschaft im engeren Sinne, das heißt der Betriebshierarchie, greifen wir auf die von Dahrendorf glücklich genannte und von vielen anderen Autoren verwandte beziehungsweise kritisch verwandte Herrschaftsdefinition von Max Weber zurück. Weber unterscheidet definitorisch zwischen Macht und Herrschaft. Macht ist soziologisch amorph und bedeutet *„jede Chance innerhalb einer sozialen Beziehung den eigenen Willen auch gegen Widerstreben durchzusetzen, gleichviel, worauf diese Chance beruht"*. Herrschaft wird präzisiert. *„Herrschaft soll heißen die Chance, für einen Befehl bestimmten Inhalts bei angebbaren Personen Gehorsam zu finden"* (Weber 1925, Kap. I § 16). Macht unterwirft, Herrschaft wird ausgeübt über Unterworfene.

Ein Beispiel: *„Der Werkmeister, der den ihm Unterstellten Arbeitsan-weisungen gibt, übt Herrschaft aus, verlangt er dagegen erfolgreich, daß sie ihm sein Motorrad reparieren oder Bier holen, so übt er Macht aus"*. (Dahrendorf 1960, Sp. 569)

In Ergänzung und Explizierung der Weberschen Definition lässt sich mit Dahrendorf sagen: *„a) Herrschaftsbeziehungen sind immer Beziehungen der Über- und Unterordnung, b) wo Herrschaftsbeziehungen bestehen, wird vom Übergeordneten sozial erwartet, daß er das Verhalten des Untergeordneten durch Befehle und Anordnungen, Mahnungen und Verbote kontrolliert, c) diese Erwartungen knüpfen sich an soziale Po-sitionen, unabhängig vom Charakter ihrer individuellen Träger; sie sind* *institutionalisiert, d) aus diesem Grunde ist Herrschaft immer begrenzt auf angebbare Personen und ‚bestimmte Inhalte'; sie ist im Gegensatz zur Macht nie generalisierte Kontrolle über andere, e) bei Nichtbefolgung von auf Herrschaft beruhenden Anordnungen hat der einzelne Sanktionen zu gewärtigen, Herrschaft ist stets verbindlich.* " (Dahrendorf 1960, Sp. 569)

Mit der Dauerform der Herrschaft in sozialen Organisationen (Herrschaftsverbänden) ist permanent die Frage gestellt oder zu stellen nach dem Grunde der Anerkennung, nach der „Legitimität der Herrschaft". Ehe wir diese Frage für die Herrschaft im Betrieb aufnehmen, noch einige Bemerkungen zur Betriebshierarchie.

2.2 Die Betriebshierarchie

Der Industriebetrieb erscheint der herkömmlichen Betriebssoziologie als eine soziale Organisation, die vom Organisationsziel her, der wirtschaftlichen Produktion von Gütern, planvoll und bewusst gegliedert und aufgebaut ist.

Die formelle Organisation regelt die Funktions- beziehungsweise Arbeitsteilung, die Verteilung von Befehlsbefugnissen und Kontrollrechten, die Rangstruktur der sozialen Positionen, die Kommunikations- und Informationswege, die Rechte und Pflichten jedes Betriebsmitgliedes sowie seine Beziehungen zu anderen Betriebsmitgliedern.

Häufig wird eine Trennung der formellen Organisation in funktionale und skalare oder vertikale Organisation vorgenommen. Die technisch-bedingte formelle Organisation ist funktional, sie begründet rein technische Abhängigkeiten zwischen den Elementen. Die technisch-bedingte Funktionsteilung kann nur als Nebeneinander verstanden werden, da kaufmännische, technische, Planungs-, Transport- und Produktionsfunktionen für das störungsfreie Erreichen des Produktionszieles von gleicher Wichtigkeit sind (Burisch, Dahrendorf, Hartmann, Kluth).

Aus technisch-sachlichen Gründen ist eine Herrschaftsstruktur nicht nötig. Doch stellt Mayntz (Mayntz 1963, S. 97) die These von der Universalität der Herrschaft auf. *„Durch keine noch so ausgeklügelte Ordnung der Tätigkeiten kann man je erreichen, daß jedes Anordnen in einer Organisation überflüssig wird, weil unpersönliche Regeln ein für alle-*

mal festlegen, welches Mitglied zu welcher Zeit was tut, so daß das Ganze wie eine laufende Maschine funktioniert. Damit das möglich wäre, dürfte kein Mitglied je einen Schritt von den Regeln abweichen, alle Aufgaben müßten bis ins letzte Detail vorherzusehen sein und das Ziel, ebenso wie die äußeren Umstände seiner Verwirklichung müßten unwandelbar sein. Diese Bedingungen sind offenbar utopisch, selbst dann, wenn alle Mitglieder einer Organisation selbstlos an ihrem Ziel interessiert und bereit sind, ohne Aufsicht alles zu tun, was für seine Verwirklichung nötig ist, erfordert die Koordination der Tätigkeiten, daß einige anordnen und andere gehorchen. "

In der sozialen Realität ist jede technische Funktion zugleich mit einer sozialen Position verbunden. Die Teilung der Funktion geschieht nicht sozial neutral, die Sachstruktur wird zur hierarchischen Herrschaftsstruktur. Es gibt eine genau festgelegte Ausstattung der sozialen Positionen mit Befehlsgewalt, Kontrollrechten und Verantwortung oder umgekehrt mit Gehorsamspflicht, Berichtspflicht, delegierter Verantwortung. Die soziale Hierarchie des Betriebes stellt aufgrund der quantitativen Verteilung der Positionen auf der Vertikalen eine Pyramide dar, in der sich die bekannten Ebenen und Stufen unterscheiden lassen etwa vom Werksdirektor bis zum Hilfsarbeiter.

Je tiefer eine soziale Position auf der Vertikalen angesiedelt ist, desto größer ist in der Regel ihre Zahl auf der Horizontalen. Ein grober Vergleich der Positionsmerkmale ergibt, dass im Gegensatz zur quantitativen Verteilung die Qualität der Ausstattung der Positionen nach unten hin geringer wird. In der Pyramide nehmen das Maß der Verantwortung, die Befehlsbefugnisse, die erforderliche beziehungsweise erlaubte Initiative, die Qualifikation von oben nach unten ab, während die Reglementierung der Aufgabenstellung und die Tendenz zu stark eingeschränkten Arbeitsvollzügen auf der Linie von oben nach unten zunehmen. Die Linienorganisation und ihre Herrschaftsstrukturen dienen der einheitlichen Ausrichtung aller Funktionen auf das Betriebsziel.

„Die Quelle jeglicher formeller Befehlsgewalt im Betrieb ist die Betriebsleitung, die teilweise, d. h. innerhalb jeweils festgelegter Kompetenzbereiche an die untergeordnete Aufsichts- und Leistungshierarchie

subdelegieren kann. " (Mayntz 1963, S. 20) Dabei wird jeder Position soviel Herrschaft zugewiesen wie nötig ist, um zu garantieren, dass in dem entsprechenden Kompetenzbereich Verhalten und Verhältnisse so regelbar sind, wie es für das störungsfreie Erreichen des Produktionszieles erforderlich ist. Dazu ist es notwendig, die Hierarchie mit Sanktionsmöglichkeiten zu versehen, damit das gewünschte Tun oder Verhalten notfalls erzwungen werden kann. Positive Sanktionsmöglichkeiten sind Belobigungen, Belohnungen, Beförderungen und anderes. Negative Sanktionsmöglichkeiten sind Verweise, materielle Bußen, Zuweisung schlechterer Arbeitsplätze, Behinderung im beruflichen Fortkommen, Entlassungen und anderes.

2.3 Zur Kritik an Herrschaft und Hierarchie

Das Bestechende am vorgetragenen Herrschaftsverständnis besteht darin, dass Herrschaft zu einem rationalen Vorgang wird, der alle Willkür ausschließen will. Diese idealtypische Bestimmung der Herrschaft bedeutet eine enorme Überschätzung der Herren. Das Verhalten der Knechte ist geregelt durch den Zwang zum Gehorsam. Das Verhalten der Herren ist unkontrolliert. Wo immer eine Einteilung von oben und unten, Herren und Knechten besteht, ohne Kontrolle der Befehle angebbaren Inhalts, werden die Inhalte der Befehle letztlich bei einigem Geschick von den Herren stets selbst angegeben. Herrschaft dieser Art ist nie real ohne Missbrauch im Sinne ihrer eigenen Definition. Beispiele dafür sind ja mit ein Ausgangspunkt für die Forderung nach der Humanisierung der Arbeit trotz aller bisher erreichten Schutzfunktionen für die Knechte. Letztlich zwingt die Tatsache, dass für die Knechte ihre materielle Existenz auf dem Spiel steht, mehr zur Hinnahme aller Willkür als zur Ausübung rationaler Herrschaft. Es gibt in der Realität keine Herrschaft ohne Machtelemente. Bezeichnend ist die Äußerung von Mayntz: „*Wir sehen allerdings von Fällen ab, wo eine (...) Autorität sich durch physische Gewaltmittel oder anderen Zwang Gehorsam verschafft. Hier wird jedoch keine Autorität mehr, sondern willkürliche Macht ausgeübt.* " (Mayntz 1963, S. 21) Das an Weber orientierte industrielle Herrschaftsverständnis ist nicht deskriptiv, sondern *präskriptiv.* Es impliziert eine soziale Norm, die auf der Ebene des Gehorsams durchsetzbar ist, weil Zwang ausgeübt werden kann, die aber auf der Ebene des Befehlens letztlich nicht kontrollierbar ist und somit menschlicher Willkür ausgeliefert bleibt.

Fragt man nach dem Menschenbild, das der Herrschaftsstruktur des Industriebetriebes zugrunde liegt, so ist der Befund zwiespältig.

Da ist der Mensch als Knecht. *„Der gehorsame, auf Befehl reagierende Mensch hält sich strikt an formal geplante Vorschriften und Instanzenzüge, da er unter übersichtlicher Kontrolle steht. Seine Bedürfnisse werden durch Entgelt und durch den Spaß am Gehorsam befriedigt."* (Rosenkranz 1973, S. 42) Da ist der Mensch als Herr: Während das Organisationsobjekt mit steigender Hierarchie immer weniger zu gehorchen und immer mehr zu befehlen hat, ist der Mann an der Spitze der Pyramide lediglich Befehlsgeber, in ihm ist alle Macht und Entscheidungsbefugnis potenziert. (Rosenkranz 1973, S. 42)

Was der Mensch ist oder sein kann, determiniert die betriebliche Herrschaftsstruktur. Der Betrieb macht Menschen. Je höher die soziale Position in der Betriebshierarchie ist, desto fähiger, verantwortlicher, klüger, freier, denkfähiger, kontrollunabhängiger, souveräner, aktiver ist der Mensch. Je niedriger die Position in der Hierarchie ist, desto dümmer, denkunfähiger, verantwortungsloser, unfreier, passiver, kontrollabhängiger ist der Mensch. Die Spitze der Hierarchie ist allwissend und allmächtig. Die Basis der Hierarchie ist unwissend und daher ohnmächtig.

Dahinter steht eine Auffassung vom Menschen, die eine starke Ungleichheit der Menschen voraussetzt und dadurch herstellt, dass auf der einen Seite der Mensch als Herr, einige anthropologische Vorgaben bekommt, stark überschätzt wird, dass auf der anderen Seite der Mensch, mit einigen anthropologischen Defiziten ausgestattet, stark unterschätzt wird.

Die Befehlshierarchie des Betriebes hat in der Unternehmensleitung ein Herrschaftszentrum, auf das die Organisation bezogen ist. Alle Verantwortungs- und Befehlsgewalt ist delegiert und verweist auf den Delegator. So wird die Spitze Urheber und Schöpfer des Ganzen, gerade auch nach ihrem eigenen Selbstverständnis. Dieses Organisationsmodell kann *ideologisch* genannt werden. Es ist Ausdruck eines organistischen Denkens und einer emanistischen Auffassung. Die gesamte Organisation ist entstanden durch immer weiter fortschreitende Emanationen (Delegation, Teilung) aus einer schöpferischen Urzelle. Zur Delegation aber als Realität gehört die Möglichkeit der Redelegation; da diese in der modernen Industrieorganisation nicht gegeben ist, erweist sich das Delegationsprinzip als Ausdruck einer ideologischen Entfaltungs- und Organismustheorie (Irle 1971, S. 32f. und 42), die dazu dient, bestehende Herrschaftsverhältnisse vor der Bedrohung durch veränderte Realitäten zu schützen.

3. Quellen und Legitimationen der Herrschaft

Herrschaft im Betrieb hat gesellschaftliche Ursachen und ist Folge der Herrschaftsordnung der Gesamtgesellschaft. Das Eigentum an Produktionsmitteln führt Herrschaft ein in jedes Vertragsverhältnis zwischen Kapital und Arbeit. *„Das Herrschaftsverhältnis zwischen den einfachen Organisationsmitgliedern und der (...) Spitze ist im Eigentum an den Produktionsmitteln begründet und der Staat schafft mit seinen Gesetzen (GG BRD: Eigentumsordnung, Kontraktfreiheit) die wesentlichste Grundlage für die Herrschaftsbeziehungen im Betrieb."* (Bosetzky 1970, S. 263f.) Industrieherrschaft ist nach den Eigentumsverhältnissen Minderheitenherrschaft, oktroyierte Herrschaft über Unterworfene.

Zur Durchsetzung und zum Fortbestand der Industrieherrschaft, aber eben auch zu ihrer Aufhebung gilt es, die Legitimationsgrundlagen der Herrschaft, das heißt, *„die sozial akzeptierten Begründungen ihres Rechtsanspruchs"* (Dahrendorf 1960, Sp. 570) deutlich zu machen (nach Weber und Bosetzky).

Grundlage des Durchsetzungssystems bürokratischer Industrieherrschaft ist einerseits die Legalität der Herrschaft, der *„Glaube an die Legalität gesetzter Ordnungen"* (Weber). Die Herrschaftsordnung ist formal korrekt und in der üblichen Form zustande gekommen und darum anzuerkennen.

Grundlegend ist andererseits die Legitimation der Herrschaft durch den Glauben an Werte, die *„kreditive Autorität"* (Hartmann). Zur formalen Legalität kommt die materielle Legitimation durch den Glauben an Werte zugunsten der Herrschenden. Die kreditive Herrschaft ist am ehesten geeignet, absolute und dauerhafte Rangordnungen hervorzubringen. Das Ergebnis der empirischen Analyse zeigt, dass deutsche Unternehmer sich auf verschiedene Systeme letzter Werte berufen. Sie beanspruchen Autorität und erwarten Gehorsam, *„weil sie Eigentümer oder Treuhänder des Eigentums sind (Naturrecht), weil sie zur Herrschaft berufen oder Mitglieder des Unternehmerstandes sind (Konzeption der Berufung, ständische Ordnung), weil sie einer Elite angehören (Eliteideologie)"* (Hartmann 1968, S. 206) und damit einer *„auserlesenen Minderheit von besonderer sozialer, geistiger und sittlicher Qualität"* (Stammer zitiert bei Bosetzky 1970, S. 277). Die Eliteideologie wird vermittelt mit dem Betriebsziel der wirtschaftlichen Güterproduktion. Letzte Verantwortung und Führungsleistung für das Betriebsziel legitimieren die betriebliche Herrschaft der Elite. *„Man leitet die eigene Autorität aus der Leistung ab, die man im Interesse aller, also der Führungsgruppen und der Geführten erbringt."* (Kluth 1971, S. 73)

Die Kraft der Tradition, der Glaube an die Universalität der Herrschaft, der Mangel an demokratischen und genossenschaftlichen Alternativen und die vordergründige Effizienz der betrieblichen Herrschaftsorganisation erleichtern die Herstellung des Legitimationseinverständnisses der Beherrschten zu den angeführten Legitimationen.

Vermutlich ergibt sich die Tatsache des Gehorsams der Betriebsangehörigen weniger aus dem Glauben an die Legitimität der Herrschaft als aus der Bedrohung durch Sanktionen, die Dahrendorf als den abstrakten Kern der Herrschaft bezeichnet. Für den abhängigen Arbeiter geht es im betrieblichen Herrschaftsverband aus existentiellen Gründen um die Erhaltung des Arbeitsplatzes und das Erreichen materiell besser ausgestatteter Funktionen in der Hierarchie. Seine Rolle in den Autoritätsbeziehungen des Betriebes ist zwangsweise vorgeschrieben. Wenn Ungehorsam letztlich Entlassung als Sanktion nach sich zieht und Kritik der Herrschaft Behinderungen möglicher Beförderung als Sanktion zur Folge hat, besteht für den abhängigen Arbeiter ein existentielles Interesse an der Erfüllung fremden Willens.

„Die von den Anweisungen Betroffenen können deren Legitimität nicht infrage stellen, da sie die Hierarchie akzeptieren müssen, in der Verteilung und Umfang von Kompetenzen festgelegt sind. Sobald die Arbeitenden in die Organisation eingetreten sind, d. h. sobald ihr Arbeitsverhält-

nis durch einen Arbeitsvertrag begründet ist, haben sie auch das Herrschafts-
system als verbindlich anerkannt. Der Abschluß des Arbeitsvertrages
legitimiert die Autoritätsausübung im Industriebetrieb. " *(Schumm-Gar-*
ling 1972, S. 64)

Die Freiheit aber, einen Arbeitsvertrag abzuschließen oder nicht, ist die
Freiheit von Herren und nicht von Knechten. Die Antwort auf die Frage
nach der Legitimation der Herrschaft von Menschen über Menschen im
Betrieb ist nur für die Interessen der Herren befriedigend und bleibt für die
Interessen der Knechte mehr als fragwürdig.

4. Herrschaft und Hierarchie – christliche Inhalte zur Herrschaft

4.1 Herrschaft und Frieden

Die Frage nach der Legitimation der Herrschaft und das eifrige Bemühen
um deren Beantwortung ist ein Hinweis darauf, dass Herrschaft sich nicht
von selbst versteht, nicht selbstverständlich ist. Mag Herrschaft notwendig sein, so wendet sie doch keine Not, sondern produziert Leid für die
vielen. Ihre Absicht mag Wohlergehen für alle sein, das Erreichen eines
Zieles, das für alle wichtig ist. Ihre Wirkung ist immer auch zugleich Zwang,
Gewalt, Beschränkung, Verkümmerung, ein Stück Absterben. Herrschaft
hat immer Opfer, Herrschaft ist Knechtschaft. Herrschaft ist der Ursprung
der Ungleichheit unter den Menschen, die Zertrümmerung des Menschenbildes, teils Halbgötter, teils Sklaven (vgl. das disparitäre Menschenbild
der Betriebshierarchie).

Herrschaftssysteme sind Systeme, in die die Gewalt strukturell eingebaut ist. Dabei ist Gewalt nicht nur Befehlsbefugnis, die mit Sanktionen
ausgestattet ist, sondern die Einordnung des Menschen in das System, die
Verteilung von Herren und Knechten in der Hierarchie in der Weise, *„daß*
ihre aktuelle, somatische und geistige Verwirklichung geringer ist als
ihre potentielle Verwirklichung. " (Galtung 1971, S. 57) Die repetitive
Teilarbeit am Band sagt, was hier gemeint ist. Die Autoritätshierarchie des
Betriebes ist das mit Händen zu greifende Beispiel struktureller Gewaltan-
wendung. Die Differenz zwischen aktueller und potentieller Verwirklichung
ist der Teil des Lebens, den das Herrschaftssystem den Beherrschten

vorenthält – ihr ungelebtes Leben. Menschliche Herrschaftsordnung im Betrieb sieht ungelebtes Leben für viele vor.

Nun ist Gewalt eine Kategorie des Unfriedens, sofern Frieden zumindest zu verstehen ist als Zustand der Gewaltlosigkeit. Demnach ist der Betrieb als Herrschaftsorganisation mit struktureller Gewalt eine Institution „organisierter Friedlosigkeit".

Die Betriebsverfassung nennt nur an einer Stelle (§ 74,2) den Frieden des Betriebes und verbietet seine Beeinträchtigung, geht also davon aus, dass Betriebsfrieden sei. Dahinter steht der sozialethisch wenig befriedigende negative Friedensbegriff, der nur den störungsfreien Ablauf des status quo meint. Gleichzeitig bietet die Betriebsverfassung einen Ansatzpunkt zur Entwicklung positiven Friedens, denn § 75,2 fordert, dass die freie Entfaltung der Persönlichkeit der Arbeiter nicht nur zu schützen, sondern zu fördern sei. Dies bedeutet aber, Verringerung der Differenz zwischen aktueller geistiger und körperlicher Verwirklichung und potentieller Verwirklichung des Menschen im Betrieb, das heißt Abbau struktureller Gewalt und Veränderung betrieblicher Herrschaftsstrukturen.

Das Evangelium ist Friedensbotschaft für den Menschen. Das Heil schließt auch die Dimension des sozialen Friedens im Sinne des biblischen Schalom-Begriffs als *„Heil, Glück, Wohlsein, das ganze Menschenleben, Materielles und Geistiges umfassend"* (Gollwitzer 1970, S. 260) und der Formulierungen der Sektion „Heil und soziale Gerechtigkeit" der Weltmissionskonferenz Bangkok 1973 ein: *„Wir begreifen das Heil als Erneuerung des Lebens, als Entfaltung wahrer Menschlichkeit in der Fülle der Gottheit (Kol. 2,9). Es ist das Heil der Seele und des Leibes, des einzelnen und der Gesellschaft, der Menschheit und der seufzenden Kreatur! (Röm. 8,19)"* (Potter 1973, S. 197) Daraus folgt: Es besteht ein Gegensatz zwischen dem Evangelium des Friedens und dem Betrieb als einer Institution struktureller Gewalt und damit organisierter Friedlosigkeit. Die Forderung nach Veränderung der Herrschaft, Veränderung der Hierarchie, ist Element der generellen theologisch-sozialethischen Forderung nach sozialem Frieden. Wenn wir sozialen Frieden sozialethisch vertreten, müssen wir Herrschaftskritik üben und Veränderung der Hierarchien fordern.

4.2 Gott schafft Herrschaft ab

In der bisherigen Geschichte hat in Kirche, Staat und Gesellschaft das Wort, das sich auf Gott beruft, mehr der Legitimation der Herrschaft gedient als ihrer Kritik.

Der Ausdruck Hierarchie kommt aus der Kirchengeschichte und bedeutete ursprünglich „heilige Herrschaftsordnung". Der pyramidale Aufbau von Gesellschaften und Institutionen, die Ober- und Unterordnung von Herren und Knechten, ist nicht willkürlich, sondern entspricht göttlichem Willen, göttlicher Ordnung, göttlichem Ursprung. Die paternalistische Herrschaftsordnung entspricht der paternalistischen Gottesvorstellung. Eine wertrationalere Legitimation von Herrschaft als die Legitimation von Gott selber ist nicht denkbar. Herrschaftskritik ist Sakrileg. Die gegenwärtige Betriebshierarchie ist nicht frei von quasi-religiösen oder quasi-theologischen Anklängen. Zu erinnern ist an die kreditive Autorität, die Legitimation durch letzte Werte, die Konzeption der Berufung oder das semigöttliche Selbstverständnis der Herrschaftseliten sowie auch das disparitäre Menschenbild und das emanistische Organisationsverständnis.

Im Evangelium lässt sich manches andere lesen als in der Tradition der Kirche. Der Inhalt des Evangeliums ist das Christusgeschehen. Das Christusgeschehen ist die Erlösung aus der Knechtschaft. Dies ist zu formulieren als der Indikativ: Gott schafft Herrschaft ab. Ein paradoxer Vorgang: Gott schafft Herrschaft nicht durch seine Herrschaft ab, Gott hebt Knechtschaft durch seine Knechtschaft auf. Unter drei Aspekten sollen wichtige Elemente der Herrschaftstheologie benannt werden.

Inkarnation

Gott schafft Herrschaft ab durch Machtverzicht. Dadurch, dass Gott Mensch wird, verzichtet er auf die Durchsetzung göttlicher Herrschaft. Er verletzt damit die Spielregeln der Herrschaftssysteme und entmachtet durch Inkarnation Herrschaft ein für alle mal. Der Herr wird Knecht! Dieses theologische Faktum bringt am stärksten der Christushymnus (Philliper 2,5 ff.) zum Ausdruck: *„Ob er wohl in göttlicher Gestalt war, hielt er es nicht für einen Raub, Gott gleich sein, sondern entäußerte sich selbst und nahm Knechts-*

gestalt an, ward gleich wie ein anderer Mensch und an Gebärden als ein Mensch erfunden." (Vers 6)

Der Herr wird Knecht, *„vom Weibe geboren und unter das Gesetz getan"* (Galater 4,4). Der Knecht ist der Herrschaft unterworfen. Die Weihnachtsgeschichte des Paulus bringt strukturelle Gewalt ins Spiel, sofern das Gesetz nach Paulus für nicht intendierte, aber unmenschlich wirkende Gewalt steht, deren verheerende Wirkung Paulus eindringlich beschreibt.

Vita Jesu

Die These, dass Jesu Leben herrschaftskritisch, wenn nicht herrschaftsfeindlich orientiert war, braucht nicht ausdrücklich belegt zu werden. Es sei hier nur erinnert an die Verletzungen der religiös-nomistischen Herrschaftsordnung, sowohl Regeln als auch Personen betreffend. Es muss aber hier auf ein neues Element hingewiesen werden: Jesu Leben ist darum herrschaftsfeindlich, weil es Leben für andere, Pro-Existenz, Bruderschaft ist. Der Herr ist Knecht geworden, weil er Bruder werden wollte. Indem er auf die Seite der Leidenden tritt, ein Menschenbruder der Leidenden wird, widerspricht er jener Herrschaft, die Leiden verursacht. Das Leben Jesu als Pro-Existenz, als Leben-für-andere, als Bruderschaft, ist damit zugleich Leben-gegen-andere, Widerspruch gegen Herrschaft.

Kreuz

Der Bruder der Leidenden wird selber zum Leidenden. Die Pro-Existenz wird Opfer am Kreuz. Das Kreuzesopfer ist die äußerste Form der Knechtschaft und der Bruderschaft. Den Tod auf sich nehmen heißt, die endgültige Wirkung von Herrschaft auf sich zu nehmen, um Herrschaft zu überwinden. Das Opfer ist das Gericht über die Herrschaft. Indem Jesu Herrschaft in ihrer äußersten Auswirkung erleidet, richtet er die Herrschaft, die ihn richtet.

Königsherrschaft Christi

Im Auferstehungsglauben erweist sich das Kreuz als Ausdruck des Widerspruchs, dass es die Übernahme des Leidens ist, die das Leiden überwindet, dass es die Übernahme der Gewaltlosigkeit ist, die die Gewalt überwindet, und dass es die Übernahme des Todes ist, die den Tod überwindet. Im

Auferstehungsglauben glauben wir an die Abschaffung aller Herrschaft: Die Herrschaft des Gesetzes, der Sünde und des Todes, die Herrschaft der Mächte und Gewalten, die Herrschaft von Menschen über Menschen. Wir glauben an eine Welt der Bruderschaft und der Gesellschaft der Gleichen. Wir formulieren diesen Glauben an die Abschaffung der Herrschaft in dem Bekenntnissatz von der Königsherrschaft Christi: *„Herr ist Jesus Christus"* (Philliper 2,11).

Wenn Jesus Christus der Herr ist, dann ist alle weltliche Herrschaft, die wir kennen, fragwürdig. Die Königsherrschaft Christi ist seit dem Kirchenkampf besonders im Blick auf staatliche Herrschaft theologisch bedacht worden. Sie betrifft aber alle Lebensbereiche und damit auch Herrschaft in Institutionen und Betrieben. Es ist herauszustellen, dass es neben dem Glauben an die Herrschaft Christi keinen Platz mehr für Herren gibt, damit auch keinen Platz für Knechte. Die Königsherrschaft Christi begründet die Bruderschaft der Menschen und die Gesellschaft der Gleichen. Zugespitzt, Gott legitimiert nicht Herrschaft, Gott legitimiert Bruderschaft unter dem Gedanken der Diakonie: *„Hier ist kein Jude noch Grieche, hier ist kein Knecht noch Freier, hier ist kein Mann noch Weib; denn ihr seid allzumal einer in Christus."* (Galater 3,28)

Wir wollen den Gedanken der Aufhebung von Herrschaft und Knechtschaft, die Installation von Bruderschaft und Gleichheit nur noch kurz biblisch-anthropologisch skizzieren.

Mandative Egalität der Menschen als Herren: Gott schafft alle Menschen als Gottes Ebenbild. Die Gottesebenbildlichkeit begründet die unteilbare Menschenwürde. Diese besteht darin, dass allen Menschen verantwortliche Herrschaft über die Erde aufgetragen ist. Vom Ursprung und Auftrag her ist die Gleichheit aller Menschen als Herren Gottes Setzung.

Peccative Egalität der Menschen als Knechte: Die Menschen verfehlen ihren Auftrag, und ihre Verfehlung macht alle Menschen gleich als Knechte. Als Knechte sind alle der egoistischen Selbstherrschaft und der widergöttlichen Fremdherrschaft unterworfen. Vom Handeln her ist die Gleichheit aller Menschen als Knechte Gottes Urteil. *„Es ist hier kein Unterschied, sie sind allzumal Sünder und mangeln des Ruhmes, den sie vor Gott haben sollten"* (Römer 3,23).

Renative Egalität der Menschen als Brüder: Gott rechtfertigt den Menschen und seine Liebe macht alle Menschen gleich als Brüder. Die Gerechtigkeit, die vor Gott gilt, ist geschenktes Leben für alle gleich, *„ denn es ist hier kein Unterschied, sie werden ohne Verdienst gerecht aus seiner Gnade durch die Erlösung, die durch Christus Jesus geschehen ist"* (Römer 3,24). Vom Ziel her ist die Gleichheit aller Menschen als Brüder Gottes Tat und der Menschen Auftrag und Hoffnung.

4.3 Strukturelle Brüderlichkeit

Wenn wir an die Abschaffung der Herrschaft glauben, wenn wir das Evangelium von der Erlösung aus der Knechtschaft hören, wenn wir leben von der Hoffnung auf eine brüderliche Welt, dann ist, in gebührendem Abstand zu Gott, Abbau von Herrschaft unser Tun. Wir können prinzipielle Ziele benennen, aber nicht Konzepte gesellschaftlicher Zustände und Institutionen der Herrschaftsarmut. Der positive Friede ist keine Ordnung und kein Zustand sondern jeder soziale Prozess, der der Beförderung des Lebens dient.

Betriebsfrieden wäre die Vitalisierung des hohen Anteils von ungelebtem Leben in der Arbeit, der soziale Entwicklungsprozess, der die vermeidbaren Beschränkungen und Verletzungen des menschlichen Lebens durch personale und strukturelle Gewalt in der Betriebshierarchie aufhebt oder verhindert.

Veränderungen der Herrschaftsstrukturen sind nötig zur Humanisierung der Arbeit. Brüderlichkeit statt Herrschaft meint nicht nur das Bewusstsein oder das Handeln (Nächstenliebe im Betrieb), sondern eine egale Verteilung der Macht im Betrieb. Brüderlichkeit ist nicht lediglich eine emotionale und personale Kategorie, sondern nach unserer Darstellung ist strukturelle Brüderlichkeit eine reale Alternative zur realen Herrschaftsstruktur. Der von uns beschriebene theologische Sachverhalt von Herrschaft und Brüderlichkeit hat seine soziale und soziologische Entsprechung im Begriff „Herrschaft und Genossenschaft". Hier beginnt der Übergang zu praktischen Lösungen für den fraternellen Betrieb.

Wir haben gehört, es gäbe keine Organisation ohne Befehl und Gehorsam. Es ist noch nicht erprobt, welches Maß an Herrschaft wirklich notwendig ist und welches Maß an Herrschaft Interessen entspringt oder der Lust zu herrschen. Für den fraternellen Betrieb jedenfalls steht fest, Herrschaft unter Brüdern ist immer delegierte Herrschaft und von den Betroffenen formal legitimiert und inhaltlich kontrolliert. Webers Herrschaftsdefinition mag auch für den fraternellen Betrieb gelten. Nur wird Herrschaft ausschließlich demokratisch legitimiert und auf Seiten der Befehlsgeber demokratisch kontrolliert von den Betroffenen. Im Betrieb besteht dann eine veränderte Herrschaftsstruktur, das heißt strukturelle Brüderlichkeit, Demokratie, *„wenn die Leitung bei Organen liegt, die von allen, die im Betrieb arbeiten, geschaffen worden sind"* (Anker-Ording 1971, S. 15), wobei die fraternelle oder demokratische Organisation eine Organisation des Betriebes ist, *„die die Gleichheit und Bruderschaft der Menschen zum Ausgangspunkt und zum Ziel hat."* (Anker-Ording 1971, S. 38)

Literaturverzeichnis

Anker-Ording, Aake (1971): Betriebsdemokratie. Frankfurt am Main

Bosetzky, Horst (1970): Grundzüge einer Soziologie der Industrieverwaltung. Stuttgart

Burisch, Wolfram (1973): Industrie- und Betriebssoziologie. Berlin, New York

Dahrendorf, Ralf (1960): Art. IV. Macht und Herrschaft, soziologisch. In: RGG Bd. IV. Tübingen, Sp. 569 - 572

Galtung, Johan (1971): Theorien des Friedens. In: Senghaas, Dieter (Hg.): Kritische Friedensforschung. Frankfurt am Main, S. 235 - 246

Gollwitzer, Helmut (1970): Zur Anthropologie des Friedens. In: Junge Kirche Nr. 5/1970, S. 255 ff.

Hartmann, Heinz (1968): Der deutsche Unternehmer. Autorität und Organisation. Frankfurt am Main (engl. Ausgabe Princeton 1959)

Irle, Martin (1971): Macht und Entscheidungen in Organisationen. Frankfurt am Main

Kluth, Heinz (1971): Soziologie der Großbetriebe. Stuttgart

Mayntz, Renate (1963): Soziologie der Organisation. Reinbek

Potter, Philipp A. (Hg.) (1973): Das Heil der Welt heute. Dokumente der Weltmissionskonferenz. Bangkok

Rosenkranz, Hans (1973): Soziale Betriebsorganisation. München, Basel

Schumm-Garling, Ursula (1972): Herrschaft in der industriellen Arbeits-
    organisation. Frankfurt am Main
Weber, Max (1925) Wirtschaft und Gesellschaft. Tübingen
Vilmar, Fritz (1973): Menschenwürde im Betrieb. Reinbek
Vilmar, Fritz (1974): Industrielle Arbeitswelt. Stein, Nürnberg

Arbeitslosigkeit als Anfrage an die soziale Gerechtigkeit

1. Arbeitslosigkeit im Sozialstaat und in der Leistungsgesellschaft

1.1 Erfahrungen in der Krise 1974/76

Das Grundgesetz der Bundesrepublik Deutschland bekennt sich in den Art. 20 Abs. 1 und Art. 28 Abs. 1 zum Sozialstaat. *„Der weitgehend unbestrittene Kerngehalt des Sozialstaatsprinzips besteht in dem Auftrag und der Ermächtigung an den Staat, den gesellschaftlich und wirtschaftlich schwächeren Gruppen zu helfen und so der Idee der sozialen Gerechtigkeit zu entsprechen."* (Rath 1974, S. 51)

Nach Auffassung des Bundesverfassungsgerichtes hat Art. 20 Abs. 1 GG den Ausgleich sozialer Gegensätze und damit die Sorge um eine gerechte Sozialordnung als Ziel bestimmt und nur den Weg zur Erreichung dieses Zieles offengelassen (Rath 1974, S. 52f.). Umgekehrt soll das Sozialstaatsprinzip dem Einzelnen *„in sehr engen Grenzen und unter ganz bestimmten Voraussetzungen einen Anspruch gegen den Staat auf Realisierung sozialer Gerechtigkeit vermitteln"* (Rath 1974, S. 52). Dem Einzelnen wird nach dem Sozialstaatsprinzip das subjektiv einklagbare Recht auf Gewährung des Existenzminimums zugestanden. *„Es ist aber fraglich, ob man diese Gedanken in der Richtung weiter entwickeln kann, daß zum notwendigen Lebensbedarf und menschenwürdigen Existenzminimum auch die Möglichkeit, Arbeit zu finden, gehöre und infolgedessen Art. 20, Abs. 1 GG prinzipiell auch einen Anspruch auf Arbeit enthalte."* (Rath 1974, S. 54)

Die Bundesrepublik Deutschland ist ein demokratischer und sozialer Rechtsstaat (Art. 20 Abs. 166). Es gibt in der gegenwärtigen Situation einige Anzeichen dafür, dass ein *Sündenbockmechanismus* immer mehr von vorhandenen Fragen und Herausforderungen abzulenken droht. Es ist zu erinnern an die häufigen Hinweise auf die *„bedenkliche"* Wohlfahrtsstaatsmoral und die mangelnde Arbeitsmoral der Arbeitslosen, die immer wieder durch Fälle belegt wird, sowie an die Einstellung gegenüber dem ausländischen Arbeiter in der Krise. Sündenbockmechanismen sind Ablenkungsmanöver, die zur humanen Lösung sozialer Probleme nichts beitragen. Dahinter verbirgt sich häufig bei den einen die Angst vor demselben Schicksal, bei den anderen eine Abwehrreaktion gegen die Übernahme einer unbequemen Verantwortung.

Nach allgemeiner Auffassung ist soziale Gerechtigkeit realisiert, wenn die Normen des Zusammenlebens jedem das Seine lassen, zuteilen, wiederverschaffen oder abverlangen für andere. Nach dieser Auffassung ist Arbeitslosigkeit in jeder Hinsicht soziales Unrecht: Dem Arbeitslosen wird gegen seinen Willen keine Arbeitsmöglichkeit belassen. Was ihm zusteht, ist lediglich das zeitlich begrenzte Arbeitslosengeld. Anschließend wird ihm die Stellung des Sozialhilfeempfängers zugemutet. Was ihm wieder beschafft wird, bleibt eine offene Frage, deren Beantwortung von den Sachzwängen des erfolgreichen Wirtschaftens abhängt. Arbeitslosigkeit muss demnach als *Verweigerung sozialer Gerechtigkeit* gesehen werden – noch verschärft aus der Sicht der Jugendlichen, die ihren ersten Arbeitsplatz suchen, oder der älteren Arbeitnehmer, die ihren letzten verlieren.

Nach dieser allgemeinen Auffassung von sozialer Gerechtigkeit wäre Arbeit so zu schaffen und zu verteilen, dass jeder Einzelne in die Lage versetzt wird, seinen Lebensunterhalt durch eigene Arbeit zu decken und seine menschlichen Fähigkeiten in der Arbeit zu entfalten.

Unabhängig von der Frage nach dem Bestehen eines subjektiv einklagbaren Anspruchs auf Arbeit aufgrund der *Sozialstaatsklausel* ist mit Nachdruck die Feststellung zu treffen, dass Arbeitslosigkeit in unserer Gesellschaft dem Sozialstaatsprinzip und der aus ihm folgenden Forderung nach sozialer Gerechtigkeit widerspricht.

Selbst wer der Auffassung ist, dass in unserer Gesellschaft ein Höchstmaß an sozialer Gerechtigkeit realisiert ist, wird sehen müssen, dass Arbeitslosigkeit, insbesondere unter dem Aspekt von Massenarbeitslosigkeit, ein hohes Maß an sozialer Ungerechtigkeit bedeutet.

Der Einbruch von Massenarbeitslosigkeit ist der eindeutige Beweis dafür, dass Existenzunsicherheit für die Arbeitnehmer in unserer Wirtschaftsgesellschaft nach wie vor harte Wirklichkeit ist.

Die Massenarbeitslosigkeit der Krise 1974/76 wird, soweit man sehen kann, noch zu wenig als Verletzung des umfassend verstandenen Sozialstaatsprinzips gewertet und bekämpft. Der Mangel an Sensibilität gegenüber der Bedrohung beziehungsweise Nichtverwirklichung von Grundlagen der sozialen Gerechtigkeit steht im Kontrast zur Sensibilität mancher politischen Instanzen und mancher gesellschaftlicher Institutionen, zum Beispiel gegenüber der Bedrohung der inneren Sicherheit.

Gehört zur freiheitlich-demokratischen Grundordnung die Verwirklichung einer sozial-gerechten Gesellschaftsordnung, so ist sie durch gegenwärtige und zukünftige Massenarbeitslosigkeit infrage gestellt, ohne dass Arbeitslosigkeit bislang öffentlich als verfassungswidriges Unrecht angesehen wird. Arbeitslosigkeit ist nach Auskunft der Experten ein konjunkturelles, strukturelles und saisonales Problem des Wirtschaftens. Als individuelle, materielle und psychische Belastung des Menschen ist sie eine Verletzung der Grundrechte, ohne dass der Betroffene die Möglichkeit hat, sich im sozialen Rechtsstaat wirkungsvoll gegen das soziale Unrecht zu wehren.

Der unmittelbar betroffene Mensch fühlt sich allein gelassen mit seiner Sorge um einen anderen Arbeitsplatz oder seinen ersten Arbeitsplatz, solange wir in seinem „Schicksal" keine Verletzung der Grundrechte sehen. Der Einzelne bleibt allein mit seiner Angst vor dem Verlust des Arbeitsplatzes, solange wir nicht öffentlich erklären, dass der schuldlose Verlust des Arbeitsplatzes im Widerspruch zu den Grundrechten der Verfassung steht.

Im Falle der Arbeitslosigkeit ist die *Wirtschaft* im Kontext von Konjunktur, Investition und Gewinnerwartung nicht in der Lage, den „Faktor Arbeit" als lebendige menschliche Arbeitskraft unter der Zielsetzung sozialer Gerechtigkeit im Sinne des Verfassungsauftrages zu sehen, da die ökonomische Mechanik nicht vorrangig an sozialen Zielen orientiert ist. Auch die gegenwärtigen Schutzrechte für den Arbeiter können Arbeitslosigkeit nicht verhindern und den Zielkonflikt zwischen wirtschaftlichen und humanen Zielen nicht aufheben.

Die *politischen Instanzen* registrieren Arbeitslosigkeit als Störung des status quo, die, wenn nicht zu beseitigen, so doch so schnell wie möglich in ihren Auswirkungen zu mildern ist. Ihre Interventionen aus der Defensive sind gerichtet auf die Milderung der Symptome. Es gibt noch keine

Offensive gegen soziales Unrecht zur Verwirklichung sozialer Gerechtigkeit als Arbeit für alle. Dieses reaktive Verhalten politischer Instanzen ist unabhängig von Parteiprogrammen charakteristisch für die vordergründig-pragmatische Orientierung der Gesellschaftspolitik in der Wirtschaftsgesellschaft.

1.2 Arbeitslosigkeit und Leistungsgesellschaft

Soziale Gerechtigkeit als Verteilungsgerechtigkeit soll realisiert werden als gerechte Verteilung der Güter, der Macht, der Start- und der Lebenschancen sowie der Arbeitsmöglichkeiten. In der gegenwärtigen Wirtschaftsgesellschaft soll soziale Verteilungsgerechtigkeit vorwiegend nach dem Leistungsprinzip ("Jedem nach seiner Leistung!") verwirklicht werden.

Einmal abgesehen von der Fragwürdigkeit der Bemessungskriterien überhaupt, ist hier überwiegend die Leistung, für die es einen Preis auf dem Markt gibt, in der Wirtschaftsgesellschaft unter dem Primat des ökonomisch Verwertbaren relevant.

Da es immer auch so ist, dass der Mensch nicht nur ein ökonomisch verwertbares Leistungswesen ist, sondern auch alt wird, also nicht mehr leistungsfähig ist, auch krank ist, also zeitweilig nicht leistungsfähig ist, auch körperlich, geistig oder seelisch behindert ist, also in verschiedenem Maße leistungsgemindert ist und dennoch für ihn die Menschenrechte des sozialen Rechtsstaates in Kraft bleiben, wird der Gedanke der Gerechtigkeit im Sinne des sozialen Ausgleichs wichtig, der weiterentwickelt werden muss.

Aus diesem Zusammenhang von Verteilungsgerechtigkeit nach dem Leistungsprinzip und Gerechtigkeit nach dem Sozialprinzip fällt die Arbeitslosigkeit heraus. Arbeitslosigkeit ist nämlich die Zurückweisung von Leistungsbereitschaft und Leistungsfähigkeit im Sinne des Systems in einer Gesellschaft, die den Anspruch erhebt, aufgrund des Leistungsnachweises Lebenslagen sozial gerecht zuzuweisen. Es zeigt sich, dass sich nur in Zeiten der Vollbeschäftigung die Fiktion des Leistungsprinzips aufrechterhalten lässt. Gegenwärtig zeigt sich in aller Deutlichkeit, dass, wenn knappe Arbeit zu verteilen ist, das Leistungsprinzip nur hinsichtlich seiner Sanktionen verfängt, aber hinsichtlich seiner Verheißungen versagt.

Der „normale", leistungsfähige und leistungsbereite Mensch will sein Recht nach den Regeln des Leistungsprinzips, aber er bleibt außerhalb, weil Arbeit jetzt nicht gefragt ist. Wo umgekehrt Arbeit weggenommen wird, sind nach dem geltenden Leistungsverhältnis die schwächsten Gruppen, zum Beispiel Ungelernte, Ältere, Frauen, am stärksten gefährdet. Die freiwillige Leistungsverweigerung ist in diesem Zusammenhang ein Hinweis darauf, dass die Bedingungen der Arbeit und die Regeln des Wettbewerbs oft als unmenschlich empfunden werden.

Die Kritiker des reinen Leistungsprinzips haben immer darauf aufmerksam gemacht, dass soziale Gerechtigkeit durch Verteilung nach Leistung nicht zu verwirklichen ist. Die Apologeten der Leistungsgesellschaft bleiben ohne Argumente in dem Augenblick, wo Menschen arbeiten wollen, aber nicht arbeiten können. Massenarbeitslosigkeit führt die Idealisierung der Leistungsgesellschaft ad absurdum. Von den Verfechtern der Leistungsgesellschaft müsste schon in Bezug auf die „normale Mitte" der Leistungsgesellschaft, die Konkurrenz der normalen Wettbewerbsteilnehmer, die Garantie des Rechtes auf Arbeit verwirklicht werden als ein ethisches Minimum, das nach den geltenden Normen Teilnahmefähigen und Teilnahmewilligen auch die Teilnahme ermöglicht.

2. Das Recht auf Arbeit und die Frage nach dem Sinn der Arbeit

Wenn Menschen, die arbeiten können und wollen, ohne Arbeit bleiben, ist die Frage nach der Verwirklichung sozialer Gerechtigkeit als uneingelöste Verpflichtung im sozialen Rechtsstaat neu zu stellen. Es geht nicht mehr länger nur um die Frage des gerechten Ausgleichs am Rande der Gesellschaft, sondern um die Kriterien der distributiven Gerechtigkeit in der Mitte der Gesellschaft. Dazu gehört die Forderung nach dem Recht auf Arbeit, das zugestanden, aber noch nicht verwirklicht wird.

2.1 Das Recht auf Arbeit als zwiespältige Forderung

Das Recht auf Arbeit ist eine *zwiespältige Forderung,* was seine Einlösung in der gegenwärtigen Arbeitswelt angeht. Garantiert es einerseits die lebenswichtige Teilnahme am Arbeitsprozess, so kann es andererseits im formalen Sinne immer nur die Teilnahme an einem Arbeitsprozess garantieren, der nach wie vor soziale Ungerechtigkeit und fremdbestimmte Arbeit einschließt. Wer ein Recht auf Arbeit durchsetzen könnte, hätte damit nicht schon die Verwirklichung humaner Entfaltung und Teilhabe in der Arbeit. Er muss fremdbestimmte Arbeitsinhalte ausführen und dabei nach wie vor Arbeitsleid hinnehmen in der Gestalt inhumaner „körperlicher Belastung", „psychischer Beeinträchtigung" und „sozialer Isolation". Arbeit bedeutet immer gleichzeitig Einschränkungen und Verletzungen des humanen Lebens, die sich nicht nur aus einem natürlichen Mühsalcharakter der Arbeit ergeben, sondern auch aus der Vorrangigkeit ökonomischer Zielsetzungen vor den humanen Ansprüchen der Produzierenden.

Die Zwiespältigkeit des Rechtes auf Arbeit kann dadurch aufgehoben werden, dass die Forderung nach dem Recht auf Arbeit als wesentlicher Bestandteil einer umfassenderen Forderung nach *Humanisierung der Arbeit"* in einem größeren Zusammenhang gesehen wird. Konkrete Inhalte der Forderung nach einer Verbesserung der „Qualität des Arbeitslebens" sind:

- Reduzierung der Arbeitsbelastung (physischer Verschleiß)
- Aufhebung der sozialen Isolation am Arbeitsplatz
- Erweiterung des Tätigkeitsspielraumes (Grenzen der Arbeitsteilung)
- Vergrößerung des Handlungsspielraumes (eigenständige Verantwortung)
- Verbesserung der beruflichen Qualifikationsstruktur in der Arbeit
- Sicherung der Stellung des abhängigen Arbeitnehmers am Arbeitsmarkt (Recht auf Arbeit)

Daran wird deutlich, dass das Recht auf Arbeit nicht bloß ein Recht auf Aufhebung der Arbeitslosigkeit sein kann, sondern in Verbindung mit den übrigen Forderungen und Ansätzen nach „Humanisierung der Arbeit" als Recht auf humane Arbeit einzulösen ist. Humanisierung der Arbeit ist eine Forderung nach sozialer Erneuerung der Produktion, für die das Recht auf Arbeit die wesentliche Voraussetzung ist.

Nimmt man so das Recht auf Arbeit in den Zusammenhang anderer Elemente einer humanen menschenwürdigen Arbeit, dann gewinnt man auch einige Kriterien zur Beurteilung der Programme zur Bereitstellung von

Arbeitsplätzen für jugendliche Arbeitslose, etwa mit der Frage, ob dabei auch die beruflichen Qualifikationsmöglichkeiten den jungen Menschen eine Zukunftsperspektive eröffnen. Das Recht auf Arbeit ist nicht das Recht auf irgendeinen Arbeitsplatz, sondern das Recht auf menschenwürdige, humane Arbeit, zu der neben der Lohngerechtigkeit eben auch eine dem Einzelnen angemessene und darum Befriedigung verschaffende Tätigkeit gehört.

2.2 Neuzeitliches Arbeitsverständnis und Recht auf Arbeit
Geschichtlich betrachtet ist das Recht auf Arbeit eine Konsequenz aus der Ökonomisierung des Arbeitsbegriffes zu Beginn der Neuzeit (zum Folgenden vgl. Conze 1972, S. 174ff.). Hier vollzieht sich ein tiefgreifender Wandel im Verständnis der Arbeit, dessen wichtigste Faktoren bis heute unsere Auffassung von der Arbeit prägen. Im Unterschied zur Bewertung der Arbeit in der ständisch und zünftlerisch geordneten Gesellschaft wird im System der Ökonomisten des 18. Jahrhunderts die Arbeit unter dem Gesichtspunkt der nützlichen und produktiven Leistung betrachtet, die nach ihrem ökonomischen Effekt bemessen wird. Umgekehrt wird somit jede produktive und wertschaffende Leistung als Arbeit angesehen (Effektuierung, Rationalisierung, Utiliarisierung der Arbeit).

• Arbeit wird der Weg zum Glück. Dahinter steht eine Auffassung von menschlicher Lebenserfüllung, die als wesentliche Grundlagen des natürlichen menschlichen Glückes materielle Güter und physischen Genuss ansieht. Ökonomische Grundlage dieser Auffassung vom Glück wird die produktive Arbeit, die als Quelle des Reichtums angesehen wird. Schon W. Petty hatte 1662 formuliert, dass die Arbeit der Vater des Reichtums sei (Materialisierung der Bedürfnisse, Absolutsetzung der Arbeit).

• Arbeit wird der Weg zum Glück durch wirtschaftliches Wachstum. Der Zusammenhang von Bedürfnis und Arbeit als Mittel zu Bedürfnisbefriedigung, Produktion und Konsum, Arbeit und Genuss wird verbunden mit der Forderung nach Vervielfältigung und unaufhörlicher Vermehrung der Produktion: *„Die Menge der genießbaren Sachen (...) muß unaufhörlich vervielfältigt werden (...); desto glücklicher wird die ganze Geschellschaft."* (Schlettwein zitiert bei Conze 1972, S. 175) (Dynamisierung der Bedürfnisse, wirtschaftliches Wachstum).

• Voraussetzung zur Verwirklichung der Möglichkeiten und Ziele der ökonomisch verstandenen Arbeit ist die Befreiung der Arbeit als Entfesselung ihrer ökonomischen Möglichkeiten. Daraus ergaben sich auflösende Wirkungen für die ständische Wirtschafts- und Sozialordnung: Bauernbefreiung gegen Grunduntertänigkeit, Gewerbefreiheit gegen Zukunftszwang, Freizügigkeit gegen Ortsgebundenheit, Entfesselung der Konkurrenzwirtschaft gegen jegliche Bindung (vgl. Conze 1972, S. 177). Neben befreienden Wirkungen ergeben sich neue Abhängigkeiten und Zwänge wie die Belastung des Individuums mit der Aufgabe, die eigene Existenz durch erfolgreiche Arbeit rechtfertigen und sich in der freien Konkurrenz behaupten zu müssen.

Es ist dieses ökonomisierte Verständnis der Arbeit, das trotz aller Einschränkungen im Verlaufe der Sozialgeschichte bis auf den heutigen Tag wirksam ist und unsere Auseinandersetzung mit der Bedeutung der Arbeit für den Menschen bestimmt.

Grundsatz der ökonomischen Befreiung der Arbeit ist im System der Ökonomisten das Naturrecht auf Arbeit, wie es Johann-August Schlettwein 1773 formuliert hat: *„Dies ist die wesentliche Gerechtigkeit, daß ein jeder Mensche nach seinem eigenen Gefallen arbeiten darf, was und wie er will, und daß er seine Arbeiten freiwilligen Liebhabern überlassen kann, zu welchem Preis er will. Diese Freiheit ist einem jeden Menschen vermöge seines Wesens interessant, und die absolute Gerechtigkeit gibt sie einem jeden, also ist es ein natürliches unveränderliches Eigentumsrecht der Menschheit, die eigenen Kräfte und Geschicklichkeiten nach eigenem Gefallen zu brauchen und jede mögliche Arbeit zu verrichten, dadurch ein Mensch Genießungen erwerben kann.“* (Zitiert bei Conze 1972, S. 176f.)

Das Recht auf Arbeit als Recht auf ökonomisch freie Arbeit schließt im Wirtschaftsmodell vom freien Spiel der zur Harmonie strebenden Kräfte (Arbeit als Ware, freie Arbeitsverträge auf dem Arbeitsmarkt) von Anfang an den Begriff „Arbeitslosigkeit“ ein. Auch wenn er sich erst auf dem Boden des vollentwickelten Industriesystems durchsetzt, so ist der Begriff „Arbeitslosigkeit" im Ansatz des ökonomischen Arbeitsbegriffs konsequent mitgegeben.

Die freigelassene Arbeit sollte von der Herrschaft der Meister befreien und das Glück aller bewirken. Sie ist jedoch zunächst der Herrschaft der Fabrikherren verfallen und hat das Elend vieler hervorgerufen. So ist das Recht auf Arbeit später in unterschiedlicher Weise im Liberalismus und Sozialismus aufgenommen und variiert worden, nicht nur als Postulat der Freiheit, sondern eben auch als Postulat der Gerechtigkeit.

War im 18. Jahrhundert das Recht auf Arbeit die Forderung der Bürger nach Befreiung der Arbeit im ständischen System, so ist später und heute die Forderung nach dem Recht auf Arbeit die weltweite Forderung der Menschen nach sozialer Gerechtigkeit. Die Forderung der durch ökonomische Freiheit Benachteiligten ist es, Menschenwürde in der und durch die Arbeit zu erhalten.

In diesem Sinne gilt als der eigentliche Schöpfer des Begriffs „Recht auf Arbeit" der französische Sozialphilosoph Charles Fourier, der darin das wichtigste ökonomische Menschenrecht der Besitzlosen erkennt zum Ausgleich für die durch das Privateigentum gesetzten Vorrechte.

In der sozialistischen Tradition wird das Recht auf Arbeit im Zusammenhang mit den Eigentumsverhältnissen formuliert, ebendort, wo es im System der Ökonomisten eine Grenze findet, weil das Recht auf Eigentum unangetastet bleibt.

Nach marxistischem Selbstverständnis bedeutet Arbeit die Menschwerdung des Menschen. In der Arbeit erzeugt der Mensch sich selbst und verwirklicht sich in ihr. In der Klassengesellschaft verwehren die Eigentumsverhältnisse aller Mitglieder ihre Menschlichkeit. Auch wenn in der Klassengesellschaft ein Recht auf Arbeit garantiert werden könnte, so wäre es lediglich ein Recht auf Arbeit unter kapitalistischen Produktionsbedingungen, das heißt ein Recht auf Selbstverwirklichung in der Arbeit.

Da aber die Entwicklung der kapitalistischen Produktionsweise nach marxistischer Auffassung krisenhaft verläuft, ist ein Recht auf Selbsterhaltung durch die Arbeit in der Klassengesellschaft nicht zu verwirklichen, da Arbeitslosigkeit in der Funktion als „industrielle Reservearmee" zur Selbsterhaltung kapitalistischer Produktion notwendig ist. Zur Maximierung der

Gewinne wird die industrielle Reservearmee der wirtschaftlichen Situation entsprechend verkleinert oder vergrößert.

So kann die Forderung nach dem Recht auf Arbeit nach marxistischem Verständnis unter kapitalistischen Bedingungen immer nur Ausdruck des menschlichen Elends und Protest gegen das menschliche Elend sein. Das Recht auf Arbeit kann nur eingelöst werden unter Bedingungen, in denen die Arbeit nicht als Mittel zur Bedürfnisbefriedigung des Menschen begriffen wird, sondern als Bedürfnis des Menschen nach Selbstverwirklichung.

Marxistische Gesellschaftsordnung schließt Arbeitslosigkeit im Ansatz aus. Sie will die entfremdete Arbeit durch Vergesellschaftung der Produktionsmittel überwinden. Beispiele der Verwirklichung zeigen, dass bei diesem Lösungsversuch neue Entfremdungsprobleme und Zwänge entstehen.

2.3 Die Frage nach dem Sinn der Arbeit

Durch die Ökonomisierung der Arbeit am Beginn der Neuzeit, ihre Verbindung mit wirtschaftlichem Wachstum im freien Spiel der Kräfte und innerweltlicher „Glückseligkeit" für das Individuum ist mit der Forderung nach dem Recht auf Arbeit die Frage nach dem individuellen *Sinn der Arbeit* gestellt.

Voraussetzung der Sinnfrage ist der Anspruch auf diesseitige Lebenserfüllung, die Individualisierung des sozialen Status („Jeder ist seines Glückes Schmied") und Verlagerung der Statuskonkurrenz auf das Feld der Berufsleistung. Die Berufsleistung wird zum bevorzugten Feld, auf dem individuelle Lebensbefriedigung (Rechtfertigung der eigenen Existenz) und sozialer Status erworben wird (vgl. v. Ferber 1969, S. 45).

Die Frage nach dem Sinn der Arbeit ist in der Gegenwart auch in Zeiten der Vollbeschäftigung ein Problem geblieben. Die Einheit des Lebens wird getrennt in Arbeit und arbeitsfreie Zeit. Die Sinnstruktur, dass der Mensch den Zwangscharakter entfremdeter Arbeit kompensiere durch die Freiheit zur Selbstverwirklichung in der Freizeit (Konsum, Bildung, Gesellschaft, Sport und Kultur), ist fragwürdig. Denn einerseits soll so akzeptabel gemacht werden, dass der größte Teil des wachen Lebens mit einem Tun verbracht wird, das wenig Lebenserfüllung vorsieht, und andererseits lassen sich eben auch in den Konsumstrukturen und Freizeitgewohnheiten

Mechanismen der Fremdbestimmung nachweisen, so dass man auch hier trotz aller positiven Merkmale die Fülle des Daseins nur bei sehr vordergründiger Betrachtung erkennen kann.

Empirische Untersuchungen zum Arbeiterbewusstsein haben gezeigt, dass die Arbeit nur noch „instrumentellen" Charakter hat für diejenigen Arbeiter, die monotone und repetitive Teilarbeit zu verrichten haben. Das Arbeitsinteresse ist in diesen Fällen verkürzt auf das Lohninteresse. Die Arbeit ist fast ausschließlich Mittel zu einem Zweck geworden, der dann eben auch noch genauer zu untersuchen wäre. Je inhaltsreicher, autonomer, verantwortungsvoller die Arbeitsaufgabe ist, desto häufiger ist eine positive Beziehung zur Arbeit (Arbeitsfreude) festzustellen.

Recht auf Arbeit und Arbeitslosigkeit treten als Problem erst zu Beginn der Neuzeit mit der Ökonomisierung der Arbeit auf. Das biblische Verständnis der Arbeit befindet sich zu dieser Problemstellung in Distanz.

3. Recht auf Arbeit und christlicher Arbeitsbegriff

3.1 Biblische Elemente der Arbeit und das Recht auf Arbeit
Das Recht auf Arbeit ist nach biblischer Auffassung eine überflüssige Forderung, denn biblisch gesehen, gibt es den Menschen ohne Arbeit nicht. Arbeitslosigkeit ist kein biblischer Begriff.

Arbeit als Mühsal
In der Sicht des biblischen Glaubens ist Widerspruch gegen Gott (Selbstüberhebung des Menschen) die Ursache für den Verlust des Paradieses und für die Todesverfallenheit des Menschen. In der Sprache der Bibel setzt der Ausgang des Menschen aus dem Garten Eden den Tod als Grenze der tätigen Bejahung des menschlichen Daseins. In der Sterblichkeit des Lebens ist der Zwangs- und Mühsal-Charakter der Arbeit begründet. „*Im Schweiße deines Angesichts sollst du dein Brot essen, bist du zum Erdboden zurückkehrst*" (1. Mose 3, 17-19).

Die Bearbeitung und Bewahrung der Natur bewahrt den Menschen nicht vor seinem eigenen Untergang. Sie ermöglicht Leben ohne den Tod aufzuheben. Dies ist die biblische Grenze gegen eine Vergötzung der Arbeit. Die

Teilhabe des Menschen an der Arbeit Gottes macht den Menschen nicht zum Schöpfer des unendlichen Glücks. Es gibt Befreiung des Menschen in der Arbeit, mehr als die Mehrheit der Menschen bisher je erfahren konnte, aber indem der Mensch arbeiten *muss,* um zu leben, kann er durch seine Arbeit nicht das Leben auf immer erwerben. Das Leben erzwingt das Tun, aber das Tun erzwingt nicht das Leben. Mühselig bleibt menschliche Arbeit, weil der Mensch vor dem Tod im Bereich des Vorletzten in der Auseinandersetzung mit der Natur und seinesgleichen auch immer falsche Ziele setzen kann, zu richtigen Zielen unfähig sein kann, Opfer produzieren und Opfer werden kann.

Arbeit als Mandat

Der Mensch ist das Produkt (Geschöpf) der Arbeit Gottes (Schöpfer) und zugleich Gottes Ebenbild. *„Weil aber Gottes Schaffen immerfort geschieht, Gott immerfort Tätiger (...) ist, darum gehört zur imago dei, das ist zum Menschen das Tätigsein, Arbeit gehört zur Menschenwürde"* (Bienert 1973, S. 61). Die außermenschliche Natur wird vom Schöpfer dem Geschöpf anvertraut mit dem doppelten Auftrag, sich die Erde untertan zu machen (1. Mose 1, 28) und den Garten Eden zu bearbeiten und zu bewahren (1. Mose 2, 15). Die Erschaffung des Menschen ist die Erschaffung des arbeitenden Menschen als cooperator dei (Mitarbeiter Gottes).

Arbeit als Gottesdienst

Arbeit ist Gottesdienst, weil sie dem opus dei einzuordnen ist. Das klingt vermessen und vielleicht zynisch unter den Bedingungen menschlicher Arbeit in Vergangenheit und Gegenwart. Gemeint sind Gedanken der biblischen Rechtfertigungs- und Schöpfungslehre.

Wenn der Mensch aus der Gnade lebt und nicht durch seine Leistung, dann ist eine unterschiedliche Bewertung menschlicher Arbeit nicht mehr möglich. Gegenüber Antike und Mittelalter, wo geistige und geistliche Tätigkeiten höher bewertet wurden als andere, schuf Luther durch sein Berufsverständnis in Konsequenz der Rechtfertigungslehre ein Gegengewicht. Durch die Rechtfertigungslehre werden die verschiedenen Formen der Arbeit gleichgestellt. Jeder Gläubige ist zu seinem Tun berufen. Arbeit als Gottesdienst wird danach bewertet, ob sie auch auf den Nächsten gerichtet ist und vor Gott verantwortet wird. Die Rechtfertigung des Menschen vor Gott durch Gottes Gnade hat also unmittelbare Auswirkungen auf die soziale Gerechtigkeit. Arbeit als Gottesdienst ist die Befreiung der Arbeit aus den Zwängen menschlicher Bewertung und Bemessung.

Wenn der Mensch als Geschöpf Mitarbeiter des Schöpfers ist, dann ist die Arbeit als Gottesdienst beides: Sicherung und Gestaltung menschlicher Existenz. Arbeit ist nicht nur das Mittel zur Fristung des Daseins auf welchem Bedürfnisniveau auch immer, sondern steht zugleich immer unter dem Anspruch und der Verheißung, kreatives Tun zu sein. Demnach gibt es viele arbeitende Menschen, von denen wir erwarten dürfen, dass sie zu mehr Kreativität fähig sind, als die Bedingungen es zulassen, die wir für ihre Arbeit gesetzt haben.

Arbeit als Dienst

Nach neutestamentlicher Auffassung wird durch die Menschwerdung und das Erlösungswerk Christi die Scheidung der Menschen in Herren und Knechte noch nicht beseitigt, aber in der Wurzel aufgehoben. Durch Christus werden alle Menschen Schwestern und Brüder, gleich vor Gott und den Menschen. So ist denn alle menschliche Arbeit nicht nur gleich wertvoll, sondern auch bestimmt von dem Gedanken, dass Arbeit nicht nur das eigene Wohl zu ihrem Ziele haben kann, sondern auch das Wohl der Schwestern und Brüder. Kann somit Arbeit auch immer nur Arbeit für den anderen sein, dann ist der Vollzug der Arbeit nicht die entfesselte Konkurrenz der Einzelnen, die für alle von Nutzen sein soll, sondern der solidarische Prozess der Naturbewältigung. Arbeit ist auch „Diakonie" für den anderen.

Arbeit und Ruhe

Der biblische Ergänzungsbegriff zur Arbeit ist Ruhe (Sabbat). Gedanken über das Verhältnis von Arbeit und Muße, Arbeit und Ausruhen werden in diesem Zusammenhang erörtert. Hier aber soll akzentuiert werden, dass es bei dieser Zuordnung um die Begrenzung der Arbeit geht. Der Anteil der Arbeit an der Menschwerdung des Menschen ist nicht unbegrenzt, das heißt, der Mensch erzeugt sich weder selbst in der Arbeit, noch ist die

Arbeit das Mittel der rastlosen und verzehrenden Lebensbewältigung. Der Gedanke der Ruhe als Zeit für Gott wehrt eine Vergötzung der Arbeit ab und macht deutlich, dass jenseits der Besorgung und Gestaltung des menschlichen Daseins Gott für den Menschen da ist. Gottes Heil ist nicht an menschliche Arbeit gebunden und menschliche Arbeit schafft nicht den Frieden Gottes. Deshalb gehören Arbeit und Gottesdienst, Arbeiten und Beten zusammen. Es kann vom menschlichen Leben gesprochen werden, das sich nicht durch die Arbeit definiert.

Es ist ganz unstreitbar, dass sich aus der theologischen Bedeutung der Arbeit zwangsläufig „das Recht auf Arbeit" ergibt. Denn hier sind das Recht auf Leben und das Recht auf Arbeit sehr eng miteinander verknüpft. Gleichzeitig hat die Arbeit den Rang des Gottesdienstes.

Häufig gewinnt man den Eindruck, dass das theologische Denken abstrakt von „der Arbeit des Menschen vor Gott und dem Mitmenschen", gleichsam außerhalb der historischen Erscheinungsform der Arbeit in bestimmten gesellschaftlichen Zusammenhängen handelt.

Darum bleibt bisher das Problem der fremdbestimmten Arbeit und der inhumanen Bedingungen theologisch weiterhin unreflektiert, wenn auch deutlich wird, dass sich solche Zwänge der Arbeit theologisch nicht dem Mühsalcharakter zurechnen lassen. Ordnungen der Arbeit sind eher als veränderbar zu betrachten.

Es wird in der Theologie der Arbeit betont, dass Arbeit als Broterwerb nicht das Leben ist. Zum menschlichen Leben gehören Selbsterhaltung und Selbstentfaltung. Über die reine Fristung des Lebens hinaus ist menschlich die Gestaltung des Lebens, zum Tun gehört das Schaffen, zur Arbeit die Entwicklung der Persönlichkeit. Die theologische Reflexion der Arbeit darf nicht dazu führen, dass beide Aspekte des menschlichen Lebens getrennt werden nach den Kategorien Naturbewältigung und Kulturgestaltung, Arbeit und Freizeit, auch nicht in der Zuordnung, dass Arbeit die zwanghaft instrumentale Voraussetzung zur freiheitlichen Gestaltung des Lebens außer ihr sei. Ist Arbeit Leben, geht es in ihr selbst um Freiheitsgestaltung und -entfaltung. Humanität ist in der Arbeit, oder es gibt sie nicht.

Dann ist ein theologisch abgeleitetes Recht auf Arbeit zugleich das Recht auf einen Arbeitsplatz und das Recht auf Entfaltung und Mitgestaltung in der Arbeit. Soziale Gerechtigkeit schließt das Recht auf Arbeit ein und das Recht auf Arbeit schließt soziale Gerechtigkeit ein als die Beteiligung aller bei der Verteilung der Güter und der Verteilung der Macht. Wenn Karl Barth Arbeit als *„tätige Bejahung des menschlichen Daseins"* erklärt, so ist dieser Bestimmung zuzustimmen, sie schließt Arbeitslosigkeit aus und die Verwirklichung der Grundrechte zur Entfaltung der Persönlichkeit ein.

3.2 Ökonomisierter und christlicher Arbeitsbegriff

• *Geschichtliche Verbindungen*
Das ökonomisierte Verständnis der Arbeit zu Beginn der Neuzeit schließt einerseits eine Umwertung der Werte ein. So wird beispielsweise der Luxus nicht verpönt, sondern freie Arbeit soll auch Luxus ermöglichen. Andererseits sind im ökonomisierten Verständnis der Arbeit Mühsal und Pein ausgeblendet. So steht der neuzeitliche ökonomisierte Arbeitsbegriff im Widerspruch zum traditionell christlichen Arbeitsverständnis, ohne dies jedoch zu bekämpfen oder ganz zu verdrängen. Zur Förderung der notwendigen Arbeitsdisziplin waren Elemente der christlichen Arbeitsethik wie Treue, Redlichkeit, Fleiß auch unter den neuen Bedingungen sehr nützlich.

Die Grenze der Bedeutung aller Arbeit ist biblisch gesetzt mit der Antwort auf die Frage, wem der Mensch das qualifizierte Leben verdankt. Nicht der Mensch rechtfertigt den Menschen und nicht seine Liebe macht alle Menschen gleich. Das Leben, das vor Gott gilt, das Heil, ist Gnade, nicht Leistung, geschenktes Leben, nicht erworbenes Leben (Römer 3,24). Einer gnadenlosen Wirklichkeit bleibt der Mensch ausgeliefert, wo das ökonomische Verständnis der Arbeit regiert und die Christenheit ihre Botschaft von der gnädigen Wirklichkeit vergeistigt (zu den sozialen Folgen einer sozialen Rechtfertigungslehre gegenüber einem ökonomisierten Arbeitsverhältnis vgl. Becker et al. 1974, S. 164).

• *Konkurrenz und Bruderschaft*
Das ökonomisierte Verständnis der Arbeit als Weg zum Glück durch wirtschaftliches Wachstum fordert vom Menschen die Maximierung der eige-

nen Position gegenüber den Mitmenschen, die Entfesselung der Konkurrenz, den Kampf ums Dasein. So bewirkt die ökonomisch freie Arbeit Ungleichheit, Stärkung der Starken und Schwächung der Schwachen, Gewinner und Verlierer.

Es ist in der Christenheit hierzulande wenig davon die Rede, dass dabei die christliche Lehre von der Arbeit als Dienst und der Bruderschaft aller Menschen sich weder mit der Norm der Maximierung der eigenen Position noch mit dem absoluten Konkurrenzgedanken vereinbaren lässt.

Solange Ungleichheit als Armut und Arbeitslosigkeit national und international Folge und Begleiterscheinung der ökonomisch freien Arbeit sind, genügt es wohl nicht, nach wie vor die christliche Diakonie von der Arbeit zu trennen als Hilfe in der Not für die Opfer der freien Arbeit. Der ökonomisch freien Arbeit ist die diakonisch gebundene Arbeit gegenüber zu stellen als eine Alternative, die eine Organisation der Arbeit vorsieht, die Arbeitslosigkeit ausschließt, weil sie davon ausgeht, dass die Menschen Schwestern und Brüder in der Arbeit sein sollen im Schweiße ihres Angesichts, nicht aber Herren mit Angesicht ohne Schweiß und Knechte mit Schweiß ohne Angesicht.

4. Das Recht auf Arbeit und seine Garantie –
Anmerkungen zu den geschichtlichen Hauptargumenten und der faktischen Einlösung

4.1 Das Recht auf Arbeit als Konkretion des Rechtes auf Leben
Es gibt kein Leben ohne Arbeit, sei es nun eigene oder fremde. Die Mehrheit der Gesellschaftsmitglieder muss lohnabhängig arbeiten, um ihre materielle Existenz zu sichern. Jede berufliche und finanzielle Verbesserung ist an einen Arbeitsplatz gebunden. Sozialer Status, gesellschaftliche Anerkennung, innere Befriedigung und Entwicklung des Selbstwertgefühls sind an die Möglichkeit zur Arbeit gebunden; sowohl zur Erhaltung physischen Lebens als auch zur Entfaltung der Persönlichkeit braucht der Mensch Arbeit. Das Existenzrecht des Einzelnen schließt das Recht auf Arbeit ein. Eine Gesellschaft, die nicht jedem ihrer Mitglieder Arbeitsmöglichkeiten verschafft, stellt das Recht auf Leben infrage.

*4.2 Das Recht auf Arbeit als Entsprechung zum Schutz des Privat-
eigentums*

Der Staat schützt das Privateigentum und sichert damit die Existenz der Besitzenden – in der Bundesrepublik durch Art. 14 Abs. 1 GG.

Dem gesicherten Recht auf Privateigentum müsste aus Gründen der sozialen Gerechtigkeit ein garantiertes Recht auf Arbeit entsprechen. *„Die Sicherheit, die dem einen Teil der Gesellschaft aus der Garantie ihres Eigentums erwächst, muß auch den übrigen Mitgliedern zuerkannt werden, indem über das Recht auf Arbeit ihr ‚Besitz' – die Betätigung der Arbeitskraft – rechtlich abgesichert wird "* (Rath 1974, S. 18). Niemandem darf die Lebensgrundlage entzogen werden. *„Eine echte Rechtsgleichheit ist erst dann vorhanden, wenn beide Positionen in gleicher Weise abgesichert sind. "* (Rath 1974, S. 19, Anm. 17)

Wenn in der rechtlichen Argumentation angeführt wird, dass dem Schutz des Privateigentums auf der anderen Seite der Schutz der Arbeitskraft oder des Arbeitsplatzes (Kündigungsschutz, Arbeitsschutzgesetze) entspreche, das Recht auf Arbeit also eine unangemessene Forderung sei, so ist demgegenüber die Betrachtung der Wirklichkeit nicht außer Acht zu lassen. Faktisch ist die Existenzunsicherheit des abhängig Beschäftigten folgenreicher als die Risiken der Besitzenden. Eben dieser geschichtlichen Tatsache hat die Verfassung des Landes Nordrhein-Westfalen in Art. 24 Abs. 1 Rechnung getragen, indem sie die Vorrangigkeit des Schutzes der Arbeitskraft gegenüber dem Schutz des materiellen Besitzes festschreibt und ein Recht auf Arbeit gewährt.

4.3 Das Recht auf Arbeit als soziales Grundrecht

„Ohne das Grundrecht auf Leben und damit auf Arbeit, auf ausreichende Ernährung, auf Gesundheitspflege, auf angemessene Unterbringung und auf Bildung sowie Ausbildung und Nutzung aller Fähigkeiten des Menschen sind keine Rechte denkbar. " (Krüger 1976, S. 77)

Damit ist das Problem angesprochen, dass die politischen Grundrechte wie Freiheit und Menschenwürde, die die Verfassung in Art. 1 und 2 GG garantiert, für einen großen Teil der Bevölkerung bedeutungslos bleiben, wenn dem Einzelnen nicht zugleich ein bestimmtes Maß an ökonomischer

Unabhängigkeit und Einflussnahme garantiert wird. *„So wird die Freiheit der Berufswahl zur Farce, wenn der einzelne überhaupt keine Arbeitsgelegenheit findet."* (Rath 1974, S. 19) Verfassungsnorm und Verfassungswirklichkeit klaffen auseinander, die politischen Grundrechte werden ausgehöhlt, ohne dass sie angetastet werden.

Von daher wird die Forderung erhoben, wie beispielsweise in dem Text aus Nairobi, dass soziale Grundrechte garantiert werden müssen, wenn politische Freiheit und Menschenwürde für alle Wirklichkeit werden sollen. Wenn also der Staat auf dem Boden der freiheitlichen-demokratischen Grundordnung eine Wirtschafts- und Gesellschaftsordnung schafft oder zulässt, die Arbeitslosigkeit nicht verhindern kann, *„so reicht es nicht aus, daß er nur negativ die Berufsfreiheit garantiert, sondern er muß auch – um der geschützten Freiheit und Würde des Menschen willen – allen Recht verbürgen, jederzeit Arbeit zu finden."* (Rath 1974, S. 20)

4.4 Das Recht auf Arbeit in der Verfassung und in der Wirklichkeit
Mit den vorstehenden Argumenten ist seit langem das Recht auf Arbeit begründet und gefordert worden. Seine Verwirklichung indessen steht bis zum heutigen Tage aus. In der deutschen Geschichte wurde das Recht auf Arbeit erstmalig in der Verfassung der Weimarer Republik von 1919 aufgenommen. Art. 163 der Verfassung sah vor: *„Die Arbeitskraft als höchstes wirtschaftliches Gut steht unter dem besonderen Schutz des Reiches. Jedem Deutschen soll die Möglichkeit gegeben werden, durch wirtschaftliche Arbeit seinen Unterhalt zu erwerben."*

In der Verfassung der Bundesrepublik Deutschland wird das Recht auf Arbeit direkt nicht erwähnt. Die Entstehungsgeschichte des Grundgesetzes zeigt, dass eine ausdrückliche Garantie des Rechtes auf Arbeit auch nicht beabsichtigt war, da die Erfahrung vor Augen stand, dass das Verfassungsrecht auf Arbeit in der Weimarer Republik faktisch nicht eingelöst werden konnte (Rath 1974, S. 48ff.).

Im Gegensatz zum Grundgesetz haben sieben Bundesländer der Bundesrepublik Deutschland das Recht auf Arbeit ausdrücklich in ihre Verfassungen aufgenommen (Hessen, NRW, Berlin, Saarland, Bayern, Bremen, Rheinland-Pfalz). So heißt es in Art. 24 Abs. 1 der Verfassung des Landes Nordrhein-Westfalen vom 28.06.1950: *„Im Mittelpunkt des Wirtschaftslebens steht das Wohl des Menschen. Der Schutz seiner Arbeitskraft hat den Vorrang vor dem Schutz des materiellen Besitzes. Jedermann hat ein Recht auf Arbeit.“* Diese Formulierung scheint ein subjektiv-öffentliches Recht auf Arbeit zu garantieren.

In der Realität der Wirtschaftsgesellschaft tritt die Verfassung (bei uns konkret Art. 24 Abs. 1 Landesverfassung NRW) außer Kraft, da jedermann ein Recht auf Arbeit nicht garantiert werden kann. Die gesellschaftliche Realität wird beherrscht von den Gesetzen des gewinnorientierten Wirtschaftens und nicht von der Norm der Verfassung, sonst könnte es in unserem Lande keine Arbeitslosigkeit geben. Der Widerspruch von Verfassungsrecht und Verfassungswirklichkeit wird indes kaum als brisantes Problem empfunden, da die Auslegungen der Verfassung sich darin einig sind, dass den Verfassungsbestimmungen des Rechtes auf Arbeit ohne Ausnahme nur programmatische Bedeutung zukomme. Es handele sich hierbei um Absichtserklärungen.

„Dementsprechend sollen die einschlägigen Normen in den Landesverfassungen nur Grundlinien der Wirtschafts- und Sozialordnung festlegen und die Landesregierungen verpflichten, auf eine weitgehende Vollbeschäftigung hinzuwirken." (Rath 1974, S. 65) Es wäre allerseits wünschenswert, wenn die Verfassung verwirklicht werden könnte, aber die Verhältnisse sind nun einmal so (Brecht).

So kann man ein realistisches Fazit ziehen und sagen, dass nach langem Kampf für ein Recht auf Arbeit zuletzt die konkreten Bestimmungen der Landesverfassungen, *„die – als Folge der Not der ersten Nachkriegsjahre – ein Recht auf Arbeit proklamieren, heute in der Praxis wertlos geworden sind"* (Rath 1974, S. 67). Vordringlich ist die Aufgabe, die Wirklichkeit nach der Verfassung zu gestalten und nicht die Verfassung nach der Wirklichkeit auszulegen.

In der gegenwärtigen Situation ist wohl auch die Frage erlaubt, wer den „Verfassungsschutz" zur Wahrung des Rechtes auf Arbeit ins Leben ruft und tätig werden lässt. Schutzgesetze für den Arbeitnehmer, der noch in Arbeit ist, verhindern noch nicht eine Verletzung unserer Landesverfassung, die sagt: Jedermann hat ein Recht auf Arbeit. Die heute viel zitierte

Forderung an den Menschen, in seiner Arbeit jederzeit Gewähr zu bieten für eine aktive Verteidigung der freiheitlich-demokratischen Grundordnung, gilt nicht nur für den öffentlichen Dienst, sondern auch für den Bereich der Wirtschaft, wenn nicht die freie Marktwirtschaft außerhalb der freiheitlich-demokratischen Grundordnung stehen soll, indem sie die Bindung an soziale Gerechtigkeit missachtet, zu der die Verfassung verpflichtet.

Der Schutz der Verfassung gilt dem Schutz des Rechtsstaates und dem Schutz des Sozialstaates.

5. Die Zukunft der Arbeit

5.1 Die Garantie des Rechtes auf Arbeit

Gegenwärtig kann das Verfassungsrecht auf Arbeit nicht garantiert werden. Es kann allenfalls indirekt gewährleistet werden in Zeiten des Wachstums, der Stabilität und der Vollbeschäftigung, auf die Wirtschaft und Wirtschaftspolitik ausgerichtet sind. Das Recht auf Arbeit muss sich jederzeit den Realitäten beugen. Alle Bemühungen der Unternehmen selbst, das Recht auf Arbeit zu garantieren, sind anzuerkennen, aber unzureichend. Alle Überlegungen jedoch, ein Recht auf Arbeit als subjektiv einklagbaren Anspruch zu garantieren, stoßen auf schwerwiegende marktwirtschaftliche und rechtsstaatliche Bedenken.

Wirtschaftlich ließe sich das Ziel, allen einen Arbeitsplatz zu verschaffen, nur planwirtschaftlich erreichen (Berufslenkung, Zwang zum Abschluss von Arbeitsverträgen). Juristisch würde die Garantie des Rechtes auf Arbeit eine Relativierung der liberalen Grundrechte und damit eine Einschränkung der persönlichen Freiheit bedeuten.

Demgegenüber bleibt aber festzustellen, dass es ja nicht nur bedauerlich ist, wenn durch den freien Markt der arbeitslose Jugendliche den Verlust der Freiheit (zur Berufswahl) erlebt, die in der Verfassung garantiert ist und angeblich erst beeinträchtigt ist, wenn ein Recht auf Arbeit garantiert werden würde. Es ist auch nicht nur bedauerlich, wenn dem arbeitsfähigen und arbeitswilligen arbeitslosen Familienvater das Recht auf Arbeit nicht garantiert werden kann, weil in diesem Falle verfassungsrechtlich die liberalen Grundrechte und die Freiheit der Entfaltung der Persönlichkeit relativiert würden, die aber in seinem und in hunderttausend anderen Fällen bereits relativiert sind.

So ergibt sich eine merkwürdige Verschränkung und Polarisierung in der Diskussion um das Recht auf Arbeit. Die Gegner eines garantierten Rechtes auf Arbeit lehnen dieses ab, weil solche Verwirklichung sozialer Gerechtigkeit die Freiheit beeinträchtigen würde. Die Verfechter eines garantierten Rechtes auf Arbeit nehmen die verletzte Freiheit zum Anlass, solche Verwirklichung sozialer Gerechtigkeit zu fordern, um ein Minimum an Freiheit für alle erst zu ermöglichen und zu erhalten.

Das Problem von Freiheit und Gerechtigkeit ist auch in der konkreten Problematik des Rechtes auf Arbeit nicht zu trennen von unserer Auffassung von der Gleichheit oder Ungleichheit der Menschen.

Wenn man die soziale Ungleichheit zur natürlichen Ungleichheit erklärt, kann man die gleichen Freiheitsrechte für alle verteidigen und soziale Ungleichheit rechtfertigen. Wenn man soziale Ungleichheit von natürlicher Ungleichheit trennt, muss man soziale Ungleichheit infrage stellen und die gleichen Freiheitsrechte für alle erkämpfen. Damit ist gesagt, dass in unserer Gesellschaft nach herrschendem Verständnis die soziale Ungleichheit Ausdruck natürlicher Ungleichheit ist, die Herrschaftsverhältnisse also nicht nur formal korrekt zustande gekommen sind, sondern auch von der Mehrheit der Betroffenen bejaht werden, also nicht nur legal, sondern auch legitim sind.

Berücksichtigt man alle Einwände, die die Auslegungen der Wirtschafts- und Rechtsordnung gegen ein subjektiv-öffentliches Recht auf Arbeit vorbringen, so kann innerhalb des dann noch verbleibenden Spielraumes ein indirektes und relatives Recht auf Arbeit kodifiziert werden, das im Rahmen des Möglichen einen subjektiven Anspruch garantiert:

„Recht auf Arbeit
(1) Alle Deutschen haben das Recht auf Arbeit, um durch eine frei übernommene Tätigkeit ihren Lebensunterhalt produktiv zu erlangen.
(2) Die Gewährleistung dieses Rechts ist ein Hauptziel und eine ständige Aufgabe. Zu einer Verwirklichung trägt der Staat durch eine

aktive Vollbeschäftigungspolitik zur Erhaltung und Beschaffung von Arbeitsplätzen bei. Er sichert eine angemessene Allgemein- und Berufsbildung, kostenlose Berufsberatung und Arbeitsvermittlung und fördert die berufliche Wiedereingliederung.

(3) Für diejenigen Arbeitsuchenden, bei denen die in Abs. 2 aufgeführten Maßnahmen nicht in einer angemessenen Frist zur Arbeitsaufnahme führen, stellt der Staat entsprechend der wirtschaftlichen Möglichkeit Arbeitsplätze mit wertschaffender Tätigkeit im eigenen Aufgabenbereich oder, durch finanzielle oder rechtliche Mittel, in Wirtschaftsbetrieben zur Verfügung." (Lohmann 1974, S. 213)

Ein solcher Entwurf kann die Forderungen einer Ethik der sozialen Gerechtigkeit nicht restlos befriedigen, aber er stellt einen Schritt zu mehr sozialer Gerechtigkeit dar. Eine solche Kodifizierung müsste zur Folge haben, dass die bisherigen Instrumente und Maßnahmen zur Beseitigung von Arbeitslosigkeit erheblich verbessert, intensiviert und ergänzt werden würden. Sie könnte zur Folge haben, dass Maßnahmen zur Verhinderung von Arbeitslosigkeit zunehmende Bedeutung erlangen würden.

Da es im Gegensatz zu früheren Zeiten heute wahrscheinlich wirtschaftlicher ist, durch direkte Lohnkostensubventionierung des Staates Arbeit zu garantieren als Arbeitslosigkeit und Wiedereingliederung zu finanzieren, besteht die Gefahr, dass unter den gegenwärtigen Bedingungen das Recht auf Arbeit von der Wirtschaft nur käuflich zu erwerben ist; es sei denn, es entsteht im weiteren Fortschritt der Sozialgeschichte eine größere Sensibilität für soziale Gerechtigkeit, die zu einer Reformulierung des Betriebszieles führt, so dass neben das Ziel der wirtschaftlichen Güterproduktion das Ziel der Erhaltung und Gestaltung humaner Arbeitsplätze tritt. Es gibt einige Anzeichen dafür, dass bei uns eine Entwicklung in dieser Richtung am ehesten unter dem Druck der weltweiten Forderung nach mehr sozialer Gerechtigkeit ins Blickfeld kommen wird.

5.2 Fragen der Zukunft

Unsere Gegenwart ist noch sehr bestimmt von unseren eigenen Erfahrungen der letzten Jahrzehnte, die getragen waren von einer alles in allem erfolgreichen Wirtschafts- und Sozialpolitik, steigendem Lebensstandard,

Vollbeschäftigung und dem Ausbau staatlicher Vorsorge. Die Erfahrungen der letzten Jahre haben eine Ernüchterung mit sich gebracht. Die Plausibilität des Zusammenhangs von Wachstum und Wohlstand für alle ist erschüttert. Die neu aufgekommenen sozialen Probleme haben zu einer Aktualisierung der alten Auseinandersetzung um das Recht auf Arbeit geführt. Seine Einlösung ist die Aufgabe der Gegenwart, die innerhalb unserer wirtschaftlichen Strukturen nur sehr schwer und mit Abstrichen zu lösen sein wird, ganz zu schweigen von der Gewährung des Rechtes auf Arbeit für alle Menschen, die leben wollen in dieser Weltgesellschaft.

Arbeit für alle zur Beschaffung der Lebensmittel und zur Vermittlung von Lebenssinn ist die Forderung der Gegenwart und scheint die Forderung für die Zukunft zu sein. Gleichzeitig sind einige Anzeichen und Entwicklungen ins Auge zu fassen, die es notwendig machen, die Zukunft der Arbeit auch noch in anderem Lichte zu sehen und daraus die entsprechenden Folgerungen zu ziehen.

• Es ist die Frage, ob der im ökonomisierten Arbeitsverständnis begründete Zusammenhang von Bedürfnis – Arbeit – Genuss – Wachstum – Maximierung der eigenen Position – Konkurrenz auf die Dauer aufrecht erhalten werden kann. Ein Wandel der Werte in Bezug auf die persönlichen Lebensziele und die Verschärfung sozialer Werte in den Überlegungen für das Wohl der Menschheit kündigen sich an in Fragen an den Sinn des Lebens unter Konkurrenz und Leistungsdruck und nach den Möglichkeiten eines einfacheren Lebensstiles. Es entwickeln sich Bedürfnisse, die nicht durch Arbeit befriedigt werden können.

• Die Periode grenzenlosen Wirtschaftswachstum geht zu Ende. Die Grenzen des Wachstums sind gesetzt durch begrenzte Ressourcen und begrenzte Abfallaufnahme der Erde. Der Übergang von rigoros quantitativem zu qualifiziertem Wachstum schließt eine Reduktion der produktiven Arbeit ein. Vermutlich wird sie an Wert verlieren zugunsten aller menschlichen Tätigkeiten, einschließlich Bildung und Spiel, die keine oder wenig Rohstoffe verbrauchen und keine beziehungsweise geringe Umweltverschmutzung bewirken. Es haben sich Notwendigkeiten ergeben, die die überragende Bedeutung produktiver Arbeit für menschlichen Lebenssinn relativieren werden.

• Der technische Fortschritt führt zur weiteren Rationalisierung der Produktion. Wir sehen, dass Rationalisierungsinvestitionen heute wie morgen Arbeitsplätze aufheben, also tendenziell Arbeitslosigkeit zur Folge haben. Immer weniger Menschen werden produktive Arbeit verrichten dürfen, können oder müssen. Auch hier wird eine Neuorientierung notwendig sein. Es wird die Auseinandersetzung darüber zu führen sein, ob wie bisher technischer Fortschritt, Rationalisierung und Automatisierung der Entwicklung der Produktivität dienen sollen und gleichzeitig tendenziell Menschen arbeitslos machen, oder ob technischer Fortschritt, Rationalisierung und Automation teils der Produktivität dienen sollen, teils dazu, Menschen arbeitsfrei zu machen. Soll die Reduktion der Zahl der produktiv arbeitenden Menschen als Opfervorgang bekämpft oder als Befreiungsvorgang gefördert werden? Die Entscheidung hängt vermutlich davon ab, ob es gelingt, materielle Einbußen zu verhindern und den Sinn des Lebens unabhängig von produktiver Arbeit erfahrbar zu machen.

Die Zukunft der Arbeit ist nicht gesichert durch die Garantie des Rechtes auf Arbeit, wenn auch jetzt dafür einzutreten ist. Die Zukunft der Arbeit liegt in ihrer Befreiung aus dem ökonomisch seit Beginn der Neuzeit verengten Verständnis. Arbeit ist alles Tun des Menschen, das leiblich, geistig und seelisch der Bejahung des eigenen und fremden humanen Daseins dient.

Literaturverzeichnis

Becker, Karl-Heinz et al. (1974): Theologisch-sozialethische Überlegungen zur „Qualität des Lebens". In: Die Mitarbeit Nr. 23/1974, S. 153-168
Bienert, Ernst (1973): Art. „Arbeit". In: Marxismus im Systemvergleich, Bd. Ökonomie 1. Freiburg, S. 51-62
Conze, Werner (1972): Art. „Arbeit". In: Geschichtliche Grundbegriffe, Bd. 1. Stuttgart, S. 154-215

Evangelische Kirche von Westfalen (1976): Bericht über die Tätigkeit der Kirchenleitung, der Ämter und Einrichtungen der Evangelischen Kirche von Westfalen 1975, Bielefeld

Ferber, Christian v. (1969): Art. „Arbeitsfreude". In: Bernsdorf, Wilhelm (Hg.) (1969): Wörterbuch der Soziologie. Stuttgart, S. 45-46

Krüger, Hanfried (Hg.) (1976): Bericht aus Nairobi 1975. Ergebnisse, Erlebnisse, Ereignisse. Offizieller Bericht der 5. Vollversammlung des Ökumenischen Rates der Kirchen. 23. November – 10. Dezember 1975 in Nairobi, Kenia. Frankfurt am Main

Lohmann, Ulrich (1974): Zur rechtlichen Vereinbarkeit und wirtschaftlichen Realisierbarkeit eines Rechtes auf Arbeit in der BRD. In: Rath, Michael: Die Garantie des Rechts auf Arbeit. Göttingen, S. 167-214

Rath, Michael (1974): Die Garantie des Rechts auf Arbeit, Göttingen

Vom Sinn der Arbeit. Bericht eines ökumenischen Studienkreises Rheinland und Westfalen, Mülheim an der Ruhr o.J.

Entfaltung der Persönlichkeit und Verwertung der Arbeitskraft

Sozialethische Überlegungen zu § 75 Abs. 2 des Betriebsverfassungsgesetzes von 1972.

1. Humanisierung der Arbeit und ökonomische Krise

Unter Humanisierung der Arbeit verstehen wir weder zeitlose philanthro-
pische Gedankengänge über Menschlichkeit im Betrieb, noch spektakuläre
Experimente in Zeiten der Vollbeschäftigung, noch ein verführerisches
Etikett für Rationalisierungsmaßnahmen.

Hinter den Forderungen nach Humanisierung der Arbeit wie sie seit
Anfang der siebziger Jahre in einem spezifischen Sinn erhoben werden,
steht vor allem die Erfahrung, dass unvermindert wirksamer Taylorismus
und Fordismus zunehmend lediglich zerstückelte, geistlose Arbeitsinhalte
den Menschen anzubieten haben, für deren Ausführung man immer weniger Qualifikationen benötigt. Dahinter steht aber auch die Erfahrung, dass
eine jahrelang gehegte Illusion vernichtet ist, die Hoffnung nämlich, dass
die zunehmende Technisierung, Rationalisierung und Automatisierung
der industriellen Produktion wie von selbst zum Abbau von menschlichem
Arbeitsleid und Arbeitsbelastungen führen werde: Die uralte Last der
Arbeit, die Beschädigung des Körpers und der Seele durch die Bedingungen der Arbeit verringert sich nicht von selbst als humane Beigabe einer
gewinnorientierten industriellen Produktionsentwicklung. Der Abbau von
Arbeitsleid muss weiterhin erkämpft werden.

Hinzu kommt in der ökonomischen Wachstums- und Strukturkrise die
neue alte Erfahrung der relativen Unsicherheit der Arbeiterexistenz überhaupt. Rationalisierung ohne kompensatorisches Wachstum führt zu Ab-
gruppierungen und Entlassungen.

Wir verstehen unter Humanisierung der Lohnarbeit demzufolge Verbesserung der Qualität des Arbeitslebens, menschengerechte Arbeit auf folgenden Ebenen:

1. Reduzierung des Arbeitsleids (Gesundheitsverschleiß, Unfälle, Berufskrankheiten).

2. Aufhebung der sozialen Isolation am Arbeitsplatz.

3. Erweiterung des Tätigkeitsspielraumes (Grenzen der Arbeitsteilung, Erweiterung der Arbeitsinhalte).

4. Vergrößerung des Handlungsspielraumes (Erweiterung der Mitwirkungs- und Beteiligungskompetenzen).

5. Verbesserung der beruflichen Qualifikationsstruktur in der Arbeit.

6. Sicherung der Stellung des abhängigen Arbeitnehmers am Arbeitsmarkt (Recht auf Arbeit).

Gerade die sechste Forderung sollte mit den übrigen verknüpft bleiben. Die Humanität der Arbeit steht dann zur Diskussion, wenn die Arbeit selbst zur Verfügung steht und umgekehrt. Das Recht auf Arbeit darf nicht bloß ein Recht auf Aufhebung der Arbeitslosigkeit sein, sondern ist in Verbindung mit den übrigen Forderungen und Ansätzen nach Humanisierung der Arbeit als Recht auf humane Arbeit einzulösen.

Sicher ist es so, dass in Zeiten der Vollbeschäftigung und staatlicher sozialer Reformpolitik diejenigen Elemente des Katalogs in den Vordergrund treten, die in etwa in die Richtung einer sozialen Erneuerung der Produktion zielen (Veränderungen der Arbeitsorganisation und der Kompetenzbereiche).

Obgleich in der Krise der Belastungsdruck der Arbeitsbedingungen für die arbeitenden Menschen sich noch verschärft, schieben sich von den Forderungen zur Humanisierung der Arbeit jene in den Vordergrund, *„die zugleich auch zur Stabilisierung der Beschäftigung und zur Abwehr negativer Folgen der Rationalisierung beitragen."* (Helfert 1978, S. 77)

Der Zusammenhang der verschiedenen Forderungen untereinander ist herzustellen, ihre Interdependenz ist zu betonen; nur so kann verhindert werden, dass die Tagesordnung der Krise neben allem anderen auch über die Zulässigkeit von Fragestellungen zur Reklamation der Menschlichkeit im Betrieb befindet.

Wie die konkrete Situation der Krise die Forderungen nach Humanisierung der Arbeit nicht vom Tisch wischen darf, so darf die Diskussion über die Humanisierung der Arbeit nicht außerhalb der konkreten Situation und

Bewusstseinslage der Arbeiter und der Arbeiterbewegung geführt werden. Es ist eine entscheidende Frage für den Fortgang der Bemühungen um Humanisierung der Arbeit, ob und inwieweit Arbeiterbewegung und arbeiterorientierte Arbeitswissenschaft zu einer produktiven Kooperation gelangen und abgesicherte Praxisfelder zur Verfügung stehen, in denen die Betroffenen angstfrei ermitteln können, was möglicherweise humane Arbeit sein kann.

2. Herrschaft und Arbeit

„Herrschaft ist der Schlüsselbegriff in der Diskussion über die Humanisierung der Arbeit. Die Etikettierung industrieller Veränderungen mit dem Wort von Humanisierung wird überprüfbar mit der Nachfrage nach der Veränderung betrieblicher Herrschaftsverhältnisse. Betrachten wir Vilmars Tableau der Humanisierung industrieller Arbeit: Ausbeutung, Arbeitsleid und Fremdbestimmung (Vilmar 1973, S. 23), so wird deutlich, daß die Inhumanität industrieller Arbeit die Folge der Herrschaft von Menschen über Menschen ist. Nur sofern Herren und Knechte vorhanden sind, können solche verheerenden Formen der privaten Aneignung vorkommen. Ebenso ist, was wir als Arbeitsleid bezeichnen, nicht die universelle Mühsal der Naturbewältigung, sondern eine konkrete, historische Form der Knechtschaft. Fremdbestimmung ist die unmittelbare Erscheinung der Herrschaft bzw. Knechtschaft in der Produktionshierarchie. Ohne Macht ist die ausführende Arbeit. " (Belitz 1977, S. 55)

Die gegenwärtigen industriellen Herrschaftsverhältnisse haben ihren Grund in der Eigentums- und Rechtsordnung unserer Gesellschaft. *„Das Herrschaftsverhältnis zwischen einfachen Organisationsmitgliedern und der (...) Spitze ist im Eigentum an Produktionsmitteln begründet, und der Staat schafft mit seinen Gesetzen (Grundgesetz der Bundesrepublik Deutschland: Eigentumsordnung, Kontaktfreiheit) die wesentliche Grundlage für die Herrschaftsbeziehungen im Betrieb. "* (Belitz 1977, S. 61)

Mit der Herrschaftsordnung des Betriebes legalisiert die Gesellschaft zunächst alle Formen inhumaner und leidproduzierender Arbeit, um dann wiederum legalistisch zu intervenieren, um den augenfälligsten Unzumutbarkeiten Einhalt zu gebieten. Sofern geltende Gesetze eingehalten werden, ist inhumane Arbeit in unserer Gesellschaft legal. Sofern Mehrheiten dieses faktisch nicht ändern durch die Wahl von Trägern reformpolitischer Konzepte zur Humanisierung der Arbeit, ist inhumane Arbeit im Bewusstsein vieler Menschen offenbar auch legitim oder in ihrem Ausmaß kaum bekannt.

Offenbar ist die Auffassung verbreitet und weithin akzeptiert, dass es das primäre Ziel des Betriebes ist, kostengünstig Güter zu produzieren oder Dienstleistungen zu erstellen und erst in zweiter Linie die Frage nach den Arbeitsbedingungen der produzierenden Menschen zu stellen ist. Rentabilität und Humanität befinden sich in Subordination zueinander.

Die Verbindung von Besitz an Produktionsmitteln und Verfügungsgewalt über Produktionsmittel und Produktionsprozesse ist auch durch die bekannte Trennung von Besitz und Management faktisch noch längst nicht aufgelöst, da jeder Manager durch viele Faktoren in die Interessenlage der Besitzer eingebunden ist.

Auf der anderen Seite ist im Blick auf die geschichtliche Entwicklung festzustellen, dass Herrschaft im Betrieb keine Willkür darstellt und der arbeitende Mensch nicht schutzlos dasteht. Die Geschichte der industriellen Produktion ist auch die Geschichte der Verbesserung des Schutzes der arbeitenden Menschen (vgl. z. B. den Kampf um die Arbeitszeitverkürzung, den Kampf um die Betriebsverfassung und Mitbestimmung, die Entwicklung gesetzlicher Regelungen zum Gesundheits- und Unfallschutz). Allerdings ist hier anzumerken, dass dies nicht Entwicklungen sind, die eintreten, sondern Ziele, die erkämpft worden sind von der Arbeiterbewegung. Und immer handelt es sich in erster Linie um Schutzmaßnahmen für den Schutzbedürftigen in abhängiger Beschäftigung. Noch in der Formulierung und im Gehalt der für die Humanisierung der Arbeit sehr wichtigen §§ 90 und 91 des Betriebsverfassungsgesetzes ist ein Gefälle in diesem Sinne festzustellen: Ein Mitberatungsrecht bei der Planung zum Beispiel von Arbeitsverfahren, Arbeitsabläufen und Arbeitsplätzen. Ein Mitbestimmungsrecht gibt es erst für Maßnahmen zur Abwendung, Milderung oder zum Ausgleich bereits eingetretener Belastungen durch geänderte Arbeitsplätze.

3. Menschenrechte und menschengerechte Arbeit

Die oben skizzierte Rechtsstellung des abhängig Beschäftigten als *„Gehilfe für einen fremden Zweck"* (Brakelmann) hat zur Folge, dass Arbeitsverhältnisse und Arbeitsbedingungen möglich sind, die Geist, Leib und Seele des Menschen gefährden.

Brakelmann begründet demgegenüber aus theologisch-anthropologischer Interpretation der Arbeit Rechte auf Freiheit von Ausbeutung und organisierter Heteronomie. (Brakelmann 1977, S. 39) Wenn Arbeit die Menschlichkeit des Menschen ausmacht, ist ihr humaner Vollzug selbstverständliche Verpflichtung. Dies ist der systematische Versuch, Menschenrechte in der Arbeit aus dem Verständnis der Arbeit selber abzuleiten.

Historisch sind die neuzeitlichen Menschenrechte als Freiheitsrechte auch immer im Blick auf die menschliche Arbeit verstanden worden, freilich durchaus nicht aus einem biblisch-theologischen Begründungszusammenhang heraus. Arbeit muss frei sein zur Entfesselung der menschlich ökonomischen Möglichkeiten: Gewerbefreiheit gegen Zunftzwang, Entfesselung der Konkurrenzwirtschaft gegen jegliche Bindung. Freie Arbeit wird Bürgerrecht. Sie sollte als Naturrecht des Menschen von aller Bevormundung und Reglementierung durch den Staat und die Zünfte befreit werden und freigehalten werden. Faktisch aber wurde in der Geschichte die Herrschaft der Meister abgelöst durch die Herrschaft der Fabrikherren. Dies bedeutete Abhängigkeit, Verdinglichung, Instrumentalisierung, Unmenschlichkeit und Armut für diejenigen, die nichts hatten als ihre Arbeitskraft. Noch heute und gerade heute ist die Humanisierung der Arbeit zu begreifen im Rahmen der umfassenden Aufgabe, die Menschenrechte für alle Menschen in allen Bereichen einzulösen.

Die Verfassung der Bundesrepublik Deutschland deklariert: Die Würde des Menschen ist unantastbar. Jeder hat das Recht auf die freie Entfaltung seiner Persönlichkeit. Jeder hat das Recht auf Leben und körperliche Unversehrtheit (Art. 1 und 2 GG). Es gibt immer noch Arbeitsbedingungen, die die Würde des Menschen antasten, es gibt immer noch Arbeitsbedingungen, die nicht nur die freie Entfaltung der Persönlichkeit des Arbeiters ausschließen, sondern die die Zerstörung der Persönlichkeit einschließen.

Es gibt immer noch Arbeitsbedingungen, die den Körper versehren, die Gesundheit verschleißen, Organe vergiften, Körperteile zerstören. Eine Gesellschaft, die im öffentlichen Bereich aktive Verfassungstreue zum Kriterium für Berufstätigkeit macht, erscheint in einem merkwürdigen Licht, wenn sie die private Betriebspraxis quasi außerhalb der Verfassungsrechte sich vollziehen lässt.

Weil es die Arbeiterschaft ist, die in erster Linie von inhumanen und verfassungswidrigen Arbeitsbedingungen betroffen ist, verwundert es nicht, dass nicht alle Kräfte zur Verwirklichung der Menschenrechte im Betrieb mobilisiert werden. Immerhin sind in Zeiten staatlicher Reformpolitik bei der Novellierung des Betriebsverfassungsgesetzes die Menschenrechte auch ausdrücklich in der Betriebsverfassung kodifiziert worden: *„Arbeitgeber und Betriebsrat haben die freie Entfaltung der Persönlichkeit der im Betrieb beschäftigten Arbeitnehmer zu schützen und zu fördern."* (§ 75 Abs. 2 der Betriebsverfassung von 1972)

Damit werden die Organe des Betriebes verpflichtet, die Menschenrechte auch im Bereich des Betriebes durch menschengerechte Arbeitsverhältnisse einzulösen. Nach herrschender Verfassungsinterpretation ist mit dem Begriff der Persönlichkeit die leib-seelische Ganzheitlichkeit des Menschen gemeint. Sie darf also im Bereich des Betriebes nicht nur nicht preisgegeben werden, sondern der Betrieb ist verpflichtet, sie zu fördern.

4. Strukturelle Gewalt und persönliche Arbeit

Die freie Entfaltung der Persönlichkeit ist also kein idealistisches Postulat, das in die graue, von Sachzwängen diktierte Realität des Betriebes hineingetragen wird („Wo gehobelt wird, da fallen Späne"), sondern ist als Menschenrecht ein in der Betriebsverfassung bereits fest verankerter Auftrag, mit dem man sich auseinandersetzen muss. Dies ist unseres Wissens nach noch nicht sehr ausführlich geschehen.

Gelingt es, § 75 Abs. 2 aus seinem Dornröschenschlaf aufzuwecken, also die freie Entfaltung der Persönlichkeit inhaltlich genauer zu bestimmen im Kontext betrieblicher Strukturen und Arbeitsbedingungen, dann können damit unter Umständen wichtige Kriterien gewonnen werden für eine

Humanisierung der Arbeit, deren großer Vorteil darin besteht, dass sie sich an Bestimmungen des Betriebsverfassungsgesetzes orientieren, die verpflichtenden Charakter für die Betriebsleitung und den Betriebsrat haben.

Bekannt und höchstrichterlich anerkannt ist bereits, wie nicht anders zu erwarten, die „freie Unternehmerpersönlichkeit", das beachtliche Beispiel für die freie Entfaltung der Persönlichkeit auch auf wirtschaftlichem Gebiet. Unbekannt und höchstrichterlich noch nicht zur Sprache gekommen ist, wie nicht anders zu erwarten, „die freie Arbeiterpersönlichkeit". In der Kommentierung zu § 75 Abs. 2 wird darauf hingewiesen, dass die neuen §§ 83-86, das individuelle Beschwerderecht, §§ 90-91 menschengerechte Arbeit und §§ 96-98 die Förderung der beruflichen Bildung dazu geeignet sind, den allgemeinen Grundsatz zu konkretisieren. Ferner wird in der Erläuterung zur Entfaltung der Persönlichkeit im Betrieb darauf aufmerksam gemacht, dass das Abhören von Telefongesprächen unzulässig ist, dass betriebliche Begleitungsvorschriften nur in soweit zulässig sind, als sie durch die Verhältnisse des Betriebes geboten sind, und das in letzter Zeit der Schutz der Nichtraucher gegen die Beeinträchtigung der Atemluft in diesem Zusammenhang lebhaft diskutiert wird. (Fitting 1977, S. 776f.) Der klassisch-humanistische Persönlichkeitsbegriff tut sich also noch sehr schwer im Bereich der Fabrik. Ihn muss man auch nicht unbedingt vor Augen haben, wenn man den Aspekten der freien Entfaltung der Persönlichkeit im Betrieb nachgehen will.

Die freie Arbeiterpersönlichkeit findet sich vor im Rahmen der betrieblichen Herrschaftsverhältnisse und konkreten Arbeitsbedingungen, also in einem Zusammenhang tendenzieller faktischer Beeinträchtigung und Behinderung. Dieser Tatbestand legt es nahe, die Grundproblematik in Kategorien zu beschreiben, wie sie Johann Galtung aus dem Bereich der Friedensforschung zum Thema strukturelle Gewalt anbietet. Galtung erweitert den Begriff der Gewalt, worunter man für gewöhnlich eine physische Beschädigung oder einen Angriff auf Leib und Leben versteht, einen negativen Akt, der eben dieses als Konsequenz intendiert. Dieser Gewaltbegriff wird mit folgender Definition erweitert: „*Gewalt liegt dann vor, wenn Menschen so beeinflusst werden, dass ihre aktuelle somatische und geistige Verwirklichung geringer ist als ihre potentielle Verwirk-*

lichung." „Gewalt wird hier definiert als die Ursache für den Unter-
schied zwischen dem Potentiellen und dem Aktuellen, zwischen dem,
was hätte sein können und dem, was ist." (Galtung 1975, S. 9)

„*Wenn das Potentielle größer ist als das Aktuelle und das Aktuelle*
vermeidbar (Hervorhebung dort), *dann liegt Gewalt vor."* (Ebd.)

„*Den Typ von Gewalt, bei dem es einen Akteur gibt, bezeichnen wir*
als personale oder direkte Gewalt: Die Gewalt ohne einen Akteur als
strukturelle oder indirekte Gewalt". Im ersten Fall können die leidvollen
Konsequenzen für die Menschen auf konkrete Personen zurückgeführt
werden, das ist im zweiten Fall unmöglich geworden. „*Hier tritt niemand*
in Erscheinung, der einem anderen direkt Schaden zufügen könnte;
die Gewalt ist in das System eingebaut." (Galtung 1975, S. 12)

Was Galtung hier definiert und erläutert im Blick auf gesellschaftliche
Strukturen überhaupt, trifft in besonderer Weise auf den Betrieb zu, wie wir
ihn kennen. Nicht der Sklavenaufseher peitscht den Sklavenarbeiter, sondern die Maschine ist so konstruiert und die Arbeit ist so organisiert, dass
dem Arbeiter Belastungen auferlegt und Leiden verursacht werden.

Wichtig sind für uns zwei Erkenntnisse: Die Formulierungen der Gewaltdefinition bei Galtung lassen erkennen, dass hier von einem Menschenbild
ausgegangen wird, zu dem das Recht auf die freie Entfaltung der Persönlichkeit gehört (somatische und geistige Verwirklichung), was dem entge-
gensteht, wird nicht als Sachzwang erklärt, sondern als Gewalt identifiziert.
Damit wird die individuelle Persönlichkeitsentfaltung in den sozialethischen Zusammenhang der sozialen Friedensproblematik einbezogen. Dem
erweiterten Verständnis von Gewalt entspricht ein erweitertes Verständnis
von Frieden. Frieden ist nicht nur die Abwesenheit personaler direkter
Gewalt, sondern die Abwesenheit struktureller Gewalt: Der Abbau der
Barrieren, die Veränderung der Strukturen und Verhältnisse, die die freie
Entfaltung der Persönlichkeit vermeidbar behindern. Ersteres nennt Galtung „negativen Frieden", letzteres „positiven Frieden".

Es gibt in der Verfassung des Betriebes eine Stelle, die den Frieden nennt:
„*Arbeitgeber und Betriebsrat haben Betätigungen zu unterlassen,*
durch die der Arbeitsablauf oder der Frieden des Betriebes beein-
trächtigt werden." (§ 74 Abs. 2, Satz 2) Frieden ist hier verstanden als

negativer Frieden. Gemeint ist das störungsfreie Ablaufen des status quo. Positiven Frieden dagegen meint der § 75 Abs. 2: *„Die Entfaltung der Persönlichkeit schützen und fördern heißt, strukturelle Gewalt im Betrieb beseitigen. "* Dies ist die uneingelöste Aufgabe für jeden Betrieb im Gültigkeitsbereich des Betriebsverfassungsgesetzes.

Die Folgen struktureller Gewalt als Behinderung der menschlichen Entfaltungsmöglichkeiten wirken sich im betrieblichen Zusammenhang aus als Arbeitsleid, so dass nicht nur von der Behinderung der Entfaltung gesprochen werden kann, sondern von Beschädigung, Verletzung und Verschleiß der Persönlichkeit. Es wird nicht nur das Potentielle verweigert, sondern vielfach auch das Aktuelle zerstört, so dass vom Betrieb als einem System potenzierter struktureller Gewalt gesprochen werden kann. Entsprechend vielfältig sind die Formen des Arbeitsleids.

Aus dem Menschenbild der Galtung'schen Gewaltdefinition, dem Begriff „freie Entfaltung der Persönlichkeit", ergibt sich ein Verständnis von Leben als Prozess der Verwirklichung, an dem das Individuum gestaltend beteiligt ist und die Umwelt ganz wesentlich mitwirkt. Leben ist immer mehr als es augenblicklich ist und dieses Mehr ist das „ungelebte Leben".

Die Erfahrung des ungelebten Lebens ist gerade im Bereich des Betriebes häufig so intensiv, dass viele Arbeiter Arbeiten und Leben trennen. Arbeit hat mit der Verwirklichung von Leben so wenig zu tun, dass sie als ganzes ungelebtes Leben einen Bereich darstellt, der für das Leben erst erschlossen werden müsste (Arbeiterzitat: *„Acht Stunden weg vom Leben"*). Arbeit im Kontext struktureller Gewalt ist Behinderung des Lebens. Arbeit im Kontext struktureller Gewaltlosigkeit, des Friedens also, ist Beförderung des Lebens. Die Bewegung von einem zum anderen meint Humanisierung der Arbeit unter dem Kriterium des Rechts auf die freie Entfaltung der Persönlichkeit. Die eben in sozialethischen Kategorien angedeutete Grundstruktur wird im folgenden Schaubild noch einmal versuchsweise veranschaulicht.

Recht auf freie Entfaltung
der ökonomischen Möglichkeiten,
strukturelle Gewalt:

Behinderung des
Lebens
Zerstörung des
Lebens

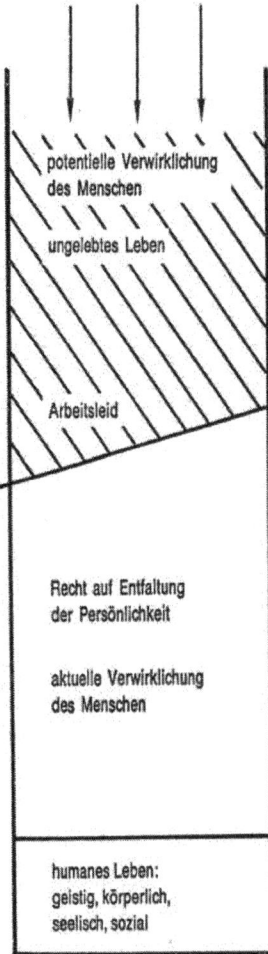

potentielle Verwirklichung
des Menschen

ungelebtes Leben

Humanisierung
der Arbeit

Arbeitsleid

Frieden:
Beförderung
des Lebens

Recht auf Entfaltung
der Persönlichkeit

aktuelle Verwirklichung
des Menschen

GG § 2,1   Staat
Betr.-Verf.   Betriebsrat
§ 75,2   Arbeitgeber
              Gewerkschaften

humanes Leben:
geistig, körperlich,
seelisch, sozial

75

5. Aspekte der Entfaltung der Persönlichkeit in betrieblicher Realität

Wir haben die Formulierung Entfaltung der Persönlichkeit nicht eingeführt in die Fragestellung betriebliche Humanisierung der Arbeit, sondern aufgenommen aus den Menschenrechten, die mit eben dieser Formulierung explizit als Auftrag in die Verfassung unserer Betriebe eingegangen sind.

Die schwierige Frage, was Persönlichkeit bedeutet, wird hier nicht zu beantworten sein. Die Tradition des Begriffes weist sehr stark auf das klassisch-humanistische Menschenbild. Persönlichkeit war hier das höchste Ziel der Selbstverwirklichung des Menschen durch Bildung – für die Reklamation der Persönlichkeit in der Arbeitswelt eine sehr aufschlussreiche Tradition. Christliche Orientierung kann einem Verständnis von idealistisch-individualistisch orientierter Selbstverwirklichung des Menschen nicht folgen. In christlich-sozialethischer Betrachtung ist Persönlichkeit kein neutraler oder formaler Begriff. Christlich verstanden gibt es begabte Geschöpfe Gottes als Schwester und Bruder, wer unter ihnen Herr sein will, der sei ihr Diener. Daraus folgt eine kritische Adaption von Elementen, die heute bei der Erklärung des Persönlichkeitsbegriffs angeführt werden. Hierzu gehört der Aspekt der Ganzheitlichkeit des Menschen als Geist, Leib und Seele in mitmenschlicher Relation, ebenso wie der Begriff der Individualität, das gestaltete individuelle Sein des Menschen, die Ausprägung seiner Eigenart oder Einzigartigkeit.

Die enge Verknüpfung von Persönlichkeit und Entfaltung verweist auf den dynamischen Prozess- und Verantwortungscharakter der individuellen Menschwerdung des Menschen. Wer diese Struktur der Persönlichkeit als Prozess der Gestaltung und Entscheidung theologisch aufnimmt, Geschöpfsein als Gabe und Aufgabe versteht, müsste zu der menschenfreundlichen Haltung gelangen, dass jeder Mensch potentiell mehr ist und sein kann, als wir ihn bisher haben sein lassen, denn es ist noch nicht erschienen, was wir sein werden.

Ganzheitlichkeit und Individualität im Prozess der Menschwerdung des Menschen werden gerade dort geleugnet, wo sehr viele Menschen handelnd anwesend sein müssen im Bereich der industriellen Arbeitswelt. Gefragt ist die Arbeitskraft, der Mensch als Energieträger und Werkzeug.

Im Vordergrund steht die Herstellung von Dingen durch die Arbeit, nicht die Entfaltung der Persönlichkeit in der Arbeit. Dies hat zur Folge, dass in der Herstellung von Dingen der Mensch selber verdinglicht und von sich selber weit entfernt wird.

Gehört zur freien Entfaltung der Persönlichkeit die ganzheitliche Entwicklung zur eigenen Individualität, dann lassen sich daraus wichtige Kriterien entwickeln, die es ermöglichen, von § 75 Abs. 2 des Betriebsverfassungsgesetzes her, die industrielle Arbeitswelt in den Blick zu nehmen und zu beurteilen. Wir entnehmen der Vorstellung von der Ganzheitlichkeit des Menschen vier Dimensionen des Menschseins, die dem Menschsein fast klassisch zugerechnet werden, und betrachten diese innerhalb der industriellen Arbeitswelt im Blick auf Entfaltung und Behinderung. Zur Ganzheitlichkeit des Menschen gehört, dass er ein körperliches (somatisches), geistiges (intellektuelles), seelisches (psychisches) und geselliges (soziales) Wesen ist, die Ganzheitlichkeit des Menschen also aus Körper, Geist, Seele und Mitmenschlichkeit konstituiert ist. Wir betrachten nun unter diesen Aspekten die Ganzheitlichkeit des Menschen in betrieblicher Realität.

6. Die körperliche Dimension des Menschen in der Arbeit oder die Körperfeindlichkeit der Arbeit

Folgt man der theologisch-anthropologischen Analyse des Menschenbildes des Taylorismus durch Brakelmann (vgl. Brakelmann 1977, S. 22ff.), so kann man sagen, dass im Blickwinkel Taylors der arbeitende Mensch nahezu ausschließlich ein körperliches Wesen ist. Die Reduktion des Menschen auf ein Muskelpaket erfolgt unter der Fragestellung, wie die Energie *dieses* Muskelwesens rationell und restlos ausgenutzt werden kann im Sinne des Unternehmens. Der Körper wird nicht nur bis zur Erschöpfung belastet, auch die Beliebigkeit körperlicher Bewegungen und Abläufe wird eliminiert und wissenschaftlich programmiert. Gefährdungen und Beeinträchtigungen, Schmerzen des Körpers sieht Taylor auf der Ebene entsprechender Entlohnung kompensiert. Ist die Reduktion des arbeitenden Menschen im Betrieb auf die körperliche Dimension schon

Zerstörung des ganzheitlichen menschlichen Wesens, so ist es damit noch nicht genug: Es wird darüber hinaus dem Körper systematisch Schaden zugefügt. Arbeiten und körperliche Beschädigung gehören zusammen. Jeder hat das Recht auf Leben und körperliche Unversehrtheit (Art. 2 Abs. 2 GG). Auch hier sind Verfassungsrecht und Betriebsrealität noch weit voneinander entfernt. Grundsätzlich formuliert Vetter: *„Die Wirtschaft beruht auf gesundheitsfressenden Produktionsmethoden."* (DGB-Bundesvorstand 1977, S. 10) Dass im Verlaufe des technischen Fortschritts durch Mechanisierung und Automatisierung sozusagen wie von selbst körperliches Arbeitsleid abgebaut werden würde, war lange Zeit eine geläufige Annahme, die sich nicht bewahrheitet hat. Selbst Automation kann körperliches Arbeitsleid bedeuten und Rationalisierung meint häufig Intensivierung der Ausnutzung der Arbeitskraft auf Kosten der Gesundheit.

Indikator der Körperfeindlichkeit der Arbeit ist der allgemeine Gesundheitsverschleiß des arbeitenden Menschen. Eine der erschreckendsten Zahlen in diesem Zusammenhang ist wohl, dass 1973 mehr als die Hälfte der Arbeiter infolge von Frühinvalidität vorzeitig aus dem Erwerbsleben ausscheiden musste. (Osterland 1973, S. 462) Als Folge schwerer und/oder einseitiger körperlicher Arbeitsbelastungen, so lässt sich aus dem statistisch geronnenen Arbeitsleid entnehmen, sind Arbeiter häufiger, schwerer und länger krank, scheiden früher aus dem Erwerbsleben aus und sterben auch früher als Angehörige anderer Gruppen der Lohnabhängigen.

Viele Arbeitsplätze sind Gefahrenzonen durch gesundheitsschädliche Umgebungseinflüsse: Schadstoffe in Form von Gasen, Dämpfen und Staub, Schmutz und Öl und vor allen Dingen Lärm wirken zusätzlich krankmachend und schädigend auf den in der Arbeit belasteten Körper ein.

Indikator der Körperfeindlichkeit der Arbeit ist der Betriebsunfall. Die Sprache der Nichtbetroffenen, aber an der gesellschaftlichen Verarbeitung solchen Geschehens Beteiligten, spricht für sich selber. *„Ein Arbeitsunfall ist ein Vorgang, bei dem infolge plötzlicher äußerer Einwirkung oder infolge eines Arbeitsvollzuges unfreiwillig eine Gesundheitsschädigung hervorgerufen wird."*

Es gibt nicht anzuzeigende Unfälle, deren Zahl darum auch nirgendwo erfasst ist. Es gibt anzuzeigende Unfälle nach § 1552 RVO *„wenn durch*

den Unfall ein im Betrieb Beschäftigter getötet oder so verletzt wird,
dass er stirbt oder für mehr als drei Tage völlig oder teilweise arbeits-
unfähig ist ". Die Zahl der so angezeigten Betriebsunfälle stieg von 1,2
Millionen im Jahre 1950 auf 2,8 Millionen im Jahre 1961 und ist seither mit
Schwankungen bis auf 2 Millionen im Jahre 1974 gesunken.

Schließlich gibt es noch zu entschädigende Unfälle. Das sind jene Unfälle, bei denen nach Abschluss einer Heilbehandlung eine Erwerbsmin-
derung von mindestens 20 Prozent zurückbleibt. Im Jahre 1950 waren dies
98.000 Unfälle, 1961 immer noch 95.000 Unfälle und 1974 noch 68.000
Unfälle. (Konstanty 1976, S. 64f.)

Die Unfallformel für 1974 lautete (DGB-Bundesvorstand 1977, S. 117):

alle 16 Sekunden ein zu meldender,

alle acht Minuten ein zu entschädigender,

alle 2,5 Stunden ein tödlicher Unfall.

Bei mehr als 70 Prozent der Arbeitsunfälle, die tödlich enden, sind Arbeiter die Opfer. (Osterland 1973, S. 461)

Auf der folgenden Seite wird die Reduktion der Ganzheitlichkeit des
Menschen auf seine körperliche Arbeitsfähigkeit am Beispiel des wertvoll-
sten, weil verwertbarsten Körperteils des einfachen Handarbeiters demon-
striert: Die Zerstörung der rechten Hand des Handarbeiters in der Glieder-
taxe des Rentenmannes. (Klee 1977, S. 163)

Ein weiterer Indikator für die Körperfeindlichkeit der Arbeit sind die
Berufskrankheiten. Nicht jede Krankheit, die durch Belastungen des Kör-
pers in der Arbeit hervorgerufen wird und Dauerschaden anrichtet, gilt als
Berufskrankheit. Eine Krankheit ist nur dann Berufskrankheit, wenn sie zu
den 48 Krankheiten der Berufskrankheitenverordnung (BKVO) zählt. Doch
auch dies ist noch keine Gewähr für eine Anerkennung als Berufskrankheit.
In den Jahren 1972 bis 1974 wurden beispielsweise von 1.450 Anträgen auf
Anerkennung der Berufskrankheit Nr. 7 (Erkrankung der Zähne durch
Säuren) keinem einzigen stattgegeben. Hilfsarbeiter können in den Augen
mancher Gerichte nicht berufskrank werden, weil sie keinen Beruf ausüben.
Häufigste Berufskrankheit ist mittlerweile die Lärmschwerhörigkeit oder
Lärmtaubheit. 1950 gab es 67 Anzeigen und 18 Anerkennungen, 1974 waren
es 9.800 Anzeigen und 1.589 Anerkennungen.

Rechte Hand

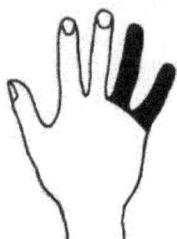

Abb. 19. 20%
Verlust von Finger 4 und 5

Abb. 20. 40%
Verlust von Finger 1, 2 und 3

Abb. 21. 40%
Verlust von Finger 1, 2 und 5

Abb. 22. 40%
Verlust von Finger 1, 4 und 5

Abb. 23. 45%
Verlust von Finger 1, 2 und 4

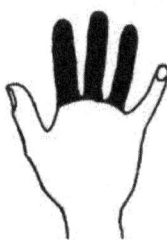

Abb. 24. 40%
Verlust von Finger 2, 3 und 4

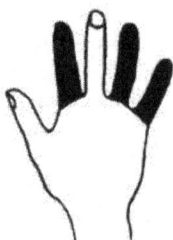

Abb. 25. 35%
Verlust von Finger 2, 4 und 5

Abb. 26. 35%
Verlust von Finger 2, 3 und 5

Abb. 27. 30%
Verlust von Finger 3, 4 und 5

Zu diesen Indikatoren der Körperfeindlichkeit der Arbeit kommen Entwicklungen, die zum fortlaufenden Abbau handwerklicher Fertigkeiten in der Produktion führen, wie beispielsweise beim Übergang von der Montage mechanischer Apparate zur Montage elektronischer Apparate.

In Bezug auf die körperliche Dimension der Arbeit in Zusammenhang der Entfaltung der Persönlichkeit wird man kaum von der Entfaltung körperlicher Möglichkeiten sprechen können. Vielmehr wird es noch sehr lange darum gehen, der Beschädigung, Verletzung und dem Verschleiß des Körpers in der Arbeit Einhalt zu gebieten.

7. Die geistige Dimension des Menschen in der Arbeit oder die Geistlosigkeit der Arbeit

Der Kopf des Menschen, die Anwendung von Verstand und intellektuellen Fähigkeiten sind in der arbeitsteiligen Produktion für den Bereich der Werkstatt nicht vorgesehen. *„Der modernen Fabrik wird nach und nach alle Kopfarbeit entzogen."* Auch hier ist wieder auf die anthropologischen Implikationen der wissenschaftlichen Betriebsführung F. W. Taylors zu verweisen. Die Trennung der grundlegenden Funktionen „planen – ausführen – kontrollieren" im System Taylors bedeutet die planmäßige Ausschaltung der Verstandeskräfte aus dem Bereich der ausführenden Arbeit. Die Kopfarbeit wird in den höheren Etagen konzentriert, und die Kopflosigkeit der reinen Handarbeit ist ein weiteres schwerwiegendes Indiz für die Verleugnung der Ganzheitlichkeit des Menschen in der Arbeit. Taylor allerdings sah darin eine große Entlastung für den Arbeiter, wenn ihm das Denken abgenommen werde. Je mehr man die Aspekte der Ganzheitlichkeit vernachlässigt, desto wohler fühlt sich der einfache Mensch.

Die weitestgehendsten Beispiele kopf- und geistloser Arbeit sind diejenigen Formen der repetitiven Teilarbeit, deren Verrichtungen vom Arbeiter habitualisiert werden können, so dass keine bewusste Intervention mehr vonnöten ist. Die Gedanken sind frei bei extremer Standortgebundenheit und sozialer Isolation. Der homo faber verwandelt sich in ein animal laborans, das bewusst- und besinnungslos Handgriffe verrichtet.

Entgegen einer ebenfalls weitverbreiteten Annahme, die davon ausging, dass im Zuge der Anwendung einer immer komplizierter werdenden Technik die Kopfarbeit in die Fabrik zurückkehren werde und der Arbeiter sich zum Quasi-Ingenieur mit hoher technischer Intelligenz werde qualifizieren müssen, ist in Wirklichkeit eher das Gegenteil eingetreten oder zeichnet sich für die nächste Zukunft ab. Das Beispiel der Druckindustrie zeigt, dass die Kopfarbeit auch noch die restliche Handarbeit schlucken kann. Für immer mehr Tätigkeiten im Bereich der industriellen Produktionsarbeit – zunehmend auch im Verwaltungsbereich – bedarf es nicht mehr der Qualifikation zum Facharbeiter. Mehr oder minder lange Anlernzeiten genügen. Etwa zwei Drittel aller repetitiven Teilarbeiten lassen sich in weniger als drei Wochen Anlernzeit erlernen. Das kognitive und praktische Lernen als wichtiges Element der Kopfarbeit befindet sich weiter auf dem Rückzug aus der modernen Fabrik. Der Ausschluss von der Teilnahme an Lernprozessen in der Arbeit dient nicht der Entfaltung der Persönlichkeit, sondern der Abgruppierung.

Zur Kopfarbeit gehört die verantwortliche Teilnahme an Entscheidungen und die Mitbestimmung. Auch hier wird der Arbeiter weitgehend kopflos gesehen. Denn da, wo er unmittelbar Experte ist, wo er über Kenntnisse und Erfahrungen verfügt, wo er Lösungskompetenz einbringt, nämlich an seinem Arbeitsplatz in einer Gruppe, da gibt es immer noch keine geregelte und qualifizierte Mitbestimmung. Für den Kopf scheint in der Fabrik nur das Nicken und das betriebliche Vorschlagswesen übrig zu bleiben.

Es gibt allerdings Berichte und Erfahrungen darüber, dass es im Gegensatz zum offiziellen betrieblichen Menschenbild und der formellen Organisation häufig die informelle Kopfarbeit der Arbeiter ist, die den störungsfreien Ablauf der Produktion erhält oder wieder herstellt.

8. Die seelische Dimension des Menschen in der Arbeit oder die Seelenlosigkeit der Arbeit

Das System der wissenschaftlichen Betriebsführung Taylors kennt weder den beseelten Menschen noch psychische Bedürfnisse. Taylor reduziert den Arbeiter auf Körper und Trieb. Statt psychischer Kräfte ist im Menschen lediglich ein Trieb wirksam, nämlich seine Gier nach Geld. Dieser Trieb wird durch entsprechende Lohnanreize der Ausbeutung der Arbeitskraft dienstbar gemacht. Darüber hinaus gibt es eine Seele in der Arbeit nicht.

Dieses mechanistische Menschenbild hat in der Entwicklung der Betrachtung des Menschen in der Industrie eine gewisse Korrektur erfahren durch die Erkenntnisse Mayos. (Brakelmann 1977, S. 27) Allerdings geschah in der Konsequenz dieser Erkenntnisse im Prinzip nichts anderes als die Einbeziehung psycho-sozialer Bedürfnisse des Menschen in das nun verfeinerte System der Ausnutzung der menschlichen Arbeitskraft. Wenn es so ist, dass der Mensch auch in der Arbeit psycho-soziale Bedürfnisse nach Anerkennung, Entwicklung von Selbstwertgefühl und so weiter hat, dann ist dem eben Rechnung zu tragen durch entsprechende Behandlung und Ästimierung. *„Die Leute behandeln, als ob sie Menschen wären"* lautet faktisch das Motto der sich in der Folge entwickelnden Bewegung der „human relations", die in der Sache abhängiger Lohnarbeit nichts verändert, sondern sie lediglich in äußeren Formen und durch Veränderung der zwischenmenschlichen Umgangsformen erträglicher macht. Die Arbeitspsychologie findet hier ein weites Feld ihrer Betätigung.

Neuerdings sagt man, dass ab einem bestimmten Lohnniveau zur Sicherung elementarer ökonomischer Bedürfnisse eine veränderte Einstellung zur Arbeit in der Arbeit sich bemerkbar mache. Es regten sich psychisch-soziale Bedürfnisse, die sich an der Entwicklung des Selbstwertgefühls in der Arbeit orientierten.

Dazu gehört als interner Faktor das Gefühl, in der Arbeit etwas Sinnvolles zu tun, und das eigene Können unter Beweis zu stellen. Leistungsbewusstsein, Kontrollbewusstsein, Selbstachtung in der Arbeit sind Ausdruck beseelter Arbeit.

Hinzu kommt als externer Faktor das Gefühl, für andere etwas von Wert zu produzieren und die Anerkennung der Kollegen, Vorgesetzten, ja der Umwelt überhaupt zu erfahren. Von diesen psycho-sozialen Ansprüchen an die eigene Arbeit, ihrem Inhalt, ihrem Vollzug, ihrem Ergebnis und der Stellung des Produzenten im Produktionsprozess sind die meisten Formen moderner Industriearbeit noch weit entfernt.

Zur Frage der seelischen Dimension des Menschen in der Arbeit hat Arthur Rich schon vor vielen Jahren Gedanken beigesteuert, die er im Blick auf neuzeitliche Industriearbeit insgesamt im Begriff der „traumatisierten Arbeit" zusammenfasst. Trauma ist ja bekanntlich der psychiatrische Begriff für die Beschädigung der Seele. Wegen ihrer tiefen Durchdringung dessen, was wir mit Seelenlosigkeit der Arbeit meinen, werden die Gedanken Arthur Richs hier wiedergegeben:

„Das Arbeitstrauma des industriellen Menschen hat also mit ihrer herkömmlichen Mühseligkeit wenig oder nichts zu tun.

Das Arbeitstrauma, (hat) keine Minderung erfahren, ganz im Gegenteil, auch wenn es meistens nur im Unbewußten schwärt und sich bloß durch mannigfach mißdeutete Symptome zu erkennen gibt. Unter ihnen ist an erster Stelle das zu nennen, was Georges Navel als ‚tristesse ouvriè-ré' bezeichnet. Immer wieder bricht diese unterdrückte und versteckte Traurigkeit im Industriearbeiter, überhaupt im industriellen Menschen auf. So hat ein Züricher Arbeiter vor ein paar Jahren geschrieben: ‚Um die Tragik des heutigen Industriemenschen ermessen zu können, muß man sie an sich selbst erlebt haben. Wie sich durch eine seelenlose, rein mechanische Tätigkeit, zu der kein inneres Verhältnis gefunden werden kann, eine namenlose Traurigkeit in die Seele senkt und man schließlich resigniert und hoffnungslos dahinvegetiert.' Man mag hier einwenden, dies seien doch nur die Stimmen von vereinzelten vielleicht übersensiblen Leuten. Aber dem ist nicht so.

Die Philosophin Simone Weil, die den Arbeiterpriestern ähnlich, in den Automobilwerken von Renault längere Zeit das Los des industriellen Menschen getragen hat, sagt sogar aus selbsterlittenem Verstehen: ‚Die Mehrzahl der Arbeiter hat (...) die wie von einem inneren Schwindel begleitete Erfahrung der Auslöschung gemacht, welche kennenzulernen, die Intellektuellen oder Bürger, selbst in dem größten Leiden, nur selten Gelegenheit haben.' Was unter dieser Auslöschung zu verstehen ist, bringt Joseph Büscher, ein Arbeiterlyriker unserer Generation zum Ausdruck, wenn er das industrielle Arbeitserlebnis in die leidvollen Worte faßt:

‚Ich fühle dumpf, indes ich diene, daß mir zerbricht mein Menschengesicht in der Maschine.'

Damit ist an den Tag getreten, was es mit dem Arbeitstrauma des industriellen Menschen auf sich hat. Es meint das Ausgelöschtwerden des Menschen in der konkreten Arbeitssituation, daß Zerbrechen seines Antlitzes in Produktionsverhältnissen, wo sich der Mensch maschinenmäßig zu verhalten hat wie ein Objekt, nicht wie ein Subjekt, wie ein totes Ding, nicht wie eine lebendige Person. Man könnte dasselbe auch so ausdrücken: Es meint ein Sein in der Arbeit, wo nur noch der Leib, nicht mehr die Seele dabei ist, weil sich die Seele, das, was den Menschen zum Menschen macht, seine Spontaneität, die verantwortliche Existenz, das mitmenschliche Leben aus ihr ausgeschlossen weiß. Und das ist die Verwundung, über die der Arbeiter als exemplarische Gestalt des industriellen Menschen nicht hinwegkommt, weil es ihn zur toten Seele in der Arbeit macht. Aber – so möchte die Gegenfrage lauten: Ist das denn wirklich so? Sprechen die Tatsachen nicht doch dagegen? Der industrielle Mensch macht schwerlich den Eindruck eines Typs, der an einem Arbeitstrauma leidet. Er verdient gern, lebt gern, und gibt sich bei alledem keinem tiefsinnigen Gedanken hin. Würde er nicht hell heraus lachen, wollte man ihm das Gehörte als sein Spiegelbild vor Augen halten?

Dagegen ist zu wiederholen, daß das Arbeitstrauma des industriellen Menschen im Unbewußten schwärt, selten bewußt zur Sprache kommt und darum vorwiegend nur indirekt zu greifen ist. Aber es ist zu greifen. Es ist nicht zuletzt daran zu greifen, daß der Mensch die traumatisierte Arbeit, wie ein Tier sein krankgewordenes Junges von sich stößt. Die Weise, in der das geschieht, ist die Ausklammerung der Arbeit aus dem Leben.

Der Mensch will jedoch keine tote, er will eine lebendige Seele sein. Darum die Ausklammerung der Arbeit aus dem Leben. Darum der hektische Freizeitbetrieb, ja Freizeitkult.

Aber so wird der Mensch keine lebendige Seele (...) denn zwischen Arbeit und Freizeit besteht eine innere Beziehung, auch wenn man sie zerreißen will. Man kann in der Freizeit kein total anderer Mensch sein als in der Arbeit. Wer in der Arbeit eine tote Seele ist, wird es auch in der Freizeit sein. Deshalb ist die Freizeit für viele zu einem Raum geworden, da man die Zeit nicht lebt, sondern da man sie totschlägt. Das sei jetzt nicht in einem anklagenden, das sei in einem verstehenden, aber auch tief

(...) besorgten Sinn gesagt. Denn wo werden wir enden, wenn bei steigendem Wohlstand, Lebenskomfort und Lebensgenuß Arbeit und Freizeit zu leeren, toten Räumen werden, da mir zerbricht mein Menschengesicht. Müssen wir uns nicht vielmehr von Albert Camus sagen lassen: ‚Wer kann noch in dieser Gesellschaft in Frieden schlafen, so er von nun an weiß, daß er seine schäbigen Genüsse aus der Arbeit von Millionen toter Seelen zieht'. " (Rich 1965, S. 34ff.)

9. Die soziale Dimension in der Arbeit oder die Bruderfeindlichkeit der Arbeit

In der wissenschaftlichen Betriebsführung sieht Taylor die Menschen in der Arbeit grundsätzlich als isolierte und voneinander unterschiedene Individuen. Wenn man den Menschen in der Arbeit als Einzelwesen ansieht und anspricht, dann kann er optimal eingesetzt werden. Es kann differenziert, selektiert und manipuliert werden, so dass physische Besonderheit und moralische Eigenart jedes Einzelnen am besten für Betriebszwecke eingesetzt werden können. Wie im Marktsystem generell wird auch im Produktionssystem der Mensch in seinem gesunden Egoismus gesehen. Auch die alte Weisheit „divide et impera" lässt sich besser anwenden, wenn man den Menschen als Einzelwesen zu erkennen glaubt.

In dreifacher Hinsicht sollen der mitmenschliche Charakter der Arbeit oder die diesbezüglichen Defizite an dieser Stelle andeutungsweise behandelt werden: Zunächst ist der Arbeitsplatz selber zu betrachten, dann die Ebene der horizontalen Kommunikation und schließlich die Ebene der vertikalen Kommunikation (Hierarchie und Vorgesetztenverhältnis).

Auf der Ebene des Arbeitsplatzes stellt sich die Frage der sozialen Dimension des Menschen in der Arbeit als das Problem von Isolation versus Kommunikation. Schon die Art des Arbeitsplatzes determiniert auch die sozialen Entfaltungsmöglichkeiten des Menschen.

Es gibt Einzelarbeitsplätze am Band oder an der Maschine, die es dem Arbeiter keine Sekunde gestatten, seinen Arbeitsplatz zu verlassen und etwa Kontakte mit Nachbarn aufzunehmen. Solche Arbeitsplätze mit hoher Standortgebundenheit führen zu sozialer Isolation in der Arbeit.

Wichtigstes Kommunikationsmittel ist die Sprache. Zu ihrer Anwendung bedarf es elementarer Voraussetzungen. Man muss akustisch verstanden werden können. Die Kommunikationsprobleme des modernen Menschen, in der Kunst, Literatur und Wissenschaft vielfältig behandelt und erhellt, entstehen in der Arbeitswelt schon auf einer sehr niedrigen physischen Ebene. Der Maschinenlärm verhindert das Gespräch.

Auch hier wird wieder deutlich, dass es in der Arbeitswelt noch längst nicht um Probleme einer differenzierten, individuellen Persönlichkeitsentfaltung geht, sondern um massive Behinderungen ganz selbstverständlicher elementarhumaner Vorgänge wie zum Beispiel Sprechen und Gehen.

Die formelle Organisation der Hierarchie lässt kommunikative Beziehungen auf der Horizontalen nahezu außer Acht. Die Linienorganisation sieht in der Hierarchiespitze die schöpferische Zentralinstanz, auf die alle offiziellen Kommunikationsbahnen ausgerichtet sind. Das offizielle Verwertungsinteresse der menschlichen Arbeitskraft unterschlägt also die Bedürfnisse des Menschen als sozialem Wesen. Die horizontale Abkapselung des Menschen wird noch dadurch verstärkt, dass alle Gratifikationen und Sanktionen auf der Vertikalen zu erreichen oder zu vermeiden sind: Belohnung, Belobigung, Lohnverbesserung, Beförderung oder das Gegenteil. Dadurch wird ein eher asoziales Verhalten verstärkt, kommt es doch darauf an, immer sich selbst im günstigen Licht erscheinen zu lassen ohne Rücksicht auf andere. Im Ganzen lassen sich Erscheinungen und Tendenzen auf der Horizontalen feststellen, die Anlass geben, im Nächsten eher den Konkurrenten und Widersacher zu sehen als den Arbeitskameraden und Menschenbruder.

Die soziale Dimension der Arbeit im Bezug auf die Hierarchie zu bedenken heißt, die Herrschaftsproblematik zu entfalten. Dies soll hier nicht geschehen. Deutlich wird aber in diesem Zusammenhang, dass es für eine freie Entfaltung der Persönlichkeit unterschiedliche Chancen gibt, gerade auch auf den verschiedenen Stufen der Hierarchie. Dies hängt weniger mit objektiven Sachverhalten zusammen als mit schichtenspezifischen Menschenbildern, mit denen im Betrieb operiert wird. Taylors Negativ-Anthropologie gilt für den Bereich der einfachen Arbeit. Die Anthropologie der freien Unternehmerpersönlichkeit ist einer besonderen Elite an der Spitze der Pyramide vorbehalten: „*Da ist der Mensch als Knecht, der gehorsame, auf Befehl reagierende Mensch hält sich strikt an formal geplante Vorschriften und Instanzenzüge, da er unter übersichtlicher Kontrolle steht. Seine Bedürfnisse werden durch Entgelt und durch den Spaß am Gehorsam befriedigt.* " (Rosenkranz 1973, S. 42)

Da ist der Mensch als Herr: Während das Organisationsobjekt mit steigender Hierarchie immer weniger zu gehorchen und immer mehr zu befehlen hat, ist der Mensch an der Spitze lediglich Befehlsgeber. In ihm ist alle Macht- und Entscheidungsbefugnis potenziert.

Was der Mensch ist oder sein kann, determiniert die betriebliche Herrschaftsstruktur. Der Betrieb macht Menschen. Je höher die soziale Position in der Betriebshierarchie ist, desto fähiger, verantwortlicher, klüger, freier, denkfähiger, kontrollunabhängiger, souveräner, aktiver ist der Mensch. Je niedriger die Position in der Hierarchie ist, desto dümmer, denkunfähiger, verantwortungsloser, unfreier, passiver, kontrollabhängiger ist der Mensch. Die Spitze der Hierarchie ist allwissend und allmächtig. Die Basis der Hierarchie ist unwissend und daher ohnmächtig.

Dahinter steht eine Auffassung vom Menschen, die eine starke Ungleichheit der Menschen voraussetzt und dadurch herstellt, dass auf der einen Seite der Mensch als Herr einige anthropologische Vorgaben bekommt und stark überschätzt wird, dass auf der anderen Seite der Mensch mit einigen anthropologischen Defiziten ausgestattet, stark unterschätzt wird.

10. Zusammenfassung

Arbeitsfrieden im Betrieb ist mehr als nicht stattfindender Arbeitskampf, sofern von einem positiven Friedensbegriff ausgegangen wird, der die Entfaltung der Persönlichkeit als friedensrelevant begreift; davon müsste ausgegangen werden, da die Verfassung des Betriebes entsprechende Deklarationen enthält.

Arbeitsfrieden, der durch Entfaltung der Persönlichkeit zu Arbeitszufriedenheit im eigentlichen Sinne führen kann, ist zu verstehen als ein Prozess zur Beförderung des ganzheitlichen Lebens in der Arbeit. Arbeit und Leben werden wieder zueinander geführt dadurch, dass die Elemente ganzheitlichen menschlichen Lebens auch in der Arbeitswelt ins Bewusstsein rücken.

Betrachtet man einen Arbeitsplatz im Zusammenhang der konkreten Arbeitssituation, des Arbeitsmilieus, kann man dies unter folgenden Gesichtspunkten tun: Inhalt, Qualifikation für die Arbeit und in der Arbeit, soziale Kontakte, Dispositionsspielraum, Belastungen. (Kern-Schumann 1970, S. 209ff.) Für jedes dieser Kriterien gibt es negative Extremwerte hinsichtlich der an ihnen festzumachenden Möglichkeiten der Entfaltung der Persönlichkeit. Ferner gibt es graduelle Differenzierungen und schließlich potentiell positive Extremwerte in Richtung humaner Arbeit, Entfaltung der Persönlichkeit, befriedigende Arbeit. Dieses ist in folgender Tabelle dargestellt:

Inhalt:
Extrem kurze Arbeitstakte — Anspruchsvolle, abwechslungsreiche Tätigkeit

Qualifikation:
Extrem kurze Anlernzeit — Andauerndes Lernen für die Arbeit und in der Arbeit

Disposition:
Lückenlose Reglementierung; Fremdbestimmung — Individuelle Gestaltungs- und Mitgestaltungsfreiheit

Soziale Kontakte:
Soziale Isolation — Formelle Gruppenarbeit und informelle Kontaktmöglichkeiten

Belastung:
Physisch-psychische Zerstörung — Körpergemäße Arbeitsbedingungen und gesundheitserhaltende Arbeitsumgebung

Die menschliche Arbeit verändert sich in der betrieblichen Realität bisher in der Regel stets nach dem Gesichtspunkt größerer Rationalität und höherer Effektivität, das heißt nach den Maßstäben der Wirtschaftlichkeit, denen der technische Fortschritt bislang untergeordnet worden ist. Denkbar ist eben auch die Veränderung der Arbeit nach Gesichtspunkten der Humanität. Es ließe sich bei Zugrundelegung des obigen Diagramms genau feststellen, welche Veränderungen in den einzelnen Kriterienbereichen die Elemente der Entfaltung der Persönlichkeit positiv betreffen würden.

Alle, die verantwortliche Entscheidungen zu treffen haben besonders hinsichtlich der Entwicklung der Arbeit, haben zumindest den Anspruch zu reflektieren, der sich aus § 75 Abs. 2 der Betriebsverfassung ergibt: Die Vitalisierung der Arbeit toter Seelen.

Es sollte dabei für die Praxis eine Empfehlung in den Mittelpunkt gerückt werden, die von denjenigen formuliert worden ist, die sich mit den bisherigen Erfahrungen aufgrund des Aktionsprogramms „Humanisierung der Arbeit" der Bundesregierung auseinandergesetzt haben: *„Es hat sich gezeigt, daß de fakto die Beteiligung der Betroffenen an der Gestaltung neuer Arbeitsformen noch recht gering ist. Aber gerade in der Beteiligung der Betroffenen bietet sich die Chance zur Selbstverwirklichung im Arbeitsprozeß. Es ist daher nicht nur notwendig, bei den Projekten darauf zu achten, daß die Arbeitnehmer beteiligt werden, es sollten auch Untersuchungen in Auftrag gegeben werden, wie die Beteiligung der Betroffenen praktisch erreicht und gestaltet werden kann."* (ASW-Informationen 1978, S. 3)

Literaturverzeichnis

ASW-Informationen (1978): Berichte über Arbeiten der Abteilung Arbeits- und Sozialwirtschaft Im Rationalisierungskuratorium der Deutschen Wirtschaft (RKW) akt. 1978

Belitz, Wolfgang (1977): Herrschaft im Betrieb. In: Kirche und Industrie. Beiträge zur Humanisierung der Arbeit. Mitteilungen des Sozialamtes der Evangelischen Kirche von Westfalen Nr. 23/1977, S. 55-67

Brakelmann, Günter (1977): Humanisierung der Arbeit als sozialethisches Problem. In: Beiträge zur Humanisierung der Arbeit. Mitteilungen des Sozialamtes der Evangelischen Kirche von Westfalen Nr. 23/1977, S. 20-55

DGB-Bundesvorstand (Hg.) (1977): Gewerkschaften und Mitbestimmung. Schriftenreihe der Bundeszentrale für politische Bildung. Bonn

Fitting, Karl; Auffarth, Fritz; Kaiser, Heinz (1977): Betriebsverfassungsgesetz, Handkommentar. München

Galtung, Johan (1975): Gewalt, Frieden und Friedensforschung. In: Ders.: Strukturelle Gewalt. Beiträge zur Friedens- und Konfliktforschung. Reinbek, S. 7-36

Helfert, Mario; Trautwein-Kalms, Gudrun (1978): Die gewerkschaftlichen Auseinandersetzungen um Arbeitsbedingungen und das Forschungsprogramm der Bundesregierung zur Humanisierung des Arbeitslebens. In: WSI-Mitteilungen Nr. 2/1978, S. 73-83

Kern, Horst; Schumann, Michael (1970): Industriearbeit und Arbeiterbewußtsein. Frankfurt am Main

Klee, Ernst (1977): Gefahrenzone Betrieb. Frankfurt am Main

Konstanty, Reinhold; Remmel, E. (1976): Arbeitsunfälle und arbeitsbedingte Krankheiten. In: Kasiske, Rolf (Hg.): Gesundheit am Arbeitsplatz. Reinbek, S. 62-81

Osterland, Martin (1973): Aspekte der Lebens- und Arbeitssituation der Industriearbeiter. In: Gewerkschaftliche Monatshefte Nr. 8/1973, S. 457-467

Rich, Arthur (1965): Christ und Arbeit in der modernen Gesellschaft. In: Die Mitarbeit Nr. 14/1965, S. 25-41

Rosenkranz, Hans (1973): Soziale Betriebsorganisation. München, Basel

Vilmar, Fritz (1973): Menschenwürde im Betrieb. Reinbek

„Es gibt keine zwingenden Gründe gegen Tarifverträge in der Kirche"

1. Der Streik in der Kirche!

Aus der bisherigen Diskussion gewinnt man den Eindruck, dass der Haupteinwand gegen den Abschluss von Tarifverträgen im kirchlichen Bereich sich auf die mit der Tarifautonomie gewährte Möglichkeit des gewerkschaftlich geführten Streiks beziehe. *„Die Kirche kann jedoch nicht die Versöhnung, den brüderlichen Umgang miteinander predigen, selbst aber eine Ordnung zur Regelung ihrer Arbeitsverhältnisse schaffen oder zulassen, die auf dem Gegeneinander, der Konfrontation, im letzten sogar auf dem Kampf gegeneinander beruht. Hinzu kommt, daß ein Arbeitskampf im Rahmen der Kirche und ihrer Diakonie in besonderer Weise auf dem Rücken und zu Lasten vorwiegend hilfbedürftiger Menschen ausgetragen würde".* (Herborg 1978, S. 65)

Nach der herrschenden verfassungsrechtlichen Interpretation ergibt sich das Streikrecht für Arbeiter und Angestellte aus der Koalitionsfreiheit in Art. 9 Abs. 3 Grundgesetz (GG). Nach der Rechtsprechung des Bundesarbeitsgerichtes ist mit der Koalitionsfreiheit zugleich auch die Institution eines Tarifvertragssystems verfassungsrechtlich gewährleistet. Das Streikrecht ist demnach tarifvertraglich geordnet. Wo das Tarifvertragssystem gilt, ist nur der gewerkschaftlich organisierte Streik legal.

Es ist in der bisherigen Diskussion noch nicht hinreichend deutlich geworden, welche Rechtslage dadurch vorhanden ist, dass die Kirche nicht zum Tarifvertragssystem gehört.

Da ein Grundrecht wie die Koalitionsfreiheit auch in der Kirche nicht außer Kraft gesetzt werden kann, andererseits das Streikrecht in der Koalitionsfreiheit wurzelt, können rechtlich gesehen kirchliche Mitarbeiterkoalitionen jederzeit Arbeitskämpfe führen. Seit Jahrzehnten gibt es also ein Streikrecht in der Kirche, von dem die kirchlichen Mitarbeiter allerdings bislang keinen Gebrauch gemacht haben. Rechtlich würde sich also eine

Einschränkung des Streikrechts ergeben, wenn die Kirche dem Tarifvertragssystem beitreten würde, da die Streikführung in diesem Fall genauer geregelt ist.

Die kirchliche Argumentation geht irrigerweise davon aus, dass mit dem Beitritt der Kirche zum Tarifvertragssystem das Streikrecht in die Kirche eingeführt werde. Dagegen wird mit theologisch überhöhten Unvereinbarkeitserklärungen gefochten: Die Gewerkschaften üben in die Kirche hinein Macht aus, bringen Kampf, Konflikt, Konfrontation, Unfrieden, Zwietracht – allesamt mit dem Wesen der Kirche nicht vereinbare Erscheinungen, die allerdings auch jetzt schon ohne Tarifvertrag in der Kirche anzutreffen sind.

Die Unvereinbarkeitserklärungen sind eindeutig gegen die Gewerkschaften gerichtet. Diese antigewerkschaftliche Haltung betrifft besonders die gewerkschaftlich organisierten kirchlichen Mitarbeiter. Die Gewerkschaft als Tarifpartner ist ja kein machtgieriger, kirchenfeindlicher Moloch, sondern die Interessenvertretung der in ihr organisierten kirchlichen Mitarbeiter.

Wie wenig hilfreich hier das traditionelle theologische Denkmuster von der Dichotomie zwischen Kirche und Gesellschaft ist, dessen sich die Gegner des Tarifvertrages durchgängig bedienen, wird an dieser Stelle besonders deutlich. Denn sofern die Gewerkschaft als Tarifpartner der Kirche die Interessen der in ihr organisierten kirchlichen Mitarbeiter vertritt, ist sie selber ein Stück Kirche. Dies wird in der Diskussion zu wenig gesehen, gewürdigt und respektiert.

In allen entscheidenden Phasen einer tariflichen Auseinandersetzung ist der Tarifpartner Gewerkschaft an das Votum der kirchlichen Mitarbeiter gebunden. Dies kann man vom Tarifpartner Kirche nicht sagen. Streik in der Kirche kann es nur geben, wenn die kirchlichen Mitarbeiter kampfwillig sind und die christlich-kirchlichen Mitarbeiter ihre Gewerkschaft dazu beauftragen.

In der Vergangenheit haben kirchliche Mitarbeiter nicht ein einziges Mal von ihrem grundgesetzlich garantierten Streikrecht Gebrauch gemacht. Bei den Gegnern des Tarifvertrages ist viel mehr Gewerkschaftsfurcht und/oder Misstrauen zu verspüren als Vertrauen gegenüber den gewerkschaftlich organisierten Mitarbeitern der Kirche. Daher ist zunächst einmal zur

Kenntnis zu nehmen, dass die Gewerkschaft als Tarifpartner der Kirche aus Mitarbeitern der Kirche besteht, die man nicht als Kampfhähne diffamieren darf, sondern als in allen Angelegenheiten der Kirche kompetente Gesprächspartner zu respektieren hat. Der Tarifvertrag engt das generelle Streikrecht der kirchlichen Mitarbeiter ein. Dies wird bisher von den Gegnern des Tarifvertrages nicht gebührend zur Kenntnis genommen. Die reale Streikgefahr ist in der Kirche sicher nicht sehr bedeutend, dafür haben die kirchlichen Mitarbeiter gesorgt. Wer aber nun immer noch von Ängsten gequält, von Abscheu geschüttelt oder vor Sorge um die Kirche umgetrieben ist, der sollte in bestimmte Bereiche des Öffentlichen Dienstes schauen, um festzustellen, dass die Tarifvertragsparteien in besonders anfälligen Bereichen wie Feuerwehr und Polizei auf das Streikrecht verzichten. Ein ähnliches Abkommen ist für den kirchlichen Bereich denkbar.

In einem anderen Sinne wird man für den Bereich der Evangelischen Kirche noch eine Anmerkung machen müssen. Von großer Bedeutung ist die Tatsache, dass es im Bereich der Evangelischen Kirche neben dem Streikrecht zur Wahrung der sozialen, wirtschaftlichen und beruflichen Belange eine Art theologisch-kirchlicher Streikpflicht der kirchlichen Mitarbeiter gibt für den Fall, dass Anstellungsträger, Dienststellenleitungen und sonstige Leitungsorgane Entscheidungen treffen oder Maßnahmen ergreifen, die den Boden des Evangeliums verlassen. Diese an den Arbeitsinhalten orientierte Streikpflicht gründet im evangelischen Verständnis vom allgemeinen Priestertum aller Gläubigen. Nach der Auffassung ist in den Fragen der evangelischen Wahrheit jedes Mitglied und also jeder kirchliche Mitarbeiter gleichermaßen kompetent wie Bischöfe, Synoden und Anstellungsträger. Anschaulich wird dieser Gedanke nicht zuletzt an Luthers eigener Praxis als kirchlicher Mitarbeiter. An dieser eher metaphorischen Reminiszenz soll deutlich werden, was gemeint ist.

2. Kirchliche Freiheit und die Fremdbestimmung durch die Gewerkschaft

„Zur elementaren Voraussetzung kirchlicher Existenz, kirchlicher Wirksamkeit gehört die Freiheit ihrer Dienste von jeglicher Fremdbe-

stimmung." (Thimme 1978, S. 39) Es ist gleich das Kirchenkampfbekenntnis von Barmen, das herhalten muss, um die gegenwärtige Bedrohung der kirchlichen Freiheit und Autonomie durch Tarifverträge aufzuzeigen und abzuwehren (ebd.). Beliebt ist in diesem Zusammenhang immer wieder die Zitation des folgenden konstruierten Beispiels: *„ Gerade etwa der Fall, daß die weder mit Staat und Kommune noch mit der Wirtschaft vergleichbaren Einkünfte der Kirche, aus welchen Gründen auch immer, stark rückläufig sind (Änderung der Kirchensteuerpraxis und der entsprechenden Bemessungsgrundlage, Kirchenaustritte usw.) muß der Kirche die Möglichkeit vorbehalten bleiben, in einer angemessenen, gerechten und die Mindesteinkommen besonders berücksichtigenden Weise Abweichungen von bisher als gültig anerkannten Besoldungsverfahren vorzunehmen.*" (a.a.O., S. 41)

Auch gegenüber dem Argument von der Fremdbestimmung ist zunächst wieder ins Bewusstsein zu rufen, dass der Tarifpartner der Kirche die Interessen kirchlicher Mitarbeiter zu vertreten hat. So ist die Kirche also nicht Opfer der Fremdbestimmung durch dunkle gesellschaftliche Mächte, sondern Partner ihrer eigenen Mitarbeiter. Verhandelt die Kirche mit den Verbänden kirchlicher Mitarbeiter, so nennt man das Partnerschaft, soll sie mit der Gewerkschaft kirchlicher Mitarbeiter verhandeln, heißt das Fremdbestimmung. Es ist zu beachten, dass die Differenz der Bewertung mit der kirchlichen Einschätzung der Gewerkschaften zu tun hat. Das konkrete Beispiel möglicher Einschränkung kirchlicher Handlungsfreiheit ist sehr unglücklich gewählt, weil es ausgerechnet die Freiheit der kirchlichen Anstellungsträger zur Beschränkung der Löhne und Gehälter der Arbeiter und Angestellten betrifft. Nicht die Leitungsorgane sind die Kirche, auch die kirchlichen Arbeiter und Angestellten sind die Kirche, und die Freiheit der Leitungsorgane kann gegebenenfalls die Freiheit der Kirche als die Gemeinschaft ihrer Mitarbeiter bedrohen.

So geht es also auch hier möglicherweise nicht um die Freiheit der Kirche, sondern um Privilegien ihrer Leitungsorgane; ein feiner Unterschied, der auch in der Freiheitsdiskussion unserer politischen Gegenwart eine große Rolle spielt. Dennoch ist das Beispiel geeignet, die Aufmerksamkeit in die richtige Richtung zu lenken. Die kirchlichen Arbeiter und Angestellten mit den niedrigeren Gehältern gehören zu den benachteiligten kirchlichen Mitarbeitergruppen im Vergleich zu den Pfarrern und Kirchenbeamten. Wenn man denn schon über potentielle Freiheitsbedrohungen der Leitungsorgane in dieser Hinsicht klagt, sollte man zunächst einmal die aktuellen Freiheiten nutzen, um zu überprüfen, ob wir in der Kirche unbedingt eine A-Besoldung bis A-16 oder gar die B-Besoldung brauchen und ob es unbedingt nötig ist, Wassergeld und Müllabfuhrgebühren der Pfarrer aus Kirchensteuermitteln zu bezahlen, noch dazu bis vor kurzem unversteuert. Es gibt keinen im Wesen der Kirche liegenden Grund, der solche Regelungen erforderlich macht. Hier ist ein weites Feld der Selbstbestimmung zu mehr sozialer Gerechtigkeit vorhanden. An dieser Wendung des Bedrohungsbeispiels zeigt sich dann auch recht deutlich, wie irdisch und alltäglich die Kehrseite des kirchlichen Freiheitskampfes ist, für den sogar das Barmer Bekenntnis aufgeboten werden muss.

Dieser Verknüpfung der kirchlichen Privilegienstruktur mit dem sehr ernsthaften Grundgedanken der kirchlichen Freiheit zum Opfer trägt in kluger Weise der Beschluss der Nordelbischen Synode Rechnung, eine Vereinbarung zwischen Kirchen und Tarifpartner zur Regelungsbefugnis in finanziellen Notlagen zu treffen: *„Es besteht zwischen den Tarifpartnern Einvernehmen darüber, daß die NEK (Nordelbische Kirche) in ihrer finanziellen Leistungsfähigkeit nicht vergleichbar ist mit den Gebietskörperschaften des Öffentlichen Dienstes. Es besteht ferner Einigkeit darüber, daß die NEK zur Erfüllung ihrer Aufgaben einen überdurchschnittlich hohen Personalbestand benötigt, der sie in ihren Haushalten entsprechend hoch belastet. In diesem Bewußtsein und in der Erkenntnis, daß bei erforderlich werdenden Einsparungsmaßnahmen in finanziellen Notlagen der NEK die Sicherung der Arbeitsplätze grundsätzlich Vorrang genießen soll, wird für den Fall, daß Einsparungsmaßnahmen zur kirchengesetzlich geregelten Kürzung der Besoldung der Geistlichen und Kirchenbeamten führen, eine entsprechende Anwendung dieser Kürzungsmaßnahmen im Geltungsbereich dieses Tarifvertrags vereinbart. Die Tarifpartner verpflichten sich für diesen Fall zum unverzüglichen Abschluß einer solchen Vereinbarung.“* (epd-Dokumentation 14/1978, S. 7)

Wird in der Diskussion das „Freiheit zum Opfer"-Argument gegen Tarifverträge angeführt, dann sollte jedem deutlich sein, dass dieses Problem
im Rahmen von Tarifverträgen vorbildlich gelöst werden kann. Praktisch
entfällt es damit als Argument, und man braucht die Barmer Erklärung gar
nicht mehr zu zitieren.

3. Die besondere kirchliche Dienstgemeinschaft

„*Ihre (der Kirche) Besonderheit wird dadurch geprägt, daß sie in
erster Linie eine Gemeinschaft von Menschen ist. Diese Menschen
aber sind miteinander durch Mitgliedschaft in der Kirche, ja durch die
Gliedschaft in der Gemeinschaft des Leibes Christi verbunden, wobei
durchaus zugestanden werden mag, daß dies subjektiv bei einzelnen
durchaus verschieden bewußt sein kann (...) Alles personale Miteinander in der Kirche würde in erheblicher Weise belastet werden, wenn
die Prinzipien des menschlichen Miteinander nicht vom Leitbild der
Kirche als Gemeinschaft der Gläubigen, sondern von den inadäqua-
ten Kategorien des Arbeitskampfes bestimmt sein werden.*" (Thimme
1978, S. 42)
Wenn man diese Argumentation in anderer Richtung zu Ende denkt,
erweist sie ihre Fragwürdigkeit: Die Arbeit in der besonderen kirchlichen
Dienstgemeinschaft ist besondere Arbeit und lässt sich arbeitsrechtlich
nur in besonderer Weise regeln und eben nicht nach dem gesellschaftlichen Tarifrecht. Dies kann gelten für alle nicht besondere Arbeit. Eine
Differenzierung zwischen besonderer Arbeit und gewöhnlicher Arbeit lässt
sich im Bereich der evangelischen Sozialethik aber nun ganz gewiss nicht
rechtfertigen. Abgesehen davon, dass hiermit implizit eine Abwertung aller
außerkirchlichen Arbeit vorgenommen wird, führt solcher Eifer im Kampf
gegen den Tarifvertrag in der Kirche dazu, dass unter der Hand wesentliche
reformatorische Grundkenntnisse angetastet werden. Im Unterschied zur
katholisch mittelalterlichen Tradition war es gerade Luther, der für eine
grundsätzliche Gleichwertung aller Arbeit eingetreten ist: Die noch so sehr
heiligen und mühevollen Werke der Geistlichen und Priester unterscheiden
sich in den Augen Gottes durchaus nicht von den Werken eines Landman-

nes, der auf dem Acker arbeitet, oder einer Hausfrau, die sich um ihr Haus kümmert, sondern bei ihm wird alles einzig am Glauben gemessen.

Dieser Aspekt der lutherischen Arbeitslehre führt zu der Einsicht, dass die Arbeit in der Kirche nach evangelischem Verständnis nichts Besonderes ist gegenüber der allgemeinen Arbeit aller Christen. Ist es denn falsch, daraus zu folgern, dass es für die kirchliche Arbeit auch keiner besonderen Regelungen bedarf, sondern gerade der Regelungen, die für alle Arbeit gelten?

Was nun die soziale Organisation der besonderen kirchlichen Dienstgemeinschaft angeht, so ist der Satz, dass die Kirche kein Herrschaftsverband, sondern eine Dienstgemeinschaft sei, eben ein Bekenntnissatz und keine Deskription der empirischen Realität in der Kirche. Den kirchlichen Herrschaftsverband als fraternelle Dienstgemeinschaft zu gestalten, ist eine große und noch immer ungelöste Aufgabe für die Kirche, bei deren Inangriffnahme sie ihre Besonderheit frei erweisen kann. Tarifverträge werden sie an dieser evangelischen, sozialen und rechtlichen Gestaltungsaufgabe gewiss nicht hindern.

4. Zusammenfassung

Aus der vorstehenden Erörterung der kirchlichen Argumente gegen den Abschluss von Tarifverträgen zwischen einer Vereinigung kirchlicher Anstellungsträger und den Organisationen der kirchlichen Arbeiter und Angestellten ist zu schließen: Es gibt weder stichhaltige juristische noch haltbare theologisch-kirchliche Gründe gegen Tarifverträge in der Kirche. Selbst besonderen Anliegen der kirchenleitenden Organe kann durch grundlegende Vereinbarungen in befriedigender Weise Rechnung getragen werden. Danach liegt folgende These nahe:

Die ablehnende Haltung der Kirche – oder besser gesagt der kirchenleitenden Organe und ihrer Repräsentanten – liegt letztlich in tiefsitzenden bürgerlich-kirchlichen Ressentiments gegenüber der Arbeiterbewegung begründet. Den kirchlichen Kreisen und Größen, die die kirchliche Variante des gesellschaftlichen Tarifvertragssystems als Gewährleistung des verbrieften Verfassungsrechtes ablehnen, ist daher anzuraten, das zu tun, was der Beschluss „Kirche und Arbeiterschaft" der Gemeinsamen Synode der

Deutschen Bistümer von 1975 in seinem großen Einleitungsteil in mancherlei Hinsicht eindrucksvoll tut: Gewissenforschung zu betreiben darüber, warum bürgerlich-kirchliche Ressentiments gegenüber der Arbeiterbewegung weiterhin so virulent sind.

Literaturverzeichnis

epd-Dokumentation 14/1978: Arbeitsrecht in der Kirche (II): Nordelbiens Ja zu Tarifverträgen, Frankfurt am Main 1978

Herborg, Hellmut (1978): Statt Tarifvertrag – der dritte Weg? (Thesen). In: epd-Dokumentation Nr. 14/78, Arbeitsrecht in der Kirche (II), S. 63-67

Thimme, Hans (1978): Zum Gespräch von Vertretern des Rates der EKD mit Vertretern des Vorstandes der ÖTV, November 1977. In: epd-Dokumentation Nr. 13/78, Arbeitsrecht in der Kirche (I), S. 37-43

Am Ort der Arbeit – Messwartentätigkeit

Bericht

„Und du guckst und guckst und guckst..."

Ich arbeite seit über sechs Jahren an einer Messwarte. Eine Messwarte kontrolliert und fährt die gesamte Produktion. Hier ist sozusagen das Gehirn. Dort habe ich in einem Chemiebetrieb gearbeitet.
Wie geht es einem Arbeiter an einem solchen Arbeitsplatz? Deutlich
wurde es mir immer morgens, wenn der Meister um sieben Uhr kam.
Seit einer Stunde waren wir auf Schicht und hatten von unseren
Kollegen aus der Nachtschicht die Schicht übernommen. Dann
kommt der Meister, schaut sich den Schreiber an, und wenn er
Unregelmäßigkeiten sieht, dann die Frage: „Ihr habt wohl geschla-
fen? Und merkt euch eins – ihr überwacht nicht die Anlage, die
Anlage überwacht euch." Dann wurde mir immer klar, worin meine
Arbeit besteht.

Die Bezeichnung lautet offiziell Überwachungsarbeit. Das heißt
konkret: Du hast ein großes Buch, in dem schreibst du in bestimmten
Zeitabständen das auf, was der Schreiber sowieso aufschreibt. Der
Meister kontrolliert das, was du in den Büchern aufgeschrieben
hast. Er geht mit den Büchern an den Schreiber und kontrolliert, ob
du auch richtig geschrieben hast. Dann fragst du dich, warum
schreibst du das eigentlich, wenn der Meister sich morgens die
Schreiber anschaut. Die Anlage hast nicht du im Griff, sie hat dich
im Griff. Der Schreiber notiert alles – wenn dir nachts die Augen
zufallen, merkt der Meister sofort am nächsten Morgen, weil dann
vielleicht deine Aufzeichnungen nicht genau stimmen. Ich musste
einmal um 13 Uhr eine Eintragung machen. Ich musste auf die
Toilette und habe daher erst um 13.10 Uhr die Werte aufgeschrieben.

Im Buch habe ich dann einfach 13 Uhr eingetragen, genau denselben Wert wie der Schreiber. Der Chef hat das gemerkt und mich angefahren: „Wissen sie, was sie hier machen? Das ist eine Urkundenfälschung!"

Ich habe an den Messwarten immer in Schicht gearbeitet. Wenn die Schicht um sechs Uhr anfängt, dann bist du möglichst schon eine viertel Stunde früher da, um deinen Kollegen von der Nachtschicht abzulösen. Mit ihm gehst du dann die Schreiberwand ab, schaust, ob Druck und Temperatur oder so stimmen. Dann vergleichst du, was der Kollege geschrieben hat und was der Schreiber aufzeichnet. Wir kommen immer etwas früher, damit die Kollegen nach der Ablösung pünktlich gehen können. Und dann stehst du vor dem Schreiber und guckst und guckst und guckst. Du siehst dir die Temperatur an, wenn sie nicht stimmt, musst du nachregeln. Das ist aber nur selten der Fall. Wenn eine Störung eintritt, dann musst du für jeden Bogen gerade stehen. Es ist deine persönliche Schuld, wenn der Schreiber nicht gerade läuft. Du arbeitest nicht mit jemandem, sondern immer gegen etwas, gegen die Bogen und Kurven. Du läufst ständig am Schreiber vorbei und bist froh, wenn das Telefon klingelt. Das ist eine schöne Abwechslung. Und dann schaust du wieder auf die Uhr, und dann schreibst du wieder, was der Schreiber sowieso schon schreibt. Dann hab ich mich gefragt: Täte das nicht auch eine Herde gut trainierter Affen? Was mich immer wahnsinnig stört ist, dass du nichts anrühren darfst. Da hängt die Nadel oder die Tinte ist ausgegangen – du darfst nichts tun. Ich würde das immer gerne reparieren. Aber das darf ich nicht. Einmal habe ich Tinte eingefüllt, da kam mein Kollege von der Mess- und Regeltechnik und meinte: „Das ist meine Arbeit!"

Die Apparaturen sind wahnsinnig empfindlich. Daher war der Messwartenraum, wo ich zuletzt gearbeitet habe, vollklimatisiert. Das haben sie nicht wegen uns Arbeitern gemacht, sondern wegen der Geräte. Sonst stehen Arbeiter ja auch in Dreck und Kälte.

Eine Ausbildung für die Arbeit habe ich nicht bekommen. Auch für einen Katastrophenfall, den es in der Chemie ja mal geben könnte, sind wir nicht vorbereitet. Manchmal, da hast du Situationen, wo du ganz hilflos bist: Die Reaktion verzögert sich, du gibst mehr Temperatur und dann steigt die Temperatur schlagartig. Dann gibt es nur eins, Kühlwasser, Gaseingang zu! Und dann habe ich oft gedacht: Beten und dann nichts wie weg.

Du bist ständig auf Sprung bei einer solchen Messwarte. Wenn eine Störung mal eintritt, fummelst du, bis du das wieder hinkriegst. Ich hatte mal einen Kollegen, der hatte fürchterliche Angst, allein zu sein. Er hat sich nicht getraut, irgendeinen Knopf zu bedienen. Als er eingestellt wurde, da haben sie ihm zwar die Anlage gezeigt, doch wenn du neu in der Chemie bist, dann verstehst du nichts.

Wir waren immer stolz auf unsere Arbeit. Wenn eine ganze Schicht reibungslos gefahren wurde, dann hast du deinem Kollegen bei der Ablösung gesagt: „Guck dir das an. Ich habe die Anlage wie ein Herrgott gefahren." Wir wissen, dass wir eine verantwortliche Arbeit haben. In der Messwarte zu arbeiten ist ein Privileg. An dir liegt es, ob die Anlage gut läuft. Doch: Das ist nur die eine Seite. Die Anlage hat dich im Griff. Sie registriert jeden Griff, den du machst. Einmal war ich schockiert. Ich bin mal in einen Raum hinter der Anlage gegangen. Dort stand ein Apparat, der hat jeden Griff, den du getan hast, genau mit Uhrzeit aufgeschrieben. Da stand dann: „Ventil XY aufgemacht um so und soviel Uhr. Ventil geschlossen um so und soviel Uhr." Alles stand exakt da. Alle deine Bedienungen, aber auch Bedienungsfehler. Ich bin dann zum Meister gegangen und habe ihm gesagt: „Das kommt wieder weg. Ich gehe sonst zum Betriebsrat." Ein paar Wochen später war das Gerät verschwunden. Das war die totale Überwachung, schlimmer als mit einer Fernsehkamera.

Wenn du merkst, dass die ganze Anlage von der Messwarte aus gefahren wird, dann bekommst du eine unheimliche Identifizierung mit dem Betrieb. Früher habe ich am Fließband gearbeitet. Dort spürst du dann Solidarität unter den Kollegen. Doch wenn du eine Anlage fährst, dann heißt es: Das habe ich gefahren. Da ist kein „wir" drin.

So eine Messwarte ist noch nicht die Endstufe der Automation. Nein, es sind ja immer noch zwei Arbeiter in der Messwarte und einige im Betrieb. Die werden sich schon was einfallen lassen, wie man auch noch da abbauen kann. In all den Jahren habe ich ganz verschiedene Messwarten kennengelernt. In meinem ersten Betrieb waren wir noch gut zwanzig Mann pro Schicht. Die Messwarte war vor Ort. Wir haben am Kessel gearbeitet, die Charge gemacht und die Werte eingetragen. Das war ein Arbeitsplatz mit Schippe und Schreibstift. Der nächste Betrieb, in den ich kam, hat schon kontinuierlich gearbeitet. Pro Schicht brauchte man vielleicht noch etwa zehn Mann. Zwei Kollegen waren in der Messwarte, die jetzt vom Betrieb getrennt arbeitete. Die erste Generation wusste noch, warum die Temperatur steigt oder so. Sie hatten ja früher selbst am Kessel gearbeitet. Doch die zweite Generation kam gleich in die Messwarte und sah dann nur noch anhand der Schreiber die chemische Reaktion. In einem anderen Betrieb wurde alles mit Mikroprozessoren gesteuert. Der Katalysator wurde sozusagen automatisch angesetzt. Es wurde zwar jede Schicht mit genauso viel Kollegen gefahren, doch die Produktion hat sich um mehr als 100 Prozent erhöht. Natürlich ist die Messwarte eine Erleichterung der Arbeit. Schwere körperliche Arbeit gibt es nicht mehr. Doch Zeit habe ich nicht gewonnen, die Arbeitszeit ist dieselbe geblieben. Ist das ein Fortschritt? In der Chemie haben wir es oft mit gefährlichen Arbeitsplätzen zu tun. Bei der Messwarte kommen wir mit diesen Stoffen nicht mehr in Berührung. Das heißt, so eine Messwarte ist dann auch gesünder. Aber wie auch immer, du hast jetzt das Gefühl, du bist hier überflüssig. Die Chemie „arbeitet" auch ohne dich. Oft, wenn ich morgens nach der Nachtschicht nach Hause gefahren bin und die ganze Nacht über keine Störung eingetreten ist, habe ich mich gefragt: Warum sitze ich da eigentlich die ganze Nacht rum? Ich hätte auch nicht kommen brauchen. Wofür kriegst du dann eigentlich dein Geld? Geschafft hast du ja eigentlich nichts. Und wenn dann die ganze Schicht über nichts aus dem Takt kommt, dann sagst du dir: So eine Scheiße, es will und will nichts kaputt gehen.

Dabei ist klar, für den Betrieb arbeitet eine Anlage am besten, wenn es für uns beide in der Messwarte nichts zu tun gibt. Ich habe dann oft ein Faulenzergefühl. Und ich habe schon Chefs erlebt, die tischen einem das auch noch auf, wenn sie sagen: „Sie haben ja sowieso nichts zu tun". Auch die Kollegen, die im Betrieb schaffen, habe ich öfter als einmal sagen hören: „Wofür kriegt Ihr eigentlich Euer Geld? Ihr tut ja nichts. Euch müssten die das Geld in einer Geschenkpackung geben." Es ist klar: Die Kollegen, die unten im Betrieb schaffen, bekommen am Kessel weniger Geld. Da sie weniger Verantwortung zu tragen haben, sind sie niedriger eingestuft. So kam ich mir selber privilegiert vor. Auch wenn die Arbeit langweilig ist, ist es immer noch besser, als mit der Schippe zu schaffen. Einmal bekam ich einen neuen Kollegen. Er meinte: „Jahrelang war ich Ansatzmann in der Produktion. Den Job hier halte ich 100 Jahre aus." Aber es dauerte nur ein paar Tage, dann sagte derselbe Kollege: „Jetzt habe ich die Bild-Zeitung schon dreimal gelesen!" Er warf sie in die Ecke, saß fragend da, wie krieg ich bloß die Zeit um. Die Chefs kommen immer vorbei. Du fährst die Anlage, alles ist in Ordnung, der Chef dreht an irgendeinem Knopf. Du hast dann das unbehagliche Gefühl: Der macht ja deine Arbeit. Er hat nicht die Routine und bringt die Anlage außer Takt. Dann brauchst du oft Stunden, bis alles wieder in Ordnung ist. Einmal habe ich erlebt, dass ein Kollege dem Chef beibrachte: „Lassen sie die Finger weg. Das ist meine Anlage. Hier fahre ich." Meistens geht aber die Schimpferei erst los, wenn der Chef weg ist.

Die Messwarte ist die Visitenkarte eines Betriebes. Da wird alles spiegelblank geputzt. Sogar das Telefon haben wir eingewachst. Aus lauter Langeweile. Wenn dann die nächste Schicht kam und den spiegelblanken Boden sah, hieß es: „Ihr habt aber schwer gearbeitet." Du brauchst das eben, dass du siehst, deine Arbeit hat irgendwas hervorgebracht. Wir wissen zwar, was in den Betrieben produziert wird, aber das genügt nicht. Du hast ja keinen Bezug dazu.

Einmal habe ich einen Verbesserungsvorschlag eingebracht. Wir haben eine neue Anlage angefahren. Über dem Schreiber war ein

Fließbild, das durch hunderte vom Lämpchen den Ablauf der Reaktionen, die Pumpen und Kessel anzeigte. Chef und Ingenieure standen stolz vor ihrem Werk. Ich machte den Vorschlag, diese schönen Lämpchen alle auszuschalten. Nur wenn eine Störung eintritt, solle an der Anlage ein Lämpchen leuchten, dann wüsste ich auch, wo etwas falsch läuft. Das wurde auch gemacht. Aber das war auch die einzige Veränderung, die mir eingefallen ist. Ich wüsste wirklich nicht, was man hier verändern sollte.

Kommentar

„In der Meßwarte zu arbeiten ist ein Privileg"

„Den Typ von Automationsarbeit, den man Messwartentätigkeit nennen kann, findet man vor allem an automatisierten Großanlagen der Schwer- und Petrochemie. Hier laufen komplexe chemische Umwandlungsvorgänge ab, die automatisch überwacht und gesteuert werden. Die stoffumwandelnden chemischen Prozesse entziehen sich weitgehend der direkten Kontrolle durch die menschlichen Sinne; deshalb sind hier Mess- und Anzeigegeräte der verschiedensten Art notwendig. Hinzu kommen automatische Korrektureinrichtungen, die im Störungsfall Folgeschäden abwehren. Die notwendigen Mess-, Anzeige-, Mitschreibe-, Signal- und Bedienungseinrichtungen werden heute meist zentralisiert in sogenannten Messwarten, die vom eigentlichen Produktionsprozess räumlich völlig abgetrennt sind." (Bahrdt et al. 1970, S. 77)

Die Gedankenverbindung von industriellem Arbeitsplatz und Privileg kommt selten vor, aber ein Messwartenarbeitsplatz ist im Verhältnis zur Mehrheit der anderen industriellen Arbeitsplätze ein privilegierter Ort.

Im breiten Spektrum moderner industrieller Arbeitsplätze kommt die Messwarterntätigkeit am besten weg. 92 Prozent der Messwartenarbeiter sind mit ihrer Arbeit zufrieden gegenüber der immerhin auch sehr hohen

Zahl von 68 Prozent befragter Industriearbeiter insgesamt. Nur vier Prozent der Messwartenarbeiter sind mit dieser Art Tätigkeit unzufrieden. Ich verstehe den Messwartenarbeiter M. so, dass er nicht zu den vier Prozent Unzufriedenen gehört.

Indem der Arbeiter aus der Produktion versetzt wird an einen neuen Ort, verliert er die Arbeit, wie wir sie kennen. Er arbeitet nicht mehr mit den Händen und dem Einsatz seines Körpers. Er wird zum Kontrolleur aus der Ferne, der gelegentlich aus der Ferne eingreift und ansonsten einen stark ausgeweiteten passiven Arbeitsanteil kennen lernt.

Der Messwartenarbeiter M. kennt die früheren Arbeitsformen in der Chemie und weiß auch, wie Arbeit am Fließband aussieht. Darum weiß er die Arbeit in der Messwarte zu schätzen: „Natürlich ist die Messwarte eine Erleichterung der Arbeit."

Die Messwarte frisst nicht die Gesundheit auf und verschleißt nicht den Körper durch ständige, noch dazu einseitige Belastungen. Arbeitsleid im klassischen Sinne gibt es nicht mehr. Es gibt keine Berührung mit Giftstoffen, keine Gase, Dämpfe, keinen Lärm, keine Hitze, keine Kälte, keinen Gestank, keinen Staub, kein Öl, keinen Schmutz, „alles spiegelblank geputzt". „Sogar das Telefon ist eingewachst." Hygienische, vollklimatisierte Arbeitsbedingungen. Natürlich ist die Klimaanlage wegen der hochempfindlichen Geräte installiert, ihre wohltuende Wirkung auf den Menschen lediglich als humanes Abfallprodukt ökonomisch motivierter Maßnahmen zu verstehen. Aber immerhin: „Eine Messwarte ist denn auch gesünder." Arbeiter kämpfen, seit es sie gibt, für gesündere Arbeitsbedingungen. Die Messwarte ist kein Ergebnis dieses Kampfes, sondern Produkt der technologischen Entwicklung in der Chemieindustrie. Der Arbeiter ist und bleibt Objekt auch im Prozess der relativen Befreiung des Arbeiters von belastenden Bedingungen der Arbeit und quälender Arbeitsintensität.

Mir erscheinen viele Gedanken und Äußerungen des Kollegen M. wie unbewusste Belege für diesen Widerspruch. Er wird in der relativen Messwartenfreiheit nicht recht froh, weil die alten Zustände der unwürdigen Eingebundenheit des Arbeiters in den Betrieb auch die neue Freiheit bestimmen. Das Bewusstsein der Unfreiheit ist aktuell im technischen und sozialen Zusammenhang.

„Die Anlage hat dich im Griff" – „Ich habe die Anlage wie ein Herrgott gefahren"

Die Tätigkeit des Messwartenarbeiters wird „offiziell" als „Überwachungsarbeit" bezeichnet und kann auch so beschrieben werden. M. beschreibt sie so und anders.

Der Arbeiter „fährt die Anlage". Aber seine Tätigkeit ist keine souveräne Steuerungs- und Führungsarbeit. „Du schreibst in bestimmten Zeitabständen auf, was der Schreiber sowieso aufschreibt." Der Sinn der doppelten Buchführung leuchtet M. nicht ein. Mir auch nicht. Dem Arbeiter dürfen nachts die Augen nicht zufallen, damit er pünktlich schreiben kann, was der Schreiber schreibt. Zur Überwachungsarbeit gehört also ganz elementar das Wachbleiben, ein Problem, das durch den technischen Schreiber aus naheliegenden Gründen nach wie vor viel zu schaffen macht. Überwachen heißt hier, wach zu bleiben gegenüber der unermüdlichen Technik. Überwachen heißt ferner: „Du stehst vor dem Schreiber und guckst und guckst und guckst..." „Du läufst ständig am Schreiber vorbei." „Dann siehst du die Temperatur an."

Sitzen, schreiben, laufen, gucken, gucken, gucken, wach bleiben sind die anfallenden Routinetätigkeiten in der Messwarte. Trotz der großen Freiheit ist die Arbeit inhaltlich stark eingeschränkt. Im Zweifelsfalle darf der Arbeiter nichts anrühren. Trotzdem „bist du ständig auf dem Sprung", in dem sehr seltenen Störungsfall wird „gefummelt", „nachgeregelt" und ähnliches, bis die Störung behoben ist.

Die neuen Möglichkeiten der industriellen Messwartentätigkeit bleiben in den alten Grenzen der Verwendung des Arbeiters im technischen Zusammenhang der Fabrik: Einfügung in vorgegebene Strukturen der Hierarchie und Anpassung an vorgegebene technische Abläufe. Vor diesem Hintergrund wird verständlich, dass sich widersprüchliche Empfindungen und Feststellungen in den Äußerungen des Kollegen M. finden.

Da ist der neue Produzentenstolz, der ihn nach reibungslos verlaufener Schicht sagen lässt: „Ich habe die Anlage wie ein Herrgott gefahren."

Die gesamte Anlage hängt an der Messwarte. Sie ist das Gehirn der Produktion, die einsame und unteilbare Spitze. An eben dieser Stelle, das ist die neue Erfahrung, sitzt ein Arbeiter. Das ist doch wohl der klassische Sitz der Götter oder doch zumindest der ihnen nicht unähnlichen Menschen auf Erden. Das Subjekt der Anlage ist die Messwarte. Der Kopf der Messwarte ist der Arbeiter. M. macht sich diesen Zusammenhang formal bewusst und konstatiert eine „unheimliche Identifizierung" mit dem Betrieb. „Unheimlich" ist seine Identifizierung mit einem Betrieb, der den Arbeiter ins Gehirn setzt und ihn dabei im Griff behält.

Das eben ist die gleichzeitige, gegenläufige Erfahrung. Niemand von uns käme auf die Idee zu sagen, die Anlage „hat dich im Griff", wenn er dem Messwartenarbeiter bei seiner Arbeit zuschaut. Der Messwartenarbeiter M. dagegen wiederholt dieses Bild mehrfach. Der Kontrolleur wird nämlich lückenlos und pausenlos selbst kontrolliert. Der Meister bleibt auch in der technologisch fortschrittlichen Anlage der Kontrolleur in Person. Der Arbeiter verfügt nicht über arbeitsplatzspezifisches Expertenwissen und Handlungskompetenz, die sich dem Zugriff des Meisters entzieht, wie es gelegentlich von anderen modernen Arbeitsplätzen berichtet wird.

Die Anlagenschreiber halten alles fest, indirekt auch die Fehler des Schreibers des Geschriebenen. Dieser Mechanismus beschränkt den scheinbaren Freiheitsspielraum des Arbeiters in erniedrigender Weise, zwingt den Kontrolleur zur Selbstkontrolle, um vor der Fremdkontrolle des Meisters bestehen zu können. Die Schreibaufgaben des Messwartenarbeiters scheinen in der Interpretation von M. eigens formuliert, um die klassische Kontrolle über den Arbeiter aufrecht zu erhalten. Ganz zu schweigen von dem Hinweis auf die betriebsverfassungswidrige Installation einer zusätzlichen apparativen Totalüberwachung des Messwartes, die an die Praktiken totalitärer Diktaturen erinnert.

M. lässt sich kein X für ein U vormachen. Der geschulte Kontrolleur registriert sensibel alle Formen der Kontrolle durch die Anlage, in der Anlage und im Raum hinter der Anlage. Die durch die Kontrollmechanismen vermittelte Erfahrung der Abhängigkeit und Unterworfenheit bricht den Produzentenstolz. Die Vorstellung vom „Herrgott" weicht der Vorstellung vom „gut trainierten Affen": Im technischen Gehirn der Anlage wird die Beschränkung des menschlichen Gehirns zum Gesetz der Arbeit. Im Kopf des Betriebes ist die Kopflosigkeit des Arbeiters geplant. Diese Tatsache bleibt für M. keine diffuse Empfindung, sondern wird klar und unmissverständlich ins Bild gesetzt. Der Arbeiter ist auch hier nicht souveränes Subjekt im Produktionsprozess, sondern nützliches Objekt im goldenen Käfig.

M. ist in den Raum hinter der Anlage gegangen. Das hat ihm mehr Klarheit über seine Situation verschafft. Aber er stößt auch Türen auf zum Raum über der Messwarte in der Gestalt weitergehender Fragen: „Täte dies nicht auch eine Herde guttrainierter Affen?" „Eine Ausbildung für die Arbeit habe ich nicht bekommen." „Wir wissen zwar, was in den Betrieben produziert wird, aber das genügt nicht. Du hast ja keinen Bezug dazu." Messwarte sind nicht zu kompetenten Führern der Produktion geworden. Das ist eine Erfahrung, die im Widerspruch steht zur bisherigen landläufigen Annahme, dass bei fortschreitender Automation im Laufe der Entwicklung aus dem Industriearbeiter im Blaumann der Quasi-Ingenieur im grauen Kittel an der Anlage wird. M. belehrt uns eines Besseren. Er reflektiert Erkenntnisse, die ihm die Industriesoziologie bestätigen kann:

„Es zeigt sich, dass selbst die Messwartentätigkeit, die als einzige moderne Produktionsarbeit grundlegend neue Arbeitselemente aufweist, nicht mehr als eine qualifizierte Angelerntentätigkeit ist. Die Bedeutung, die diesem Typ von Automationsarbeiter im Produktionsprozess zufällt und die mit seiner Arbeit verbundene Qualifikation sollen darum nicht überschätzt werden. Die Vorstellung, der Mann vor den Schalttafeln, der Messwart, das sei fast eine Art Ingenieur, ist gewiss eine Fabel. Gerade an automatisierten Großanlagen bleibt die Grundplanung des Produktionsprozesses weitgehend der Betriebsleitung überlassen. Wo die Vorgesetzten als die eigentlichen Spezialisten der Produktion gelten müssen, wo die technische Anlage sich in zentralen Bereichen selbst kontrolliert und auch im Störungsfall gegen schwerwiegende Folgen abgesichert bleibt, wird der Arbeiter

kaum dazu in der Lage sein, sich in seinem Selbstbild die entscheidende Rolle im Produktionsprozess zuzubilligen. Er mag seine eigene Funktion als wichtig ansehen, doch er wird immer wieder mit ihren Beschränkungen konfrontiert werden." (Bahrdt et al. 1970, S. 88f.)

Die Erfahrung der Beschränkung herrscht vor, wo wie im Falle von M. Kontrollabhängigkeit und stupide Aktivität so scharf auf den Begriff gebracht werden können.

Die Verweigerung der Partizipation am Herrschaftswissen durch fortschreitende Qualifikation der Kopfarbeit markiert die Schranke zwischen den wirklichen Anlagenfahrern und den Industriearbeitern in der Messwarte. Die Erfahrungen des Messwartenarbeiters M. zeigen, dass es sich hierbei nicht um eine naturbedingte Form der Arbeitsteilung handelt, sondern um eine Frage der Herrschaftsverhältnisse im industriellen Leben.

„Wofür kriegt ihr eigentlich euer Geld" oder: Kollegen, Meister, Chefs

Die Arbeitswelt des Industriearbeiters umfasst in der Regel zwei bis drei Stufen der Hierarchie der sozialen Organisation des Betriebes, was darüber hinausgeht sind „die da oben". M. befasst sich mit ihnen nur indirekt. Er begegnet Kollegen, Meistern, Chefs.

Der Leser sollte schon ein wenig wissen von der Bedeutung der Zeit an den Rändern der Schicht, wo der Übergang erfolgt von der „Freizeit" zur „Arbeitszeit" und umgekehrt. Er ist dann beeindruckt von dem Zeichen der Solidarität in der Schicksalsgemeinschaft der Schichtarbeiter, das M. beiläufig erwähnt. Eine Viertelstunde pro Schicht opfern die Kollegen einander zugunsten der jeweiligen Schichtvorgänger. Das mag wohl eine Woche solidarischer Mehrarbeit sein pro Jahr. Das Ergebnis mancher Jahre des Kampfes um Arbeitszeitverkürzung wird hier untereinander verschenkt. Wir Außenstehenden lesen darüber hinweg, weil eine Viertelstunde im Leben eines Nichtlohnarbeiters nicht ins Gewicht fällt. Hier hat dieser Vorgang den Rang eines kollegialen Solidaritätsopfers, das erwähnt wird, als verstehe es sich von selbst.

Ansonsten findet M. die solidarische Schicksalsgemeinschaft der abhängigen Lohnarbeiter in der Messwarte nicht mehr vor. Diese Erfahrung gehört für ihn der Vergangenheit an. Die Anlage „habe ich gefahren", „da ist kein ‚wir' mehr drin".

Die vielfach erwähnten Möglichkeiten des Messwartenarbeiters, in seinen passiven Arbeitsanteilen soziale Kontakte, Gespräche, Kommunikation in der Messwarte zu entwickeln und zu pflegen, finden bei M. keine Erwähnung. Sein Kriterium ist offenbar das „Wir" der Kollegen im Vollzug aktiver Arbeit. „Früher habe ich am Fließband gearbeitet. Dort spürst du dann Solidarität unter den Kollegen." Daran gemessen ist die Arbeit in der Messwarte unsozial. „Du arbeitest nicht mit jemandem, sondern immer gegen etwas, gegen die Bogen und Kurven."

Im Akkord werden die Arbeiterinnen und Arbeiter zu einsamen Einzelnen, weil sie gezwungen sind, ohne Unterbrechung die eigene Leistung zu beobachten, um die geforderte Stückzahl zu erreichen. Kommunikation ist Störung. In der Messwarte dagegen ist Kommunikation ständig möglich, aber nichts wird gemeinschaftlich bewerkstelligt. Der Einzelne befindet sich allein im Clinch mit der Anlage. M. fühlt sich vereinzelt inmitten neuer Kommunikationsmöglichkeiten. Die Kollegen, die unten im Betrieb schaffen, wissen, dass die Messwarte eine privilegierte Welt ist, zu der jeder von ihnen auch ganz gerne gehören möchte. Es bildet sich eine Hierarchie in der Arbeiterschaft selbst, geordnet nach Geld, Status und Verantwortung. Dies fördert nicht die Solidarität in der Fabrik. Die Kollegen unten reagieren mit neidvollem Spott: Die Messwarte sind Faulenzer, denen das Geld geschenkt wird. In das gleiche Horn stoßen die Chefs, die ansonsten im Arbeitsleben von M. keine bedeutende direkte Rolle spielen. Sie haben in der Messwarte nichts zu sagen, aber sie stören in empfindlicher Weise. Sie machen zweierlei deutlich: Die Messwarte haben nichts zu tun und sind eigentlich überflüssig. Wenn die Chefs gelegentlich an der Anlage herumspielen, wird deutlich, wer die Anlage in Wirklichkeit fährt. Eine außerordentlich motivierende Art der Menschenführung im Betrieb!

Der Meister schließlich macht M. am meisten zu schaffen. Er hat nicht viel zu sagen, was die Arbeit betrifft. Er erteilt keine Befehle und gibt keine Arbeitsanweisungen. Der Arbeiter fährt die Anlage. Der Meister im klassischen Sinn scheint hier überflüssig zu sein. Für den Kollegen M. wird er nun zur personifizierten Kontrolle der Kontrolleure. An der

Funktion und Wirksamkeit des Meisters durchschaut er die vordergründig privilegierte Situation der Messwarte und nimmt seine eigene Stellung und Funktion im Betrieb wahr. Der Meister steht im Dienst der Herrschaft von Menschen über Menschen auch da, wo sie aus technischen Gründen abgeschafft ist. An den Herren sollt ihr die Knechtschaft erkennen.

Zur Verhinderung unguter Entwicklungen ist der Meister der Dompteur im goldenen Käfig.

„Jetzt habe ich die Bild-Zeitung schon dreimal gelesen"

Der Messwartenarbeiter M. ist ein Kronzeuge des technischen Fortschritts, der Geschichte der fortschreitenden Automatisierung der chemischen Industrie, die er über einen langen Zeitraum hinweg selbst erlebt hat. Er hat eine klare Einsicht in den Zusammenhang von Rationalisierung, Automatisierung, Produktivitätssteigerung und Arbeitsplatzvernichtung. Natürlich hat die Technik die Arbeit leichter gemacht, aber auch den Arbeiter überflüssig. Die Erfahrung hat M. gelehrt: „Die Messwarte ist noch nicht die Endstufe der Automation." In Sicht kommt die „menschenleere Messwarte". Potentiell sind sie alle überflüssig. M. arbeitet und fühlt sich bereits jetzt im Schatten dieser Zukunft.

Der technische Wandel ist für den Arbeiter bislang nicht erlebbar als sich vollziehende Verheißung der Befreiung in der Arbeit und von der Arbeit, sondern primär als Bedrohung, den Arbeitsplatz jederzeit verlieren zu können. Der alte zementierte und tabusierte Zusammenhang von Arbeitsplatz – Lohneinkommen – Existenzsicherheit des Arbeiters ist nicht geeignet, die Früchte des technischen Wandels dem Arbeiter zukommen zu lassen. Da Technik immer auch Arbeitsplätze abschafft, berührt der technische Wandel stets die Grundlagen der Arbeiterexistenz. In der Messwarte ist der Preis für das „Mehr" an Gesundheit durch privilegierte Arbeitsbedingungen ein „Weniger" an Existenzsicherheit, da bewusst ist, dass die Messwarte noch nicht die Endstufe der Automation darstellt.

Jedem von uns tut es in der Seele gut, wenn er das Gefühl hat, gebraucht zu werden und unverzichtbar zu sein. Das gilt gerade auch im Arbeitsleben zur Entwicklung unseres Selbstbewusstseins und Selbstwertgefühls. Eben diese elementare und lebensnotwendige Erfahrung vermittelt die Messwarte nicht, obwohl wir zunächst annehmen, in so einer komplizierten Anlage, die dem Arbeiter so viel Verantwortung auferlegt, sei das Gegenteil der Fall. M. lebt in der Messwarte gesünder, aber er fühlt sich überflüssig, bereits neben die Arbeit gestellt. Er spricht einen sehr wichtigen Satz aus: „Die Chemie arbeitet auch ohne mich." Es gibt in der Messwarte über weite Strecken nichts zu tun. Es fällt eine Menge Zeit an, die verarbeitet werden muss.

Dies ist der Punkt quälender Erfahrungen: Weniger Arbeit, mehr Zeit – diesen schönen Zusammenhang kann der Messwart nicht für sich nutzen, da das System keine Lösungen nach den Bedürfnissen des Menschen vorsieht.

Der Arbeiter hat weniger zu tun – die Arbeitszeit ist gleich blieben. „Ich hätte auch nicht kommen brauchen." – „Ich habe dann oft ein Faulenzergefühl." Nicht starke Gefühle einer neuen Freiheit stellen sich ein, sondern Schuldgefühle: Deprimierende Arbeitslosigkeit in der Arbeitswelt.

Die Normen der Arbeitswelt stecken so in uns drin, dass sie sich auch in neuen Situationen bemerkbar machen. Nur wer was Handgreifliches schafft und unaufhörlich tätig ist, verdient sein Geld.

Andererseits fragt der Messwartenarbeiter M. in eine richtige Richtung nach vorn: „Doch Zeit habe ich nicht gewonnen, die Arbeitszeit ist dieselbe geblieben. Ist das ein Fortschritt?" Dass dem nicht so ist, macht auch der Kollege drastisch deutlich. Er weiß nicht, wie er die Zeit totschlagen soll. Man kann die Bild-Zeitung doch nicht dreihundertmal lesen.

Wie gewinne ich Zeit, wenn die Arbeit in der Arbeitszeit vermindert wird? Hier beginnen die Fragen nach der Zukunft des Arbeiters und der Arbeit in einer in absehbarer Zeit menschenleeren Fabrik. Es ist sehr zu wünschen, dass die Gedanken, die M. in diesem Zusammenhang äußert, sich bald zu einer Zukunftsperspektive zusammenfügen, in der der Arbeiter endlich als Erbe der technischen Entwicklung erscheint und nicht weiterhin vor allem als ihr Opfer. Wenn die Chemie ohne Arbeiter arbeitet, wie M. sagt, dann brauchen die Arbeiter auch nicht zu kommen, wie M. vermutet. Können sie nicht wirklich zu Haus bleiben? Erst dann haben sie durch die Automation

Zeit gewonnen, die das wirkliche „Maß des Reichtums" ist, nicht Langeweile mit Faulenzergefühlen in der Arbeitszeit, aber auch nicht Arbeitslosigkeit, sondern frei verfügbare, neu gewonnene Zeit für freigewählte Betätigungen, für ein anderes aktives Leben. „Die Chemie arbeitet auch ohne mich", sagt M. Wenn die Chemie ohne Arbeiter arbeitet, dann ist es technisch möglich, das Recht auf ein volles Gehalt nicht mehr an eine volle Arbeitszeit zu binden.

„Mit weniger Arbeit mehr produzieren, die Früchte des technischen Fortschritts besser verteilen, ein neues Gleichgewicht schaffen zwischen Pflichtarbeit und frei verfügbarer Zeit, allen Menschen die Möglichkeit zu einem entspannteren Leben und vielfältigeren Beschäftigungen geben: dies sind die neuen Ziele, um die es sozial und politisch zu kämpfen gilt." (Gorz 1980, S. 14)

Wir wissen, dass wir nicht gemeinsam für diese neue ökonomische Rationalität kämpfen werden. Wir werden nicht die Befreiung von der Arbeit betreiben, sondern in eine Entscheidungsschlacht um Arbeitsplätze eintreten, weil wir uns nicht schnell genug von den Fesseln alter Werte und Herrschaftsformen befreien können. Warum realisieren wir die positiven Möglichkeiten der fortgeschrittenen Industriegesellschaft nicht für alle ihre Mitglieder? Warum verhindern wir, dass aus den Sklaven Freie werden, wie es nach dem Willen Gottes mit den Menschen geschehen soll?

Nachwort

„Ich habe an den Messwarten immer in Schicht gearbeitet." Im grauen Staub der Wirklichkeit hat M. uns Lichter aufgesteckt. Sein Leben ist das Leben eines Schichtarbeiters in dreifacher Wechselschicht. Das sagt er nur so, das führt er nicht aus, das beklagt er nicht.

Neulich sagte ein junger Arbeitswissenschaftler im Gespräch: *„Die Schichtarbeit ist erforscht. Die Schäden, Mängel und Benachteiligungen des Schichtarbeiterlebens sind bekannt und veröffentlicht. Sie gehören zum Alltagswissen. Lösungsmodelle zur Minderung der Schäden gibt es, aber es geschieht so gut wie nichts."* Es ist an der Zeit, Betroffene wie den

Messwartenarbeiter M. zu ermutigen, ihre Erfahrungen in Vorschläge für eine veränderte Arbeitswelt umzusetzen. Ich bin sicher, dass dann der Schlusssatz von M. nicht mehr lange stehenbleiben wird: „Ich wüsste wirklich nicht, was man hier verändern sollte!"

Literaturverzeichnis

Bahrdt, Hans Paul et al. (1970): Zwischen Drehbank und Computer. Reinbek

Gorz, André (1980): Das Ende der Politik der Vollbeschäftigung. In: Technologie und Politik 15 (Die Zukunft der Arbeit 3). Reinbek

Mensch und Arbeit in Gottes Schöpfung und Reich

1. Vorzeichen

Wenn die Nachfrage nach menschlicher Arbeitskraft deutlich zurückgeht, werden Lohnabhängige massenhaft arbeitslos. Mit dieser alten Erfahrung leben wir seit 1974 neu. Trotz aller Versuche, die Probleme der Arbeitslosigkeit der großen Zahlen herunter zu spielen, zu verdrängen oder dem Selbstverschulden der Betroffenen zuzuschreiben, bleibt sie der Pfahl im Fleische der Wohlstandsgesellschaft, auch wenn es anderswo noch schlimmer ist.

Die technische Revolution der Gegenwart scheint beschleunigt das Ende der Vollbeschäftigung einzuleiten, zu der wir uns noch keine Alternative realistisch oder realisierbar vorstellen können. Der Glaube an das Wachstum ist trotz der ungebrochenen Bekenntnisse vieler vom Zweifel, der aus den Tatsachen kommt, zerfressen. Die Tatsachen belegen den tendenziellen Verfall der Wachstumsraten. Es werden Programme der Finanzierung der Vollbeschäftigung erdacht, obwohl sich nicht mehr länger verheimlichen lässt, dass ihre Wirksamkeit fragwürdig ist. Aus der Arbeitsgesellschaft kann die Gesellschaft der Arbeitslosen werden oder eine Gesellschaft der Zwangsarbeit, die keinen Sinn mehr ergibt.

Ein Schlaglicht auf die zukünftigen Träger der Arbeitsgesellschaft: Fünfzehn gut situierte Auszubildende mittlerer Stadtverwaltungen werden gebeten, auf die Vorgabe „Arbeit ist wie..." je zehn Bilder oder Bildworte zu assoziieren. Alle 150 Bilder, die gefunden werden, sind negativ. Kein einziges Bild aus dem Bereich Erfüllung, Selbstverwirklichung, Sinn, (materielles) Glück kommt zutage. Assoziiert werden lebensbedrohende Bilder aus dem Bereich der Natur (Nacht, Hagelschlag, Erdbeben, Schmerzen, Tod) oder den Institutionen menschlichen Leidens (Krankenhaus, Gefängnis, Irrenanstalt).

Dies sind die Zeiten *harter Propheten* auf dem Markt. Ein neues Wirtschaftswachstum wird die Arbeitslosigkeit aufsaugen. Mehrarbeit statt

Arbeitszeitverkürzung ist die Antwort auf die japanische Herausforderung. Wir müssen den Gürtel enger schnallen, das Anspruchsdenken relativieren und uns auf unsere Pflichten besinnen.

Die Wiederaufbereitung radioaktiven Mülls schafft Arbeitsplätze. Die Atomkraftwerke schaffen Arbeitsplätze und Energie für Produktionen, die Arbeitsplätze benötigen. Wissen, Können, Ausbildung ist nötig für die Produktion von morgen. Packen wir es an. Die Arbeit ist knapp. Alles wird gutgeheißen, wenn es nur Arbeitsplätze verheißt. Nicht die Arbeit schafft die Produkte, von denen und mit denen wir leben möchten, sondern jederlei Produktionen schaffen Arbeit. Es gibt einen Missbrauch des Arbeitsplatzarguments, vor dem wir uns schützen müssen.

Die *harten Propheten* erscheinen auch als Wölfe im Schafspelz. Fast alles, was Menschen einander tun, um zu leben, kann gedanklich in Erwerbswirtschaft gefasst werden, standardisiert und reglementiert in die öffentlichen Hände von Sozialarbeitern und professionellen Hegern und Pflegern, Käufern und Tauschern gelegt werden. Da die erwerbswirtschaftliche Arbeit knapp wird, Alternativen nicht denkbar sind, muss alles entlohnt und professionalisiert werden. Jeder Raum sozialen Handelns kann für Warenaustausch und Dienstleistung erschlossen werden. Aber dafür fehlt das Geld.

Nun sind dies aber auch die Zeiten der *sanften Propheten.* Sie können uns helfen, durch ihre Einsichten und Fragen nach und nach die richtigen Fragen für die Versöhnung von Arbeit und Leben in unserer Gesellschaft herauszufinden, zum Beispiel André Gorz: *„Im Zeitalter der Automation schafft Wachstum keine Arbeitsplätze mehr: oft vernichtet es sie sogar. (...) Wir stehen am Ende der Epoche, in der menschliche Arbeit die Quelle allen Reichtums war."* (Gorz 1980, S. 13)

„Führt die 3. industrielle Revolution in die Gesellschaft der Freizeit? Wird sie den Menschen von versklavender Arbeit befreien oder wird sie ihn noch mehr verkrüppeln, indem sie ihn erzwungener Untätigkeit verdammt? Wird sie ein neues goldenes Zeitalter bringen, in dem wir weniger arbeiten und dennoch über immer größeren Reichtum verfügen oder wird sie die einen zu Arbeitslosigkeit, die anderen zu Überproduktion verurteilen?" (a.a.O., S. 14)

„Mit weniger Arbeit mehr produzieren, die Früchte des technischen Fortschritts besser verteilen, ein neues Gleichgewicht schaffen zwischen Pflichtarbeit und frei verfügbarer Zeit, allen Menschen die Möglichkeit zu einem entspannteren Leben und vielfältigeren Beschäftigungen geben, dies sind die neuen Ziele, um die es sozial und politisch zu kämpfen gilt." (ebd.)

„Wenn allen zu Bewußtsein käme, daß es eigentlich keine Produktionsprobleme, sondern nur ein Distributionsproblem, d.h. das Problem der gerechten Verteilung des produzierten Reichtums und der gesellschaftlich notwendigen Arbeit auf die Gesamtheit der Bevölkerung gibt, dann wäre die Aufrechterhaltung des derzeitigen Gesellschaftssystems gefährdet. Was würde aus der Arbeitsdisziplin, der Leistungsethik und der Wettbewerbsideologie, wenn jeder wüßte, daß es technisch möglich ist, immer besser zu leben und dabei immer weniger zu arbeiten und daß das Recht auf ein volles Gehalt nicht mehr dem vorbehalten zu sein braucht, der auch voll Arbeit leistet." (a.a.O., S. 19)

„Die Verheißung der Automaten werden als Bedrohung hingestellt, die Arbeiter werden dazu gebracht, sich um die knappen Arbeitsplätze zu reißen, statt gemeinsam für eine ökonomische Rationalität zu kämpfen." (a.a.O., S. 20)

„Wären nicht alle besser dran, wenn nicht jeder mehr Geld, sondern mehr Zeit hätte, um sich mehr um sein eigenes Leben und das der Gemeinschaft in seiner Kommune kümmern zu können? Wir würden weniger Arbeit tun, die uns gleichgültig und lästig ist, und mehr Arbeit, die uns anregt, in der wir uns ausdrücken und entfalten können. Wir könnten jene allseitig entwickelten ‚Individuen' werden, die laut Marx in der kommunistischen Gesellschaft leben werden, in der das ‚wirkliche Maß des Reichtums die Zeit' sein wird, die jedem für freigewählte Betätigung zur Verfügung steht. Nicht leere Muße und Ruhestandszeit, sondern freie Zeit für ein anderweitig aktives Leben." (a.a.O., S. 23)

Im Lichte der sanften Propheten ist die Kirche im Gegensatz zu ihren Grundlagen nicht gerade prophetisch zu nennen in diesen Jahren zwischen den Zeiten, obwohl sich die Kirche der Nachkriegszeit selber die Aufgabe des prophetischen Wächteramtes zugewiesen hat. In der Wahrnahme ihres

Öffentlichkeitsauftrages hat sie meist das Wort ergriffen, wenn die Zeichen der Zeit von ihr als „Herausforderung" gedeutet werden konnten.

Eher sporadisch hat der Gremienprotestantismus sich mit Fragen der Arbeitwelt in den letzten Jahrzehnten befasst. Nach dem vielversprechenden Ansatz der EKD-Synode von Espelkamp 1955 gab es keine kontinuierliche Auseinandersetzung mit Fragen der Arbeitswelt, obwohl Arbeit und Konsum alle Lebenskräfte der Menschen in dieser Gesellschaft aufsaugten und eine Gesellschaft des platten Materialismus sich entwickelte. Nur gelegentlich äußerte sich der Gremienprotestantismus zu Arbeitsfragen, nämlich wenn sie den Rang gesellschaftspolitischer Auseinandersetzung über grundlegende Bestimmungen der Institute des Wirtschaftslebens annahmen. Hier sind die Eigentumsdenkschrift von 1962 und die Mitbestimmungsdenkschrift von 1968 zu nennen, erwähnenswert und erinnerungswürdig vor allem deshalb, weil sich ihnen entnehmen lässt, dass sich im Rahmen protestantischer Ausgewogenheit ein Wandel in der Bewertung der Zuordnung von Arbeit und Kapital vollzogen hat.

Die Eigentumsdenkschrift von 1962 argumentiert noch mit dem Vorrang des Kapitals vor der Arbeit, während die Mitbestimmungsdenkschrift die Parität von Arbeit und Kapital sozialethisch reflektiert, wenn dann auch der politische Praxisvorschlag ein unterparitätisches Modell anbietet.

Die Massenarbeitslosigkeit der 70er-Jahre ist von der Kirche nicht zuletzt durch Initiativen der kirchlichen Industrie- und Sozialarbeit als Herausforderung aufgenommen worden. Die entsprechenden Worte und praktischen Bemühungen, die nach der Annahme der Herausforderung „Arbeitslosigkeit" seitens der Kirche inzwischen erfolgt sind, kann der interessierte Zeitgenosse ziemlich umfassend in einem Büchlein mit dem Titel „Arbeitslosigkeit – Herausforderung der Kirchen. Eine kommentierte Bestandsaufnahme der 70er Jahre" zur Kenntnis nehmen.

Bei allen Vorbehalten diesen Aktivitäten und kirchlichen Reaktionen auf die Arbeitslosigkeit gegenüber kann man wohl doch an die innerkirchliche Diskussionsentwicklung jener Jahre und an einige Erscheinungen die Hoffnung knüpfen, dass die Thematik „Arbeit und Arbeitswelt" einen neuen Eingang in theologisches und kirchliches Denken gefunden hat und auf der Tagesordnung der Kirche bleiben wird. Die bisherige neue kirchliche und theologische Auseinandersetzung mit der Erfahrung von Arbeitslosigkeit und knapper werdender Arbeit zeigt ein häufig sehr ähnliches Argumentationsmuster.

In einem ersten Schritt wird die Bedeutung der Arbeit für den Menschen herausgearbeitet anhand der Erinnerung und Entfaltung der biblisch-theologischen Überlieferung: Arbeit als Schöpfungsauftrag, Mandat und Dienst, als Gottesdienst und Menschendienst, als kreatorische und kreatürliche Dimension des Lebens, als Partizipation am Schöpfungswerk und mühselige Verrichtung, als Lebensfristung und Lebensgestaltung. Betont wird die Selbstverständlichkeit der körperlichen Arbeit, der von Gott gesetzte Zusammenhang Arbeit und Ruhe, hingewiesen wird auf die reformatorischen Beiträge zur Ausbildung eines evangelischen Arbeits- und Berufsverständnisses, die evangelischen Arbeitstugenden.

Das Fazit lautet in allgemeiner Form: Arbeit gehört zur Menschenwürde. Arbeitslosigkeit verletzt die Würde des Menschen.

Als Konsequenz wird dementsprechend zunächst das Menschenrecht auf Arbeit als Forderung grundsätzlicher Art in den Mittelpunkt gerückt und in konservativen kirchlichen Gremien sofort wieder problematisiert als eine Forderung, die das konservative Freiheitsverständnis tangiert. Die Probleme dieses gängigen theologischen Verfahrens sind aber noch auf einer anderen Ebene anzusprechen.

• Können wir fraglos das Menschenrecht auf Arbeit in einer Arbeitswelt postulieren, die selbst permanent andere Menschenrechte wie das Recht auf freie Entfaltung der Persönlichkeit und die Unverletzlichkeit des Körpers im Rahmen der bestehenden Eigentums- und Rechtsordnung faktisch verletzt?

• Damit hängt die unzureichende Reflexion des Arbeitsbegriffs zusammen: Ist die theologisch abgeleitete Forderung des Rechts auf Arbeit gemünzt auf den ökonomisch eingeengten Arbeitsbegriff unserer Tage, der primär erwerbswirtschaftliche Tätigkeit als Arbeit versteht?

In der Gegenwart kommt es darauf an, für die Zukunft der Arbeit die richtigen Fragen zu stellen und sich in der theologischen und kirchlichen Diskussion so zu orientieren, dass die Zukunft der Arbeit bedenkenswert erscheint in der Hoffnung des christlichen Glaubens, in der Auseinandersetzung mit den harten Propheten des Wachstums für Gewinn und Beschäftigung und den sanften Propheten einer neuen Versöhnung von Leben und Arbeit durch die neue industrielle Revolution in den Grenzen des Wachstums.

2. Ökonomisierung der Arbeit und industrielle Religion

Es mag abstrakt erscheinen, Ansätzen einer Erläuterung des Arbeitsbegriffs nachzugehen, wenn es darum geht, über die Zukunft der Arbeitswelt nachzudenken, wie sie sich gegenwärtig abzeichnet. Aber solches Vorgehen trägt zur Kennzeichnung unserer Situation bei, zeigt Schwerpunkte auf, offenbart Schwierigkeiten und Defizite. Die Definition der Arbeit in Brockhaus' Deutscher Enzyklopädie etwa lautet: *„Arbeit ist das bewusste Handeln zur Befriedigung von Bedürfnissen, darin ist sie Teil der Daseinserfüllung des Menschen."*

Diese Bestimmung der Arbeit enthält Richtiges und ist unzureichend wie alle Definitionen des Arbeitsbegriffs. Erkennbar und festgehalten sind Dimensionen der Arbeit, wie sie sich ergeben aus dem menschlichen Nachdenken über Arbeit und menschliche Erfahrung mit Arbeit

- Im Vordergrund steht die *ökonomische Dimension* der Arbeit, die ausgeht vom notwendigen Zusammenhang von Arbeit und Bedürfnis. Der Mensch ist ein Mängelwesen, das vom Stoffwechselprozess mit der Natur lebt. Unausweichlich ist für den Menschen die Notwendigkeit, das Leben fortwährend psychisch zu sichern, Nahrung, Kleidung, Wohnung zu besorgen durch rationelle Arbeit. Damit ist die utilitaristische Betrachtung der Arbeit, die Betonung ihrer Effektivität und Produktivität gesetzt. Die ökonomische Sicht der Arbeit hat die Menschenwelt primär als Güterwelt im Blick.

- Die *anthropologische Dimension* der Arbeit verdeutlicht das spezifisch Menschliche dieses notwendigen Geschehens zur Bedürfnisbefriedung des Mängelwesens. Arbeit ist bewusstes, zweckmäßiges Handeln. Tiere arbeiten nicht. Arbeit ist die spezifisch menschliche Tätigkeit, die die Materialien aus ihrem Naturzustand herausführt, um ihre Brauchbarkeit zu verbessern. Dabei ist charakteristisch für menschliche Arbeit die Einheit von geistiger Konzeption und praktischer Verwirklichung. Arbeit als zweckmäßige, vom Verstand gelenkte Handlung ist das spezielle Produkt der Menschheit, das wiederum die Menschheit selbst prägt und verändert.

• Die ökonomische und anthropologische Dimension der Arbeit werden überlagert von der *philosophischen Dimension*. Ist die ökonomische Dimension der Arbeit bezogen auf Bedürfnis und Güterwelt, die anthropologische auf Befähigung und Lebenswelt, so kann man sagen, dass dahinter oder darüber hinaus die philosophische Dimension der Arbeit bezogen ist auf Bestimmung (Sinn) und Menschenwelt. Zur Diskussion steht der Anteil der Arbeit an der Menschwerdung des Menschen. Auf welche Weise und in welchem Ausmaß erarbeitet der Mensch sein Dasein im Hier und Jetzt seines geschichtlichen Ortes? Inwieweit ist die Aktivitätsseite menschlicher Existenz, die Bewegung des Lebens selber, als Arbeit im weitesten Sinn konstitutiv für den Sinn und die Bestimmung menschlichen Lebens? Wie sind Daseinserfüllung, -gestaltung und -entfaltung auf die menschliche Arbeit zu beziehen? Die philosophische Dimension der Arbeit besteht letztlich darin, die Beziehungen von Notwendigkeit, Arbeit und Freiheit aufzuklären.

• Der *theologischen Dimension* der Arbeit nachzugehen, stellt den Versuch dar, den Bereich der menschlichen Arbeit im christlichen Bezugsrahmen zu erörtern, Gottesglauben und Arbeitswelt aufeinander zu beziehen, das heißt, von der menschlichen Arbeit so zu sprechen, dass Gottes Auftrag, Wirken und Verheißung für den Menschen darin ihren Ort haben, beziehungsweise umgekehrt die Glaubensaussagen so zu entfalten, dass das Tun des Menschen als Arbeit darin aufgenommen wird. Die existenzielle Bedeutung der Arbeit und die existenzielle Betroffenheit durch den Gottesglauben konstituieren einen heute wohl eher vergessenen Zusammenhang, der Moltmann zu der These veranlasst: *„Das Verständnis der Arbeit des Menschen steht immer im Zusammenhang mit seinem Verständnis der Götter bzw. des Sinns des Lebens. Auch wenn* *die Götter selbst aus dem Blick verschwinden, bleibt bestimmend, was in sie an Hoffnung und Sinn hineingelegt wurde."* (Moltmann 1979, S. 62)

Nicht alle Dimensionen der Arbeit sind heute sichtbar oder im Bewusstsein der Menschen lebendig. Im allgemeinen Denken, in der alltäglichen Verrichtung und dem alltäglichen Verstehen dominiert die ökonomische Dimension der Arbeit. Sie hat die anderen Aspekte zurückgedrängt, unterdrückt und zugleich beerbt und in sich aufgenommen.

Geschichtlich betrachtet vollzieht sich die Ökonomisierung des Arbeitsbegriffs zu Beginn der Neuzeit als tiefgreifender Wandel im traditionellen Verständnis der Arbeit, deren wichtigste Faktoren bis heute unsere Auffassungen prägen. (Zum Folgenden siehe Conze 1972, S. 154-215)

• Im Unterschied zur Bewertung der Arbeit in der ständisch und zünftlerisch geordneten Gesellschaft wird im System der Ökonomisten des 18. Jahrhunderts die Arbeit unter dem Gesichtspunkt der nützlichen und produktiven Leistung betrachtet, die nach ihrem ökonomischen Effekt bemessen wird. Umgekehrt wird somit jede produktive wertschaffende Leistung für die Güterwelt als Arbeit angesehen (Effektuierung, Rationalisierung, Utilitarisierung der Arbeit). Voraussetzung zur Verwirklichung der Möglichkeiten und Ziele der ökonomisch verstandenen Arbeit ist ihre Befreiung aus Bindungen der ständischen Wirtschafts- und Sozialordnung, die Entfesselung aller ihrer ökonomischen Möglichkeiten.

• Arbeit wird der Weg zum Glück. Dahinter steht eine Auffassung von menschlicher Lebenserfüllung, die als wesentliche Grundlage des natürlichen menschlichen Glückes materielle Güter und physischen Genuss ansieht. Ökonomische Grundlage dieser Auffassung vom Glück wird die produktive Arbeit, die als Quelle des Reichtums angesehen wird. Schon W. Petty hatte 1662 formuliert, dass die Arbeit der Vater des Reichtums sei (Materielle Sicherung der Bedürfnisse, Absolutsetzung der Arbeit).

• Arbeit wird der Weg zum Glück durch wirtschaftliches Wachstum. Der Zusammenhang von Bedürfnis und Arbeit als Mittel zur Bedürfnisbefriedigung, Produktion und Konsum, Arbeit und Genuss wird

verbunden mit der Forderung nach Vervielfältigung und unaufhörlicher Vermehrung der Produktion (so Julius Schlettwein zitiert bei
Conze 1972, S. 175): *„Die Menge der genießbaren Sachen (...) muß
unaufhörlich vervielfältigt werden, desto glücklicher wird die
ganze Gesellschaft"* (Dynamisierung der Bedürfnisse, wirtschaftliches Wachstum). Die uralte Erfahrung des Zusammenhangs von
Arbeit und Armut, Arbeit und Not, Notwendigkeit, Arbeit und Last
wird zurückgedrängt zugunsten des neugesehenen Zusammenhangs von Arbeit und Reichtum, Freude, Lust, Glück, Gewinn,
Freiheit. Es ist dieses ökonomisierte Verständnis der Arbeit, das
trotz aller Einschränkungen im Verlaufe der Sozialgeschichte bis auf
den heutigen Tag wirksam ist und unsere Auseinandersetzung mit
der Bedeutung der Arbeit für den Menschen bestimmt.

• Der Umwertung der Werte entspricht die neue Stellung des Individuums. Es besteht ein Anspruch auf diesseitige Lebenserfüllung
(innerweltliche Glückseligkeit). Die Realisierungslast liegt nun auf
den Schultern des Einzelnen. Jeder ist seines Glückes Schmied. Die
Statuskonkurrenz verlagert sich auf das Feld der Berufsleistung. Sie
wird nun zum bevorzugten Bereich, in dem individuelle Lebensbefriedigung (Rechtfertigung der eigenen Existenz) gesucht und sozialer Status erworben wird.

• Die Umwertung der Werte im Prozess der Ökonomisierung des
Arbeitsbegriffs gibt Anlass zu der These: *„Die moderne Arbeitswelt ist a-christlich, im Kern antichristlich, mochte das auch in
ihrem Aufkommen verschleiert werden; denn in der politischsozialen Praxis gab es genug fließende Übergänge vom Arbeitsethos des Protestantismus zur modernen Wertung der Arbeit."*
(Conze 1972, S. 175) Zur Förderung der notwendigen Arbeitsdisziplin waren Elemente der christlichen Arbeitsethik wie Treue, Redlichkeit, Fleiß und so weiter auch unter den neuen Bedingungen
sehr nützlich.

Später verbanden sich bei den Unternehmern wie bei keiner anderen
Berufsgruppe in der Frühindustrialisierung der weiter entwickelte ökonomische Arbeitsbegriff mit den christlichen, besonders protestantischen

Überlieferungen zu Auffassungen und Anforderungen sich selbst und den Arbeitern gegenüber: Rastlosigkeit, Arbeit als Gottes Gebot und Erfüllung des Lebens, bewusste Bewährung in der von Gott gesegneten Arbeit, Gewinnstreben für das Wachstum der Unternehmung, nicht dagegen für persönlichen Genuss oder gar Luxus (vgl. Conze 1972, S.190f.).

Elemente des christlichen Arbeitsethos sind mit der Ökonomisierung der Arbeit in der Neuzeit eher klassenspezifisch wirksam geworden: zur Förderung der Arbeitsdisziplin im Hinblick auf den Arbeiter, zur Entwicklung des Selbstbewusstseins im Hinblick auf den Unternehmer.

Arbeit als Quelle des Reichtums und damit als Weg zum Glück durch wirtschaftliches Wachstum hat schließlich hervorgebracht, was als *industrielle Religion* bezeichnet werden kann. Die aufgezeigte Wertung und Beziehung von Arbeit, Freiheit, unbegrenzter Produktion und Glück als uneingeschränktem Konsum kann *Religion* genannt werden, sofern dies alles den Orientierungsrahmen und das Feld der Hingabe gegenwärtigen Lebens abgibt. Lebensgrundlagen und Lebensziele sind dadurch gesellschaftlich dementiert. Die Arbeit unserer Köpfe und Hände, die Art unserer Wünsche, die Beziehungen zu unseren Mitmenschen und zur Natur sind durch die Fortschrittsreligion tiefgehend beeinflusst. Die industriell-religiösen Kardinaltugenden der Habsucht und des Egoismus sind unbestritten in Geltung.

Glück, nahezu ausschließlich bezogen auf Lebensstandard, lässt sich nur schwer mit christlicher Freude, christlicher Geschwisterlichkeit und christlichen Aussagen zu menschlichem Leid vermitteln. Die „industrielle Religion" ist geistesgeschichtlich nicht christlichen Ursprungs und steht mit den Inhalten und Verheißungen der christlichen Tradition in Spannung. Dennoch hat die *industrielle Religion* bei uns den Sieg errungen über den christlichen Glauben und die christliche Frömmigkeit, hat jene aufgesogen und die christliche Terminologie für sich vereinnahmt. Eine offene Auseinandersetzung der großen Verheißungen der *industriellen Religion* und des Christentums steht immer noch aus. Ja, dieser Grundkonflikt wird in der Praxis häufig nicht einmal wahrgenommen. Die *industrielle Religion* stellt in der herkömmlichen Sicht keine Herausforderung des Christentums dar, weil beide Religionen einander nicht gegenüber stehen.

Dabei ist die „*industrielle Religion*" tief eingedrungen in die Christenheit, und die herrschenden gesellschaftlichen Normen des Habens gelten auch im christlichen Haus und in der christlichen Gemeinde.

3. Arbeit und Herrschaft

Im Widerspruch zum ökonomischen „*Evangelium der Arbeit*", der optimistischen Verbindung von Arbeit und Freude, Arbeit und Glück, Arbeit und Freiheit steht das Gesetz der Fabrik, die deutliche Erfahrung der Verbindung von Arbeit und Unfall, Arbeit und Leid, Arbeit und Unfreiheit gegenüber. Die Befreiung der Arbeit und die Versklavung des Arbeiters sind zwei Seiten derselben Medaille. Der Zentrierung des ökonomisierten Arbeitsbegriffes entspricht seine philosophische und ethische Reduzierung. Seit Alters her gehört zur menschlichen Arbeitserfahrung und Arbeitsrealität die Tatsache der natürlichen und gesellschaftlichen Arbeitsteilung.

„*Natürliche und gesellschaftliche Arbeitsteilung kommen (...) darin überein, daß sich die geteilte Arbeit in dem Gegensatz von* herrschenden und beherrschter *(disponierender und an Dispositionen orientierter) Arbeit verwirklicht. Der Gegensatz als solcher (vor seiner Realisierung und Verfestigung in ökonomisch-gesellschaftlichen Verhältnissen betrachtet) liegt im Wesen der Arbeit selbst als der Praxis geschichtlichen Daseins. (...) Jede geschichtliche Gemeinschaft konstituiert sich in dem Grundverhältnis von* Herrschaft und Knechtschaft. *Jede konstituiert sich in einem (politischen oder wirtschaftlichen oder sozialen) Kampfe, als dessen Resultat die obsiegende Partei die besiegte als Knechtschaft unter ihrer Herrschaft hält. Die Begriffe Herrschaft und Knechtschaft, als Kategorien des geschichtlichen Daseins von Hegel gebraucht, sollen hier einen allgemeinen geschichtlichen Sachverhalt bezeichnen: Knechtschaft meint die dauernde und ständige Bindung der Praxis des ganzen Daseins an die materielle Produktion und Reproduktion, im Dienste und unter der Leitung eines anderen (eben des ‚herrschenden') Daseins und seiner Bedarfe. (...) Die Verwirklichung der Arbeitsteilung in dem ökonomisch-gesellschaftlich ausgebauten und gesicherten Verhält-*

nis von Herrschaft und Knechtschaft ist die Grundbedingung jeder weiterer Arbeitsteilung in Stände, Klassen, Berufe usw. mit ökonomisch-gesellschaftlicher Appropriation von Arbeiten. Zunächst wird die Praxis des unterworfenen Daseins auf die Besorgung der bloßen Notwendigkeiten des Bedarfs der Gemeinschaften beschränkt und an diese gebunden (...): die materielle Produktion und Reproduktion verfestigt sich zu einer, das ganze Dasein (der Knechtschaft) beherrschenden Weise des Seins." (Marcuse 1965, S. 42-45)

Die These von der Universalität der Herrschaft von Menschen über Menschen und ihre Konkretion im Bereich gesellschaftlicher Arbeit ist nicht nur wichtig zum Verständnis unseres sozialgeschichtlichen Traditionszusammenhangs, sondern sollte auch im Auge behalten werden bei der Erörterung der Perspektiven für die sich abzeichnende oder eine wünschenswerte Zukunft der Arbeit. Dies gilt um so mehr, da die Frage nach Knechtschaft und Herrschaft im Himmel und auf der Erde unter dem Himmel in unterschiedlicher Gestalt die zentrale Frage des christlichen Glaubens ist. Nahezu alle Aussagen des christlichen Glaubens lassen sich in den Kategorien „Herrschaft", „Knechtschaft" und „Geschwisterlichkeit" entfalten.

Die Opfer der neuen, geteilten Arbeitsrealität sind zunächst die in den Fabriken tätigen, abhängigen Arbeiter:

- Zum freien Spiel der Kräfte nach dem Postulat vom Recht auf freie Arbeit gehören das Verständnis der Arbeit beziehungsweise der Arbeiter als Ware und der Abschluss freier Arbeitsverträge, die die Unterwerfung des Arbeiters festschreiben und Arbeitslosigkeit ermöglichen. *„Der Begriff Arbeitslosigkeit ist also im Ansatz des ökonomischen Arbeitsbegriffs konsequent mitgegeben."* (Conze 1972, S. 177)

- Der Arbeiter bleibt ausgeschlossen von der Verfügungsgewalt über Produktionsmittel und Produkte. Er hat keinen nennenswerten Anteil an den Ergebnissen der gesellschaftlichen Arbeit, die die Quelle allen Reichtums ist. Statistisch lässt sich dies konkret immer noch eindrucksvoll nachweisen an der Struktur der Vermögensverteilung in der BRD und an der Einkommenspyramide der sozialen

Schichten unserer Gesellschaft. Vermögensbildungspläne zur ansatzweisen Korrektur der Verteilungsgerechtigkeit liegen seit langem auf der langen Bank. Auf der Einkommensseite steht nun ein nennenswerter Rückgang des Reallohnes ins Haus.

• Die betriebliche Organisation der Arbeit berücksichtigt die Interessen der arbeitenden Menschen nachrangig. Im Vordergrund steht die Etablierung einer Arbeitsorganisation, deren Ziel eine möglichst rationelle, das heißt kostengünstige Güterproduktion ist. Das Gleiche gilt für die technologische Entwicklung der industriellen Produktion. Technik steht im Dienst der Produktivität und gewährt Humanität allenfalls beiläufig oder ebenfalls als Mittel zur Verbesserung der Produktivität.

• Insbesondere Arbeitsorganisation und Technikeinsatz im Gefälle der Prinzipien der wissenschaftlichen Betriebsführung F. W. Taylors degradieren den arbeitenden Menschen tendenziell zu einem kopf- und seelenlosen, körperlich überanstrengten Interventionsautomaten. Dies ist nur möglich um den Preis einer Klassenanthropologie des reduzierten Menschentums in den Niederungen der Gesellschaft. (Hierzu vgl. Brakelmann 1977, S. 20-54)

• Die Folgen des Knechtstatus' des Arbeiters in seiner Arbeit sind nicht nur materielle Benachteiligungen gegenüber anderen Gruppen der Gesellschaft. Statistisch geronnenes Arbeitsleid belegt die konkreten Auswirkungen der Arbeitsbedingungen auf die körperliche Gesundheit in Form von Berufskrankheiten, Unfällen, Frühinvalidität und Verschleiß. Weniger greifbar sind die seelischen Leiden der arbeitenden Menschen, die Beeinträchtigungen der Kommunikationsfähigkeit und der Entfaltung der Persönlichkeit.

• Der ökonomisierte Arbeitsbegriff geht einher mit einer illusionären Ideologie von Lebensglück und Lebensgenuss, die die Realität der Arbeit nicht verfärben kann. Arbeit wird nicht erfahren als Teil der Daseinserfüllung, sondern als der leere Teil des Daseins. Die Einheit des Lebens wird getrennt in Arbeit und arbeitsfreie Zeit. Die Sinnstruktur, dass der Mensch den Zwangscharakter entfremdeter Arbeit kompensiere durch die Freiheit zur Selbstverwirklichung in der

Freizeit (Konsum, Bildung, Geselligkeit, Sport und Kultur), ist fragwürdig. Denn einerseits soll akzeptabel gemacht werden, dass der größte Teil des wachen Lebens mit einem Tun verbracht wird, das wenig Lebenserfüllung vorsieht, und andererseits lassen sich eben auch in den Konsumstrukturen und Freizeitgewohnheiten Mechanismen der Fremdbestimmung nachweisen, so dass man auch hier trotz aller positiven Merkmale die Fülle des Daseins nur bei sehr vordergründiger Betrachtung erkennen kann.

Empirische Untersuchungen zum Arbeiterbewusstsein haben gezeigt, dass die Arbeit nur noch *„instrumentellen"* Charakter hat für diejenigen Arbeiter, die monotone und repetitive Teilarbeit zu verrichten haben. Das Arbeitsinteresse ist in diesen Fällen verkürzt auf das Lohninteresse. Die Arbeit ist fast ausschließlich Mittel zu einem Zweck geworden, der dann eben auch noch genauer zu untersuchen wäre. Je inhaltsreicher, autonomer, verantwortungsvoller die Arbeitsaufgabe ist, desto häufiger ist eine positive Beziehung zur Arbeit (Arbeitsfreude) festzustellen.

4. „Via regia" – Himmelsleiter oder Sackgasse?

Das Zeitalter der Industrie ist bislang als der gigantischste Wachstumsprozess in der Geschichte der Menschheit verlaufen. Die verkündigte und geforderte Vermehrung der Produktion durch Entfesselung der ökonomischen Möglichkeiten der menschlichen Arbeit, die *„via regia"* zur Glückseligkeit durch Arbeit und wirtschaftliches Wachstum, hat Mehrheiten in den Industriegesellschaften einen früher unvorstellbaren Lebensstandard gebracht – freilich auf Kosten der Natur, Kultur und Freiheit der Menschen in den Teilen der Welt, die das imperiale Denken „Kolonien" nannte und das postimperiale als rangniedere „Dritte" oder „Vierte Welt" bezeichnet. Die ökonomische Entfesselung der Arbeit hat anstelle der ständischen Gesellschaft die *„freie Leistungsgesellschaft"* hervorgebracht, freilich mit zu Privilegien gewordenen Freiheiten der einen und zu Stigmata verfestigten Notwendigkeiten der Lebensbesorgung im Dasein der anderen.

Die *„via regia"* der „industriellen Religion" hat das Verteilungsproblem des Reichtums und der Fülle durch gesellschaftliche Arbeit in technischem

Fortschritt nicht gelöst, weder innergesellschaftlich noch weltweit. Mittlerweile fallen weitere tiefere Schatten auf die „via regia". Die Menschen sahen in ihr die Himmelsleiter zur Freiheit und innerweltlicher Glückseligkeit. Nun erwacht mehr und mehr das Bewusstsein dafür, dass die „via regia" unter irdischen Bedingungen verläuft und unter irdischen Notwendigkeiten eine Sackgasse sein kann. Was den Urahnen unvorstellbar sein musste – die Menge der genießbaren Sachen muss unaufhörlich vervielfältigt werden, umso glücklicher wird die ganze Gesellschaft – ist heute unserer Vorstellung aufgezwungen worden und kann nur um den Preis des Lebens selber geleugnet werden: In einer endlichen Welt gibt es kein unendliches wirtschaftliches Wachstum, wie es die „industrielle Religion" voraussetzt und vollziehen will. Die Natur wurde in die Gefangenschaft geführt und bedenkenlos ausgebeutet. Verhängnisvoll wirkt sich heute der Irrtum des Menschen aus, die Ressourcen der Natur als unendlich angesehen zu haben. Bedrohlich wird der Irrtum des Menschen, die Aufnahmefähigkeit der Natur für die Nebenprodukte (Abwärme, Schadstoffe) der zweiten Natur als unendlich angesehen zu haben.

Wir sind auf der „via regia" fortgeschritten bis auf unwegsames Gelände. Sie hat uns auf den Mond geführt, der ein lebloser Himmelskörper ist. Sie hat uns zur Existenz atomarer Waffen und Kraftwerke geführt, die einen vernichtenden Angriff auf Gottes Schöpfung darstellen und unseren Planeten leblos machen können. Sie führt uns nun die Wüste einer ausgeplünderten oder versehrten Erde vor Augen, auf der das Leben zur Krankheit, zum Tode verkommt.

Noch sind die Verheißungen der „via regia" in den Köpfen der meisten Menschen lebendig, insbesondere derer, die Macht und Verantwortung haben.

Das Schlagwort vom qualitativen, ökologisch angepassten Wachstum muss endlich konkretisiert werden.

Es geht nicht um die Vermehrung der Produktionen um jeden Preis unter Verwendung des Arbeitsplatzarguments. Es geht um das Wachstum zur Beförderung unserer ganzheitlichen Lebenszusammenhänge in gesamtgesellschaftlicher und langfristiger Sicht. Die Wachstumsdiskussion wird stärker auf der Ebene der Produktionsethik zu führen sein.

Auf der Produktebene geht es darum, durch Investitionsförderung und Finanzplanung im öffentlichen Bereich Produkte und Dienstleistungen zu fördern, die energiesparend, ökologisch verträglich, reparaturfreundlich, friedensfördernd und sozial verträglich sind. Konkret heißt das:

– Ausbau der Fernwärmeversorgung
– Maßnahmen der Wohnraumsanierung unter Einschluss von Energiemaßnahmen
– Verbesserung des Wohnumfeldes (soziale Nähe)
– Immissionsbekämpfung
– Wasserwirtschaftliche Zukunftsvorsorge
– Entsorgung und Wiederverwertung von Müll
– Investitionen in der Umweltsicherung
– Verbesserung der Verkehrssysteme
– Konversion der Rüstungsproduktionen.

5. Zehn Punkte – hoffentlich für die Zukunft der Arbeit

Im Zentrum der ökonomischen Macht, die den Fortgang auf dem Weg des wirtschaftlichen Wachstums bestimmt, verhallt der Ruf nach dem Exodus aus der Gefangenschaft der *„industriellen Religion"* ungehört. Krisenmanagement ist das Gebot der Stunde. Stolpersteine und Hindernisse sind aus dem Wege zu räumen, damit Investitionsstaus wieder aufgehoben werden. Der einfachen Betrachtung des Fortgangs des Lebens auf der *„via regia"* können zunächst nur Schutzzäune des Lebens entgegenhalten werden, die aus altem Material errichtet sind:

„Leben ist Leben, das leben will, inmitten von Leben, das leben will."
(Albert Schweitzer) Hier ist eine Verflechtung des Lebens angezeigt, der die folgenden Thesen zum Schutze des Lebens in der Zukunft der Arbeit Rechnung tragen wollen:

5.1 Arbeit und Verletzung der Persönlichkeit

Arbeiterdasein ist Dasein für die Notwendigkeit der eigenen Reproduktion nach Disposition fremden Bedarfs, das heißt, *„man"* verfügt über seinen Körper, seine Seele und seinen Geist. Der Arbeiter kann sich dieser Verfügungsmacht nicht entziehen, denn er muss leben für sich und andere. Der Verfügungsmacht entgegen stehen die Menschenrechte in der Arbeitswelt, wie sie zum Beispiel im Grundgesetz unseres Landes garantiert sind: *„Jeder hat das Recht auf Leben und körperliche Unversehrtheit."* (Art. 2 GG) Hierbei ist auszugehen von einem erweiterten ganzheitlichen Gesundheitsbegriff, wie er etwa in der Gesundheitsdefinition der Weltgesundheitsorganisation gemeint ist. In der betrieblichen Realität wird nun ein sehr enger Gesundheitsbegriff angewandt. Die Definitionsmacht liegt außerhalb der Kompetenzen der betroffenen Menschen.

5.2 Arbeit und Entfaltung der Persönlichkeit

Die Verweigerung von Sinn in der Arbeit, die Verweigerung von Freiheit in der Arbeit, die Fixierung auf die Notwendigkeit, kurz die Erfahrungen der Arbeit als ungelebtes Leben, stellen einen Angriff dar auf die Würde des Menschen. Hinzu treten beim Einsatz neuer Techniken Prozesse fortschreitender Enteignung von Erfahrungswissen, Kenntnissen und Fertigkeiten (Dequalifikation). Demgegenüber garantiert das Grundgesetz verbindlich in Art. 1.1: *„Die Würde des Menschen ist unantastbar."* und in Art. 2.1: *„Jeder hat das Recht auf die freie Entfaltung seiner Persönlichkeit."* Sogar die Betriebsverfassung von 1972 sieht in § 75 Abs. 2 vor: *„Arbeitgeber und Betriebsrat haben die freie Entfaltung der Persönlichkeit der im Betrieb beschäftigten Arbeitnehmer zu schützen und zu fördern."*

Zum Recht auf Persönlichkeitsentfaltung gehört insbesondere das Recht auf Kopfarbeit am Arbeitsplatz und die Beteiligung an allen Entscheidungen, die den Arbeiter betreffen. Die Mitbestimmung auf allen Ebenen ist garantiertes Menschenrecht.

5.3 Arbeit und Entwicklung

„Ohne das Grundrecht auf Leben und damit auf Arbeit, auf ausreichende Ernährung, auf Gesundheitspflege, auf angemessene Unterbringung und auf Bildung sowie Ausbildung und Nutzung aller Fertigkeiten des Menschen sind keine Rechte denkbar." (Bericht aus Nairobi 1976) Dieser Zusammenhang von sozialen Grundrechten und Freiheitsrechten wurde formuliert im Blick auf die fundamentalen Nöte der Mehrheitsbevölkerun-

gen in Ländern der so genannten „Dritten Welt". Entwicklung meint demzufolge die Notwendigkeit, unmittelbar in Bereichen des Hungers und des Elends Leben zu ermöglichen durch Arbeit, die den regionalen Bedingungen angepasst ist und der Bedürfnisbefriedigung der notleidenden Menschen dient. Arbeit für Nahrung, Kleidung, Wohnung, Gesundheit, Bildung erfordert gutes Land, gute Werkzeuge und Materialien in der Verfügung der Menschen, die damit ihre Familien versorgen wollen. Entwicklungshilfe ist Förderung der Arbeit der unmittelbar betroffenen Menschen zur unmittelbaren Bedürfnisbefriedigung (siehe das Konzept der *„primary needs"* der Internationalen Arbeitsorganisation) und nicht Durchsetzung von Kapitalverwertungsinteressen im Gewand philanthropischer Ideologie. Das unmittelbare Recht auf Arbeit zur unmittelbaren Lebenserhaltung und -gestaltung steht gegen die kapitale Macht der Weltmetropolen und der regionalen Eliten.

5.4 Arbeit und Natur

Zum neuzeitlichen Arbeitsverständnis gehört der Standpunkt, dass der Mensch *„Herr und Besitzer der Natur"* (Descartes) ist. Dies steht im Widerspruch zu Gottes Schöpfungsauftrag und dem funktionalen Verständnis der Gottesebenbildlichkeit des Menschen. Danach ist der Mensch in den Lebensraum der Erde eingewiesen und mit deren Verwaltung beauftragt: Ihm ist das so genannte *„Dominium terrae"* anvertraut. Der Widerspruch zwischen neuzeitlichem Naturverständnis in Abhängigkeit vom Arbeitsverständnis und Schöpfungsauftrag wurde bis vor kurzem kaum wahrgenommen und bearbeitet, im Gegenteil das *„Machet euch die Erde untertan"* passte zu *„Herr und Besitzer der Natur".* Arbeit und Natur sind Vater und Mutter des Reichtums und der innerweltlichen Glückseligkeit, wenn die Natur dem menschlichen Gebrauch und Verbrauch zu Diensten gemacht wird.

Heute leben wir mit der Erfahrung, dass der Herren- und Eigentümerstandpunkt des Menschen gegenüber der Natur die Schöpfung an den Rand des Abgrunds gebracht hat. Der gigantische Wirtschaftswachstumsprozess bedeutet zugleich Ausbeutung und Ausplünderung der nicht erneuerbaren Vorräte der Natur, sowie Vergiftung und Zerstörung der natürlichen Kreisläufe und Gleichgewichtsbewegungen. Natürliches, organisches Wachstum verläuft angepasst, begrenzt sich selbst und ist eingebettet in den ökologischen Lebenszusammenhang. Wirtschaftliches Wachstum, wie wir es kennen, ist unter den Lebensbedingungen der Erde ein Paradox.

Es geht heute nicht um die Beachtung der Bedeutung des Umweltschutzes, es geht um eine neue Bewertung des Verhältnisses des Menschen zur Natur. Aus den Herren der Erde werden um den Preis des Überlebens Geschwister und Partner der Natur, weil menschliches Leben Teil des irdischen Leben ist. In diesem Zusammenhang kann gegenwärtig metaphorisch von den *„Rechten der Erde"* gesprochen werden, zum Beispiel: Revitalisierung des außermenschlichen Lebens, Regeneration der Natur, Entgiftung der natürlichen Chemie, Respektierung der ökologischen Kreisläufe und Interdependenzprozesse, Einpassung von Arbeit, Wirtschaft, Technik und Zivilisation in die natürlichen Lebensbedingungen der Erde.

5.5 Arbeit und Produkt

Durch Wachstumsnotwendigkeit und Vollbeschäftigungsverheißung entsteht ein Zwang zu Produktionen um jeden Preis. Die Produkte der Arbeit sind ethisch wertfrei, sofern sie nur quantitativ messbar sind. Das irrationale Produktionsprogramm umfasst überflüssigen Plunder, Verschleißprodukte, überentwickelte Gebrauchsprodukte, gesundheitsgefährdende und lebensbedrohende Produkte und schließlich die reine Lebensvernichtungsproduktion (Rüstungsproduktion). Jede fortlaufend forcierte Steigerung der Rüstungsproduktion hat bislang in der Geschichte der Menschheit zum Krieg geführt.

Der Tendenz zu einer zwanghaften Produktion der Sinnlosigkeit, der Verschwendung, der Krankheit und des Todes ist mit Kritik und durch eine produktorientierte Ethik auf Seiten der Konsumenten und der Produzenten (vor allem der Arbeiter) zu begegnen. Alles kann der Mensch produzieren, aber nicht alles ist zu verantworten. Nötig sind Kriterien und Maßstäbe zur Beschreibung, Feststellung und Wertung

   – des Gebrauchswertes von Produktionen,

   – des Rohstoffwertes von Produktionen,

   – des Schadstoffwertes von Produktionen,

– des persönlichen Wertes von Produktionen,

– des sozialen Wertes von Produktionen,

– des regionalen Wertes von Produktionen,

jeweils Herstellung, Gebrauch und Verbrauch betreffend.

5.6 Arbeit und Technik

Der gigantische Wachstumsprozess der Wirtschaft hat eine gigantische Technik hervorgebracht und umgekehrt. Die Technik erscheint in der anthropologischen Dimension der Arbeit als sich ständig änderndes Resultat des menschlichen Vermögens, die Natur zu durchdringen und in der Auseinandersetzung mit der Natur zu lernen. Technik entstand aus Praxis, moderne Technik entsteht aus Naturwissenschaft, fließt ein in die gesellschaftlichen Herrschaftsverhältnisse und entfesselt die Vermehrung der Produktion.

Zahllose Ergebnisse und Prozesse in den Industriegesellschaften berechtigen uns, von einer beispiellosen humanen Wirkung des technischen Fortschritts in nahezu allen Lebensbereichen zu sprechen. Zugleich wird heute wie kaum je zuvor die generelle Ambivalenz der Technik deutlich, die sich in Krisen äußert (gewaltförmige Makrotechnik, arbeitsplatzvernichtende Mikrotechnik). Wir sprechen nicht mehr von „technischem Fortschritt", sondern vorerst neutral vom „technischen Wandel".

Die weltweite Erfahrung lehrt, dass die Technik, wie wir sie unter den gegenwärtigen Herrschaftsverhältnissen einsetzen, keinen nennenswerten Beitrag zur Linderung der Armut in der Welt geleistet hat. Die betriebliche Erfahrung zeigt, dass die jahrelang gängige Technikvorstellung über die Fabrik zerbrochen ist. Die Parallelität von technischem Fortschritt und Reduzierung von Arbeitsleid ist so nicht nachzuweisen. Dem Wandel der Technik entspricht eher ein komplexer Wandel der Arbeitsbelastungen bei gleichzeitiger Eliminierung menschlicher Arbeitsmöglichkeiten.

Der harte Weg der industriellen Großtechnik missachtet menschliche Bedürfnisse und ignoriert die ökologische Herausforderung. Die Forderung nach sozialer Beherrschung des technischen Wandels und die Diskussion über die Richtung der Technik greift bislang zu kurz. Die umfassende Forderung nach „ *angepasster Technik* " impliziert Kriterien, die die unbegrenzten Möglichkeiten der Technik binden an die irdischen Gegebenheiten und Aufgaben: Überwindung des Hungers, Reduzierung der Kriegsgefahr, Wiederherstellung und Erhaltung der Natur, Wiederherstellung und Erhaltung der Arbeiterpersönlichkeit in der konkreten Arbeitssituation, Arbeitsplätze für alle durch angepasste Technik und Einkommen für alle durch arbeitssparende Technik.

Die Forderung nach angepasster Technik – Technik, die die Natur und den Menschen erhält – lässt sich aufgrund unserer Erfahrungen einsehbar und vernünftig für die Zukunft konkretisieren. Das entscheidende Problem ist die Flexibilität der Träger technologischer Innovationen, die bislang fixiert sind auf einen Weg der Technik, der nicht weiterführt: Wer setzt den Wissenschaftlern der Technik die Ziele und Maßstäbe, wer kann die Haltung der Herren der Technik beeinflussen, wie kann zum Beispiel den Herren und Profiteuren gigantischer, zentralistischer, verschwenderischer Stromerzeugung das Konzept einer angepassten Strombedarfsdeckung, das vorhanden ist, vermittelt werden? Der Spielraum für ein Lernen durch Irrtum ist in diesen Zeiten und bei diesen Ausmaßen nicht mehr gegeben. Wer die Irrtümer noch nicht wahrgenommen hat, wird sie niemals wahrnehmen.

Es gibt zwei konkrete Ansatzpunkte:

• Demokratisierung der Entwicklung und Verwendung neuer Technik, das heißt: Ausweitung der Mitbestimmung in den Betrieben, vor allem auch am Arbeitsplatz. Wahrscheinlich gibt es nur diese einzige Möglichkeit, Technik zu zügeln, sie dem Machtmonopol der Herrschenden zu entziehen, indem Entwicklung und Verwendung von Technik gebunden werden an das Votum der von den Auswirkungen betroffenen Menschen. Wahrscheinlich gilt für die Herrschaft der Technik, was für alle Herrschaft unter Menschen gilt – ihr Missbrauch lässt sich am ehesten durch Volksherrschaft (über die Technik) minimieren oder vermeiden.

• Demonstration sinnlicher Folgen einer anderen Technikpraxis, die mit entsprechender öffentlicher Förderung ausgestaltet werden muss.

5.7 Arbeit und Interaktion

Die Welt der Arbeit ist die Welt des Gesetzes, das den Einzelnen zwingt, sein persönliches Zurechtkommen in erster Linie für sich allein zu besorgen ohne Rücksicht auf die Mitarbeiter; krasses Beispiel ist die Einzelarbeit im Akkord. Das tayloristische Prinzip der Vereinzelung fördert die optimale Verwendung des Menschen in der Arbeit und verhindert die Entwicklung kommunikativer Strukturen. Kommunikation wirkt dysfunktional und wird somit unterdrückt.

Schon die Art der Arbeitsplätze determiniert die kommunikativen Entfaltungsmöglichkeiten des Menschen. Zum Beispiel bewirken Arbeitplätze mit Standortgebundenheit soziale Isolation in der Arbeit. Standortgebundenheit und Lärm verhindern bereits auf niedriger physischer Ebene elementare Kommunikationsbedingungen wie aufeinander zugehen und miteinander sprechen können. So sind auf der horizontalen Ebene der Kollegen und auf der vertikalen Linie in der Hierarchie Kommunikationsbedingungen und Vollzüge Ausdruck der herrschaftlichen Gestaltung der Arbeit.

Arbeit ist als Vollzug geschichtlichen menschlichen Daseins ein interaktioneller Vorgang, der *„solidarische Prozess der Naturbewältigung"*. Die gegenwärtigen Arbeitsinteraktionen sind technisch formalisiert und bis zur Unkenntlichkeit verstümmelt. Aber solidarische Kommunikation und sogar Interaktion scheint im betrieblichen Alltag punktuell immer wieder durch. Sie ist nicht ausrottbar und kann nicht sterben, weil sie strukturell vorgegeben ist in der gemeinsamen – wenn auch oft verschütteten – Erfahrung der Schicksalsgemeinschaft abhängig Arbeitender. Bei aller Konkurrenz ist der Betrieb auch immer noch und immer wieder Ort der Erfahrung von Solidarität. Diese Solidarität ist als List des Lebens auch heute noch punktuell Kraft des Widerstandes in der herrschaftlichen Struktur der Arbeit.

Solidarität ist aber davor und darüber hinaus im Sinne von Geschwisterlichkeit nicht nur als Möglichkeit, sondern als Grund der Wirklichkeit das entscheidende Kriterium für die Gestaltung der Zukunft menschlicher Arbeit, wenn die Arbeit, wie wir sie kennen, heute ihrem Ende entgegen geht. Gegen den Augenschein, der uns Geschwisterlichkeit (Solidarität) als vergessene Vergangenheit vermittelt, ist sie es allein, die unserer bedrohten Gegenwart Zukunft eröffnet. Dass der Mensch dem Menschen ein Wolf ist, ist nur ein, wenn auch vorherrschender Inhalt unserer Erfahrungen. Dass der Mensch dem Menschen ein Bruder oder eine Schwester ist, darf nicht nur als ethisches Postulat verstanden werden (und sie sollen einander im Geiste der Geschwisterlichkeit begegnen), sondern ist eben die andere Seite der Realität, von der wir auch immer wieder leben und ohne deren Betonung und Verstärkung wir vermutlich keine Zukunft haben, weil die Gattung Mensch ohne Solidarität, Geschwisterlichkeit, Liebe nicht zum Leben gekommen ist und ohne dieselben nicht überleben wird. Alle Spuren von Solidarität, Geschwisterlichkeit, Liebe im Alltag heute sind die Anknüpfungspunkte für unsere Zukunft.

Der soziale Charakter unserer Gesellschaft ist geprägt durch Konkurrenz und das Bemühen zur Maximierung der eigenen Position am Arbeitsplatz ebenso wie in der Realisierung standardisierter Programme für gelungenes Leben.

So sind wir zu materiellem Wohlstand für viele gekommen, um den Preis der Verkümmerung des Humanum, der Zerstörung der Natur, kurz: Der dramatischen Verringerung der Zukunfts- und Überlebenschancen. Die Frage ist, wie es möglich sein kann, einen Wandel des sozialen Charakters unserer Gesellschaft zu bewirken, vom Egoismus zur Teilhabe, von der Habsucht zur Liebe, vom Haben zum Sein (Fromm) zu gelangen:

- Auf der Ebene des Arbeitsplatzes vom Mehrhaben durch Arbeit zum Mehrsein in der Arbeit (qualitativ), vom Besitz des Arbeitsplatzes zur Verteilung der Arbeit (quantitativ).
- Auf der Ebene weltweiter Lebenschancen vom Überlegenheitsmythos der Habenden (der Konzerne und der Arbeiter) zu internationaler Solidarität. Es besteht ein Zusammenhang zwischen Solidaritätserfahrungen am Arbeitsplatz im industriellen Alltag und der Fähigkeit zu internationaler Solidarität. Eine Änderung des sozialen Charakters unserer Gesellschaft ist ein Beitrag zu einer wirksamen Änderung der Verteilungsnot in der Welt.

5.8 Arbeit und Einkommen

Unter Einkommen versteht man wissenschaftlich *„ständige Einnahmen oder Güterempfänge (...) und zwar als Gegenleistung für die Abgabe von Faktorleistungen an den Produktionsprozeß (Faktor-E.), als Differenz zwischen Erlösen und Aufwendungen aus einem Produktionsprozeß (Gewinn) oder ohne Gegenleistung aufgrund rechtlicher Ansprüche oder freiwilliger Zuwendung (Übertragungs-E.)."* (Evangelisches Soziallexikon, 7. Auflage 1980)

Einkommen im erstgenannten Sinne heißt Lohn oder Gehalt und ist die Einkommensform der Mehrheit der erwerbswirtschaftlich arbeitenden Menschen. Seine Höhe bestimmt das materielle Lebensniveau der Arbeitnehmer sowie ihren sozialen Status in der Gesellschaft. Inhalt und Art der Arbeit treten in der Arbeitsgesellschaft deutlich zurück hinter dieser Wirkung des Einkommens. Lohn ist somit die relevante Außenseite der Arbeit als der relevanten Bemühung um ein gelungenes Leben nach herrschender Bewertung der Gesellschaft, die die Menschlichkeit des Menschen abhängig macht vom Ausmaß der Realisierung von Güterkonsum.

Die Höhe des Lohnes und die temporären Steigerungsraten sind nicht objektiv festzustellen, sondern das Ergebnis gesellschaftlicher Auseinandersetzungen. Dabei spielen gewachsene Traditionen (Kopfarbeit vor Handarbeit; Männerarbeit vor Frauenarbeit) und durch die lange Gewöhnung eingeschliffene Legitimitätsverständnisse eine beachtliche Rolle.

Einkommensgerechtigkeit gibt es nicht. Dennoch liegt auf diesem Feld nach Auffassung und Regelung unserer Gesellschaft der Schlüssel zur sozialen Gerechtigkeit. Jedem Arbeitsplatz das Seine an Lohn, Gehalt und „jeder ist seines Glückes Schmied", da jeder Arbeitsplatz nach theoretischem Selbstverständnis der Gesellschaft jedem Mitglied der Gesellschaft offen steht bei einigermaßen funktionierender Chancengleichheit im Bildungswesen. Durch diesen Zusammenhang von Einkommensverteilung über Arbeitsplätze entsteht nach Meinung der Mehrheit der Gesellschaftsmitglieder ein Prozess oder Zustand relativer sozialer Gerechtigkeit, der in bestimmten Lebenslagen für bestimmte Menschengruppen ergänzt oder korrigiert wird durch das Netz der sozialen Sicherung. Leistungsprinzip und Sozialprinzip der Verteilung ergänzen und bedingen einander.

139

Soziale Gerechtigkeit in unserer Gesellschaft, wie wir sie bisher kennen gelernt haben und mehrheitlich akzeptieren, ist entscheidend gebunden an die Voraussetzung der Vollbeschäftigung. Nur kurzfristig kann in unserer Gesellschaft Vollbeschäftigung aussetzen, sozusagen episodenhaft.

Andauernde Abwesenheit von Vollbeschäftigung, wie wir sie in diesen Jahren erleben müssen, führt über kurz oder lang in eine fundamentale Krise der Gesellschaft, zumal bei gleichbleibender oder noch leicht ansteigender Produktion von Gütern und Dienstleistungen (Wachstum ohne Vollbeschäftigung oder gar mit Vernichtung von Arbeitsplätzen) unser bisheriges Verständnis von sozialer Gerechtigkeit auf den Kopf gestellt wird.

Vieles deutet darauf hin, dass Vollbeschäftigung im bisherigen Sinne nicht wieder hergestellt werden kann. Mit dieser Erfahrung leben wir nun schon seit Jahren. Wie soll dann konsensfähig soziale Gerechtigkeit hergestellt werden? Es gibt eine barbarische und eine humane Perspektive. Erstere konzentriert sich auf die Frage, wie Arbeitslosigkeit zu finanzieren ist, und wird zunächst eine Verschärfung des Kurses gegenüber Arbeitslosen zur Folge haben.

Die humane Perspektive konzentriert sich auf die Frage, wie die Erträge der gesamtgesellschaftlichen Arbeit verteilt werden können, wenn der Weg über Arbeitsplätze für alle nicht mehr möglich ist. Die neue Distributionsfrage richtet sich auf Arbeitsplätze (gerechte Verteilung der Arbeit) und darüber hinaus und in Ergänzung dazu auf das Einkommen, damit alle ihr Auskommen haben. Die neue Distributionsfrage wird bis zu einem gewissen Grade den traditionellen Zusammenhang von Arbeit und Einkommen entkoppeln. Gelungene Formen ihrer Beantwortung beseitigen das Problem der Arbeitslosigkeit in der kommenden Gesellschaft.

5.9 Arbeit und Zeit (Zum Folgenden siehe auch Ulrich 1982)
Die klassische Begrifflichkeit „Arbeit und Freizeit" bestimmt unser aller Alltagsleben und wird in der Regel so wahrgenommen, dass Arbeit das Dominierende ist und Freizeit von jeher sich als zweite Lebensordnung ergibt. Für viele ist es ein Leben als Bürger zweier Welten. In der Arbeit ist der Mensch außer sich, außerhalb ist er bei sich. Dies gilt in unterschiedlicher Ausprägung für die Alltagserfahrung vieler.

In den gar nicht so selten vorkommenden stark restriktiven Arbeitssituationen, in denen die Arbeit inhaltsarm, fremdbestimmt, rein mechanisch ohne Beteiligung des Denkens verläuft, wird sie von den Betroffenen instrumentell verstanden. Sie ist Mittel zum Zweck, notwendiges Übel, nicht Teil des Lebens, sondern dessen zwanghafte Vorbedingung. Das Leben selbst wird außerhalb der Arbeit in der Freizeit gelebt. Allerdings wirken auch hier die Normen der Arbeitsgesellschaft und der Produktion, die Erwerb und Konsum eher als Notwendigkeit denn als Vollzug eines freien Lebens erscheinen lassen. Tendenziell durchdringen die Gesetze der Arbeit unter mancherlei Aspekten das Leben insgesamt.

In besonders restriktiven Arbeitssituationen wird ebenfalls urbildlich deutlich, wie der Rhythmus der Arbeit das Zeitleben im Alltag qualitativ durchdringt. Der Acht-Stunden-Tag, die Fünf-Tage-Woche, das Arbeitsjahr mit Jahresurlaub prägen ein zyklisches Zeiterleben, das nicht wie in der Agrargesellschaft von den Zyklen der Natur bestimmt ist.

Im Acht-Stunden-Tag ist der Auftakt emotional trist, das emotionale Woraufhin ist die Mittagspause, danach das Arbeitsende, der alte „Feierabend". Der Zyklus wiederholt sich täglich.

In der Fünf-Tage-Woche ist der blaue Montag trister Beginn, ab Mitte der Woche macht sich das Wochenende in der Seele bemerkbar. Der alte „Feiertag" ist als Wochenende Ziel und Höhepunkt der Woche im qualitativen Erleben des Alltags.

Auf der Ebene des Arbeitsjahres begegnet der gleiche Zyklus. Der Jahresurlaub ist der Feierabend, das Wochenende des Jahres, sein emotionaler Höhepunkt.

Dass solches Zeiterleben von der Arbeit beherrscht wird und nicht von den menschlichen Lebensbedürfnissen, wird daran deutlich, das es den letzten Zyklus eben nicht gibt. Auch wenn in zahlreichen Fällen das Ende der Lebensarbeit ersehnt wird, ist es qualitativ kein Höhepunkt und Beginn eines neuen Zyklus. Es ist der Anfang vom Ende.

Was diese durchschnittlichen Zeiterfahrungen unserer traditionellen Versöhnung von Arbeit und Leben im Vergleich zum eschatologisch-geschichtlichen Zeitverständnis des Reiches Gottes bedeuten, den qualitativen Angeboten des Kirchenjahres und den Zeitdimensionen des Lebensraumes, die als Schöpfung Gottes verstanden werden, ist in der Kirche nie konsequent wahrgenommen und bearbeitet worden. Es ist eine durch die Herrschaft des ökonomischen Arbeitsbegriffes verursachte Verkürzung des Lebens, es in den Kategorien von Arbeit und Freizeit versöhnt sein zu lassen.

Das reale Alltagszeitbudget ist differenzierter und je nach Schichtenzugehörigkeit vitaler oder durch Notwendigkeiten geprägter. Dem 8-Stunden-Tag entsprechen nicht 24 Stunden Freizeit:

1. 10 Stunden Arbeitszeit plus durchschnittliche Wegezeit
2. Phsysiologische Notwendigkeiten (Zwangszeit)
   8 Stunden Schlaf
   1 Stunde Hygiene und Körperpflege
   1,5 Stunden Mahlzeiten
   Ergibt 10,5 Stunden Zwangszeit.
3. Es bleiben 3,5 Stunden Freizeit, die sich wie folgt verteilen:
   a) Regeneration verbrauchter Arbeitskraft zum Teil Fernsehen, Spazierengehen, Dösen.
   b) Sicherung des materiellen Lebensunterhalts: Hausarbeit und Einkaufen, Besorgungen aller Art, Arzt, Bank, Behörde, Reparaturen.
   c) Freizeit als Muse, Hobby, Geselligkeit.

Freizeit im eigentlichen Sinne ist also nur ein winziger Zeitraum des Tages, und noch er ist durch den Gegensatz zur Arbeit geprägt und damit noch negativ darauf bezogen. Das Zeitbudget des Arbeitsalltages zeigt, dass die ökonomisierte Arbeit das alles beherrschende Zentrum des Alltagslebens ist. Unsere Versöhnung von Leben und Arbeit basiert faktisch darauf, dass die arbeitsfreie Zeit determiniert ist von den Notwendigkeiten, die sich aus der Arbeit ergeben und auch noch in ihrem eigentlichen Freizeitteil durch die Negation der Arbeit präformiert ist. Das Wort „Freizeit" drückt faktisch aus, dass es sie nur gibt als Nachwirkung und Negation der ökonomisierten Arbeit. So wissen wir in unserem gesellschaftlichen Modell der Versöhnung von Arbeit und Leben vorerst wenig von den Möglichkeiten der Freizeit.

Ideologisch ist die Rede von „*Arbeit und Freizeit*" von großer Bedeutung. Sie ist Hauptbestandteil des Funktionierens der „*industriellen Religion*". Freizeit ist die freiheitliche Etikette der Tatsache, dass es in der „industriellen Religion" darum geht, gelungenes Leben an den Konsum zu binden ohne weitere Rücksicht auf die Realität des Lebens.

Unter der Verheißung von Freiheit ist mit dem Mittelbegriff „Freizeit" nichts anderes gemeint als die Bindung der Freizeit an den Konsum, der natürlich auch dem Menschen nützt, aber auch anderen Interessen: Konsum als Freiheit in der Arbeit dezimiert und in der arbeitsfreien Zeit domestiziert und privatisiert.

Das gesellschaftliche Modell gelungenen Lebens von Arbeit-Konsum-Freiheit-Glück hat in der vereinfachenden und verdeckenden Rede von „Arbeit und Freizeit" seine goldene Regel gefunden, die es ermöglicht, die realen Relationen von Leben und Arbeiten außer Acht zu lassen. Darin ist die Zerrissenheit des Lebens aufgenommen und zugleich durch Vereinfachung aufgehoben.

Die Gesetze der Arbeit in der Beziehung von Arbeit und Freizeit sind dementsprechend starr und unbeweglich. Ich muss in diesem Gesetz arbeiten, um zu leben: acht Stunden am Tag, 40 Stunden in der Woche und 40 Jahre meines Lebens. Hier bin ich gesetzlich eingebunden. Alles oder nichts, Vollbeschäftigung oder Arbeitslosigkeit – ein Drittes ist nicht gegeben. Die Produktionen regieren das Leben, die arbeitsfreie Zeit ist Konsum- oder Sozialfall. In der Konsumzeit wird Wahlfreiheit als Marktfreiheit gewährt. Ich kann theoretisch wählen, was ich will, natürlich im Rahmen der Normen der Arbeitsgesellschaft, alles greift ineinander.

Am Markt der Arbeit kann ich aber nicht mehr wählen nach den Bedürfnissen meines Lebens. Die große Mehrheit der Menschen hat auch faktisch keine Wahl, da das normierte Leben sie zur Übernahme des Gesetzes des starren Arbeitsmarktes zwingt. Aber auch wer hier wählen kann oder wählen möchte, wer Freiheit zu eigenen Lebensmöglichkeiten gegen erwerbswirtschaftliche Arbeit eintauschen möchte, dem wird nichts geschenkt. Er hat nicht die Freiheit, den ihm notwendig erscheinenden Anteil an der ökonomischen Arbeit einzubringen, weil andere Dimensionen des tätigen Lebens generell oder in bestimmten Lebensabschnitten ein Mehr bedeuten.

Unter dem Druck der Verhältnisse, die wir jetzt erleben durch den Prozess der knapper werdenden ökonomischen Arbeit, zeichnet sich hier die Möglichkeit ab, dass die Versöhnung von Arbeit und Leben auch Gestalt annehmen kann durch die Entscheidung des Einzelnen, wenn die herrschenden Kräfte bereit sind, die Zeitsouveränität des Einzelnen auf die Arbeit wirksam werden zu lassen. Wenn die Einzelnen sich selber beteiligen können bei der Zeitwahl ihrer Arbeit, dann lässt sich Arbeit sicher besser verteilen, Arbeitslosigkeit bräuchte es nicht mehr zu geben und das Leben von Arbeit und Freizeit, wie wir es kennen, würde sich verändern. Leben und Arbeit können in eine neue Beziehung zueinander treten, die den Begriff Freizeit nicht mehr kennt. Arbeit wird wieder ein Teil des tätigen Lebens neben der oder über der andere Ausdrucksformen stehen. Die Möglichkeit dazu bietet uns gerade der technische Wandel.

5.10. Arbeit und Leben

Die neue Sozialenzyklika „Laborem exercens" unterstreicht wiederholt in ständigem Rekurs auf 1. Mose 1, 28 (Machet Euch die Erde untertan) die wichtigste Aussage, die für den Menschen in seiner Beziehung zur Arbeit zu treffen ist: Der Mensch ist nach dem Willen des Schöpfers Subjekt in seiner Arbeit als personales Wesen, dem der Schöpfer die Würde der Ebenbildlichkeit verliehen hat eben in der Beauftragung zur Arbeit. Arbeit wird demnach in ihrer kreatürlichen Notwendigkeit zugleich kreatorische Teilhabe und Hingabe in schöpferischen Tätigkeiten, die in Vollzug und Ergebnis Entfaltung und Bereicherung des Humanum bedeuten.

Nach dem Willen des Schöpfers besteht eine Einheit von Leben und Arbeit, da in der Beziehung von Arbeit und Schöpfung die Arbeit die Würde des menschlichen Lebens ausmacht. Die Arbeit nun, die in unserer Industriegesellschaft verrichtet werden muss, hat solche theologischen Dimensionen und Beziehungen seit langem verloren. Sie ist nicht in die Schöpfung gefasst, sie ist in das Unternehmen gefasst, das ihren letzten Bezug darstellt. Die Ordination der Arbeit durch den Schöpfer in der Schöpfung weicht der Subordination der Arbeit unter das Kapital. Die schöpferische Versöhnung von Arbeit und Leben geht verloren durch die Spaltung von Personen und Sachen, von Kapital und Arbeit. Die Folgen sind Spaltungen des Lebens:

- Die Welt ist gespalten in realen Kapitalismus (im Gegensatz zur sozialen Marktwirtschaft) und realen Sozialismus (im Gegensatz zur sozialistischen Gesellschaft).

- Die Welt ist gespalten in Metropolen des Nordens (nach den Gesetzen gespaltener Metropolen) und Peripherien des Südens (nach den Gesetzen der von Metropolen gespaltenen Peripherien).

- Die Welt ist gespalten in Natur (im rechtlosen Status des Sklaven) und Technik (in der Verfügung des Kapitals).

- Die Gesellschaft ist gespalten in Herren (die subjektiv die Einheit von Leben und Arbeit erfahren) und Knechte (die subjektiv die Spaltung von Leben und Arbeit erfahren).

- Die Gesellschaft ist gespalten in Arbeitgeber, die die kreatorische Dimension der Arbeit als Menschheits-Credo usurpiert haben, und Arbeitnehmer, die die kreatürliche Dimension der Arbeit als Menschheitsschicksal erleiden.

- Die Lebenszeit ist gespalten in Arbeitszeit und Freizeit. Unter den Bedingungen der realen Produktion wird die Arbeitszeit nicht als Lebenszeit erlebt, vielmehr als ungelebtes Leben, Mittel zum Zweck des Lebens in der Freizeit, das dann in dieser Spaltung eher Geborgtes als authentisches Leben ist.

- Der Lebensraum ist gespalten in Wohnung und Betrieb. Der zeitlichen Spaltung des Lebens entspricht die räumliche Zerrissenheit. Der Beginn dieses Vorgangs ist die Entwurzelung. Davon hat sich das Leben auch heute noch nicht erholt. Die Fabrik ist nicht die Heimat des Menschen, sondern die Fremde, nicht der Raum des Menschen, sondern Raum der technisch-effektiven Güterproduktion. Darin gibt es für den Menschen im günstigsten Falle einen Arbeitsplatz, aber keinen Lebensraum. Sie ist eher Warteraum auf das Ende. Die Wohnung ist unter den Bedingungen, die auch für die Fabrik gelten (Wohnen als Geldgeschäft), nicht Heimat-Lebensraum geworden, sonder Lebensplatz mit strengen Anweisungen für

Schlafen, Essen, Waschen, Zusammensitzen. Auch die volle Wohnung bleibt ein kärglicher Lebensplatz.

• Das Individuum ist gespalten in Produzent (arbeitend unter Ausbeutung, Arbeitsleid, Fremdbestimmung) und Konsument (verbrauchend im Glauben an Aneignung, Lebensfreude und Selbstbestimmung). Die sich selbst verzehrende Arbeit bleibt die niedrigste Form des Menschsein in der entwickeltsten Gestalt der Industriegesellschaft.

• Die Seele des Arbeiters ist gespalten. Zwei Seelen wohnen in seiner Brust. Die Trennung von Kapital und Arbeit geht durch die Seele des Arbeiters. Er muss eintreten und wirken für sich selbst, um zurechtzukommen. Aber indem er dies tun muss, ist er genötigt, sich den fremden Kopf zu zerbrechen, damit Gewinne da sind und Arbeitsplätze, die aber nur da sind, wenn der Arbeiter seine eigenen Interessen zurücknimmt und sich selbst beschädigt. Um sich zu nützen, muss er sich schaden.

Der tiefe Grund der Entzweiung unserer Wirklichkeit ist und bleibt die Trennung von Kapital und Arbeit beziehungsweise die unzulänglichen Formen der Versöhnung in der Gestalt der antagonistischen Kooperationen beziehungsweise sozialen Partnerschaft.

Solche Spaltung von Person und Sache ist der tiefe Grund für die Gefährdung und den Verlust des Subjektseins des Menschen in der Arbeit. Demnach ist es nur folgerichtig, dass die Enzyklika den Vorrang der Arbeit vor dem Kapital postuliert, den Wert der Person über den Wert der Sachen stellt, wie es dem Willen des Schöpfers entspricht.

„Wir leben in einer Gesellschaft, in der tote Dinge einen höheren Wert (besitzen) als das Lebendige, die menschliche Arbeitskraft" (Erich Fromm).

„Während der tote Stoff veredelt die Stätten der Arbeit verläßt, werden die Menschen dort an Leib und Seele zerstört." (E. F. Schumacher)

Diese Wertordnung hat unsere Gesellschaften so durchdrungen, dass sich eher Steine erweichen lassen, als dass wir wirklich anfingen, wirkungsvoll den Welthunger und die ökologischen Gefahren zu bekämpfen. In diesem Sinne ist unser aller Bewusstsein letztlich gespalten. Die Versöhnungen, von denen wir alltäglich leben, bleiben vor diesem Hintergrund oberflächlich und doketisch. Sie werden uns nicht bewahren in der Stunde der Gefahr. Es gibt nur einen Weg für die Zukunft der Arbeit, für die Zukunft des Lebens selber: Das ist die Rückkehr des Menschen und seiner Gattung zur vertrauten und verdrängten Haltung, der *„Ehrfurcht vor dem Leben"*. Sie ist der einzige Garant für das Leben selber. Ehrfurcht vor dem Leben ist die Voraussetzung des lebensnotwendigen Übergangs von den Wegen des Todes auf den Weg des Lebens. Was ist das höchste Gebot, gegen das wir nur verstoßen um den Preis des eigenen Untergangs, das aber selber in unserer materialistischen Wertordnung zugrunde gerichtet worden ist? Wir haben gehört, dass zu Zeiten gesagt worden ist: *„Leben ist Leben, das leben will, inmitten von Leben, das leben will"* (Schweitzer). Daran hängt die Zukunft der Menschheit. Alle vorher angeführten Schutzzäune um das Leben stoßen hier aneinander: Das Leben der natürlichen Kreisläufe, der Tiere, der Blumen, der Pflanzen und Wälder, das Leben des Feindes aus dem Osten, das Leben des beschädigten Arbeiters, die Summe des bedrohten, gefolterten und ungelebten Lebens.

Interdependenz des Lebens und Vorrang des Lebens vor den toten Sachen treffen in diesem Gebot zusammen. Daraus folgt dann auch die Perspektive für eine neue Versöhnung von Arbeit und Leben, Natur und Technik, Kapital und Arbeit. Ohne Rückgewinnung des Wertes des Lebens vor dem Wert der toten Sachen gibt es keine Zukunft der Arbeit und des Lebens.

6. Theologisches Nachdenken

6.1 Im Vorhof der Hölle einer pathologischen Gesellschaft

Die vorstehende Erörterung von zehn wichtigen Bezügen der Arbeit hält wesentliche Erfahrungen und Forderungen unserer Sozialgeschichte fest (Abwehr von Arbeitsleid, Entfaltung der Persönlichkeit, Recht auf Einkommen, Erfahrung von Solidarität u. a.), versucht die Einheitlichkeit einer endlichen Erde in den Blick zu nehmen (Natur und Dritte Welt) und bedenkt die Mittel und Ergebnisse (Technik und Produkte) des Arbeitsprozesses kritisch. Die Art der Erörterung der Bezüge der Arbeit soll der Erhaltung und dem Schutze des Lebens dienen auf dem Weg in eine Zukunft, die zwar ungewiss ist, der wir aber nicht blind entgegen zu gehen brauchen.

In den Gedanken zu „Arbeit und Freizeit" und vor allem zu „Arbeit und Leben" kündigt sich an, dass es jetzt und in Zukunft um den Schutz des Lebens und um die Möglichkeit einer neuen Versöhnung von Arbeiten und Leben unter der Perspektive der neuen industriellen Revolution geht.

Jeder muss sich heute genau überlegen, ob er den Wegen der harten Propheten in die Zukunft der Arbeit folgen kann. Vieles spricht jetzt dafür, dass die leise und universell gegenwärtige technisch-industrielle Revolution eben deshalb so genannt werden muss, weil sie tiefgreifende soziale Veränderungen bewirken wird, die signalisiert werden in der spektakulären These: Der Arbeitergesellschaft geht die Arbeit aus; die Grundlagen der industriellen Gesellschaft werden erschüttert. (siehe die Untersuchungen des Clubs of Rome: Auf Gedeih und Verderb – Mikroelektronik und Gesellschaft, Wien 1982)

Für unsere theologischen Versuche und Besinnungen in der Zeitgenossenschaft drängt sich zunächst mehr und mehr die Einsicht auf, dass es bisher nur eine unzureichende Auseinandersetzung von Theologie und Kirche mit dem Anteil der Arbeit an der Menschwerdung des Menschen nach den Normen der Arbeitsgesellschaft gegeben hat. Dies hängt unter anderem sicher damit zusammen, dass sich vor allem im Bereich der „*Praktischen Theologie*" theologische Äußerungen zur Arbeit in der Gesellschaft vornehmlich auf dem Felde der Ethik vollziehen. Die Arbeit wird in den Kategorien des „*Sollens*" nicht des „*Seins*" gesehen. Es geht um das richtige Arbeitsethos, nicht aber um den Menschen als Arbeiter im Zusammenhang der Taten des Schöpfergottes, des Erlösers und der Verheißungen des Gottesreiches. Arbeit bleibt theologisch gesehen eine periphere Angelegenheit jenseits der Zentren des Glaubens- und Heilsgeschehens, ein Anhang unter den Kapiteln der Ethik. In der Realität der neuzeitlichen Arbeitsgeschichte ist es umgekehrt. Die Arbeit ist Zentrum und Schlüssel des Heils. Die Arbeit als Quelle des Reichtums durch wirtschaftliches Wachstum, ihre Befreiung und Entfesselung als unbegrenzte Möglichkeit zur innerweltlichen Glückseligkeit hat in den Verheißungen der Arbeitsgesellschaft eine geradezu heilsgeschichtliche Dimension bekommen, die wir oben mit dem Begriff der „*industriellen Religion*" versucht haben deutlich zu machen.

Das Gothaer Programm (1875) definiert die Arbeit als *„die Quelle allen Reichtums und aller Kultur".* Und Josef Dietzgens formuliert mit quasi religiöser Inbrunst: *„Arbeit heißt der Heiland der neuen Zeit. In der (...) Verbesserung der Arbeit besteht der Reichtum, der jetzt vollbringen kann, was ein Erlöser vollbracht hat."* Im Gefälle dieses Credos existiert die Arbeitsgesellschaft und nötigt, weniger hypostatisch, ihre Mitglieder zur äußeren Anstrengung der Rechtfertigung des Lebens durch Arbeit.

Wird die Arbeit auf der einen Seite allgemein hypostasiert, so wird sie andererseits zugleich in den Einzelnen inkarniert gemäß den gesellschaftlichen Rechts- und Besitzverhältnissen. Wer sich *„vorgetane Arbeit"* aneignen kann, ist Besitzer oder Unternehmer, wer leer ausgeht, bleibt personifizierte Arbeit und wird nach ihr Arbeiter genannt. Unsere Sprache bringt zum Ausdruck, dass ich nicht dieses oder jenes tue, sondern *„ich bin"* Schlosser, Bäcker, Arbeiter und habe allenfalls ein Hobby.

Arbeit als erwerbswirtschaftliche Arbeit ist eine Seinskategorie mit allen Dimensionen, die wir angedeutet haben. In einer solchen Gesellschaft, in der Arbeit vergöttert und die Menschen verarbeitet werden, wird der Gott der Religion arbeitslos. Damit sind Fragen an und Aufgaben für Theologie und Kirche formuliert, die hier nicht beantwortet und gelöst werden können. Solche späten Einsichten im Blick auf Entstehung und Vollzug der „industriellen Religion" werden überlagert, aber hoffentlich auch neu konturiert von den dramatischen Entwicklungen der Gegenwart: Der Götze wackelt, der Arbeitergesellschaft geht die Arbeit aus, die sinnliche Personifizierung der Arbeit schwindet, das Arbeitersein ist *„Sein ohne Arbeit".*

Schon vor vielen Jahren formulierte Hannah Arendt in ihrem Buch „Vita activa" die Einsicht, der wir heute im Verlauf der gegenwärtigen industriellen Revolution nicht mehr entrinnen können: *„Was uns bevorsteht ist die Aussicht auf eine Arbeitsgesellschaft, der die Arbeit ausgegangen ist, also die einzige Tätigkeit, auf die sie sich noch versteht. Was könnte verhängnisvoller sein? (...) Denn es ist ja eine Arbeitsgesellschaft, die von den Fesseln der Arbeit befreit werden soll und diese Gesellschaft kennt kaum noch vom Hörensagen die höheren und sinnvolleren Tätigkeiten, um derentwillen die Befreiung sich lohnen würde."* (Arendt 1960, S. 11f.)

Die Entwicklung wird darum eben nicht erlebt als Befreiung von der Arbeit, sondern als tragischer Verlust von Arbeitsplätzen. Die Identifikation von Arbeit und Sinn nach dem Modell gelungenen Lebens in der Arbeitsgesellschaft ist ja selbst noch in seiner problematischsten Gestalt gering qualifizierter, repetitiver Teilarbeit eine akzeptierte Form der Versöhnung von Arbeit und Leben, weil Alternativen nicht vorgestellt werden können.

Glück, Sinn, Erfüllung, Selbstachtung und Fremdachtung zu finden durch die Hingabe der Lebenskraft an die persönliche Vermehrung der Güter, durch Vermehrung der persönlichen Einkommen aus Erwerbsarbeit im Rahmen der gesellschaftlichen Vermehrung der Produktionen bei Vollbeschäftigung – dieses Grundmodell gelungenen Lebens in der Arbeitsgesellschaft hat Risse bekommen und wird zerbrechen im Vollzug der gegenwärtigen industriellen Revolution. Damit entsteht eine mehrfache Krise:

- Eine Krise der Elemente der sozialen Gerechtigkeit in unserer Gesellschaft;
- Eine generelle Legitimationskrise unseres auf Vollbeschäftigung basierenden Gesellschaftsmodell;
- Eine Sinnkrise für das Leben der Menschen, die sich mit dem gesellschaftlich anprobierten Modell identifiziert haben oder identifizieren mussten.

Wenn die Erwerbsarbeit alles war, wovon und wofür wir in der Gesellschaft gelebt haben, ist der Verlust der Erwerbsarbeit wie der Tod und die schleichende Vernichtung von Arbeitsplätzen wie die Krankheit zum Tode. Darum heißt es jetzt: Rette sich wer kann, jetzt geht es um mein Leben, weil es um meinen Arbeitsplatz geht. Mit den in der Arbeitsgesellschaft begünstigten und geforderten Kardinaltugenden (Habgier und Egoismus) und der entsprechenden Konkurrenzkampf- und Gewinnermentalität gestalten wir in der Überflussgesellschaft wegen mangelnder Arbeitsplätze die nächste Etappe der gesellschaftlichen Entwicklung als Entscheidungsschlacht um Arbeitsplätze nach einem bewährten Muster. Die Starken siegen, die Schwachen verlieren: Zunächst bleiben die Behinderten auf der Strecke, dann die anderweitig Gehandikapten, die Frauen. Konservative Ideologien blühen auf, Rassismus bricht wieder hervor, dann kommen die Ausländer dran, die Gefahr faschistischer Entwicklungen ist nicht von der Hand zu weisen.

Wenn bei uns nicht Fortschritt ist, wie wir ihn kennen, dann ist von einem Augenblick auf den anderen Rückschritt. Das Rad der Sozialgeschichte wird zurückgeschraubt: Abbau von Sozialleistungen, schrittweise materielle Schlechterstellung insbesondere von Arbeiterfamilien mit Kindern. Die Arbeitsplätze und die Errungenschaften der Sozialgeschichte scheinen gleichzeitig von der Bildfläche zu verschwinden.

Es ist irrational, in einer Überflussgesellschaft die infolge technischen Fortschritts sinkende Zahl der Arbeitsplätze als Mangel an Arbeit zu beklagen, um ihn dann im Kampfe zu verteilen. Es ist doch realistisch, zunächst einmal über diese Entwicklung zu sagen, dass es möglich ist, mit immer weniger Menschen immer mehr Güter und Dienstleistungen herzustellen. Alle brauchen weniger zu arbeiten und die Gesellschaft wird dadurch nicht ärmer. Wenn diese Zusammenhänge richtig sind, dann muss die *große* Frage nach der sozialen Beherrschung des technischen Wandels von der Feststellung ausgehen: Wir haben keine Produktionsprobleme, sondern stehen vor ganz neuen Verteilungsaufgaben. Die soziale Frage der mikroelektrischen Revolution im ausgehenden 20. Jahrhundert ist in eine dreifache Frage- und Aufgabenstellung aufzuteilen, deren Beantwortung und Lösung zu einer neuen Versöhnung von Arbeit und Leben führen kann:

• Der Arbeitsgesellschaft geht die Arbeit aus. Aufgrund der technologisch bedingten Produktivitätsentwicklung lässt sich durch Wachstum der Produktion die Zahl der Arbeitsplätze nicht vermehren, sogar das Gegenteil kann der Fall sein.

Unsere erste Frage lautet daher: Wie kann die gesellschaftlich notwendige Arbeit auf alle verteilt werden? Wir brauchen Phantasie, Bereitschaft und gesellschaftliche Rahmenbedingungen für neue, reichhaltige, solidarische Formen der Verteilung der Arbeit.

• Der Arbeitsgesellschaft geht die Arbeit aus, wobei sie reich bleibt. Die Beteiligung jedes Einzelnen am gesellschaftlichen Arbeitsplatz wird mehr und mehr unmöglich. Sie ist nicht mehr möglich, aber sie ist auch nicht mehr nötig. Unsere zweite Frage lautet daher: Wie kann der gesellschaftliche Reichtum, der mit immer weniger Menschen herstellbar ist, auf alle gerecht verteilt werden? Wir brauchen Phantasie, Bereitschaft und gesellschaftliche Rahmenbedingungen für neue gerechte, solidarische Formen der Verteilung der Einkommen. Diese Fragestellung rührt an ein Tabu, weil mit ihr die gesellschaftliche Privilegienordnung tangiert wird und weil die Mitglieder der Arbeitsgesellschaft einen für uns beinahe unerträglichen Gedanken fassen müssen: Jeder kann ein volles Einkommen haben ohne einen vollen Arbeitsplatz. Aber wenn wir aus sind auf eine neue Versöhnung von Arbeit und Leben in der Entscheidungsschlacht um Arbeitsplätze, dann darf dieser Frage nicht ausgewichen werden.

• Es besteht die Gefahr, dass der Arbeitsgesellschaft die Arbeit ausgeht und sie Arbeitsgesellschaft bleibt. Dies wäre eine Gesellschaft ohne Lebenssinn und Resultat einer widersinnigen Entwicklung. Eine wichtige Voraussetzung dafür, das Ende der Arbeitsgesellschaft aktiv zu bewältigen und nicht hinzunehmen mit allen pathologischen Konsequenzen, eine wichtige Voraussetzung eben für eine neue Versöhnung von Arbeit und Leben besteht darin, den traditionellen Lebensdualismus von Arbeit und Freizeit kritisch zu überprüfen und künftig aufzugeben zugunsten eines pluralistischeren Verlaufs des individuellen Lebens. Geht der Anteil der Erwerbsarbeit am menschlichen Leben zurück, möglicherweise sogar drastisch zurück, so soll das nicht eine Ausweitung der so genannten Freizeit bedeuten nach dem Muster, wie wir es kennen gelernt haben: Expansion der Freizeit, industrielle Professionalisierung der Freizeitkultur bei gleichzeitiger Reduzierung menschlicher Individualität.

Neben die erwerbswirtschaftliche Arbeit gegen Geld können vielfältige, selbstorganisierte, neuentwickelte und/oder neubewertete Formen der Arbeit treten. Das Verständnis der menschlichen Arbeit erfährt am Ende oder nach dem Ende der Arbeitsgesellschaft eine lebensbereichernde Erweiterung. Organisation, Inhalte und Produkte neuer oder neubewerteter Formen der Arbeit versuchen Defizite der gewohnten Arbeit für Lohn und Gewinn zu vermeiden.

Die neue Arbeit ist nicht ökonomisch, allenfalls subsistenzwirtschaftlich orientiert. Die neue Arbeit ist selbst unternommene Arbeit und kennt die

Unterscheidung von Kapital und Arbeit nicht. Die neue Arbeit ist von daher genossenschaftlich und geschwisterlich in ihrer Organisation. Die neue Arbeit ist integriert in den kommunalen Wohnbereich; sie ist naturbezogen. Die neue Arbeit ist klein-dimensioniert und handwerklich orientiert; sie setzt Sicherung der Existenz voraus und dient der Entfaltung des Lebens, der Kräfte des Geistes, des Körpers und der Seele zur eigenen und fremden Freude.

Werden die drei angeführten Forderungen gemeinsam verwirklicht, dann entsteht nicht das Paradies auf Erden. Aber es kündigt sich eine neue Form der Versöhnung von Arbeit und Leben an: Eine mehr und mehr automatisierte Massenversorgung mit Gütern und Dienstleistungen, die der Beteiligung aller in Frage kommenden Menschen immer weniger bedarf, ermöglicht die Entwicklung einer neuen Arbeitskultur, den Übergang von der Arbeitsgesellschaft zur Beschäftigungsgesellschaft, wobei unter Beschäftigung ein erweiterter Arbeitsbegriff zu verstehen ist, der alle Bereiche der menschlichen Handlungsseite umfasst, die der Beförderung des eigenen und fremden Lebens dienen.

Ansätze für die Realisierung der drei Grundforderungen finden sich bereits im grauen Staub der Wirklichkeit dieser Tage:

- Der Anteil der erwerbswirtschaftlichen Arbeit am Leben des Einzelnen geht im bisherigen Verlauf der Industrie- und Sozialgeschichte stetig zurück. Neu ist die Forderung also nicht. Sie ist anders als bisherige Forderungen und Erfahrungen hinsichtlich des Tempos und der Strukturen: Nicht nur schematisierte und verordnete, sondern auch flexible und frei gewählte Reduzierungsformen menschlicher Erwerbsarbeit sind gefragt.

- Einkommensverteilung läuft auch bisher schon als eine Mischung aus Arbeitseinkommen (Leistungsprinzip) und Transfereinkommen (Sozialprinzip). Ändern müsste sich in Zukunft die Gewichtung zwischen beiden Einkommensarten und die soziale Bewertung von Transfereinkommen.

- Neue Formen der Arbeit gibt es im Bereich der Outsider alternativer Arbeit. Ihre Erfahrungen sind ernsthaft zu prüfen in ihrer Bedeutung für die Entwicklung der Normalgesellschaft. In Teilen der normalen Gesellschaft, in Teilen der alltäglichen Gesellschaft gibt es ein neues Nachdenken über Arbeit und Leben: eine teils reflektierte oder eher unbewusste Kritik an unserem bisherigem Arbeitsverständnis in seiner Ausrichtung auf rein materielle Zwecke.

Da die Zeichen der Zeit dafür sprechen, dass wir im Begriff sind, einzutreten in den Vorhof der Hölle einer pathologischen Gesellschaft, müssen wir spätestens wissen, was wir wollen. Es ist rational, die Früchte des technischen Fortschritts allen Menschen zukommen zu lassen und aufzuzeigen, wie das geschehen kann zur Befreiung des Menschen. Was hindert uns daran, so zu verfahren?

6.2 Erinnerung an die Schöpfung

Wir haben Vorzeichen wahrgenommen. Gedanken der Vernunft und des Glaubens haben wir gefasst in zehn Wegzeichen für die Zukunft der Arbeit. Wir haben wiederholt davon gesprochen, dass sich in den tief greifenden Änderungen der Arbeitswelt und der Gesellschaft rationale Möglichkeiten zeigen für eine neue Versöhnung von Arbeit und Leben. Dazu haben wir Grundfragen erörtert, deren Beantwortung in diese Richtung führt. Aber es besteht auch die Gefahr, dass wir uns gegenwärtig im Vorhof der Hölle einer pathologischen Gesellschaft bewegen, die stets das Gute will und doch das Böse schafft.

In der theologischen Skizze zur Zukunft der Arbeit wollen wir versuchen, zentrale Seinsaussagen des christlichen Glaubens so zu entfalten, dass das Tun des Menschen als Arbeit darin aufgehoben ist, Gotteswirklichkeit und Arbeitswelt in eine ursprüngliche Beziehung zueinander zu setzen, wie es in der biblischen Überlieferung geschieht. Mensch und Arbeit im Lichte des Wortes Gottes theologisch zu deuten, heißt in christlicher Tradition, sich an die Schöpfung zu erinnern und sich der Verheißung des Reiches zu vergewissern.

Wir sind es durch die Erfahrung gewohnt, die Arbeit über einen Arbeitsplatz hinaus ins Unternehmen zu fassen, dessen Geschick von weltweiten ökonomischen Zusammenhängen und Mächten bestimmt wird. Die Mächte der Ökonomie sind dunkel, undurchschaubar, unangreifbar, nicht erreichbar und unberechenbar. In der Wirklichkeit des Glaubens ist die Arbeit zuerst und nicht zuletzt in die Schöpfung gefasst. Ohne diese Erinnerung wird es schwerlich eine neue Versöhnung von Arbeit und Leben geben können. Ohne Bezug zur Schöpfung kann theologisch nicht über die Arbeit gesprochen werden und umgekehrt. Aus der Schöpfung Gottes erhält die menschliche Arbeit ihren Sinn, ihre Würde und ihre fassettenreiche Bedeutung. (Im Folgenden bezieht sich der Verfasser vor allem auf diese Arbeiten: Ebach 1977, S. 198-214; Ebach 1980, S. 7-21; Westermann 1980, S. 45-50; Liedke 1979)

Die Theologie der Arbeit im Lichte der Schöpfung ist noch nicht geschrieben und kann hier nicht referiert werden. Die Hinwendung zu den biblischen Traditionszusammenhängen von Arbeit und Schöpfung geschieht nicht in der Erwartung, unmittelbar eine Antwort auf die Fragen der Gegenwart zu finden. Aber der *„Rückgriff auf die Geschichte hilft, vielleicht zu richtigen Fragen".* (Ebach 1980, S. 16, Anm. 43)

Nirgendwo in der Bibel wird das Thema Mensch und Arbeit so zentral und grundlegend behandelt wie im Zusammenhang der beiden Berichte von der Schöpfung.

Geläufig sind uns die Hinweise auf 1. Mose 1, 28 (*Machet euch die Erde untertan*) und vor allem 1. Mose 2, 19 (*Im Schweiße deines Angesichts sollst du dein Brot essen, bis du wieder zur Erde werdest, davon du genommen bist*). Fast schon erschöpft sich darin unsere Erinnerung an Gottes Wort zur Arbeit des Menschen. Das kommt wohl nicht von ungefähr, denn diese Worte passen gut zur Entwicklung, wie wir sie durchlaufen haben. Mit biblischen Argumenten könnten so die gigantischen Prozesse des Wirtschaftswachstums, der Naturbeherrschung und Naturbearbeitung durch wissenschaftlich-technischen Fortschritt legitimiert oder gar stimuliert werden. Außerdem konnte mit der Berufung auf den vorgegebenen Last- und Mühsalcharakter der Arbeit, einer auf Anpassung an gegebene problematische Arbeitsverhältnisse gerichteten Arbeitsethik das Wort geredet werden. Bei vielen (gerade auch prominenten) Vertretern des Christentums und bei vielen (gerade auch prominenten) seiner Kritiker hat sich der Gedanke festgesetzt, dass nach den Aussagen des Alten Testaments die Arbeit Fluch Gottes über den Menschen sei, Folge der Vertreibung aus dem Paradies, Strafe für die Sünde des Menschen. Es ist noch nichts unternommen, die Wirkungsgeschichte dieses populären Missverständnisses der Bibel einmal genauer zu untersuchen.

Tatsächlich ist das Verhältnis von Mensch und Arbeit im Zusammenhang der Schöpfung anders dargestellt. Wir haben nicht nur zwei verschiedene Schöpfungsberichte, die die menschliche Arbeit unterschiedlich akzentuieren. Der Mensch und seine Arbeit sind nicht nur Thema in den eigentlichen Schöpfungsberichten und der Geschichte vom Sündenfall. Das Arbeitsthema wird vielmehr in der gesamten so genannten Urgeschichte (1. Mose 1-11), von der Schöpfung bis zum Turmbau von Babel verhandelt. Hier geht es um das grundlegende Geschehen zwischen Gott, Mensch, Natur und Mitmensch unter Kennzeichnungen wie Schöpfung, Fall, Schuld, Strafe, Bewahrung und Gefährdung. In dieses dynamische „Grundgeschehen" (Liedke) ist die Arbeit einbezogen als ein wesentliches Element. Wir finden am Anfang der Bibel also keine Ontologie oder statisch konstante Anthropologie der Arbeit, auch keine theologische Arbeitsethik, sondern in dem angezeigten Kontext eine „Urgeschichte der Arbeit" voller Dynamik über göttliche Voraussetzung und menschliche Folgen der Arbeit. Die Arbeitsgeschichte ist eingebettet in die grundlegende Dialektik der Urgeschichte, wie Weltsein und Menschsein nach dem Willen des Schöpfers gemeint sind, wie dies faktisch erfahren wird in Bedrohung und Verfehlung und wie das „Dennoch" der Bewahrung Gottes Grund unseres Leben ist.

Erinnerung an den ersten Schöpfungsbericht
Und Gott schuf den Menschen zu seinem Bilde, zum Bilde Gottes schuf er ihn und er schuf sie als Mann und Frau. Und Gott segnete sie und sprach zu ihnen: Seid fruchtbar und mehret euch und füllet die Erde und machet sie euch untertan und herrschet über die Fische im Meer und über die Vögel unter dem Himmel und über das Vieh und über alles Getier, das auf Erden kriecht. (1. Mose 1, 27f.)

Voraussetzung der menschlichen Arbeit ist die Schöpfung Gottes. Gott bereitet den Lebensraum des Menschen in seiner ökologischen Ordnung. Allen Lebewesen wird ihr Lebensraum zugewiesen, zuletzt die bekleidete Erde den Landtieren und den Menschen. Der Mensch erarbeitet seinen

Lebensraum nicht, er bearbeitet ihn unter bestimmten, noch näher zu bezeichnenden Voraussetzungen und Bedingungen. Insofern ist der Mensch nicht Herr der Erde, sondern Einwohner und Mitbewohner; er selber als Geschöpf Ergebnis der Arbeit Gottes, Geschöpf in der Schöpfung inmitten von Leben, das leben will. Dies ist das Grunddatum theologischer Rede von der menschlichen Arbeit. Die Menschwerdung des Menschen ist nicht Prozess der Selbsterzeugung in der Bewegung zwischen Mensch und Natur, sondern Entfaltung des Geschöpfes in der Schöpfung.

Das Geschöpf ist geschaffen als Ebenbild Gottes. Die Götter der altorientalischen Mythen haben die Menschen erschaffen, damit eben diese Menschen die kulturelle und zivilisatorische Arbeit verrichten sollen, die die Götter zuvor selbst tun mussten. Auch in der Schöpfung ist die zivilisatorische und kulturelle Arbeit Aufgabe des Menschen, aber unter der einmaligen Voraussetzung, Bild Gottes zu sein. Damit ist der Mensch nicht sklavenähnlicher Gottersatz, sondern Arbeiter in einer besonderen Gottesbeziehung. Er ist Stellvertreter Gottes in der Schöpfung als Träger von Arbeit. Die Ebenbildlichkeit ist also von Gott her in Richtung kreatorischer Arbeit auszulegen. Als schöpferisch Arbeitender ist der Mensch Bild Gottes in der Schöpfung.

Der Mensch als Bild Gottes ist die Voraussetzung dafür, dass er für seinen Schöpfungsauftrag mit dem Segen angeredet werden kann. Unter diesem Segen vollzieht sich alle Tätigkeit des Menschen in der Schöpfung und das Segenswort ist gerichtet an Mann und Frau. Von Anbeginn ist der Mensch in partnerschaftlicher Lebensgemeinschaft gemeint. Unter Verheißung und Wirkung des Schöpfungssegens ist ganzheitliche Lebensentfaltung die Bestimmung des Menschen in der Schöpfung: Leben gebären im biologischen Sinne, Leben erhalten in kreatürlicher Arbeit, Leben befördern in sozialer Gestaltung, Leben entfalten und bereichern in kultureller und zivilisatorischer Arbeit. Ganzheitliches, vitales Wachstum unter den Bedingungen des Lebensraumes der Schöpfung zu befördern, dazu hat Gott seinen Segen gegeben mit dem Werk seiner Hände, das allen zum Leben gereichen soll. Die Arbeit aller Menschen in der Schöpfung steht unter dem Segen Gottes, nicht unter dem Fluch der Sünde, von dem ein Teil des protestantischen Arbeitsethos nicht loskommt. Und es ist festzuhalten, dass bis heute Gott seinen Segen nicht von der menschlichen Arbeit zurückgenommen hat.

Die Kraft des Schöpfungssegens ist die Voraussetzung des konkreten Schöpfungswortes an Mann und Frau: Machet euch die Erde untertan. Wie die Schöpfung auf den Menschen hin ausgerichtet ist – er ist das Ziel der Schöpfung –, so wird dann umgekehrt der Mensch mit seinen Entfaltungs- und Gestaltungsaufgaben zur Beförderung des Lebens auf die Schöpfung verwiesen im Bilde der Herrschaft über die Erde (Dominium terrae).

Mit dem Auftrag der Herrschaft des Menschen über die Erde sind die Möglichkeiten und Grenzen menschlicher Arbeit angegeben. Sicher lebt und arbeitet der Mensch für sich, für seine Lebenserhaltung und Entfaltung in Kultur und Zivilisation, sicher ist ihm die Schöpfung in diesem Sinne zur Hand und zur Verfügung. Aber die Herrschaft des Menschen über die Erde ist nicht so zu verstehen, als sei alles außer uns selbst als Objekt unserer Bedürfnisse zur Verwertung, Ausplünderung zur Verfügung gestellt unter Missachtung der eigenen Ansprüche der uns umgebenden Welt. Solche Art der Erdherrschaft entsteht mehr und mehr, seit der Mensch sich selbst als Subjekt und die Natur als das außer ihm Existierende, als reines Objekt betrachtet. Die heutigen Folgen eben dieses Denkens und Handelns sind es, die uns nun wieder neu nach dem theologischen Verständnis der Natur als Schöpfung fragen lassen. Es ist nicht Sinn der lebensbefördernden Arbeit unter dem Segen Gottes, am Ende Zerstörung der natürlichen Grundlagen allen Lebens zu betreiben und zum Tode gereichen zu lassen, was zum Leben führen soll.

Wie gezeigt, ist das „Dominium terrae" nicht voraussetzungslos gesetzt. Es ist gebunden an den Segen Gottes und erlaubt nur, was in ganzheitlicher Betrachtung dem Leben der Schöpfung dient. Es schließt die Beschädigung der Schöpfung aus, das Dominium ist Vollzug der Ebenbildlichkeit und damit selber schöpferischer Prozess. Die Herrschaft des Menschen über die Erde ist darum nicht anders zu fassen als als „cooperatio dei" in der Einheit der Schöpfung. Sie kommt aus dem Worte Gottes. Der angeredete und zur Herrschaft beauftragte Mensch kann sie darum nicht willkürlich, rücksichtslos, selbstbezogen einsetzen, sondern sie ist immer wieder vor dem, von dem sie gewährt wurde, zu verantworten und

zu messen an Segen und Ebenbildlichkeit. Solche verantwortete Herrschaft in der Schöpfung dient wie der eigenen Vorsorge der Fürsorge allen
Lebens. Nach jahrhundertelanger radikaler Arbeit in einem gigantischen
Wirtschaftsprozess, der alle Grenzen eingerissen hat, werden wir gewahr,
dass wir in einer Schöpfung am Abgrund leben. Offenbar haben wir mit der
Möglichkeit des „Dominium terrae" Missbrauch getrieben, indem wir es
von Gottes Segen und Ebenbildlichkeit gelöst haben und die außermenschliche Welt aus der Schöpfung in die Natur überführt haben.

Das neuzeitliche Denken behandelt Arbeit und Natur ausschließlich als
Quellen für Güterreichtum. Durch diese Reduzierung ist in unserem Le-
benskontext Mangel an Gütern überwunden worden. Es sprechen allerdings viele Anzeichen dafür, dass dabei die Quellen selber, die Natur und
die Arbeit, ruiniert worden sind. Darf es dann in Erinnerung an die biblische
Tradition nicht unsere Hoffnung sein, dass Arbeit und Natur für das Leben
wiedergewonnen werden können, wenn wir es wieder lernen, die Natur in
die Schöpfung Gottes zu fassen und die Arbeit in die Geschöpflichkeit des
Menschen?

Das das Leben der Menschen materiell bereichernde und zugleich die
Natur verbrauchende ökonomische Wachstum wurde und wird potentiell
als unendlich vorgestellt. Im Lebensraum der Schöpfung aber gibt es kein
unendliches Wachstum. Diesen Gedanken verbietet der Respekt vor dem
außermenschlichen Leben der Schöpfung, der im „Dominium terrae" mit
gesetzt ist.

Gott hat mit der Schöpfung eine segensreiche Ganzheitlichkeit von Leben und Arbeit des Menschen gestiftet, für deren Vollzug und Gelingen
dem Menschen als Ebenbild unter dem Segen des Schöpfers, im Auftrag
des „Dominium terrae" eine verantwortliche, würdevolle, ausgezeichnete
Rolle zugedacht ist. Die Arbeit heute in die Schöpfung zu fassen heißt, sich
dieser einmaligen Aufgabe neu zu vergewissern für eine neue Versöhnung
von Arbeit und Leben.

Über die Schöpfungsberichte hinaus enthalten die Erzählungen der Urgeschichte das Wissen und die Erfahrung, dass der Mensch seinen Schöpfungsauftrag verfehlen, missachten und verletzen kann durch Schuld,
Gewalt, Missbrauch von Herrschaft und Hybris. Die Missachtung und

Verfehlung des Schöpfungsauftrages fällt auf den Menschen in Strafen Gottes zurück (Flutgeschichte). Aber Gott nimmt die Schöpfung nicht zurück. Er bewahrt und erneuert seinen Segen, gewährt Lebensmöglichkeiten (Noah). Dies ist uns gesagt zur Warnung und zur Ermutigung für schöpfungsgemäßes Handeln in unserer Zeit der Schöpfung am Abgrund.

Erinnerung an den zweiten Schöpfungsbericht
Und Gott der Herr nahm den Menschen und setzte ihn in den Garten Eden, dass er ihn bebaute und bewahre. (1. Mose 2, 15)

Von der Arbeit des Menschen spricht der zweite Schöpfungsbericht im Blick auf den noch nicht geschaffenen Menschen (1. Mose 2, 5), auf den Menschen im Garten Eden (1. Mose 2, 15) und im Blick auf den aus dem Garten vertriebenen Menschen. Wir können also in biblischer Sicht reden von der Universalität der Arbeit. Nicht zu arbeiten ist weder paradiesisch noch Inhalt utopischer Zukunftsvorstellungen. Die Universalität meint nicht nur Zustände, sondern auch Personen im Sinne von egalitärer Beteiligung aller an der Arbeit. Privilegien werden nicht verteilt. Sklavenarbeit ist nicht vorgesehen. Nicht Herren und Knechte sind zur Arbeit berufen, sondern der Mensch als Mann und Frau. Noch einmal ist nachdrücklich ins Bewusstsein zu rufen, dass das Paradies kein Schlaraffenland ist, sondern zuerst und zuletzt menschlicher Arbeitsplatz.

Die protestantische Tradition der moralisierenden Betrachtung der Arbeit neigt dazu, den Segen der Arbeit eher unternehmerisch zu wenden und Arbeit unter dem Fluch des Sündenfalls, der das Arbeitsleid begründet, eher als Folie einer Arbeitsethik für die kleinen Leute zu verwenden.

Fassen wir die Arbeit in die Schöpfung, dann muss sich eine wichtige, das Alltagsleben bestimmende protestantische Tradition korrigieren. Auf aller Arbeit in der Schöpfung ruht der Segen Gottes. Er ist, wie wir sahen, die konstitutive Voraussetzung der Arbeit.

Fassen wir die Arbeit ins Paradies, erhalten wir weitere wichtige Hinweise. Geschieht menschliche Arbeit im Paradies, so wird daran erinnert, dass die Arbeit des Menschen, aller Menschen, etwas zu tun hat mit Lebensfreude, Schaffensdrang, Tätigkeitsdrang, Lust am Gelingen. Jenes Urbild der Arbeit ist wie unser Lebenstraum: Gott schafft einen prächtigen Garten, eine reich bewässerte, blühende Oase. Dorthin wird der Mensch gesetzt: Lebendiger Teil der Erde, den Garten Gottes zu *"bebauen und zu bewahren"*. Das klingt ohne weiteres ökologisch aktuell. Warum haben wir das nicht früher bemerkt?

Aber zunächst erfolgt eine Betrachtung der Arbeit selber, die eine besondere Naturbeziehung beinhaltet. Unser Wort *"arbeiten"* ist intransitiv. Unsere Arbeit ist ein eher *"selbstischer"* Vorgang, dem das Gegenüber aus dem Blick geraten ist. Wir gehen auf in der Arbeit und sind Arbeit.

Das hebräische Wort an dieser Stelle ist transitiv: bebauen. Die Lebensgrundlagen werden nicht erst durch den Menschen erzeugt. Der Lebensraum ist mit dem Garten durch Gottes Schöpferhandeln auf den Menschen hin, um den Menschen herum hergerichtet und aufgebaut. Der Mensch ist nicht der Schöpfer seines Lebens durch Arbeit. Auch braucht der Lebensraum nicht durch die Arbeit des Menschen lebendig zu werden. Er ist lebendig durch den Segen Gottes (*"Der Herr ließ aufwachsen aus der Erde (...)"*, *1. Mose 2, 9*). Die Bearbeitung des Gartens durch den Menschen hat von daher den Charakter des Erntens und Beerbens. Die Natur ist ihm zuhanden und nicht widerspenstig. Sie spendet Speise und Trank zur Versorgung des menschlichen Lebens. So ist die Arbeit des Menschen nicht Eingriff in die Natur, nicht Plage und Qual für ihn selber.

Hier erinnert die Erde an das mythische Bild von der Mutter des Lebens. Allerdings liegt der Unterschied zu solchen Vorstellungen darin, dass Gott der Schöpfer alles Lebendigen ist. Die Erde ist Schöpfung Gottes, nicht Mutter des Lebens. Es ist der Segen Gottes, der sie Früchte tragen lässt, und sein Odem, der die Ackererde zum Leben erweckt.

Dem Charakter der paradiesischen Arbeit entspricht ihre Bezeichnung als Bebauen (= Dienen). Wir werden neuerdings darauf aufmerksam gemacht, dass diese und andere alttestamentliche Bezeichnungen für Arbeit nicht so eindeutig *"ethnologisch und semantisch auf den Aspekt der Mühsal und Qual der Arbeit festgelegt (sind), wie die indoeuropäischen Hauptbegriffe für Arbeit (z. B. frz. travail von mlat. Tripalare = quälen, mhd. arbeit etwa: Mühsal, Beschwerde, russisch: rabota von rab = Sklave)."* (Ebach 1980, S. 8, Anm. 7) Das hebräische Wort wird im Lateinischen mit colere und nicht mit laborare wiedergegeben. Colere aber heißt: Bebauen, pflegen, verehren und steckt sowohl in unserem Wort Kultur wie auch in Kult.

Gemeint ist offensichtlich ein sehr weites Verständnis von menschlicher Arbeit. Kreatürliche Arbeit zur Sicherung des Lebens als Ackerbau und Viehhaltung, in der der Mühsalaspekt nicht vorherrschend ist, wird ausgeweitet bis hin zur Gestaltung und Entwicklung zivilisatorischer und kultureller Arbeit. *„Der Auftrag, den Acker zu bebauen, ist also hier identisch mit dem Kulturauftrag."* (Westermann 1980, S. 45)

Dies belegen Elemente der Urgeschichte im Anschluss an die Paradiesgeschichte: *„Dem Ackermann folgt der Erbauer einer Stadt (4, 17), neben den Ackerbauer tritt der Kleinviehnomade (4, 20), sein Bruder ist der Musikant, der Zither und Schalmei handhabt (4, 21). Hinzu kommt der Vater der Schmiede, der Metallbearbeitung (4, 22). In dieser Genealogie ist die allmähliche Entwicklung der Kulturtätigkeiten vorausgesetzt. Wie die Generationen aus dem Segen des Schöpfers wachsen, so wächst mit ihnen die Arbeit des Menschen und verzweigt sich, und dieses Wachsen ist im Willen des Schöpfers begründet."* (Westermann 1980, S. 46)

Der Auftrag zur Arbeit umfasst geistige und körperliche Arbeit. Beides ist gleichwertig. Eine Überordnung der geistigen über die körperliche Arbeit, die unsere Gesellschaft und unser Arbeitsverhältnis tief durchdrungen hat, ist dann nicht möglich, wenn wir die Arbeit in die Schöpfung fassen.

Der besondere Akzent des Schöpfungsauftrags an den Menschen in der Paradiesgeschichte ist die Doppelformulierung *„bebauen und bewahren"*. So soll der Mensch in der Schöpfung wirken – eine lange vergessene Komplementarität menschlicher Arbeit von beklemmender Aktualität in gegenwärtigen Zeiten der ökologischen Krise.

„Das Bearbeiten des Bodens zum Zwecke des Hervorbringens genügt nicht, die behutsame Pflege, die Bewahrung des anvertrauten Ackers muß hinzukommen. Damit soll von vornherein jeder Raubbau an dem dem Menschen anvertrauten Boden und all seinen Schätzen ausgeschlossen sein. Alle menschliche Arbeit, die allein auf den Ertrag, den Gewinn, aus ist, ohne Bewahrung und Pflege des Bodens zu berücksichtigen, widerspricht dem Auftrag Gottes." (Westermann 1980, S. 45)

Ein anderer Alttestamentler fasst den Schöpfungsauftrag an den Menschen in der Paradiesgeschichte so zusammen: *„Bebaue den Garten, tue das im Einklang mit den Regeln der Natur, leiste die Arbeit, die erforderlich ist, sorge für das Fruchttragen der Bäume – ferner: sichere den Garten und schütze ihn vor dem Verfall, aber – bleibe in dem gegebenen Lebensraum, bewahre seine Grenzen! Du stehst nicht unter dem Zwang, sie ständig zu erweitern, der Ertrag muß nicht ständig wachsen. Kurz: gegen Produktionssteigerung steht 'Hege und Pflege'."* (Ebach 1980, S. 13) Es ist der alte biblische, auch neutestamentliche Gedanke, dass Herrschaft (über die Erde) Dienst (an der Schöpfung) ist, an den wir uns in den Problemen unserer Zeit neu oder erstmalig erinnern lassen müssen.

Schon in den Urgeschichten wird der lebenserhaltende Zusammenhang von Arbeiten und Bewahren in einer ausgewogenen Lebensordnung auseinandergerissen. Die schöpfungsgemäße Versöhnung von Arbeit und Leben zerbricht durch die Verletzung der Grenzen des Menschen im Paradies. Die ausgewogene Lebensordnung ist zerstört. Darauf läuft die Paradieserzählung in 1. Mose 3-4 hinaus. Hier tritt uns dann der arbeitende Mensch entgegen, wie wir ihn kennen. Das Bewahren ist auf den Keruben übergegangen. (1. Mose 3, 24) Der Mensch ist nun im Schweiße seines Angesichts Bearbeiter der Erde, die widerspenstig ist, Dornen und Disteln hervorbringt und vom Blut des Bruders getränkt ist. Der Bearbeiter ist kein Bewahrer mehr im Blick auf die Natur und auch nicht im Blick auf den Menschenbruder: *„Soll ich meines Bruders Hüter sein?"* (1. Mose 4,9).

Arbeit und Mühsal treten zueinander wie Leben und Tod. Sterblichkeit des Lebens und Mühsal der Arbeit entsprechen einander. Die mühvolle Bearbeitung der Natur bewahrt den Menschen nicht vor seinem Untergang. Die Arbeit macht den Menschen nicht zum Schöpfer unendlichen Glücks und kann dem Leben keine Elle zusetzen. Arbeit ist zwanghafte Notwendigkeit und darum mühselig für den Menschen. Die Störung der geschwisterlichen Arbeit, wie sie in der Schöpfungsordnung des Bebauens und Bewahrens gegeben war, bewirkt Konkurrenz, Konflikt, gesellschaftliche Auseinandersetzung mit lebensvernichtenden Folgen. Bemerkenswert ist, dass Kain der Ertrag des Ackers verweigert wird (1. Mose 4, 11), und er vom Acker vertrieben wird. Er, der den Bruder umbringt, wird ohne Bruder leben müssen, unstet und flüchtig. Aber zugleich bleibt er, der kein Bewahrer ist, unter der Bewahrung Gottes, wird gar der Erbauer der ersten Stadt, Ahnherr der Entwicklungsgeschichte der Kultur und Zivilisation.

Die Arbeit des Menschen geschieht nun unter der Perspektive von Gut und Böse, Gelingen und Scheitern, Fortschritt und Verderben. So lautet der Titel des Berichts an den Club of Rome (1984) über Mikroelektronik und ihre Folgen für Arbeit und Gesellschaft „For better or for worse".

Arbeit ist hier nicht auf einen geschlossenen anthropologischen Zusammenhang bezogen, sie ist geschichtliches Tun in der Verantwortung des Menschen, dessen Folgen so oder so auf ihn zurückfallen.

In der Urgeschichte wird in diesem Zusammenhang das Lamech-Lied erwähnt (1. Mose 4, 23f.). Es macht deutlich, wie die neue segensreiche Technik der Eisenzubereitung zugleich die Herstellung von neuen verheerenden Vernichtungswaffen ermöglicht. Das erste Beispiel gigantischer Großtechnik, der Turmbau von Babel, zum Ruhme des Menschen gedacht, wird von Gott gestoppt und führt zu grenzenloser Verwirrung.

Der flüchtige Versuch, die Arbeit in die Schöpfung zu fassen, führt in Zusammenhänge, die bei der Erörterung unserer Gegenwartsprobleme nicht unbedacht bleiben sollten.

Das Bebauen und Bewahren sind auseinander getreten in den Möglichkeiten des arbeitenden Menschen. In den sich von da aus ergebenden Irrungen und Verwirrungen des Menschen erweist sich der Schöpfer immer wieder als Bewahrer (Adam, Kain, Noah, Abraham). Wir werden die paradiesische Versöhnung von Arbeit und Leben nicht wieder herstellen können. Aber wenn wir uns um eine neue Versöhnung von Arbeit und Leben unter den Bedingungen der Fremde bemühen müssen, dann kommt der Kategorie „Bewahrung" eine zentrale Bedeutung zu. Sie ist eine Dimension des Glaubens an den Schöpfergott, von dem wir sagen: „Der Herr segne dich und behüte dich" (4. Mose 6, 24). Sie findet in gebührendem Abstand ihre Entsprechung in der Praxis des Glaubensgehorsams. Aber „Bewahrung" ist als sozialethische Kategorie in Erinnerung und Erneuerung des Schöpfungsgedankens erst noch auszuarbeiten.

Die industrielle Revolution kennt keine Bewahrung, sondern die permanente Vermehrung. Unsere Verwurzelung in den Produktionen hat uns blind gemacht für das Leben und die Lebenszusammenhänge des außermenschlichen Lebens sowie für die wechselseitige Abhängigkeit allen Lebens. Mit geradezu pathologischer Verstocktheit verweigern wir dem Leben der Schöpfung unseren Respekt. Die Vorherrschaft der Sachen vor dem Leben hat unser Verhältnis zum Leben verdinglicht. Vorläufiger Endpunkt solcher Entwicklung sind Waffen, die das Leben auslöschen und die Sachen bewahren. Respekt vor dem Leben und Bewahrung bedingen einander. Es ist die Bewahrung, die uns Zukunft eröffnet.

Wenn wir die Arbeit in die Schöpfung fassen, dann ist schließlich noch an das integrative biblische Verständnis von Arbeit und Ruhe zu erinnern. *„Und Gott vollendete am siebten Tage seine Arbeit, die er gemacht hatte, und er ruhte am siebten Tag von seiner ganzen Arbeit, die er gemacht hatte."* (1. Mose 2, 2) Dies ist eine Aussage über Gott. Die Ruhe gehört zur Arbeit Gottes, nicht als Ausruhen von der Arbeit vorgestellt, sondern als deren abschließender Teil. Die Ruhe gehört zum Schöpfungswerk.

Die Ruhe Gottes in der Schöpfung findet ihren geschöpflichen Niederschlag im späteren Sabbat. Was für ein Tag, an dem die Menschen ihre Arbeit ruhen lassen, die Auseinandersetzung mit der Natur unterbrechen, ein Tag des Schöpfungsfriedens und des Gottesdienstes – Erinnerung auch an die ausgewogene Lebensordnung der Schöpfung als Tag der Bewahrung.

6.3 Verheißung des Reiches

„Würde man die Frage (sc. nach menschlicher Arbeit und Kulturleistung) *allein an das Neue Testament richten, so wäre der Ertrag an Antworten gering. Das Neue Testament hat seine Mitte in der Botschaft von Christus und ist von dieser Botschaft so erfüllt, daß alles andere ganz an den Rand tritt. Es kommt hinzu: Das Neue Testament ist etwa in einem Jahrhundert entstanden; die in den Evangelien und in der Apostelgeschichte ablaufende Zeit umfaßt wenige Jahrzehnte. In ihnen ist die Gemeinschaft der Christen eine Gruppe in Bewegung, in der Nachfolge der Jünger und der Mission der ersten Christengeneration. Eine ausführliche, intensive Begegnung des christlichen Glaubens mit der Kultur vollzieht sich aber erst in der Zeit der Seßhaftigkeit im Verlauf der Kirchengeschichte."* (Westermann 1980, S. 45)

Für den Versuch einer biblisch-theologischen Besinnung über den Anteil der Arbeit an der Menschwerdung des Menschen reicht eine konkordantische Betrachtung des Neuen Testamentes nicht aus. Bezugspunkt ist das Christusgeschehen selbst, das unser Leben befreit von der Herrschaft der Sünde, des Gesetzes und des Todes, aus Sklaven und Unfreien Kinder Gottes werden lässt als Schwestern und Brüder, die in der Hoffnung auf das Kommen seines Reiches leben als Mitarbeiter seines Reiches. (Vgl. zum Folgenden Moltmann 1979, S. 59-83 und Klappert 1979, S. 84-134)

Zur schöpfungstheologischen Betrachtung der Arbeit kommt die christologisch-eschatologische hinzu. Dies ist nicht additiv zu verstehen. Das Versöhnungsgeschehen in Tod und Auferstehung Jesu umfasst das Leben des Einzelnen, die sozialen Bezüge, die Mächte und Gewalten und die Schöpfung als universalen Lebensraum (Römer 8). Alles was ist, ist hineingenommen in die Befreiungsgeschichte des Reiches Gottes, des kommenden Reiches der Gerechtigkeit, des Friedens und der Freude im Heiligen Geist. Von dieser Hoffnung leben wir und in dieser Hoffnung arbeiten wir.

Wir gehen bei unserem Versuch, die menschliche Arbeit theologisch in das Reich Gottes zu fassen noch einmal ein auf die Grundstruktur gesellschaftlich verordneten gelungenen Lebens in der „industriellen Religion" unserer Zeiten. In dem Syndrom aus erwerbswirtschaftlicher Arbeit, Konsum, Freiheit und Glück als gelingende Gütervermehrung in Konkurrenz zu anderen ist es im Kern die Arbeit zur Existenzsicherung, mit der und um die herum das Glück geschmiedet wird. Wer an diesem zentralen Ausgangspunkt mehr oder weniger hängen bleibt, kann keine Entschuldigung hervorbringen. Unser „way of life" beinhaltet den Zwang der Selbstrechtfertigung durch Leistung. Der historische Freiheitsimpetus, der darin wirksam wurde, darf nicht verschwiegen werden, ebenso wenig wie die damit verbundene gesellschaftliche Gesamtleistung zur Überwindung von Mangel, Not und Krankheit in sozialgeschichtlicher Auseinandersetzung. Über die vielerlei Gefährdungen des Menschen und der Schöpfung, die mit der rasanten Entwicklung dieses Modells in heutiger Erfahrung verbunden sind, braucht hier nicht mehr gesprochen werden. Anthropologisch gesehen bedeutet diese Lebensweise eine nahezu totale Beanspruchung der Aktivitätsseite des Menschen auf der elementaren, kreatürlichen Ebene der ökonomischen Handlungen für Verbrauchsgüter. Dies bedeutet faktisch eine Vernachlässigung, Unterbewertung und damit Verkümmerung des breiten Spektrums menschlichen Tätigseins und eine Abspaltung und Verdrängung der dem Menschen ebenso eigenen Passivitätsstruktur. Verdrängt werden unsere Schwäche, unsere Trauer und unsere Tränen. Wir sollen nicht empfindsam und empfänglich sein. Wir wissen nicht, was es heißt, empfangen zu können und beschenkt zu werden, das Leben als Gabe zu begreifen vor jeder Aufgabe.

Die theologischen Gedanken der Geschöpflichkeit und der Kindschaft bringen zum Ausdruck, dass für den Glauben menschliches Leben geschenktes Leben ist. Die Schöpfung ist das Ergebnis der Arbeit Gottes und der Mensch wird ins Leben gerufen durch Wort und Segen Gottes. Das Christusgeschehen ist Gottes Arbeit der Neuschöpfung, in dem die Passion eine zentrale Rolle spielt. Die Bibel nennt die Menschwerdung des Menschen in Christus „*Wiedergeburt*". Durch die Gnade werden aus Herren und Knechten freie Kinder Gottes, die der hoffnungsstiftenden Verheißung des Gottesreiches leben. Vom geschenkten und empfangenen Leben her erschließt sich die Aktivitätsseite menschlicher Existenz neu. Theologisch ist das Problem von Gnade und Leistung, geschenktem Leben und erworbenem Leben, gelöst. In der sozialen Realität unserer Tage indessen wird die Menschwerdung des Menschen durch Arbeitsleistung gnadenlos gefordert. Damit sind Fragen gestellt, die Theologie und kirchliche Praxis meines Erachtens bislang noch viel zu wenig in den Blick genommen haben.

In biblischem Geist und mit biblischem Wort kann die tätige Seite menschlichen Lebens Nachfolge oder Proexistenz genannt werden. Damit ist eine doppelte Charakterisierung der christlichen „*vita aktiva*" ausgesprochen.

Zum einen steht jegliche Bewegung der Existenz nach außen unter dem Liebesgebot oder anders gesprochen unter dem Gebot der Gewaltlosigkeit. Die Entdeckung, Wiederherstellung und Erneuerung des „Du" und „Ich" ist unsere Erneuerung als Schwester und Bruder. In Christus, der der neue Adam ist, wird der Mensch der neue Kain, der unter der Gnade der Hüter seines Bruders ist. Für den Glauben ist es wichtig, sich darüber zu vergewissern, dass dies keine ethische „Soll-Aussage" ist, auch keine ontologische „Seinsaussage", sondern eine geschichtliche Aussage, die uns deutlich macht, dass – ebenso wie der Mensch dem Menschen ein Wolf sein kann – der Mensch dem Menschen Schwester und Bruder sein kann. Dies ist kein Problem von urwüchsiger Natur und ethischer Kultur, sondern eine Frage der gesellschaftlich dominierenden Normen. Die Liebe gehört zum Sein des Menschen wie die ihr entsprechende Haltung des Gebens, Teilens, Opfern, Schenkens. Dies ist das eine christliche Charakteristikum der tätigen Seite des menschlichen Lebens.

Das andere ist eng damit verbunden. Die Voraussetzung einer friedfertigen *„vita aktiva"* ist die Leidensrealität, wie sie bei Jesus, dem neuen Adam, ein für allemal in Erscheinung tritt. Hier geht es um die Akzentuierung der Tatsache, dass für das christlich verstandene tätige Leben ein integrativer Zusammenhang von *„vita aktiva"* und *„passiva"* konstitutiv ist. Das eine ohne das andere wird einem christlichen Verständnis des Lebens nicht gerecht.

Das tätige Leben verbindet in Ursprung und Ziel den einen Menschen mit dem anderen und uns mit der Geschichte Gottes. Unser Leben ist nicht Selbstarbeit: Christliche *„vita aktiva"* ist Mitarbeit am Reiche Gottes. Kolosser 4, 11 spricht davon, dass die Menschen Mitarbeiter des Reiches Gottes sind.

„Mitarbeit des Menschen an der befreienden Geschichte des Reiches Gottes ist – hat H. Gollwitzer gesagt – die eigentliche Bestimmung des Menschen: ‚Der Umgang zwischen Gott und dem Menschen hat nicht in der Vergebung sein Ziel, sondern in der Berufung zur Mitarbeit. Dies ist darum auch das Ziel der Vergebung. Die neue Einsetzung in die Mitarbeiterschaft (...) am Reiche Gottes. Christliche Ethik ist deshalb die Einweisung in die Mitarbeit an der Geschichte Gottes, in dessen Arbeit wir nun hineingezogen sind.' In der Berufung zur entsprechenden Teilnahme an der befreienden Geschichte des Reiches Gottes und seiner Gerechtigkeit ist der Mensch Mitarbeiter an dieser Zukunft." (Klappert 1979, S. 87)

Damit haben wir nun das christliche Berufs- und Arbeitsverständnis in seiner allgemeinsten und konkretesten Form, in seinem ersten und letzten Zusammenhang: Die *„vita aktiva"* ist *„Reichsgottesarbeit"* (Moltmann).

Schöpfungsarbeit und Reichsgottesarbeit entsprechen einander: Ins Leben gesetzt durch die Arbeit Gottes ist der Mensch zu Gottes Arbeit berufen unter den Bedingungen der Schöpfung und der Fremde. In den Raum hat Gott seinen Leben spendenden Segen gegeben, in die Zeit seine Hoffnung stiftende Verheißung. Reichsgottesarbeit ist die neue und endgültige Schöpfungsarbeit. Das erneute Mandat zur Arbeit umfasst Schöpfung und Reich, wobei wir im Gefälle des Neuen Testamentes der Gefahr erlegen sind, die Schöpfung gegenüber dem Reich zu vernachlässigen, was auch zusammenhängt mit einem nur innerlich-geistlichen Verständnis des Reiches.

Bebauen und bewahren, versöhnen und befreien sind die Elemente eines umfassenden menschlichen Mandats der Arbeit. Reichsgottesarbeit meint das gesamte Spektrum der *„vita aktiva"*, die Ganzheitlichkeit des tätigen Lebens überhaupt. Historisch ist Reichsgottesarbeit in erster Linie missionarische und diakonische Arbeit, aber als Begriff des tätigen Lebens überhaupt umfasst es auch die Produktion.

Neutestamentlich ist die Mitarbeit am Reiche Gottes zunächst primär apostolische Wanderarbeit. Die Arbeit im engeren Sinne als wirtschaftliche Tätigkeit zur Befriedigung elementarer Bedürfnisse und Anhäufung von Gütern tritt einerseits stark in den Hintergrund und wird andererseits auch in der apostolischen Arbeit selbstverständlich in einer Einheit von geistiger und körperlichen Arbeit vorausgesetzt. In der Verkündigung Jesu wird die Anhäufung von Gütern scharf kritisiert. Die Besorgung des Lebens wird eher der Bewahrung des Schöpfers empfohlen als in rastloser Arbeit gesehen. Gott selbst gibt dem Menschen, was er zum Leben braucht. Aus heutiger Erfahrung könnten wir ergänzen: Wie könnten wir dann dem Menschen vorenthalten, was wer zum Leben braucht?

Reichsgottesarbeit ist Arbeit zur Errettung des Menschen, Arbeit für Gerechtigkeit und Frieden. Von diesen Werten und Inhalten des Reiches her werden dann auch Sinn und Struktur ökonomischer Arbeit beeinflusst. Es ist theologisch zwingend, wenn wir Beteiligung an Weltgestaltung auch als eine christlich-kirchliche Aufgabe begriffen haben, das christologisch-eschatologische Verständnis des tätigen Lebens als Mitarbeit am Reich Gottes im Kontext gegenwärtiger Arbeitsproblematik zu konkretisieren.

Das tätige Leben ist, in die Schöpfung gefasst, Mitarbeit an der schaffenden Arbeit Gottes und es ist, in das Reich Gottes gefasst, Mitarbeit am versöhnenden und befreienden Handeln Gottes, jeweils, das sei betont, als antwortendes Handeln. Die Erinnerung weckt die Bewahrung dessen, was Gott vielfältig verwoben ins Leben gerufen hat. Die Hoffnung auf das Reich weckt die Leidenschaft zum Leben, das Gott zur Freiheit berufen hat. Die Schöpfung lässt sich nur durch die Lebenskraft des Reiches bewahren. Wir haben auf die Gefährdung des Lebens aufmerksam gemacht, die die Herrschaft der „industriellen Religion" heraufbeschworen hat: Durch den Vorrang der toten Sachen vor dem lebendigen Leben stehen wir in der Gefahr, dass wir die Beziehung zum Leben verlieren. Wir sind an einem Punkt der Wirklichkeit angekommen, wo religiöses Lebensverständnis von Schöpfung und Reich Gottes nicht länger als lebensbehindernde Fesseln der Vergangenheit diskriminiert, ignoriert oder der privaten Beliebigkeit anheim gestellt werden kann.

Wir wagen die in den Machtkonstellationen der Gegenwart unbedeutende These, dass es nur die Erinnerung an die Schöpfung und die Hoffnung auf das Reich sein können, die die Schöpfung vor dem Abgrund und die Gesellschaft vor ruinösen Verwerfungen bewahren können. Solche Krisendramatik ist geschichtlich nicht neu, sozial nicht relevant, sie ist auch keine Chance der Kirche, aber notwendig im Diskurs der Wahrheit, die uns aufgetragen ist.

Fassen wir die Arbeit in die Schöpfung, werden wir besonders erinnert an die vielfältigen natürlichen Lebenszusammenhänge. Fassen wir die Arbeit in das Reich Gottes, werden wir besonders erinnert an die sozialen Lebenszusammenhänge.

Die Arbeit Gottes in Christus ist von Philipper 2, 5ff. her auch als Grundfigur sozialer Beziehungen zu beschreiben. Der Herr wird Knecht. Der Knecht durchlebt die denkbarste Entäußerung und erleidet als letzte Folge der Herrschaft den Tod. Der Auferstandene ist erhöht zur universalen Herrschaft über die Welt bis zum Kommen des Reiches. Dies bedeutet nicht Christokratie, sondern die Überwindung der Herrschaft und die Befreiung aus der Knechtschaft, die Proklamation der Geschwisterlichkeit unter den Menschen. Sie ist die Grundform sozialer Beziehungen, zu der das

Reich befreit. Dies gilt für das gesamte tätige Leben auf der Beziehungs-ebene zu anderem Leben. Von daher ist christliche Ethik vom Ursprung her herrschaftskritisch und grundsätzlich an fraternellen Strukturen orientiert. Die Orientierung an fraternellen Strukturen gilt innerhalb des tätigen Lebens natürlich auch für die Erwerbsarbeit, die in die Fabrik und die Verwaltung gefasst sind, also die sozialen Organisationen der Arbeit.

In diesen Bereichen gilt nach wie vor die These von der universalen Notwendigkeit hierarchischer Ordnungen der Arbeit. Entscheidend wird hier also für christliches Denken die Frage nach der Legitimation der Herrschaft. Nach unserer Rechtsordnung legitimiert Eigentum zur Herrschaft von Menschen über Menschen im Betrieb. Der fundamentale Gedanke, dass nach christlicher Auffassung Eigentum nicht die Legitimation zur Herrschaft über Menschen umfassen kann, ist in der Enzyklika *„Laborem exercens"* noch einmal eindrucksvoll mit starker Berufung auf die Schöpfung unterstrichen worden (1. Mose 1, 28). Wir tun dies hier mit Berufung auf das Reich und die Königsherrschaft Christi. Herrschaft, wo sie denn notwendig ist, lässt sich christlich nur legitimieren durch das Votum aller von ihr betroffenen Schwestern und Brüder. Sonst kann Herrschaft unter Menschen nicht in der Form Dienst sein, wie es das Evangelium sagt.

Fassen wir die Arbeit in das Reich, so geht es um die Frage der Gleichheit in allen Sozialbeziehungen, also auch in der Arbeit. Es geht aber auch um die Frage der Gerechtigkeit unter uns, denn das Reich Gottes ist das Reich der Gerechtigkeit, des Friedens und der Freude. Das Reich, das kommt, ist Gottes endgültige Friedensordnung. Gedanken der Gerechtigkeit, die von daher als Frage und Möglichkeit auf die Ordnung unseres tätigen Lebens zukommen, betreffen die Rechte des Menschen aus der Arbeit und die Rechte des Menschen an den Resultaten ihrer Arbeit. Berührt wird die Frage nach der distributiven Gerechtigkeit.

Nach allem, was wir eingangs über den Ursprung und Charakter des Lebens im Lichte des Reiches Gottes als Geschenk, Gabe und Wirkung der Gnade hervorgehoben haben, liegt es auf der Hand, bei der Beurteilung der Verteilungskriterien und Verteilungsprinzipien, die bislang unter uns entwickelt worden sind, die Würdigung des Sozialprinzips (Bedarfsprinzips) in den Vordergrund zu rücken. Bei einer Erörterung der Gewichtung und

Zuordnung von Bedarfs- und Leistungsprinzip, ohne deren gleichzeitige Anwendung wir uns relative soziale Gerechtigkeit nicht vorstellen können, kann die Theologie nicht daran vorbeigehen, dass in Gottes Werken der Gerechtigkeit die Gnade der menschlichen Leistung vorausgeht und sie durchdringt, um dem Menschen zu geben, wessen er bedarf. Von daher kann unsere Beteiligung an den Fragen weltlicher Gerechtigkeit nicht davon absehen, dass wir aus biblischer Begründung dem Bedarfsprinzip der Verteilung näher stehen als dem Leistungsprinzip.

Wir stehen gegenwärtig in unserer Gesellschaft aufgrund der dargelegten objektiven Entwicklung letztlich vor ganz schwierigen neuen Verteilungsproblemen in Bezug auf Arbeit und Einkommen. Zunächst müssen wir darauf hinarbeiten, dass unser Problem auch von möglichst vielen (Verantwortlichen) auch als zentrales und neues Verteilungsproblem erkannt und benannt wird. Dann sollte die sozialethische Argumentation für die menschliche Praxis mit Nachdruck dabei bleiben, dass die Gestaltung menschlicher Verhältnisse in *„Richtung und Linie"* den Merkmalen des Gottesreiches nicht widersprechen sollte.

Im Lebensmodell der „industriellen Religion" ist das breite Spektrum des tätigen Lebens, der *„vita aktiva"* des Menschen einseitig reduziert beziehungsweise einseitig entwickelt worden: Ein Teil des tätigen Lebens, die Erwerbsarbeit oder die Arbeit im engeren Sinne, steht für das Ganze, gibt dem Leben seinen Sinn, entscheidet über gelungenes Leben, Selbstachtung und soziales Ansehen, verleiht der Gesellschaft insgesamt den Namen „Arbeitsgesellschaft". Erfolge und Leistungen dieser Gesellschaft können nicht bestritten werden. Zugleich sind ihre Pervertierungen und negativen Wirkungen nicht länger zu verdrängen. Für die Zukunft wird einiges davon abhängen, ob eine Revitalisierung der Ganzheitlichkeit des tätigen Lebens möglich sein wird. Wir leben in einem merkwürdigen Widerspruch. Faktisch geht quantitativ der Anteil der ökonomischen Arbeit an unserem Leben schrittweise zurück. Qualitativ aber dominiert er nach wie vor die individuelle und gesamtgesellschaftliche Lebensstrukturierung. Alle anderen Tätigkeiten und Varianten der *„vita aktiva"* im Kleinen und im Großen, etwa die gesamte häusliche Reproduktion und Sozialisationsarbeit, die Freizeitbetätigungen aller Art, die dem Menschen häufig mehr

Befriedigung verschaffen als die Erwerbsarbeit, treten in ihrer Bedeutung deutlich zurück hinter die erwerbswirtschaftliche Arbeit. Das kulturelle und politische Handeln gar als Teil des tätigen Lebens eines jeden einzelnen Menschen ist für die Mehrheit unserer Gesellschaft aus dem Leben eliminiert. Es wird gerade von Minoritäten wieder entdeckt.

Wir erleben gegenwärtig eine fast dramatische quantitative Verringerung der Erwerbsarbeit, die dem Leben der Mitglieder der Arbeitsgesellschaft bislang Grund und Sinn ihres Lebens war. Eben darum bewegen wir uns in einer substantiellen Krise der Gesellschaft. Für die Zukunft der Gesellschaft ist es wichtig, dass mit dem Prozess der Reduktion der Arbeit ein Wandel der Einstellung zur Arbeit einhergeht. Wenn wir die jetzt anstehenden Verteilungsfragen bewältigen könnten – oder wollten, dann muss noch ein Drittes hinzukommen: Wenn die Erwerbsarbeit ausgeht, dann besteht die Möglichkeit und die Notwendigkeit, den Reichtum der *„vita aktiva"* wieder zu entdecken und neu zu beleben. Wir können von zwei Ansätzen her denken. Mit Hannah Arendt ist zu sagen: Arbeit als Erwerbsarbeit ist nur der reproduktive Teil der *„vita aktiva"*. Das tätige Leben ist mehr als Arbeit. Zum tätigen Leben gehört der ganze Entfaltungsbereich zivilisatorischer und kultureller Arbeit im Leben eines jeden Menschen von der kunsthandwerklichen bis zur politischen Betätigung.

Einige Theologen sagen, Arbeit ist mehr als Erwerbsarbeit. Letztlich ist alles Tun, das dem Leben dient, menschliche Arbeit. Arbeit in ihrem umfassenden Sinn ist das tätige Leben, so lautet etwa die Definition Karl Barths: *„Arbeit ist tätige Bejahung des menschlichen Daseins"*. Jürgen Moltmann sagt: *„Wir schlagen darum vor, Arbeit in einem umfassenden Sinn als tätige Teilnahme am Gesellschaftsprozess zu verstehen."* Arbeit ist damit jede menschliche Betätigung, die in Vollzug und Ergebnis dem Schöpfungsauftrag gemäß und dem Reich Gottes entsprechend der Beförderung des Lebens dient. Zu dieser umfassenden Arbeit hat jeder einzelne Mensch das Recht und die Pflicht.

Die hier vorliegenden unterschiedlichen Betrachtungsweisen müssten noch ausreichend diskutiert werden. Hier soll von der gemeinsamen Einsicht ausgegangen werden, dass wir es in unserer Gesellschaft mit einem verkürzten, wenn nicht verstümmelten Verständnis des Menschen und seiner Möglichkeiten zu tun haben. Wir haben auch deshalb Probleme mit der Arbeit heute, weil wir die Vielfältigkeit und Vielgestaltigkeit des tätigen Lebens ungleich bewerten nach den Normen unseres gesellschaftlichen Lebensmodells.

Zu einer neuen Versöhnung von Arbeit und Leben kann eine Erweiterung des ökonomisierten Arbeitsbegriffs in Richtung auf das tätige Leben überhaupt führen. Zu einer neuen Versöhnung von Arbeit und Leben kann eine Relativierung des ökonomisierten Arbeitsbegriffs als wichtiger, aber eben nur als ein wichtiger Teil des tätigen Lebens führen, das eben mehr ist und umfasst als die Vermehrung der Verbrauchsproduktionen. Zunächst einmal ist die Frage wichtig, ob es uns gelingt, mit den Gegebenheiten im Sinne einer neuen ökonomischen Rationalität umzugehen, die von beiden Ansätzen her befürwortet werden kann.

Die knapp gewordene und immer knapper werdende Arbeit muss so verteilt werden, dass alle beteiligt sind. Die erwerbswirtschaftliche Arbeit ist das „Reich der Notwendigkeit" und bleibt es. Die Beteiligung aller am „Reich der Notwendigkeit" ist dadurch herstellbar, dass die über 20 Millionen Vollbeschäftigten und Überbeschäftigten ihren Anteil am Arbeitsvolumen auf ein solches Beteiligungsvolumen reduzieren, dass den Millionen Arbeitslosen die dementsprechende Teilnahme ermöglicht wird. Alle werden arbeiten im „Reich der Notwendigkeit", aber alle werden darin weniger arbeiten können, müssen und dürfen. Dieser andauernde Umverteilungsprozess ist ein enormes Stück Arbeit, das aber wohl auch deshalb geleistet werden kann, weil die Möglichkeiten der neuen elektronischen Produktions- und Verwaltungstechniken doch wohl auch für die Technik der Verteilung eingesetzt werden können, wenn wir es denn nur wollen.

Die Beteiligung aller an der erwerbswirtschaftlichen Arbeit reduziert bei geringer werdenden Quanten das Einkommen durch erwerbswirtschaftliche Arbeit. Das Einkommen reicht in vielen Fällen nicht mehr zum Auskommen nach dem Stand der Entwicklung, die wir erreicht haben. Über erwerbswirtschaftliche, an Arbeitsplätze gekoppelte Einkommen ist das Auskommen aller nicht mehr zu gewährleisten. Das Auskommen aller wird vielmehr gewährleistet durch ein noch zu erstellendes Konzept der Verteilung von Transfereinkommen, in dem der Gesamtertrag der Arbeit zur

Distribution ansteht. In diesem Konzept erfolgt eine deutliche Verlagerung vom Einkommen aus Erwerbsarbeit (Leistungsprinzip) zum Einkommen nach Bedarf (Bedarfsprinzip). Ein volles Einkommen ohne vollen Arbeitsplatz wird denkbar. Es sind die Folgen des technischen Fortschritts, die solche Veränderungen nötig und möglich machen.

Unter den oben genannten Voraussetzungen werden alle Menschen weniger arbeiten und ihr Auskommen haben. Arbeitslosigkeit gibt es nicht mehr. Die Frage der Zumutbarkeit vor erwerbswirtschaftlichen Arbeitsplätzen ist eine Frage, die für alle, gerade auch für die Qualifizierten gilt, denn das „Reich der Notwendigkeit" bleibt für alle mit allen Problemen der Humanisierung behaftet. Nur die Angst vor dem Verlust des Arbeitsplatzes gibt es nicht mehr.

Wir sprechen nun nicht mehr von Arbeit und Freizeit, sondern von den verschiedenen Sektoren des tätigen Lebens: Neben der geringer werdenden Arbeit im erwerbswirtschaftlichen Bereich für alle erfahren bekannte Formen der Arbeit im Freizeitbereich eine neue Bewertung. Andere Formen entstehen neu. Es steht mehr Zeit zur Verfügung für sinnvolle Tätigkeit als Substitution der erwerbswirtschaftlichen Arbeit. Erfahrungen der ökologischen Bedrohungen und Erfahrungen der ruinösen sozialen Folgen des Konkurrenzkampfes sowie der alten Trennung von Hand- und Kopfarbeit sind Voraussetzung dafür, solche neuen Formen der Arbeit schöpfungsbezogen, geschwisterlich und ganzheitlich zu entwickeln als selbstorganisierte Arbeit im kommunalen Nahbereich, theologisch gesprochen: In Richtung und Linie des Gottesreiches.

Ansätze zu neuen Formen der Arbeit als Substitution der erwerbswirtschaftlichen Arbeit und neue Entdeckung der Fülle des tätigen Lebens zeigt der folgende Katalog.

Der primäre Sektor
Rückkehr zu Land- und Gartenbau ohne Kunstdünger und chemische Schädlingsbekämpfungsmittel. Intendiert ist die partielle Wiederherstellung der Selbstversorgung mit Gemüse, Obst, Eiern und Honig eventuell Kleintierzucht. Zu denken ist ferner an die Wiederherstellung der Natur und ihre Entwicklung im privaten und öffentlichen Wohnbereich, an Blumen

und Bäume auf Plätzen und Straßen sowie im eigenen Garten. Es macht viel Arbeit, den eigenen Wohnbereich über die Wohnung hinaus als Garten und Naturpark zu gestalten. Aber darum geht es ja eben: Wenn Arbeitskraft da ist, soll sie schöpferisch und sinnvoll gebraucht werden zur Erhöhung der eigenen Wohnzufriedenheit.

Der sekundäre Sektor

Hier geht es um die Auslotung der Möglichkeiten der so genannten lokalen Marginal- oder Randproduktionen, das heißt einer Produktion mit Arbeitskräften des Wohnbereichs, die direkt auf den Wohnbereich bezogen ist. Sie ist einfach, erfolgt in kleinem Maßstab; sie ist billig und fordert die Fähigkeiten des eigenen Kopfes und der Hände heraus. Sie wird gemeinschaftlich getan und passt sich den natürlichen Verhältnissen an. Im Einzelnen wird hier vorgeschlagen:

Die Herstellung von einzelnen Gebrauchsgegenständen aus Ton und Holz (z. B. schönes Spielzeug), Reparaturdienste zur Förderung einer langen Gebrauchszeit von Gebäuden und Geräten im Wohnbereich und im Haushalt, eventuell die Einrichtung entsprechender Werkstätten, die Rückgewinnung von Abfallstoffen (z. B. Altpapier, Altglas, Verwertung organischer Abfälle) sowie dezentrale Energieerzeugung für den Haus- und Nachbarschaftsgebrauch (evtl. Windräder, Sonnenkollektoren).

Der tertiäre Sektor

Hier sind vor allem die Bereiche Gesundheit, Bildung, Geselligkeit, Handel und soziale Dienste unter dem Vorzeichen selbstorganisierter Arbeit im Wohnbereich zu nennen. Die Erzeugnisse des eigenen Land- und Gartenbaus werden ebenso gehandelt wie Waren aus der „Dritten Welt" dazu die Produkte der lokalen Produktion. Hinzu kommen Tauschmöglichkeiten für gebrauchte Gegenstände aller Art. Die Tätigkeiten im sozialen Dienstbereich werden über ein Sozialzentrum des Wohnbereiches organisiert als Selbsthilfe für Alte, Alleinstehende und Behinderte, ebenso die Nachbarschaftshilfe für den überlasteten Haushalt und die Kranken (Krankenhaus nur für Notfälle). Viele Funktionen der professionalisierten, zentralisierten Sozialarbeit werden in eigener Regie übernommen und/oder vergeben.

Solche Formen der tätigen Bejahung des menschlichen Daseins und der tätigen Teilhabe am Gesellschaftsprozess sind von sich aus und in sich frei vom Widerspruch von Kapital und Arbeit, weil sie nicht auf Besitz und Macht aus sind, sondern auf die Vitalisierung des ungelebten Lebens. Aber die gnadenlose Herrschaft des Kapitals bleibt als Bedrohung. Nur wenn es gelingt, die oben genannten Voraussetzungen politisch zu erreichen, wird es die angezeigte neue Versöhnung von Arbeit und Leben geben. Vieles hängt davon ab, ob die organisierte Arbeiterbewegung bereit ist, in dieser Richtung den technologischen Wandel in seinen sozialen Folgen zu beerben.

Kann die Arbeit in der beschriebenen Weise in den Wohnbereich zurückkehren, dann kann die Kirche als Institution des Wohnbereichs eine ganze Reihe wichtiger Voraussetzungen schaffen, um diesen Prozess leibhaftig zu unterstützen. Mehr Freiheit von erwerbswirtschaftlicher Arbeit bedeutet auch mehr Freiheit zu politischer Arbeit der Bürger. Dieser Sektor des tätigen Lebens hat längst Gestalt gewonnen in Bürgerinitiativen zur Beförderung des Lebens und zur Erhaltung der Schöpfung. Dadurch wird in Erinnerung gerufen, dass politisches und soziales Handeln ein wichtiger Teil des tätigen Lebens aller Menschen ist, der durch die Krise der *„industriellen Religion"* neue Impulse empfangen hat.

Im Raum der Kirche gibt es viele Gruppeninitiativen und Bewegungen, die auf diesem Felde arbeiten (Dritte Welt, Frieden, Ökologie). Für diese Formen des Engagements von Menschen brauchen wir eine neue Würdigung unter der Voraussetzung, dass das tätige Leben Reichsgottesarbeit ist. Dies alles ist nicht politisches und soziales Engagement von Christen im Freizeitbereich, sondern notwendige und gleichwertige *„Arbeit für Gerechtigkeit und Frieden"*, nicht Nebenbeschäftigung, sondern Hauptbeschäftigung.

Wenn es uns gelingt, die Möglichkeiten und Realitäten des technischen Fortschritts zur Befreiung des Menschen von erwerbswirtschaftlicher Arbeit im quantitativen und ideologischen Sinne zu nutzen, dann gibt es vielfältige Formen einer neuen Versöhnung von Arbeit und Leben.

Wenn wir damit ernst machen, dass unser Bedarf zum existenzsichernden Leben quasi automatisch aber unter der Beteiligung aller im „Reich der Notwendigkeiten" bewerkstelligt werden kann, dann gibt es unerschöpfliche Möglichkeiten der persönlichen Lebensgestaltung und der Ausrichtung individuellen Lebens auf selbstgewählte Schwerpunkte. Fassen wir die Arbeit als *„vita aktiva"* oder als geringer werdender Teil derselben überhaupt in die Schöpfung und in das Reich als Grund und Ziel menschlichen Lebens, dann lassen sich in der angezeigten Richtung Akzente in überreichem Maße bereitstellen für diejenigen Menschen, denen es möglich sein wird, das tätige Leben im Zusammenhang der Schöpfung und des Reiches Gottes zu begreifen.

Die Reduzierung der Bedeutung ökonomischer Arbeit im Leben des Einzelnen und die Wiederentdeckung des Reichtums der *„vita aktiva"* lässt auch die *„vita contemplativa"*, das geistliche Leben, in einem neuen Licht erscheinen. Letztlich geht es um eine neue Bestimmung des Verhältnisses von Arbeit und Religion. Die Beherrschung der *„vita aktiva"* durch die ökonomische Arbeit hat neben vielen anderen Einflüssen die Frage nach Gott für viele exotisch und die Frage nach der *„vita contemplativa"* zu einer gestrigen Eigenart werden lassen.

Der Sieg der Materialität über die Spiritualität hat der menschlichen Seele geschadet. Es gibt viele Beispiele dafür, dass Menschen dies heute erkennen und versuchen, daraus Konsequenzen zu ziehen für eine neue Art der Praxis des spirituellen Lebens. Im Zusammenhang unserer Betrachtung der menschlichen Arbeit in Schöpfung und Reich Gottes ist der Bereich des geistlichen Lebens von besonderer Bedeutung, in dem für den Glauben Schöpfung und Reich Gottes zugleich gegenwärtig sind: Der Sonntag als Tag der Ruhe und als Tag der Auferstehung.

Im Prozess der Bewusstwerdung unserer Gefangenschaft in der „industriellen Religion" und Gestaltung neuer eigenhändiger, selbstorganisierter Arbeitsformen werden wir eine neue innere und äußere Beziehung zum Verhältnis von Arbeit und Ruhe gewinnen und damit zur Heiligung des Sonntags. Wer nicht der Religion des Habens anhängt, sondern der Religion der Liebe, wer nicht kopf- und seelenlos, sondern mit Leib und Seele arbeitet, wird den Sonntag als Ruhetag anders begehen als bisher. Der Sonntag ist Ruhetag von der Last der Arbeit und damit eine der *„großen Innovationen in der Evolution der Menschheit"* (Erich Fromm). Im Kult der industriellen Revolution ist der Sonntag ein Tag des Vergnügens und nicht der Freude, ein Tag des Konsums und des Weglaufens vor sich selbst. In der jüdisch-christlichen Tradition ist er mehr und etwas anderes: Es ist der Tag der Freude, des Schöpfungsfriedens, es ist der Tag des Lebens, Atempause in der Auseinandersetzung zwischen Mensch und Natur, sowie der Menschen untereinander. Der Sonntag ist der Tag, an dem wir haben, als hätten wir nicht, um zu sein, was wir sind, durch unsern Herrn Jesus Christus: Kinder Gottes, Schwestern und Brüder, die singen, beten, lieben, denken, sprechen, essen und trinken. So ist der Sonntag Vorwegnahme des Gottesreiches und Erinnerung an den Schöpfungsfrieden. Hier gewinnt die christliche Sonntagsheiligung ihre spezifisch zeitgenössischen Akzente: Die Wiedergutmachung an der Natur, Gemeinschaft erleben bewusst ohne Konkurrenz, Gottesdienst als Suche nach dem Sein, darin das Herrenmahl als Akt des Empfangens, Neuwerdens und des Gebens, Teilens, Opferns.

Bewahrung der Schöpfung und Veränderung durch die Hoffnung auf das Gottesreich werden in der Ruhe des Sonntag gegenwärtig. Der Glaube an Gott den Schöpfer und an Jesus Christus, den Knecht, Bruder und Garanten des Reiches, führt in den pathologischen Verirrungen unserer Zeit auf den Weg des Lebens, das leben will inmitten von Leben, das leben will. Wir bleiben, was wir sind: Geschöpfe, die Mitarbeiter des Reiches sind und darum mit Jesus sprechen:

„Die Ernte ist groß, aber wenige sind der Arbeiter. Darum bittet den Herrn der Ernte, daß er Arbeiter in seine Ernte sende. " (Matthäus 9, 27f.; Lukas 10, 2)

Literaturverzeichnis

Arendt, Hannah (1960): Vita activa – oder vom tätigen Leben. Stuttgart
Brakelmann, Günter (1977): Humanisierung als sozialethisches Problem. In: Kirche und Industrie. Mitteilungen des Sozialamtes der Evangelischen Kirche von Westfalen Nr. 23/1977, S. 20-54
Conze, Werner (1972): Art. Arbeit. In: Geschichtliche Grundbegriffe, Bd.1, Stuttgart, S. 154-215

Ebach, Jürgen (1977): Die Erschaffung des Menschen als Bild Gottes. In: Wissenschaft und Praxis in Kirche und Gesellschaft Nr. 66/1977, S. 198-214

Ebach, Jürgen (1980): Arbeit und Ruhe im Alten Testament – eine utopische Erinnerung. In: Zeitschrift für Evangelische Ethik, S. 7-21

Evangelisches Soziallexikon (1980): 7. Auflage. Stuttgart

Gorz, André (1980): Das Ende der Politik der Vollbeschäftigung. In: Leben ohne Vollbeschäftigung. Reinbek, S. 8-28

Klappert, Berthold (1979): Arbeit Gottes und Mitarbeit des Menschen. In: Moltmann, Jürgen (Hg.) (1979): Recht auf Arbeit – Sinn der Arbeit. München, S. 84-134

Krüger, Hanfried (Hg.) (1976): Bericht aus Nairobi 1975. Ergebnisse, Erlebnisse, Ereignisse. Offizieller Bericht der 5. Vollversammlung des Ökumenischen Rates der Kirchen. 23. November – 10. Dezember 1975 in Nairobi, Kenia. Frankfurt am Main

Liedke, Gerhard (1979): Im Bauch des Fisches. Stuttgart

Marcuse, Herbert (1965): Über die philosophischen Grundlagen des wirtschaftlichen Arbeitsbegriffs. In: Kultur und Gesellschaft 2, Frankfurt am Main, S. 7-49

Moltmann, Jürgen (1979): Der Sinn der Arbeit. In: Ders., (Hg.) (1979): Recht auf Arbeit – Sinn der Arbeit. München, S. 59-83

Ulrich, Thomas (1980): Leben im Akkord. München

Westermann, Claus (1980): Arbeit und Kulturleistung in der Bibel. In: Concilium Nr. 16/1980, S. 45-50

Die Entwicklung der protestantischen Arbeitsethik und ihr Beitrag zu einem neuen Arbeitsverständnis

I. Einleitung: Im Schweiße deines Angesichts

Neulich abends bin ich in der westfälischen Kirchengemeinde D. im Kirchenkreis L. eingeladen. Wir wollen über die „Zukunft der Arbeit" miteinander sprechen im Rahmen einer Bibelwoche. Teilnehmerorientiert frage ich die Leute, was denn nun die Bibel von der menschlichen Arbeit sagt. Die Leute überlegen, und dann kommt das nicht erwartete klassische Ergebnis: Die Leute nennen bibelfest drei Bibelstellen: *„Verflucht sei der Acker um deinetwillen, mit Mühsal sollst du dich von ihm nähren ein Leben lang, Dornen und Disteln soll er dir tragen, du sollst Kraut auf dem Felde essen, bis du wieder zu Erde werdest, wovon du genommen bist; denn du bist Erde und du sollst zur Erde werden."* (1. Mose 3, 17-19)

„Unser Leben währet 70 Jahre, und wenn's hoch kommen so sind's 80 Jahre, und wenn's köstlich gewesen ist, so ist's Mühe und Arbeit gewesen." (Psalm 90, 10 in der Übersetzung Luthers, die dem Urtext nicht entspricht, aber protestantischen Sinn gestiftet hat). *„Wer da nicht will arbeiten, der soll auch nicht essen."* (2. Thessalonicher 3, 10). Das ist die biblische Grundlage für das protestantische Arbeitsverständnis. Die Erfüllung des Lebens mit rastloser, fleißiger Arbeit. „Nur Arbeit war ihr Leben." Dies kennzeichnet nach landläufiger Art protestantisches Arbeitsethos in seiner hiesigen nicht-calvinistischen Variante: Erfüllung des Lebens als Erfüllung unserer Arbeitspflicht. Der Katalog der Tugenden ist imponierend: Hohe Leistungsmotivation, Fleiß, Pflichtbewusstsein, Disziplin, Enthaltsamkeit.

Vom protestantisch-bürgerlichen Arbeitsethos möchte ich Luthers großen Gedanken trennen, dass alle Arbeit, ob Herr oder Knecht, Mönch oder Magd in den Beruf (vocatio) zu fassen ist, womit eine Aufwertung der alltäglichen Arbeit und eine Gleichwertung aller Arbeit vollzogen wird, und der Bereich des alltäglichen Tuns für den Gottesdienst reklamiert wird.

Aber Luther hat auch dazu angehalten, gehorsam, selbstlos und in ernsthafter Pflichterfüllung in dem Stande zu dienen, in den jeder berufen ist. Später heißt es im protestantischen Kirchenlied: *„Gib, daß ich tu mit Fleiß, was mir zu tun gebühret, wozu mich dein Befehl in meinem Stande führet.“* (EKG 383, 2)

EKG 385, 6: *„Regiere mich durch Deinen Geist, den Müßiggang zu meiden.“* EKG 387, 1: *„Frag nach der Ernte nicht, du darfst den Lohn nicht messen, mußt Freud und Lust vergessen, nur sehn auf deine Pflicht.“*

Solches Verständnis der Arbeit ist nicht die helle Freude, sondern eher dunkler Ernst. Bezeichnend ist ja auch, welche biblischen Texte nicht erinnert werden: Die Arbeiter im Weinberg (Matthäus 20) und vor allem die Arbeit im Paradies (1. Mose 2, 15).

Bei vielen Vertretern des Christentums (gerade auch prominenten) hat sich sogar der Gedanke festgesetzt, dass nach den Aussagen des Alten Testaments die Arbeit gar Fluch Gottes über den Menschen sei, erst Folge der Vertreibung aus dem Paradies, Strafe für die Sünde. Mit der Vertreibung des Menschen aus dem Paradies wurde die Erinnerung an die paradiesische Arbeit aus uns vertrieben. Das bleibt nicht ohne Folgen. Ohne paradiesische Erinnerung verblassen die entsprechenden Verheißungen: Im Schweiße deines Angesichts die Zukunft ersinnen und auf den Herrn hören: *„Siehe, es kommt die Zeit, spricht der Herr, daß man zugleich ackern und ernten, zugleich keltern und säen wird. Und die Berge werden von süßem Wein triefen, und alle Hügel werden fruchtbar sein.“* (Amos 9, 13)

In Zeiten der Massenarbeitslosigkeit gerät protestantische Arbeitsethik in die Krise, wenn Millionen arbeiten und etwas leisten wollen, aber nicht können, wenn die junge Generation in die Arbeitsgesellschaft einsteigen will und zu Teilen draußen bleiben muss. Diese Ethik erschwert die Situation der Betroffenen, so lautete denn der Vorwurf an uns. Aber der Geist des protestantischen Arbeitsethos bleibt auch und gerade in der Krise in Kraft, er weht jetzt nur anders: Jeder, der arbeiten will, findet auch Arbeit. Wer arbeitslos ist, ist ein Drückeberger und Faulenzer, der sich in der Hängematte des Sozialen Netzes ausruhen und nur schwarzarbeiten will. Also, wer nicht arbeiten will, soll auch nicht essen. Diese Haltung, die die Betroffenen in ihrem psychischen Elend und in ihrer materiellen Not weiter quält, gehört zu den bedrückendsten Erfahrungen seit den ersten Jahren der Massenarbeitslosigkeit. An Geist und Logik der Ethik der Universalität der Arbeit hält auch fest, wer in der Diskussion um Arbeitszeitverkürzung zur Verhinderung von Arbeitslosigkeit mit der Weisheit der Vergangenheit sich vernehmen lässt: Eine Krise kann man nicht dadurch beheben, dass man weniger arbeitet, sondern dass man mehr arbeitet.

Ein gefährlicher Versuch der Reformulierung und zeitgemäßen Anpassung der protestantischen Arbeitsethik an die veränderten Verhältnisse begegnet einem in jüngster Zeit immer häufiger in protestantischen Kreisen:

Das Leben ist mehr als Erwerbsarbeit. Es gibt eine Fülle von sinnvollen, nützlichen, erfreulichen und notwendigen Betätigungen gerade im Bereich der vielfältigen Arbeitsfelder der Kirche. Wir brauchen ein neues Verständnis der Arbeit, einen erweiterten Arbeitsbegriff, um zu erkennen, dass der so genannte Arbeitslose nur erwerbslos ist, aber nicht arbeitslos. Es kann dann das Hohelied von der Hausarbeit, der Kindererziehung und aller Formen der ehrenamtlichen Arbeit gesungen werden.

Ich halte dies ebenso für richtig wie deshalb für gefährlich, ja unmenschlich und zynisch, weil bei dieser Art Sinnstiftung für das arbeitslose Leben der Einkommensaspekt schlichtweg ausgeklammert wird, um aus der Not eine Tugend zu machen.

Fast programmatisch wird diese Perspektive formuliert in einem Papier einer evangelischen Arbeitsgemeinschaft, die sich auf eine lange Zeit der Massenarbeitslosigkeit in einer gespaltenen Gesellschaft einrichtet. Den Arbeitenden werden eindringlich alle Ingredienzien der traditionellen Arbeitsethik anempfohlen, damit sie in der modernen Arbeitswelt bestehen können. An die Kirche wird die Empfehlung herangetragen, an der Sinnstiftung für das arbeitslose Leben mitzuwirken durch eine neue, entsprechende protestantische Arbeitslosenethik. Die Doppelausgabe der Arbeitsethik zielt auf eine Gesellschaft, die ich nicht will.

Es ist sinnvoll, über ein neues Arbeitsverständnis nachzudenken. Es ist notwendig, an eine Relativierung der Erwerbsarbeit heranzugehen, aber dies ist meines Erachtens nur vertretbar, wenn vorher die schwere Hürde einer angemessenen Einkommenssicherung für alle genommen ist. Das ist meine zentrale These, die ich im Folgenden behandeln will. Ich will dies nun tun in Gestalt einer sozialethischen Skizze zur Krise der Arbeitsgesellschaft und anschließend von den Aufgaben und Chancen für eine neue Versöhnung von Arbeit und Leben sprechen.

II. Sozialethische Skizze zur Krise der Arbeitsgesellschaft

1. Die Botschaft der harten Propheten

In diesem Winter ist es zehn Jahre her, seit Massenarbeitslosigkeit in unserer Gesellschaft neu entstanden ist. Die am besten prognostizierte Krise hat alle bangen Erwartungen übertroffen. Attribute wie „konjunkturelle" oder gar „saisonale" Arbeitslosigkeit verblassen, von „säkularer" und „endemischer" Arbeitslosigkeit ist jetzt die Rede. Eines der größten Weltprobleme hat Fuß gefasst in den reichen und weniger reichen Industrienationen der westlichen Welt. Nach zehn Jahren steht die Frage im Raum: Ist die Krankheit unheilbar? Diagnosen und Therapien gibt es in verwirrender Fülle: Zu hohe Arbeitskosten, zu geringe Nachfrage, Stagnation, geburtenstarke Jahrgänge, Drückeberger. Vom arbeitslosen Individuum bis zum weltumspannenden ökonomischen Imperium reicht die Betrachtung.

Über dieser Vielfalt steht in hoher Geltung die Botschaft der harten Propheten für Wachstum und Vollbeschäftigung: Wachstum schafft Beschäftigung; mehr Wachstum bringt mehr Beschäftigung; mehr Wachstum wird bewirkt durch mehr Investitionen; mehr Investitionen erfordern eine bessere Ertragslage. Die entsteht durch niedrigere Kosten, bessere Rahmenbedingungen, weniger einengende und teure gesetzliche Auflagen: Kurz, die Gewinne von heute sind die Investitionen von morgen und die Arbeitsplätze von übermorgen. Das Ganze ist in gewisser Weise ein Lust-Last-Problem von Investoren. Es muss primär dafür gesorgt werden, dass die Gewinnlage verbessert wird, dann ergeben sich am Ende die Arbeitsplätze, die so dringend gebraucht werden für das Leben der kleinen Leute.

John Galbraith nennt dies die so genannte Pferd-Spatz-Theorie: Wer will, dass die Spatzen leben können, muss die Pferde gut füttern. Nur wohlgenährte Pferde sichern die Existenz der Spatzen.

Wilhelm Krelle erklärt das Verfahren noch deutlicher: *„ Wenn man in einer Marktwirtschaft, die in Bezug auf Beschäftigung auf freie Unternehmerinitiative angewiesen ist, die Unternehmerinitiative behindert und die Unternehmer selber verunsichert und beschimpft, wird man kein Investitionsklima schaffen, in dem neue Arbeitsplätze entstehen. Eine Begünstigung der Unternehmer, um mehr Arbeitsplätze zu schaffen, heißt natürlich auf der anderen Seite, daß sich die Verteilung zu ungunsten der Arbeitnehmer verschiebt. Damit entsteht eine größere Ungleichheit in der Einkommens- und möglicherweise auch Vermögensteilung. In gewissem Umfang muß dies hingenommen werden. Ohne Opfer kann man in der Regel nichts erreichen. Eine Verschlechterung der Verteilung ist sozusagen der Kaufpreis, mit dem man mehr Beschäftigung in einer Marktwirtschaft herbeiführen kann. "* (Krelle 1984, S. 10f.) Auf das Credo der harten Propheten für Wachstum und Vollbeschäftigung übertragen heißt das: Die Gewinne der einen durch die Opfer der anderen sind die Investitionen von morgen und die Arbeitsplätze von übermorgen.

Auf das Bild von Galbraith übertragen heißt das: Eine Mastkur der Pferde erfordert eine Abmagerungskur der Spatzen, damit diese etwas zu fressen haben.

Krelle fügt seiner genauen Erklärung dieses Sachverhaltes den Satz hinzu: *„Daß dies vom Standpunkt der Christlichen Ethik, bei der der ,Arme' im Mittelpunkt steht und nicht der ,Reiche', nicht erfreulich ist, ist richtig. "* (Krelle 1984, S. 11)

Sofern die Freie Marktwirtschaft eine soziale ist, kann das nicht das letzte Wort bleiben. An die Botschaft der harten Propheten für Wachstum und Vollbeschäftigung ist eine Reihe geläufiger Fragen zu stellen:

1. Wie kann man die Revitalisierung der Wirtschaft fordern, das Durchstarten in die alten Wachstumszeiten betreiben, ohne an die damit zugleich verschärfte Vernichtung der natürlichen Lebensgrundlagen zu denken?

2. Wie sind arbeitsplatzschaffende Erweiterungsinvestitionen zu erwarten bei weithin unausgelasteten Kapazitäten?

3. Wer soll investieren, wenn das Geld sich anderswo schneller vermehrt?

4. Investitionen sind heutzutage weithin immer auch und in erster Linie Rationalisierungsinvestitionen, die das Gegenteil von Arbeitsplatzvermehrung bewirken.

5. Was ist, wenn zwar beim Wirtschaftswachstum der Aufschwung kommt, aber ohne nennenswerten Beschäftigungseffekt, der Aufschwung sozusagen unter Ausschluss der arbeitenden beziehungsweise nichtarbeitenden Bevölkerung stattfindet?

Im Jahre 1983 wuchs das Bruttosozialprodukt um 1,3 Prozent gegenüber dem Vorjahr; gleichzeitig ging die Zahl der Erwerbstätigen um 470.000 zurück. Die Wirtschaft wächst, die Arbeit schrumpft. Ist die Botschaft der harten Propheten eine „kontrafaktische und tatsachenimmune" Gesinnung? (vgl. Offe 1984)

2. Die Vertreibung der Arbeit und die mikroelektronische Revolution

Mit dieser letzten Frage wenden wir uns einer Entwicklung und einer Perspektive zu, denen in der gegenwärtigen Diskussion um Arbeitslosigkeit allzu wenig Bedeutung beigemessen wird: Die Arbeit wird langsam aber stetig aus der Produktion vertrieben. Dazu einige statistische Hinweise:

• Schon in den Jahren starken Wirtschaftswachstums 1960 bis 1973, vor der Massenarbeitslosigkeit, ist die Zahl der Arbeitsplätze nicht gestiegen, sondern in Schwankungen gleichgeblieben.

• Von 1972 bis 1982 stieg die Wirtschaftsleistung von 1.230 Milliarden DM (zu Preisen von 1981) auf 1.603 Milliarden DM. Der Gesamtaufwand an Arbeitsstunden verringerte sich im selben Zeitraum von 51 auf 44,1 Milliarden Stunden. Die Zahl der Erwerbstätigen sank von 26,7 auf 25,6 Millionen und lag Ende 1983 bei 25,1 Millionen.

• Bei den drei umsatzstärksten Unternehmen sah es 1981/82 so aus: Der Energiekonzern VEBA steigerte seinen Umsatz um 1 Milliarde DM, die Beschäftigtenzahl sank gleichzeitig um 2.500 Personen. Siemens legte 5,5 Milliarden beim Umsatz zu und baute 14.000

Stellen ab. Daimler Benz verzeichnete ein Plus von 2,2 Milliarden beim Umsatz, ein Minus von 2.400 bei der Belegschaft.

• Die jährliche Arbeitszeit pro Beschäftigtem ist von 2.084 Stunden im Jahr 1960 auf 1.683 im Jahr 1981 gesunken. Für 2,3 Millionen, mit „stiller Reserve" vermutlich über 3 Millionen Menschen, ist die Arbeitszeit augenblicklich auf null Stunden gefallen.

Alle Beobachter sind sich darüber einig, dass der Fall der Wachstumsrate und der Verlauf der Produktivitätsrate ein Grund für die Reduktion des Arbeitsvolumens ist und in Verbindung mit dem Anstieg des Erwerbspotentials ein wesentlicher Grund für die Arbeitslosigkeit darstellt.

Viele Beobachter sind der Auffassung, dass sich aus auf der Hand liegenden Gründen die Wachstumsraten vermutlich nicht stärker erhöhen werden. Einige Beobachter weisen darauf hin, dass in Zukunft stärker als in der Vergangenheit die Produktivitätsrate wachsen werde im Vergleich zum Bruttosozialprodukt. Die Schere zwischen Produkt und Produktivität werde sich öffnen; kurz, die Arbeit wird aus der Produktion verstärkt vertrieben durch die technische Entwicklung.

So ist nun zu sprechen von den technischen Änderungen in der Arbeitswelt, die unter der Bezeichnung „neue industrielle Revolution" eine lebhafte Diskussion über die Zukunft der Arbeit ausgelöst haben. Gemeint ist die Gesamtheit der Techniken, die auf der Anwendung der Mikroelektronik beruhen.

Hierzu der Bericht an den Club of Rome von 1982 unter dem Titel „Auf Gedeih und Verderb": *„Das wichtigste Element der mikroelektronischen Revolution, wenn es sich um eine Revolution handelt, ist (...) der Siliziumchip-Mikroprozessor. Das bedeutet faktisch, daß jedes vom Mensch entwickelte Gerät mit einem winzigen Rechner und einem ebenso winzigen Speicher ausgerüstet werden kann und zwar zu einem bescheidenen Preis."* (Friedrich/Schaff 1982, S. 14)

Der Computer ist nun zum zweiten Male entwickelt worden, maniaturisiert, universell einsetzbar, preisgünstig. *„Keine andere Erfindung oder Entdekkung seit der Dampfmaschine hatte so weitgehende Auswirkungen auf alle Bereiche der Wirtschaft."* (Friedrich/Schaff 1982, S. 24) Die Anwendungsmöglichkeiten der neuen Technik scheinen unerschöpflich zu sein:

- In der Verfahrenstechnik: Steuerung großer, integrierter Industrieanlagen mit Dauerbetrieb durch Mikroelektronik.
- In der Fertigungstechnik: Bestückung von Maschinen mit Mikroprozessoren, Maschinenbedienung, Montage und Verpackungsarbeit mit Industrierobotern.
- Automation des Transports und der Lagerarbeit.
- Computerunterstütztes Konstruieren (CAD/CAM).
- Integration der Produktion zur vollautomatischen Fabrik. Hier taucht der Gedanke der „menschenleeren Fabrik" auf.
- Im Bereich von Büro und Verwaltung: Verarbeitung, Archivierung, Wiederaufnahme und Weiterleiten von Information durch elektronische Geräte und Verfahren (das papierlose Büro).
- Dienstleistungen werden mehr und mehr automatisch angeboten.

Der Vormarsch der Mikroelektronik vollzieht sich als lautlose Unterwanderung der Gesellschaft. Die Folgen, Gefahren und Chancen werden unterschiedlich beurteilt und sind heftig umstritten. A. Gorz meint, es handle sich um eine offene Technologie, um deren Anwendungsweise und Anwendungsziele zum Wohle aller noch gestritten werden könne. (Vgl. Gorz 1983, S. 49)

Niemand weiß im Augenblick, was in der Technik vorn und hinten ist. Darum sprechen wir jetzt nicht mehr vom technischen Fortschritt, sondern vom technischen Wandel mit mehr oder weniger epochalen Dimensionen. Unsere Haltung ist ambivalent, wir hören Schlagworte wie: „Mikroelektronik – Fluch oder Segen", „Befreiung von der Arbeit oder Bedrohung der Arbeitsplätze", „Vorhof der Hölle einer pathologischen Gesellschaft" oder „Weg ins Paradies". Wir sprechen hier allein von der Auswirkung dieser Technik auf die Anzahl der Arbeitsplätze, wobei auf andere Wirkungen im Betrieb und in der Gesellschaft ausdrücklich aufmerksam gemacht werden soll.

Alle sind sich einig über die produktivitätssteigernde Wirkung der Mikroelektronik und ihre Möglichkeiten zur Humanisierung der Arbeit. Aus dem Institut der Deutschen Wirtschaft heißt es, es werde einen „tüchtigen Produktivitätsschub" geben. Beim Deutschen Gewerkschaftsbund heißt es: „Beispielloser Rationalisierungsschub."

Für die einen gibt es angesichts des rasanten Vordringens der Industrieroboter und Computer in der Perspektive „menschenleere Fabrik" und

„papierloses Büro" die Aussicht auf einen weiteren dramatischen Abbau von Arbeitsplätzen. Belegt wird das mit eindrucksvollen Beispielen:

- Im westdeutschen Druckgewerbe sank die Zahl der Beschäftigten zwischen 1970 und 1977 um 21,3 Prozent bei gleichzeitigem Produktivitätszuwachs um 43,5 Prozent.

- In der Industrie für Büromaschinen und Datenverarbeitungsgeräte verminderte sich in der Zeit von 1970 bis 1980 das Beschäftigungsvolumen um 18 Prozent bei einem gleichzeitigen Produktivitätszuwachs von 93 Prozent.

- 4.000 statt sonst 5.000 Arbeiter montieren in dem nagelneuen Fabrikgebäude den Golf; 40 Roboter helfen dabei. Produktionssteigerung: 20 Prozent.

- In einem Fernschreiber ersetzt ein Mikroprozessor 336 mechanische, bewegliche Teile. Zur Herstellung werden statt früher 75 nun 18 Arbeitsstunden benötigt.

- Bei Graetz wurde ein TV-Gerät 1975 in acht Stunden hergestellt, 1979 in vier Stunden, 1984 in zwei Stunden, für 1990 wird eine Stunde angesetzt. Der Direktor: „Ein enormer Produktivitätszuwachs."

Die Gewerkschaften beziffern die bis zum Jahre 1990 gefährdeten Arbeitsplätze auf 3,5 Millionen; dem „Spiegel" zufolge meinen Beamte des BMFT, mit dem Einzug der Elektronik könnten in den nächsten sechs Jahren insgesamt rund sieben Millionen Arbeitsplätze verloren gehen.

Nie gab es eine Technologie mit solcher Tiefenwirkung, die zugleich im Produktions- und im Dienstleistungsbereich wirksam wird. Gerade die Rationalisierungsmöglichkeiten im tertiären Bereich deuten darauf hin, dass die Jahrzehnte alte These von der Ablösung der Industriegesellschaft durch die Dienstleistungsgesellschaft als Form der postindustriellen Gesellschaft überholt ist.

Die Gegenposition verfügt auch über empirische Argumente. Die Entwicklung der Arbeitsproduktivität (pro Arbeiter) zwischen 1977 und 1983 verlief nicht spektakulär.

„Empirische Untersuchungen über den Einfluß der drei neuen Techniken der Datenverarbeitung, der Industrieroboter und numerisch gesteuerten Werkzeugmaschinen lassen Arbeitsmarktforscher insgesamt zu dem

Schluß kommen, daß, vorsichtig gesprochen, im Bereich der Bundesre-
publik für den Zeitraum 1976 bis 1980 ein durch diese Techniken verur-
sachter Nettofreisetzungseffekt von Arbeitskräften nur ,in sehr begrenz-
tem Maße' nachweisbar ist. " (Berger 1984, S. 55f.)

Ferner wird die Optimismus- oder Kompensationsthese bemüht. Da, wo
die Technik angewandt wird, gehen Arbeitplätze verloren, dafür entstehen
neue Arbeitsplätze und neue Produkte, wo die neue Technik hergestellt
wird. Zur Kompensationsthese hat der amerikanische Ökonomie-Nobel-
preisträger Leontief spöttisch bemerkt, dass demzufolge die durch Autos
freigesetzten Pferde bei der Automobilindustrie hätten eingesetzt werden
müssen. Tatsächlich wurden die Pferde geschlachtet.

Zu hören ist in dem Zusammenhang auf das japanische Motto „Inzest is
best". Die neue Technik findet auch Anwendung bei ihrer Herstellung.
Produktinnovation und Prozessinnovation entsprechen einander. Automaten produzieren Automaten, die menschliche Arbeit bleibt vertrieben.

Ein Urteil über Ausmaß und Tempo der technologisch bedingten Vertreibung der Arbeit kann hier nicht gefällt werden. Aber die Auseinandersetzung darüber soll genährt werden.

Die revolutionären Möglichkeiten der Mikroelektronik verwirklichen
sich möglicherweise nicht revolutionär, aber sie werden sich verwirklichen.
Wir stehen am Anfang dieser Entwicklung. Bei den zu erwartenden Wachstumsraten und den von allen gesehenen Produktivitätsmöglichkeiten wird
uns technologische Arbeitslosigkeit in den nächsten Jahren und Jahrzehnten belasten. Das Ende des Endes der Vollbeschäftigung ist nicht in
Sicht, auch wenn wir auf die endliche Entstehung und Vermehrung der
Arbeit hoffen, von der alle reden, die aber niemand entscheidend in Angriff
nimmt: Aufbau einer ökologischen Infrastruktur und andere ökologische
Zukunftsinvestitionen, sowie Ausbau bestimmter Arbeit im sozialen
Bereich.

3. Das Ende der Vollbeschäftigung als Verheißungskrise
Das Ende der Vollbeschäftigung führt die Arbeitsgesellschaft in eine Krise,
die ich, vieles andere vernachlässigend, mit den Stichworten „Verheißungskrise" und „Verteilungskrise" skizzieren will.

Es gibt unter uns ein gesellschaftlich vermitteltes Muster des gelungenen Lebens, unseren „way of life", ein Syndrom aus Erwerbsarbeit, Konsum und Freizeit als Freiheit. Diese Modell stiftet Sinn und macht glücklich. Es wird nicht ererbt, sondern erleistet. Jeder ist seines Glückes Schmied. Das Muster ist nicht beliebig, sondern im Kern an Erwerbsarbeit gebunden, um die herum letztlich das Glück geschmiedet wird.

Dieses Modell, in dem Erwerbsarbeit zum zentralen Institut des Lebens wird, ist ersichtlich nicht christlicher Art und christlichen Ursprungs. Seine Grundlagen werden im 18. Jahrhundert gelegt, als es erstmalig heißt, „Arbeit ist die Quelle des Reichtums", und als innerweltlich Glückseligkeit das erstrebenswerte Ziel wird.

Darum kann im Jahre 1776 gesagt werden: *„Die Menge der genießbaren Sachen muß unaufhörlich vermehrt werden, desto glücklicher wird die ganze Gesellschaft. "* (Julius Schlettwein)

Das ist das Credo geblieben bis in unsere Tage, das Credo der industriellen Religion des Mammonismus. Obwohl wir nicht Gott dienen können und dem Mammon, hat sich das protestantische Arbeitsethos gut mit ihm vertragen, ja zu seiner Beförderung beigetragen, da alle seine Tugenden affirmativ wirken konnten, besonders im Blick auf die kleinen Leute.

Das so beschriebene Muster des gelungenen Lebens ist in unserer Nachkriegsperiode, einem einmaligen Entwicklungszeitraum vom Mangel zum Wohlstand, zur prachtvollen Blüte gediehen. Es gab aber Verschiebungen:

• Schon vor der Krise ist das Muster des gelungenen Lebens intern in Bewegung geraten. Empirische Untersuchungen haben gezeigt, dass der Kern des Musters, die rastlose Erwerbsarbeit, in der Werteskala der Menschen abgerutscht ist hinter die Konsumzeit als Freizeit und Familienleben. Die Soziologen sprechen von einer „Erosion der protestantischen Ethik" und registrieren einen Wertewandel der Arbeit. Insbesondere im Bereich repetitiver, inhaltsleerer Teilarbeit verkümmert die Arbeit zum notwendigen Übel und reinen Mittel zum Zweck. Sie ist nicht Teil des Lebens, sondern seine Vorraussetzung. Gelebt wird außerhalb der Arbeit. Das Lebensmuster insgesamt bleibt unangetastet, lediglich die internen Schwerpunkte verlagern sich durch Erosion der protestantischen Ethik.

• Schon vor der Krise sind es Minderheiten der nachwachsenden Generation in der Wohlstandsgesellschaft, die unseren „way of life" in Frage stellen. Sie suchen eine andere Form der Versöhnung von Arbeit und Leben, entwickeln andere Vorstellungen von Glück und gelungenem Leben als ihre Eltern. Hier erfolgt eine deutliche Verlagerung von materiellen auf postmaterielle Werte – eine Weise des Wertewandels der Arbeit, die nun das überkommene Muster in seiner spezifischen Nachkriegsvariante sprengt, und dessen Träger nach Alternativen suchen.

Das Ende der Vollbeschäftigung führt jetzt zu einer generellen Krise dieses Lebensmusters, weil seine Legitimität von Vollbeschäftigung abhängt. Die Verheißung gelungenen Lebens dieser Art steht und fällt mit der Plausibilität ihrer grundsätzlichen Einlösbarkeit. Da Erwerbsarbeit der Kernbestandteil ist, muss sie für jeden erreichbar sein. Wird Erwerbsarbeit knapp, bekommt das Modell Risse. Die Verheißung gelungenen Lebens kann objektiv nicht mehr eingelöst werden gegenüber Millionen von leistungsfähigen und leistungsbereiten Frauen und Männern. Die Verheißung gelungenen Lebens kann objektiv nicht mehr eingelöst werden gegenüber ganzen Teilen der leistungsfähigen und leistungswilligen jungen Generation.

Die Gesellschaft reagierte auf ihre Grundlagenkrise mit harten Bandagen. Hier sei an Hannah Arendts frühe Automationsthese erinnert, die Ende der 70er-Jahre wieder aufkam, um dann wieder heftig verspottet zu werden: *„Was uns bevorsteht ist die Aussicht auf eine Arbeitsgesellschaft, der die Arbeit ausgegangen ist, also die einzige Tätigkeit, auf die sie sich versteht. Was könnte verhängnisvoller sein?"* (Arendt 1960, S. 11f.)

Mit anderen Worten, wenn das Syndrom „Erwerbsarbeit-Konsum-Glück-Freiheit" als Freizeit-Muster des gelungenen Lebens durch knapper werdende Arbeit seine theoretische Universalität faktisch verliert, nimmt das Verhängnis seinen Lauf. Es ist von den Gefahren zu reden, in die wir seit einigen Jahren hineingeraten sind durch diese Krise und die zu schweren Verwerfungen führen können, wenn wir auf diesem Wege weiter voranscheiten.

• Wenn die Universalität der Verheißung schrumpft, werden drei Millionen geopfert zum Preis von 55 Milliarden DM, damit eben diese Verheißung für 25 Millionen mit 40 Arbeitsstunden und mehr Erwerbsarbeit intakt bleibt. Durch Opferung kann sie womöglich noch lange in Kraft bleiben. Auch wenn bei uns acht Millionen Menschen arbeitslos sein sollten, sind immer noch 20 Millionen vollbeschäftigt. Damit hat die individuelle Entscheidungsschlacht um die Arbeitsplätze kollektiv begonnen. Auf dem höchsten Stand der technischen Entwicklung in der Geschichte der Menschheit verläuft der naturwüchsige Kampf ums Dasein nach alten Mustern. Die Starken vertreiben die Schwachen, die Nichtbehinderten die Behinderten, die Jungen die Alten, die Männer die Frauen, die Deutschen die Türken. Die Fronten verlaufen kreuz und quer. Auch die Menschen, die nicht Opfer sind, die in den Betrieben sind und bleiben wollen, geraten unter schweren Anpassungsdruck.

• Die Opfer werden sich nicht erheben, nicht nur weil alles kreuz und quer geht. Die Spielregeln der Konkurrenzgesellschaft sind eben in den Herzen und Köpfen der Glieder der Arbeitsgesellschaft fest verankert. Wo jeder seines Glückes Schmied ist, da gibt es eben dann gelegentlich Gewinner und Verlierer. Wo jeder seines Glückes Schmied ist, da kann wohl der eine oder andere auch Schmied seines Unglücks sein. Auch die Opfer empfinden nach den allgemeinen Lebensregeln. Zum gesellschaftlichen Gesetz der Selbstrechtfertigung des Lebens durch Leistung gehört eben auch die Selbstanklage des Lebens, das nach den Regeln nicht gelingt.

• Trotzdem bleibt die Notwendigkeit einer offiziellen Opferpolitik, weil die Kosten steigen. Die Versorgung der Opfer verschlechtert sich. Mit den Arbeitsplätzen verschwinden gleichzeitig die Errungenschaften der Sozialgeschichte von der Bildfläche. Wie im Weimar der Weltwirtschaftskrise werden Leistungen und Ansprüche abgebaut. „Neue Armut" breitet sich aus in einem der reichsten Länder der Welt.

• Der Versorgung der Opfer auf möglichst niedrigem Niveau entspricht nach der Regel „Brot und Spiele" der gleichzeitige Auf- und

Ausbau sowie der Charakter der elektronischen Medien im Konsumbereich: Spielhallen für den Krieg der Sterne, zu den Biertheken gesellen sich Videotheken. Die Zeiten, in denen die Freiheit der Berufswahl de facto abgeschafft ist, sind eben die Zeiten, in denen die Freiheit der Programmwahl de jure eingeführt wird. Die Technik, die die Opfer produziert, ist die Technik, die die Opfer pazifisiert.

• Um die archaische Dualisierung der Gesellschaft zu befriedigen, ist es nützlich, wie oben bereits dargelegt, über eine Ethik der Sinnstiftung für das arbeitslose Leben nachzudenken, und/oder die Opfer und potentiellen Opfer zur neuen Beweglichkeit auf niedrigem Niveau aufzurufen und aufzufordern, die Rettungsboote der Armutsökonomie aus Selbsthilfe und Eigenarbeit zu besteigen und im Schatten der Reichtumsökonomie auf abenteuerliche Fahrt zu gehen. Jeder ist seines Glückes Schmied, auch im Reich des Schattens. Es gibt im Rahmen der bisherigen Verheißung auch zweitbeste Lösungen.

4. Das Ende der Vollbeschäftigung als Verteilungskrise

Das Ende der Vollbeschäftigungskrise bringt die Arbeitsgesellschaft in eine Krise, die in anderer Hinsicht als Verteilungskrise zu betrachten ist. Haben wir oben unter dem Stichwort Verheißungskrise dann auch von den Gefahren der Krise geredet, so wollen wir jetzt auch ausgehend von dem Stichwort Verteilungskrise von den Chancen der Krise sprechen. Kurt Biedenkopf beschreibt die Eigenart der Krise in einem Vortrag aus dem Jahre 1983:

„1931/32 ging das Bruttosozialprodukt in Deutschland innerhalb von 8 Monaten um 25 % zurück. Heute verändert sich das Bruttosozialprodukt kaum. Das Volkseinkommen ist konstant oder leicht steigend. Gleichwohl nimmt die Zahl der Arbeitslosen zu. Daß heißt, die Produktion, die das Volkseinkommen erzeugt, ist offensichtlich in Ordnung, leistungsfähig und stabil. Es gibt keine Anzeichen dafür, daß der produktive Teil der Wirtschaft in der Bundesrepublik Deutschland nicht in der Lage wäre, das gegenwärtige Sozialprodukt auf hohem Niveau und die konjunkturellen Schwankungen in engen Grenzen von 1-2 % zuhalten.

Was heute betroffen ist, ist demnach nicht der produktive Teil unserer Volkswirtschaft, sondern das Verteilungssystem. Das System also, mit dem wir die Menschen am gemeinsam erzeugten Volkseinkommen beteiligen. Hier liegen die eigentlichen Probleme, hier ist der eigentliche Ort unserer Schwierigkeiten.

Das Verteilungssystem, das wir uns geschaffen haben, um alle Menschen am Volkseinkommen zu beteiligen, ist von den jüngsten wirtschaftlichen und technologischen Entwicklungen, aber auch von den Veränderungen des Bewußtseins der Bevölkerung betroffen und in seiner Funktionsfähigkeit teilweise außer Kraft gesetzt. Was wir erleben, ist keine Krise der Wirtschaft, sondern die Krise der Verteilungssysteme. Diese Krise ist dadurch entstanden, daß die moderne Technologie mit immer weniger Arbeit auskommt und deshalb immer weniger Menschen über die Teilnahme am organisierten, arbeitsteiligen Produktionsprozeß am Volkseinkommen beteiligt werden können.

Mir geht es zunächst um die Feststellung, daß die heutige Krise, die uns eine hohe Arbeitslosigkeit beschert, nicht primär eine Krise der Produktion ist, sondern eine Krise der Verteilungsstruktur. Daraus folgt, alle Maßnahmen, die auf die Verbesserung der Produktionsstruktur gerichtet sind, gehen am Problem der Arbeitslosigkeit vorbei, denn sie haben die Verbesserung einer Struktur zum Ziel, die im wesentlichen gesund ist und deren marginale Verbesserung die eigentlichen Ursachen für die Arbeitslosigkeit nicht beseitigen kann." (Biedenkopf 1983, S. 22f.)

Das Bruttosozialprodukt wächst – die Arbeit schrumpft; das Erwerbspotential steigt – die Gesamtbevölkerung schrumpft. Ergebnis: Millionen werden arbeitslos, Millionen werden ärmer. Ein Widerspruch, der auf Verteilungsschwierigkeiten hinweist. Es gibt mehr Güter und weniger Leute, an die verteilt werden muss, und trotzdem werden viele ärmer.

Gattungsgeschichtlich gesprochen stehen wir durch die technische Entwicklung vor der Wirklichkeit, mit immer weniger Menschen gleichbleibend oder mehr gesellschaftlichen Reichtum erzeugen zu können. Das Postulat von der sozialen Beherrschung des technischen Wandels muss an einer entscheidenden Stelle durch eine Reform der Verteilungssysteme eingelöst werden. Nötig ist ihre Anpassung an die arbeitsplatzverringern-de technische Entwicklung.

Wer ökonomisch auf moderne Technologien setzt, auf Fortschritt und internationale Wettbewerbsfähigkeit, der muss konsequenterweise dann auch politisch für moderne Formen der Verteilung eintreten.

„Wir müssen uns mit dem Gedanken vertraut machen, daß, wenn die Einführung der Mikroelektronik in Fabrik und Büro den Prozeß der Vertreibung der Arbeit aus der Produktion und Verwaltung bestärkt, anstelle einer Politik für mehr Arbeitsplätze die Option eröffnet wird, die technisch sich vollziehende Abkopplung von Produktion und Beschäftigung auch politisch und vor allem sozialpolitisch durch arbeitsmarktunabhängige Systeme der Verteilung des Reichtums nachzuvollziehen." (Berger 1984, S. 57)

Eine solch einfache Logik einer neuen politisch-ökonomischen Rationalität kann nicht absehen von der Tatsache, dass wir uns in einer Gesellschaft mit bestimmten Machtverhältnissen und unterschiedlichen Interessen befinden. Verteilungsgerechtigkeit ist keine ökonomische, sondern eine sozialethische Frage. Darum müssen die Verteilungsfragen sozialethisch neu gestellt werden, wenn das Ende der Vollbeschäftigung unser bisheriges System relativer sozialer Gerechtigkeit zum Einsturz bringt. Dazu verpflichten die Grundwerte Freiheit, Gerechtigkeit, Solidarität, darin enthalten die Menschenrechte auf Arbeit und Einkommen. Praktisch sind Verteilungsfragen Machtfragen, die im Kampf entschieden werden.

III. Eine neue Versöhnung von Arbeit und Leben - Aufgaben und Chancen

Zur sozialen Frage der mikroelektronischen Revolution des ausgehenden 20. Jahrhunderts will ich drei Problemkreise kurz erörtern:

1. Die Beteiligung aller an der Erwerbsarbeit (Recht auf Arbeit).

2. Die Sicherung der Einkommen der kleinen Leute (Recht auf Einkommen).

3. Eine neue Versöhnung von Arbeit und Leben durch eine Ergänzung von Erwerbsarbeit und Eigenarbeit.

Die Hoffnung auf das Reich Gottes erlaubt es uns, auch der Wirklichkeit in weltweiter Dämmerung den Spiegel ihrer Möglichkeiten vorzuhalten: *„Mit weniger Arbeit mehr produzieren, die Früchte des technischen Fortschritts besser verteilen, ein neues Gleichgewicht schaffen zwischen Pflichtarbeit und frei verfügbarer Zeit, allen Menschen die Möglichkeit zu einem entspannteren Leben und vielfältigeren Beschäftigungen geben, dies sind die neuen Ziele, um die es sozial und politisch zu kämpfen gilt."* (Gorz 1980, S. 14)

1. Beteiligung aller am Erwerbsleben

„Um zu produzieren, was wir – die Arbeitslosen eingeschlossen – brauchen, um unseren gewohnten, anspruchsvollen Bedarf zu decken, brauchen wir keine zusätzliche Arbeit," sagt Oswald von Nell-Breuning. (Nell-Breuning 1982) Seiner Meinung nach ist es darum sinnlos, Erwerbsarbeit zu vermehren, statt sie sinngemäß zu verteilen, indem die 25 Millionen Beschäftigten durch Reduzierung ihrer Arbeitszeit den drei Millionen Arbeitslosen die dementsprechende Teilnahme ermöglichen. Sinnvoll ist es, sich darauf einzurichten, die Arbeitszeiten der technischen Entwicklung anzupassen. Oswald von Nell-Breuning hat gelegentlich von der Forderung nach der acht-Stunden-Woche gesprochen, um deutlich zu machen, dass in den Jahren, in denen nach 70-jährigem Kampf der acht-Stunden-Tag in der 40-Stunden-Woche zur gesellschaftlichen Regel geworden ist, eine technische Entwicklung sich ankündigt, die den Weg einer Arbeitszeitverkürzung von großen Ausmaßen möglich und nötig macht.

Die Erwerbsarbeit ist und bleibt das Reich der Notwendigkeit. Nach meiner Auffassung sollten die Anstrengungen darauf gerichtet werden, alle Erwerbsfähigen daran zu beteiligen. Zu unserem Menschsein gehört nun einmal der Zwang und die Notwendigkeit gesellschaftlicher Sicherung des Unterhalts durch Arbeit. Die Erwerbsarbeit draußen verbindet mich noch einmal jenseits des Privaten als nützliches Glied mit der Gesellschaft, zu deren Gedeihen ich meinen Beitrag leisten muss.

Alle sollten arbeiten im Reich der Notwendigkeit (auch mehr Frauen), aber alle werden darin weniger arbeiten müssen. Das ist unsere Möglichkeit: Vollbeteiligung auf niedrigem zeitlichen Niveau statt Vollbeschäftigung durch Vermehrung der Arbeit.

Nun gibt es eine Fülle von Vorschlägen der Arbeitszeitverkürzung und Arbeitsteilung, die vielfach angewandt uns dem Ziel näher bringen würden. Es gibt aber zwei Schwierigkeiten, die vor allem verhindern, dass die Gesellschaft weiterkommt, obwohl in den letzten beiden Jahren die Notwendigkeit und Möglichkeit der Arbeitszeitverkürzung von immer mehr Beteiligten bestätigt wird. Ein Haupteinwand lautet: Arbeit ist unteilbar, weil das Bild vom Kuchen, der beliebig zerstückelt werden kann, falsch ist. Die Größe des Arbeitsvolumens hängt von den Kosten ab. Wenn die Arbeit zu teuer ist, verringert sie sich und wird knapp. Wer mehr arbeiten will, muss sie verbilligen, dann vermehrt sie sich wieder. Das ist ein sehr gewichtiges Argument, wenn man bedenkt, wie viele Belastungen auf der Arbeit liegen, die im Laufe der Sozialgeschichte finanziell an die Arbeitsverhältnisse gebunden worden sind, so dass auch hier neue Lösungen erdacht werden müssten.

Im Blick auf unser Problem verfängt das Kostenargument allerdings nicht. Nach Meinung des amerikanischen Ökonomie-Nobelpreisträgers Leontief verhält es sich bildlich mit diesem Argument so: Verbilligte man die Arbeit (zu Lasten der Betroffenen natürlich), dann würde die nächste der schnell aufeinander folgenden Robotergenerationen die menschliche Arbeit alsbald kostenmäßig wieder einholen. Um menschliche Arbeitskraft zu erhalten, müsste die menschliche Arbeit wiederum verbilligt werden und so weiter. Am Ende stünde Vollbeschäftigung zum Nulltarif. Arbeitskosten sind eben auch Einkommen und damit Nachfrage. Die zweite Hauptschwierigkeit besteht in der Finanzierung von Arbeitszeitverkürzung und Verteilung nach unseren bisherigen Systemen. Die Quadratur des Zirkels besteht darin, Arbeitszeitverkürzung kosten- und einkommensneutral zu bewerkstelligen. Das wird nur auf einem neuem Weg gehen.

Darüber hinaus ist nach meinem Eindruck die Mehrheit der Menschen der Meinung, dass Arbeitszeitverkürzung zur Verteilung der Arbeit selbstverständlich nur mit Lohneinbußen denkbar ist – aus moralischen Gründen und bei Anwendung des gesunden Menschenverstandes. Da schwingt auch protestantisches Arbeitsethos mit: Wer da will weniger arbeiten, der soll auch weniger essen. Das sitzt eben tief in unseren Herzen.

So sehr ich die sozialethische Haltung derer respektiere, die mit solidarischer Verzichtsbereitschaft von der Solidargemeinschaft der Arbeitenden und Arbeitslosen sprechen und Verteilung so bewerkstelligen wollen, so sehr widerstrebt es mir, den dann verfestigten sozialethischen Widerspruch zu akzeptieren, der eben bereits skizziert wurde: Der gesellschaftliche Reichtum wird größer – die Bevölkerung schrumpft, und die Einkommen der kleinen Leute müssen sinken, wenn sie die Arbeit untereinander verteilen.

Damit möchte ich mich nicht abfinden, und darum komme ich zu dem zweiten Problembereich. Zur deutlichen Verkürzung der Arbeitszeit brauchen wir neue Wege der Einkommenssicherung.

2. Die Sicherung der Einkommen

Erlauben sie mir, dass ich bei dieser heikelsten aller Fragen auf die Argumentation von Nobelpreisträger Leontief zurückgreife. Es wird zwar auch nichts helfen, aber es beruhigt mich:

„Adam und Eva erfreuten sich vor der Vertreibung aus dem Paradies eines sorglosen Lebens im Überfluss und das ohne Arbeit. Erst nach ihrer Vertreibung mußten sie und ihre Nachkommen sich kümmerlich durchschlagen, dazu verdammt, vom Morgengrauen bis zur Abenddämmerung zu arbeiten. Die Geschichte des technischen Fortschritts der letzten 200 Jahre ist im Grunde die Geschichte der Menschheit, sich langsam aber stetig wieder ein Paradies zu schaffen. Was aber würde geschehen, wenn wir uns tatsächlich dort wiederfänden? Wenn alle Güter und Dienstleistungen ohne Arbeit zu haben wären, würde niemand mehr gegen Entgelt beschäftigt. Arbeitslos sein hieße aber, ohne Einkommen sein, folglich würden im Paradies alle solange Hunger leiden, bis sich eine den veränderten Produktionsbedingungen angepaßte Einkommenspolitik durchgesetzt hätte.

Früher oder später – sehr wahrscheinlich früher – wird sich die zunehmend technisierte Gesellschaft daher noch einem anderen Problem stellen müssen: der Frage einer sinnvollen Einkommensverteilung. (...)

Um der Gefahr einer wachsenden, technisch bedingten Arbeitslosigkeit langfristig begegnen zu können, sollte die staatliche Politik das Ziel verfolgen, eine gerechtere Verteilung von Arbeit und Einkom-

men sicher zu stellen, und zwar ohne dabei direkt oder indirekt den technischen Fortschritt zu behindern. (...)

Im Vordergrund steht jetzt eher die Einkommenspolitik mit einem Bündel von sozialen und wirtschaftlichen Maßnahmen, die alle auf eins zielen: sie sollen die Einkünfte der Arbeitnehmer, die sich durch den Verkauf ihrer Arbeitskraft am Arbeitsplatz erhalten, durch Einkünfte aus anderen Einkommensbereichen, vor allem durch die Beteiligung am Produktionsvermögen ergänzen. Dazu bedarf es einer sorgfältig konzipierten Einkommenspolitik." (Leontief 1982, S. 146-156; siehe auch das Gespräch mit Nobelpreisträger Leontief, Frankfurter Rundschau 1. Dezember 1982) Wir müssen Leontief nachsehen, dass auch er ein Opfer der protestantischen Arbeitsethik ist, die vergessen hat, dass im Paradies gearbeitet wird, weil sie die Arbeit erst im Schweiße des Angesichts auf dem verfluchten Acker beginnen lässt.

Letztlich wird hier die Frage gestellt, und darum haben wir das Bild vorhin verwandt: Woher kommen die Einkommen der kleinen Leute in der menschenleeren Fabrik? Dies ist eine metaphorische Frage, um zu verdeutlichen, dass wir der Frage nach neuen Formen der Einkommenssicherung heute nicht mehr ausweichen können.

Oder in einem anderen Bilde, sozusagen kreislaufmetaphorisch gesprochen: Industrieroboter können womöglich 365 Tage im Jahr arbeiten, sie brauchen keinen Urlaub, keine Unfall-, Kranken- und Alterversicherung. Sie kaufen aber auch nicht das Produkt, das sie herstellen. Die Lösungen, die Leontief praktisch vorschlägt, lassen sich auch so formulieren: Es müssen Maßnahmen entwickelt und ergriffen werden, die es möglich machen, dass bei einem halben Arbeitsplatz ein ganzes Einkommen gesichert ist.

Zugegeben, das ist eine Zumutung für unseren Verstand und eine Obszönität für unser Herz, weil von uns ganz andere Erfahrungen gemacht worden sind.

Aber die Erfahrungen der Vergangenheit und die aus ihnen abgeleiteten Rezepte für die Gegenwart sind immer weniger geeignet, die Zukunft besser zu gestalten. Die Zukunft muss stärker ersonnen werden, indem in der Gegenwart andere Fragen gestellt werden. Wir brauchen nicht nur ein neues Arbeitsverständnis. Was wir vor allem brauchen ist ein neues Einkommensverständnis, um die bestehenden Verhältnisse an die Wirkungen der arbeitssparenden Technik anzupassen. Das neue Arbeitsverständnis hat dann eine andere Grundlage.

Wenn die revolutionären Möglichkeiten der Mikroelektronik sich nicht revolutionär verwirklichen, sondern allmählich als Fortsetzung der Rationalisierung mit neuen Mitteln, dann bleibt noch eine kleine Zeit, die Zukunft zu ersinnen.

Das Einkommen muss eine neue gesellschaftliche Form annehmen. Seine wesentliche Funktion besteht darin, an alle Mitglieder der Gesellschaft den Reichtum zu verteilen, der aus den Produktivverhältnissen der Gesellschaft insgesamt und nicht aus der Addition individueller Arbeiten resultiert.

Wenn die steigende Produktion mit abnehmendem Arbeitsaufwand realisiert werden kann, ist das Maß des Einkommens nicht die Arbeitszeit des Arbeiters, sondern die Lebenszeit des Bürgers. Das Leistungsprinzip in der Mehrheit bleibt in Kraft, aber es tritt zurück hinter das Sozialprinzip der Versorgung der Bürger auf Lebenszeit.

Anders ausgedrückt: Arbeit und Einkommen werden stärker entkoppelt werden müssen. Das Recht auf Arbeit löste bislang zugleich das Recht auf Einkommen ein. Das Recht auf Arbeit auf niedrigem Niveau erfüllt diesen Zusammenhang nicht mehr. Also muss aus Gründen der sozialen Gerechtigkeit und auf Grund der gesellschaftlichen Möglichkeit das Recht auf Auskommen zusätzlich durch andere einkommenspolitischen Möglichkeiten erfüllt werden.

Dazu einige Hinweise, die sich teils ergänzen, teils alternative Möglichkeiten darstellen.

• Der Staat muss die Tarifpartner unterstützen, deutliche Arbeitszeitverkürzungen mit Lohnausgleich vereinbaren zu können. Kostenneutral wird dies dadurch, dass der Staat jede Neueinstellung subventioniert aus den beträchtlichen Mitteln, die er mehr einnimmt oder weniger ausgibt, wenn mehr Leute voll bezahlt werden und weniger Leute arbeitslos sind (vgl. Scharpf/Schettkat 1984, S. 353-367).

• Wir kennen Lohn- und Gehaltseinkommen, Kapitaleinkommen, Transfereinkommen. Die meisten Familieneinkommen sind zusammengesetzte Einkommen. Die Struktur der Zusammensetzung wird sich ändern. Heute dominiert in den meisten Fällen das Lohn- und Gehaltseinkommen. In dem Maße, in dem die Arbeit zurückgeht und damit das Lohn- und Gehaltseinkommen, weil sonst keine Neueinstellungen vorgenommen werden, wird die Beteiligung breiter Bevölkerungsgeschichten am Kapitaleinkommen von großer Bedeutung. Dazu Ernst Albrecht: *„Unsere Gesellschaft hat eine Phase der Entwicklung erreicht, in der die materiellen Grundbedürfnisse des Menschen ohne Einsatz von Handarbeit weitgehend befriedigt werden können. Hieraus ergeben sich gravierende Veränderungen und Probleme. Die Verteilungsmechanismen müssen ganz neu überdacht werden. Die gewaltige Wertschöpfung in den Fabriken muß gerecht auf die Menschen verteilt werden. Es ist fraglich, ob der Maßstab des betrieblichen Arbeitslohnes hierfür noch ausreichend ist. Auf jeden Fall wird die Beteiligung zunächst der Arbeitnehmerschaft dann aber des ganzen Volkes am Produktivvermögen zu einer vorrangigen gesellschaftspolitischen Aufgabe. Wenn das ganze Volk angemessen am Produktivvermögen beteiligt ist, sind die durch den Strukturwandel bedingten Auswirkungen auf das familiäre Einkommen der Menschen begrenzter.“* (Albrecht 1983)

• Der Staat muss über kurz oder lang seine Einnahmepolitik an die sich verändernden Verhältnisse anpassen, denn es stellt sich auch die Frage: Woher bekommt der Staat seine Einnahmen in der menschenleeren Fabrik? Auf Dauer kann die Besteuerung einer schrumpfenden Zahl von Beschäftigten nicht die Haupteinnahmequelle des Staates bleiben. Mit neuen Einnahmen und den für Arbeitslosigkeit gesparten Mitteln kann der Sozialstaat Einkommensergänzung und damit Einkommenssicherung betreiben, etwa über eine Vervielfachung des einkommensgebundenen Kindergeldes.

• Auch der Steuerstaat kann der Einkommenssicherung der kleinen Leute dienen, während er gegenwärtig den Investoren das Leben erleichtert, ohne dass die gewünschten Arbeitsplätze entstehen. Der Steuerstaat sollte den kleinen Leuten Anreize geben, deutlich

weniger zur Verteilung der Arbeit zu arbeiten, ohne dabei nennenswerte Einkommenseinbußen zu erleiden etwa mit Hilfe von Steuer-
freibeträgen.

Solches Verfahren wäre eine Analogie zur steuerlichen Behandlung
derer, die aus eigener Kraft mithelfen, das Grundbedürfnis Wohnen
zu befriedigen. Sollte nicht in gleicher Weise denen Entlastung
zuteil werden, die bereit sind, daran mitzuwirken, das Grundbedürfnis Arbeit für alle zu befriedigen?

• Auch die von Milton Friedman aufgebrachte Idee eines garantierten Mindesteinkommens in der Form einer Negativsteuer findet in
der in letzter Zeit ganz neu entfachten Diskussion über das Recht
auf Einkommen starke Beachtung (vgl. Bust-Bartels 1984).

Das sind nur einige Hinweise. Sie sollen das Interesse darauf lenken,
dass in der Frage der Einkommenssicherung die Hauptaufgabe für die
Gegenwart liegt. Wir brauchen eine sorgfältige, phantasiereiche, sozial
gerecht orientierte Einkommenspolitik. Sie muss meines Erachtens im Zentrum aller Überlegungen stehen.

Noch einmal Wassily Leontief: *„Es wird keineswegs leicht sein, die
bestehenden Verhältnisse an die Erfordernisse und Auswirkungen
arbeitssparender Technik anzupassen. Außerdem dürfte es einige Zeit
brauchen, bis man von der protestantischen Arbeitsethik mit dem
Ideal eines harten und fleißigen Arbeitseinsatzes abkommt."*

Es wird keineswegs leicht sein, die harten Propheten für Wachstum und
Vollbeschäftigung von unseren anderen Möglichkeiten zu überzeugen,
weil Neuverteilung von Arbeit und Einkommen nicht ihre Botschaft ist. Ist
aber die neue Verteilung von Arbeit und Einkommen unsere Möglichkeit,
dann kündigt sich ein anderes Lebensmuster an, das durch ein neues
Verständnis der Arbeit gekennzeichnet ist.

3. Eine neue Versöhnung von Arbeit und Leben durch eine Ergänzung von Erwerbsarbeit und Eigenarbeit?

Unter den Vorraussetzungen einer neuen Verteilung von Arbeit und Einkommen werden alle Menschen weniger arbeiten, aber alle werden arbeiten
und ihr Auskommen haben. Arbeitslosigkeit gibt es nicht mehr. Die alte

Unterscheidung von Arbeit und Freizeit ist nicht tauglich zur Beschreibung einer neuen Form der Versöhnung von Arbeit und Leben.

Wir sprechen nicht mehr von Arbeit und Freizeit, sondern von den verschiedenen Sektoren des tätigen Lebens. Neben der Arbeit im erwerbswirtschaftlichen Bereich erfahren bekannte Formen der Arbeit im Freizeitbereich eine ganz neue Bewertung. Andere Formen entstehen neu, weil mehr Zeit zur Verfügung steht für sinnvolle Tätigkeiten, die die erwerbswirtschaftliche Arbeit ersetzen und ergänzen.

In unserem bisherigen Verständnis der Arbeit, in ihrer Bedeutung für erfülltes und gelungenes Leben, ist das breite Spektrum des tätigen Lebens, der vita activa des Menschen, einseitig verkürzt worden: Ein Teil des tätigen Lebens, die Erwerbsarbeit oder die Arbeit im engeren Sinne, steht für das Ganze, gibt dem Leben seinen Sinn, entscheidet über gelungenes Leben, Selbstachtung und soziales Ansehen, verleiht der Gesellschaft insgesamt den Namen der Arbeitsgesellschaft. Für die Zukunft wird einiges davon abhängen, ob eine Wiederherstellung der Ganzheitlichkeit des tätigen Lebens möglich sein wird. Da ist ein merkwürdiger Widerspruch. Einerseits geht der Anteil der erwerbswirtschaftlichen Arbeit im Leben des Einzelnen schrittweise zurück. Andererseits beherrscht die Arbeit nach wie vor unser persönliches und gesellschaftliches Leben. Alle anderen Tätigkeiten treten in ihrer gesellschaftlichen Bewertung deutlich hinter die erwerbswirtschaftliche Arbeit zurück. Beispiele solcher Unterbewertung sind die Hausarbeit, die private Erziehungsarbeit, die Freizeitbetätigungen aller Art, die den Menschen häufig mehr Befriedigung verschaffen als ihre Erwerbsarbeit und die wir mit dem narzisstischen Begriff Hobby bezeichnen bar aller Einbringung in gesellschaftlich nützliche Tätigkeit.

Nun erleben wir gegenwärtig eine fast dramatische quantitative Verringerung der Erwerbsarbeit, die dem Leben der Mitglieder der Arbeitergesellschaft bislang Grund und Sinn des Lebens war. Eben darum bewegen wir uns in einer substantiellen Krise der Gesellschaft. Es ist wichtig, dass mit dem Prozess der knapper werdenden Arbeit ein Wandel der Einstellung zur Arbeit einhergeht. Wenn wir die jetzt anstehenden Verteilungsfragen von Arbeit und Einkommen bewältigen könnten, dann bestünde die Möglichkeit und Notwendigkeit, den Reichtum der vita activa wieder zu entdecken und neu zu beleben.

Alles Tun, das dem Leben dient, ist menschliche Arbeit. Zum tätigen Leben gehört der ganze Entfaltungsbereich zivilisatorischen und kulturellen Tuns und Handelns im Leben eines jeden Menschen, von der kunsthandwerklichen bis zur politischen Betätigung. Arbeit ist die *„tätige Bejahung des menschlichen Daseins."* (Karl Barth) *„Wir schlagen darum vor, Arbeit in einem umfassenden Sinn als tätige Teilnahme am Gesellschaftsprozeß zu verstehen."* (Jürgen Moltmann) Damit wird der Arbeitsbegriff ausgeweitet auf alle Bereiche des menschlichen Tuns, von der notwendigen Arbeit zur Fristung des Lebens bis zum freiwilligen Dienst für Nachbarn und Notleidende, genauer gesagt auf alle Bereiche des menschlichen Tuns, die der Sicherung, Entfaltung und Gestaltung des Lebens des Einzelnen und der Gemeinschaft dienen.

Eine solche Beziehung, ja Versöhnung von Arbeiten und Leben soll in theologischer Tradition „Schöpfungs- und Reich-Gottes-Arbeit" genannt werden. Für christliches Denken sind damit die Richtung und Linie des tätigen Lebens aufgezeigt.

Im Alltagsleben wird die Arbeit auf das Unternehmen bezogen, dessen Geschick von weltweiten ökonomischen Zusammenhängen und Mächten abhängt. In der Wirklichkeit des christlichen Glaubens wird die Arbeit vor allem von der Schöpfung und dem Reich Gottes her verstanden.

Wird die Arbeit auf die Schöpfung bezogen, so ist sie Schöpfungsauftrag an den Menschen unter dem Segen Gottes. Danach ist es die Bestimmung des Menschen, Leben zu erhalten in kreatürlicher Arbeit, Leben zu bewahren in sozialer Gestaltung, Leben zu entwickeln und zu bereichern in kultureller und zivilisatorischer Arbeit. Mit den Worten der Bibel heißt das: Der Mensch ist dazu da, den Garten Eden zu bebauen und zu bewahren. Die der menschlichen Arbeit zur Verfügung stehende Natur ist nicht Umwelt, sondern Lebenswelt aus Gottes Händen, die durch die Arbeit des Menschen nicht zerstört werden darf, sondern erhalten und bewahrt, ja gefördert werden soll.

Die Erinnerung an die Schöpfung zeigt aber auch, von Adam und Kain bis zum Turmbau von Babel, dass der Mensch durch Missbrauch der ihm gewährten Freiheit den Schöpfungsauftrag zur Arbeit verkehren und die Schöpfung an den Abgrund bringen kann.

Verbinden wir die menschliche Arbeit zugleich mit dem Glauben an das Reich Gottes, so geschieht menschliches Tun in Entsprechung zu Gottes Handeln mit dem Menschen. Gottes Arbeit ist Arbeit zur Errettung des Menschen, für Gerechtigkeit und Frieden. Arbeit des Menschen ist dementsprechend Dienst für das Leben der Menschen als Schwestern und Brüder. Der Dienst ist ebenso auf fremdes wie auf eigenes Wohlergehen gerichtet. Er geschieht geschwisterlich und ist auf Dinge aus, die dem Menschen nützen und die Lebensgrundlagen nicht zerstören.

Das erwerbswirtschaftliche Arbeitsverständnis unserer Zeit ist kaum christlicher Art und christlichen Ursprungs, wenngleich Christliches zum Beispiel zur Ausbildung von Arbeitsfleiß und Arbeitsdisziplin beigetragen hat. Die erwerbswirtschaftliche Arbeit ist geprägt von Konkurrenz und kaum von Geschwisterlichkeit, mehr vom Wunsch, den Besitz zu vermehren als von der Bereitschaft, solidarisch zu teilen. Im Vordergrund steht die Leistungsfähigkeit des Menschen, weniger seine Bedürftigkeit. Der Weg zum Glück wird in der Vermehrung der Sachen gesehen und nicht in der Liebe unter den Menschen.

In der Krise der Arbeitsgesellschaft der Gegenwart besteht die Chance einer neuen Entwicklung der verschiedenen Sektoren des tätigen Lebens auch nach christlichen Werten, wie es in der Praxis der Kirchengemeinden zum Teil bereits geschieht. Aufgrund der technischen Entwicklung der Erwerbsarbeit könnte nach und nach mehr Zeit zur Verfügung stehen für sinnvolle, reichhaltige Betätigung der Menschen bei gesichertem Auskommen. Neben der zurückgehenden erwerbswirtschaftlichen Arbeit können sich in Zukunft verschiedene Sektoren des tätigen Lebens entwickeln.

Naturarbeit

Das tätige Leben kann sich als bewahrende Arbeit der Natur zuwenden, neue Lebensbedingungen für bedrohte Pflanzen und Tier schaffen und die Rückkehr der Natur in die Städte und Siedlungen betreiben. Das wäre konkrete Schöpfungsarbeit. Hier liegen vielfältige Möglichkeiten einer befriedigenden, lebenserhaltenden, menschlichen Betätigung.

Objektarbeit

Das tätige Leben kann Arbeit an Gegenständen sein. Gemeint ist handwerkliche Arbeit als Einheit von Hand- und Kopfarbeit, zum Teil eben das, was zur Zeit mit der Bezeichnung „Hobby" ziemlich unterbewertet wird. Gemeint ist die Herstellung von einzelnen Gebrauchs- oder Kunstgegenständen aus guten Materialien mit gutem Werkzeug. Gemeint sind aber auch Reparaturarbeiten zur Förderung einer langen Gebrauchszeit von Gebäuden und Geräten, ja sogar dezentralen Energieerzeugung für den Haus- und Nachbarschaftsgebrauch.

Sozialarbeit

Das tätige Leben kann Arbeit für den Menschen sein. Hier geht es um Felder selbstorganisierter Arbeit im sozialen Bereich von Nachbarschaft und Stadtteil für Kinder, Jugendliche, alte und kranke Menschen. Viele Aufgaben der professionellen Sozialarbeit können von den Menschen in eigene Regie genommen werden und das Leben bereichern.

Friedensarbeit

Das tätige Leben kann Arbeit für Gerechtigkeit und Frieden sein. Hier geht es um neue Möglichkeiten des Menschen zu politischer Betätigung, politischer Arbeit zur Beförderung des Lebens und der Erhaltung der Schöpfung. Auch im Raum der Kirche gibt es viele Initiativen dieser Art in den Bereichen „Dritte Welt", Frieden, Ökologie. Dies alles ist nicht politisches und soziales Engagement von Christen im Freizeitbereich, sondern notwendige und hochwertige Arbeit. Wenn die Arbeitsgesellschaft in die Krise gerät, weil ihr die Arbeit ausgeht, können sich in der Krise die Konturen einer neuen Gesellschaft abzeichnen, falls die Menschen die technischen Möglichkeiten nicht bedrohlich und ausbeuterisch gegeneinander wenden, sondern verheißungsvoll füreinander einsetzen. Dies setzt allerdings eine Gesellschaft voraus, in der die Menschen einander ein gutes Leben wünschen. Ein Beitrag der Kirche kann darin bestehen, ein zeitgemäß christliches Verständnis des tätigen Lebens anzusagen. Die Kirche kann ferner daran erinnern, dass vom menschlichen Verständnis der vita activa, des tätigen Lebens, auch das Verständnis der vita contemplativa, des geistlichen Lebens, abhängt.

Ein neues Verständnis der Arbeit hat auch ein neues Verständnis der Ruhe zur Folge. Teilen wir das Leben in Arbeit und Freizeit, gehen Ruhe, Muße und Besinnung unter im Trubel der Freizeit und geraten als wichtige Lebenselemente aus dem Blick.

Reden wir nicht mehr von Arbeit und Freizeit, sondern von den verschiedenen Sektoren des tätigen Lebens, so stellt sich die Frage nach dem nicht-tätigen Leben, der Ruhe und dem geistlichen Leben neu.

Dies betrifft zunächst einmal die Heiligung des Sonntags. Wer in seinem tätigen Leben andere Formen der Arbeit, lebensfreundlich, schöpfungsbezogen und geschwisterlich, kennen lernt, wird den Sonntag anders sehen als bisher. Der Sonntag ist seit alters her der Ruhetag von der Arbeit und damit nach Erich Fromm eine der großen *„Innovationen in der Evolution in der Menschheit"*.

In der gegenwärtigen Arbeitsgesellschaft hat der Sonntag kein eigenes Gewicht. Er ist allemal bestimmt von der erwerbswirtschaftlichen Arbeit, eher eine Zeit der Wiederherstellung der Arbeitskraft als eine Zeit der Entfaltung anderer Lebenskräfte, eher Tag des Vergnügens statt der Freude, der Zerstreuung statt der Sammlung, nicht Tag der Ruhe, die die Arbeit nach der Bibel erst vollendet. In der jüdisch-christlichen Tradition ist der Sonntag ebenso wie die Arbeit auf die Schöpfung und das Reich bezogen. Er ist der Tag der Ruhe und des feierlichen Gottesdienstes, ein Tag des Schöpfungsfriedens und der Lebensfreude, weil eine bewusste Atempause gemacht wird in der Auseinandersetzung zwischen Mensch und Natur sowie der Menschen untereinander. Erinnerung an die Schöpfung und Hoffnung auf das Reich sind am Tag der Ruhe gleichermaßen lebendig. Es ist der Tag, an dem wir haben, als hätten wir nicht, um zu sein, was wir sind: Kinder Gottes, Schwestern und Brüder, die singen, beten, lieben, träumen, sprechen, essen und trinken. So ist der Tag der Ruhe eine zeichenhafte Vorwegnahme des Gottesreiches.

Die Art unserer Arbeit bestimmt unser Verständnis von Ruhe und den Charakter unseres Feierns. Eine Verbindung zwischen tätigem Leben und besinnlichem Leben trägt den spirituellen Elementen des menschlichen Lebens eher Rechnung als seine Spaltung in Arbeit und Freizeit.

Vielleicht darf man noch einen Schritt weitergehen bis zu der Behauptung: Die Art unserer Arbeit bestimmt unser Verhältnis zur Religion überhaupt, und ein neues Verständnis von Arbeit bewirkt auch ein anderes Verhältnis zur Religion. Das Verhältnis zur Arbeit und das Verhältnis zu Gott stehen in einem engen Zusammenhang. Der Mensch unserer Arbeitsgesellschaft mit ihrem heilversprechenden Arbeitsverständnis ist ganz auf sich allein gestellt, er ist stark, leistungsfähig, in Konkurrenz zu anderen seines Glückes Schmied, der sein Leben aus eigener Kraft rechtfertigt. Wie soll er da einen Gott verstehen, der Schwäche zeigt, der gekreuzigt wird, der Gnade verschenkt, nicht Leistung honoriert, der uns zu Schwestern und Brüdern macht und nicht Konkurrenten bleiben lässt.

In der Krise der Arbeitsgesellschaft wird die Herrschaft des erwerbswirtschaftlichen Arbeitsverständnisses und sein Menschenbild erschüttert, wenn nicht gebrochen. Eine neue Versöhnung von Arbeit und Leben kann auch zu einem neuen Verhältnis von Arbeit und Religion führen.

„Krisen sind auch Wandlungen, als solche reibungsvoll und konfliktgeladen, aber als solche doch auch Heilungsprozesse, die neue Chancen bieten. In allen diesen wirren Wirklichkeiten stecken greifbare Zukünfte, auf die vorauszudenken lohnt. " (Huber 1984, S. 148)

„Krisen haben immer den ambivalenten Charakter, daß sie die Lernfähigkeit der Systeme, die von ihnen betroffen sind, entweder steigern oder gerade vollends stillegen können. " (Offe 1984, S. 90)

„Die Ernte ist groß, aber wenige sind der Arbeiter. Darum bitte den Herrn der Ernte, daß er Arbeiter in seine Ernte sende. " (Matthäus 9, 37)

Literaturverzeichnis

Albrecht, Ernst (1983): 10 Thesen zum Problem der Arbeitslosigkeit

Arendt, Hannah (1960): Vita activa – vom tätigen Leben, Stuttgart

Berger, Johannes (1984): Die Zukunft der Arbeitergesellschaft. In: Heinze, Rolf G.; Hombach, Bodo; Morsdorf, Siegmar (Hg.) (1984): Beschäftigungskrise und Neuverteilung der Arbeit. Bonn, S. 50-52

Biedenkopf, Kurt (1983): Die Erneuerung der Sozialen Marktwirtschaft – Von der Notwendigkeit der Reform des Arbeitsmarktes. Referat anlässlich der Tagung „Mensch und Arbeit. Arbeitslosigkeit – Herausforderung für eine freiheitliche Gesellschaft" der Katholischen Akademie in Bayern am 11. und 12. Juni 1983 in München. Maschinenskript

Bust-Bartels, Axel (1984): Recht auf Einkommen? In: Aus Politik und Zeitgeschichte, Beilage zur Wochenzeitung DAS PARLAMENT Nr. 28/1984, S. 39-54

Friedrich, Günter; Schaff, Adam (1982): Auf Gedeih und Verderb – Mikroelektronik und Gesellschaft – Bericht an den Club of Rome. Wien et al.

Gorz, André (1980): Das Ende der Politik der Vollbeschäftigung. In: Leben ohne Vollbeschäftigung? Die Zukunft der Arbeit III. Reinbek, S. 8-28

Gorz, André (1983): Wege ins Paradies, Thesen zur Krise, Automation und Zukunft der Arbeit. Berlin

Huber, Josef (1984): Die zwei Gesichter der Arbeit. Frankfurt am Main

Krelle, Wilhelm (1984): Arbeit für alle – eine Utopie? Vortrag auf der Distriktversammlung des 190. Distrikts von Rotary-International in Detmold, 23. Juni 1984, Maschinenskript

Leontief, Wassily W. (1982): Die Folgen für Arbeitsplätze und Einkommensverteilung. In: Spektrum der Wissenschaft Nr. 12/1982, S. 146-156

von Nell-Breuning, Oswald (1982): Gesellschaftspolitische Aspekte der Arbeitszeitverkürzung. Frankfurter Rundschau 25.11.1982.

Offe, Claus (1984): Perspektiven auf die Zukunft des Arbeitsmarktes. In: Heinze, Rolf G.; Hombach, Bodo; Mosdorf, Siegmar (Hg.) (1984): Beschäftigungskrise und Neuverteilung der Arbeit. Bonn, S. 79-90

Scharpf, Fritz W.; Schettkat, Ronald (1984): Verkürzung der Wochenarbeitszeit. Nur der Staat kann den beschäftigungspolitischen Handlungsspielraum erweitern. In: Gewerkschaftliche Monatshefte Nr. 6/1984, S. 353-367

Ökumene und Wirtschaft.
Überlegungen zum Sao-Paulo-Aufruf zur gehorsamen Nachfolge

Im März 1987 fand in Sao Paulo eine Konferenz des Ökumenischen Rates der Kirchen und des Lutherischen Weltbundes statt, die diesen Aufruf verfasst hat.

Kirchen, Christen und Wirtschaftssystem
Ein Aufruf zur Nachfolge

A. Wir kommen zu diesem Seminar aus christlichen Gemeinschaften am „Rande" (d.h. an der ökonomischen Peripherie) von Gesellschaften in verschiedenen Teilen der Welt. In unseren Ländern nehmen wir – zusammen mit Menschen verschiedener Konfessionen – teil an den Kämpfen des Volkes um ein menschenwürdiges Lebens. Wir kennen aus eigener Erfahrung und Anschauung die Armut, die Machtlosigkeit und den Tod, denen die große Mehrheit der Weltbevölkerung ausgesetzt ist durch Wirtschaftssysteme, die ausschließlich den Zwecken einer mächtigen Minderheit dienen und daher von dieser mit allen Mitteln aufrechterhalten werden.

Wir haben erneut festgestellt, daß unsere Erfahrungen von wirtschaftswissenschaftlichen Analysen bestätigt werden, denen zufolge das kapitalistische System, das die „Erste Welt" und die „Dritte Welt" kontrolliert, die Hauptursache der Armut und Machtlosigkeit der Mehrheit der Weltbevölkerung ist.
Das kapitalistische Wirtschaftssystem dient den Interessen der Reichen und Mächtigen und hindert eine wachsende Mehrheit der Weltbevölkerung daran, ihre Grundbedürfnisse zu befriedigen.

Damit erzeugt es Entfremdung der Arbeit, ungerechte Verteilung des Kapitals sowie Mißbrauch und Ausplünderung des Bodens. Wir sind daher der Auffassung, daß es sich bei den im folgenden genannten Auswirkungen dieses Wirtschaftssystems um Bekenntnisfragen handelt.

● Arbeit

Arbeit wird in erster Linie als Produktionsmittel betrachtet. Die Arbeiter in den Ländern der sogenannten „Dritten Welt" stellen Autos her, die sie selbst nie fahren werden, bauen Häuser, in denen sie selbst nie wohnen werden, und produzieren Nahrungsmittel, die sie selbst nie essen werden. Arbeiter in allen Teilen der Welt stellen Güter her, die die Umwelt schädigen, Habgier erzeugen und künstlich geschaffene Bedürfnisse befriedigen.

Das macht Arbeit leer und sinnlos. Die Arbeiter werden zu bloßen Objekten der Wirtschaft. Am deutlichsten zeigt sich das bei der Wanderarbeit, die familiäre Bindungen zerstört. Unter solchen Bedingungen führt Arbeit zur Entfremdung und Entwürdigung des Menschen und steht im Widerspruch zum Willen Gottes, nach dem die Menschen Subjekte und Partner im Schöpfungsprozeß sein sollen.

● Kapital

Die ungerechte Verteilung des Kapitals kommt in der weltweiten Schuldenkrise sehr deutlich zum Ausdruck. Die Bevölkerung der verschuldeten Länder ist für die Aufnahme der Schulden nicht verantwortlich. Diese Schulden sind in keiner Weise zu rechtfertigen. Sie sind für Volkswirtschaften der „Dritten Welt" eine unerträgliche Belastung, sie machen die Armen in diesen Ländern zu Sklaven und sind nicht selten für ihren Tod verantwortlich. Das hohe Zinsniveau in den Industrieländern des Nordens ist einer der Gründe, weshalb der Schuldendienst für die Länder des Südens praktisch unbezahlbar geworden ist. Dieses Zinsniveau ist u.a. auf die aufgeblähten Rüstungsetats in den USA und anderen Industriestaaten zurückzuführen. Das hohe Zinsniveau hat also einen doppelt tödlichen Effekt und steht somit in schärfstem Widerspruch zu unserem Glauben an den lebensspendenden Gott.

In den großen Städten des Nordens ist die Spekulation mit Kapital die Ursache von Armut und schlechten Wohnbedingungen, die Familien und Gemeinschaften zerstören.

Christen müssen solche Situationen, in denen der Profit zum Götzen gemacht wird und wichtiger erscheint als das Leben von Menschen, entschieden ablehnen.

• Boden
Der Mißbrauch und die Ausplünderung des Bodens, die Ausdruck mangelnder Achtung vor dem Leben sind, führen zu ökologischen Katastrophen. Die höchst ungleiche Bodenverteilung in den meisten Ländern der Erde ist das Ergebnis der Konzentration wirtschaftlicher und politischer Macht in den Händen einiger weniger und des Landraubs an den Armen und vor allem an den Urvölkern. Die Verhinderung eines verantwortungsbewußten Umgangs mit der Schöpfung und der Raub lebenswichtiger Ressourcen sind als Sünde zu betrachten.

B. In diesem Seminar haben wir uns – wie wir es auch in unseren Gemeinschaften tun – geistlichen Übungen unterzogen: wir haben zusammen die Bibel gelesen und gebetet. Unsere Gemeinschaften versammeln sich regelmäßig mit unseren leidenden Schwestern und Brüdern zur Bibelarbeit und zum Gottesdienst. Dabei haben wir gelernt, daß unsere Praxis – also unser Bemühen, Leben, Gleichberechtigung, Gerechtigkeit und Frieden vor den Mächten des Todes zu schützen und sie zu entfalten – eine Form des Glaubensbekenntnisses ist, denn in ihr werden Zeichen des Gottesreiches sichtbar. Unsere geistlichen Übungen geben uns das Wissen und die Kraft, die wir für unseren Kampf um Befreiung brauchen.

Wir haben im Lichtes des Evangeliums über unsere Erfahrungen und Analysen nachgedacht und sind insbesondere zu folgenden Schlußfolgerungen gelangt:

1. Die dominierenden Wirtschaftssysteme stehen in fundamentalem Widerspruch zum Schöpfungsplan Gottes, weil sie Armut, Ungerechtigkeit, Machtlosigkeit und Tod zur Folge haben, anstatt die Erfüllung menschlicher Grundbedürfnisse, die Respektierung der Menschenrechte, demokratische Mitbestimmung und menschenwürdige Lebensbedingungen zu fördern.

2. Die christliche Lehre wird zu oft als Stütze dieser Wirtschaftssysteme mißbraucht; auch die Strukturen der großen Kirchen des Westens sind diesen Systemen angepaßt, spiegeln sie wider, rechtfertigen sie, ziehen Nutzen aus ihnen und sind zugleich ihre Gefangenen.

3. Der Gott des Evangeliums steht auf der Seite der Armen und Machtlosen und leidet mit ihnen in ihrem Kampf um Befreiung und Gerechtigkeit.

4. Das Volk Gottes ist berufen und befähigt, in der Nachfolge Jesu auf der Seite der Armen in ihrem Kampf um Gerechtigkeit und Befreiung zu stehen und hierbei mit Menschen außerhalb der Kirche zusammenzuarbeiten, die sich für Befreiung und Gerechtigkeit einsetzen.

5. Christen, christliche Bewegungen und Basisgemeinschaften sind ebenso wie die institutionellen Kirchen aufgerufen zur ständigen Umkehr in allen Lebensbereichen und zu einer Praxis für das Leben. Das setzt voraus, daß auf individueller, kirchlicher und gesellschaftlicher Ebene versucht wird, Alternativen zu entwickeln.

C. Viele andere Christen vor uns haben diese Schlußfolgerungen gezogen und die Forderung des Evangeliums befolgt, sich auf örtlicher, landes- und weltweiter Ebene für Befreiung einzusetzen. Wir sind der Meinung, daß die Zeit gekommen ist, unser Engagement zu bekräftigen und unsere Bemühungen zu verstärken. Dazu erklären wir folgendes:

1. Wir schließen uns der Fünften Vollversammlung des Ökumenischen Rates der Kirchen (Nairobi 1975) an, die feststellte: „Während wir einen Christus bekennen, der befreit und eint, zeigt sich in den Wirtschaftsstrukturen, in denen wir leben, eine Tendenz zur Entzweiung und zur Versklavung durch das Geld."

2. Wir stellen fest, daß diese systembedingte wirtschaftliche Unterdrückung nicht nur für das Leben und die Einheit der Menschen, sondern auch für die Einheit der Kirche zerstörerische Auswirkungen hat.

3. Wir stellen fest, daß Bemühungen, diese Wirtschaftsordnungen aus dem christlichen Glauben heraus zu rechtfertigen, dem Evangelium widersprechen und von Christen in der schärfsten Form, die ihre jeweilige Lehre oder Tradition erlaubt, zu verurteilen sind (indem sie sie z.b. als Häresie verwerfen oder den status confessionis erklären).

4. Wir stellen fest, daß Christen diese Wirtschaftsordnungen ablehnen und Widerstand gegen sie leisten sollten.

5. Wir stellen fest, daß Kirchen und Christen, die dem Gebot Christi folgen wollen, Bemühungen um eine gerechte und partizipatorische Wirtschaftsordnung, die das Recht aller Menschen auf Leben – d.h. Nahrung, Unterkunft, Arbeit, Gesundheit, Würde und Selbstbestimmung – garantiert, einleiten, fördern und unterstützen sollten.

Wir rufen Kirchen, Gemeinden und Basisgemeinden sowie Gruppen und Bewegungen, die sich für Gerechtigkeit einsetzen, auf, gemeinsam mit uns zu erklären, daß die Verurteilung der Übel des gegenwärtigen Weltwirtschaftssystems eine der Grundforderungen des christlichen Glaubens ist. Wir rufen ferner alle, die sich dieser Erklärung anschließen, auf zu einem Bundesschluß für Gerechtigkeit, Frieden und Bewahrung der Schöpfung.

Sao Paulo, 5.-12. März 1987

1. Sehen – Urteilen – Handeln: eine ökumenische Basismethode

Die Sao-Paulo-Konferenz war eine Konferenz der „kleinen Leute", der „Betroffenen" und ihrer Freunde. Zusammengekommen waren Vertreterinnen und Vertreter christlicher Basisgemeinschaften und anderer ökumenischer Gruppierungen, um ihre Erfahrungen in ihren unterschiedlichen ökonomischen Kontexten auszutauschen im Lichte des Evangeliums, in Gebet und Flehen, im Blick auf Gestalt und Praxis des eigenen und kirchlichen Lebens. Es war also ein Stück „Ökumene unten", deren Struktur, Geistigkeit und Lebensäußerungen in den 80er-Jahren entstanden sind und die die Zukunft der Ökumenischen Bewegung so oder so stärker beeinflussen wird.

In Sao Paulo ist unter anderem dieser Aufruf verfasst worden, eine Art von evangelischer Wirtschaftsethik, die unseren Ohren fremd klingt und unserem Bewusstsein unzeitgemäß erscheint, weil hierzulande Wirtschaftsethik kaum Kapitalismuskritik und schon gar nicht radikale Kapitalismuskritik ist. Seit dem Untergang des Sozialismus ist dazu nun auch der letzte Rest an Druck entwichen.

Weil nun aber trotz alledem die Unfähigkeit zur Verhinderung der fortschreitenden Zerstörung der natürlichen Lebensgrundlagen, die Unfähigkeit zur Verringerung von Unterernährung und Hungertod, die Unfähigkeit zur lebensstiftenden Verwendung der Finanzströme, die Unfähigkeit zur demokratischen Kontrolle ökonomischer Macht das Gesicht dieser Erde verunstalten, ist es wichtig, auf ökumenische Erfahrungen, Einsichten und Aufrufe zu hören.

Der Aufruf ist ein gebrauchsorientiertes Beispiel eines Typs von Wirtschaftsethik, den Friedrich Hengsbach *„Bewegungsethik"* nennt. Gemeint sind damit die wirtschaftsethischen Implikationen und Konzepte der sozialen Bewegungen für Gerechtigkeit, die allein es vornehmlich in der Geschichte waren, die Veränderungen der sozioökonomischen Verhältnisse zum Wohle der Bevölkerung bewirkt haben.

Die Dreiteilung (A, B, C) des kurzen Textes ist Programm. Hinter ihr verbirgt sich der noch unzureichend gelungene Versuch, eine ältere katholische Tradition der Einheit von Wirklichkeitsbetrachtung, christlicher Urteilsbildung und Handlungsanweisung in den aktionsorientierten christlichen Gruppen, Gemeinschaften und Gemeinden zu aktualisieren. Dieses Verfahren hat Kardinal Joseph Cardijn, der Gründer der weltweiten Organisationen der Christlichen Arbeiterjugend (CAJ), mit jungen Arbeitern praktiziert.

Der Dreischritt *„Sehen – Urteilen – Handeln"* wurde zu einem festen Bestandteil der Arbeit in der christlichen Arbeiterjugend. Heute beginnt er, eine ökumenische Basismethode zu werden. Als Grundfigur ist er auch in der Theologie der Befreiung zu finden, der es ja in besonderer Weise um eine sozioökonomische Kontextanalyse, kritische theologische Reflexion und die Einheit von Theorie und Praxis, Lehre der Kirche und Gestalt der Kirche geht.

Auf der anderen Seite können Menschen diesen Dreischritt in ganz alltäglichen Zusammenhängen in ihren Gruppen praktizieren, indem sie von ihren Erfahrungen, Wahrnehmungen und ihrer reflektierten Betroffenheit ausgehen, dann eine Wertung und Beurteilung im Lichte des Evangeliums vornehmen, um schließlich zu fragen, was daraus für ihre Lebensgestaltung als Alltagspraxis folgt.

Das Verfahren kann ausgearbeitet werden bis hin zur wissenschaftlichen Entwicklung des Zusammenhangs von Analyse, Kritik und Praxis.

Mit der Praktizierung des Dreischritts ist auch ein neues Verständnis der Bibel verbunden. Die erfahrene, ja erlittene Wirklichkeit im Lichte des Evangeliums zu betrachten, ist etwas anderes, als die Bibel von ihrem Selbstverständnis her auszulegen in die jeweilige aktuelle Situation hinein. Berühmte Beispiele jenes anderen Weges, von der Gegenwart her die Bibel auszulegen und vom Lichte des Evangeliums die Gegenwart aufleuchten zu lassen, sind die Bibelarbeiten Ernesto Cardenals und Carlos Mesters, der für diesen Vorgang die dynamische Formel gebraucht: „Vom Leben zur Bibel – von der Bibel zum Leben."

Es ist zu erwarten und zu unterstützen, dass solche Erneuerung der Bibelarbeit ein gemeinsames Merkmal aller Kirchengruppen und -gemeinschaften wird, die für Gerechtigkeit, Frieden und Bewahrung der Schöpfung beten und arbeiten. Hier zeichnet sich ein Teil des Vorgangs ab, der als die „ekklesiologische Wende der Sozialethik" bezeichnet werden kann. Damit ist die Forderung nach evangelischer Ganzheitlichkeit gemeint. Die

Erneuerung des sozialen Handelns der Kirche und der Christen ist unauflösbar verbunden mit der Aktualisierung der spirituellen Kräfte und neuen Formen der Gemeinschaft. Gestalt und Praxis der Kirche bilden eine neue Einheit.

In diesem Kontext ist der Aufruf von Sao Paulo zu sehen, weil er offensichtlich darin gesehen werden will. Es ist mit Händen zu greifen, dass er ihm in vielen Punkten entspricht, aber in vielem bei weitem nicht.

In Abschnitt A wird hingewiesen auf die doppelte Quelle zur Wahrnahme von Wirklichkeit (das Sehen). Es handelt sich um *„die eigene Erfahrung und Anschauung"* und *„wirtschaftliche Analysen"*, die Erfahrung und Anschauung bestätigen. Die hier wahrgenommene, angeschaute und analysierte Wirklichkeit ist zutiefst beschädigt durch Wirtschaftsformen, die nicht dem Wohle aller Menschen dienen, genauer, durch das kapitalistische Wirtschaftssystem, das die „Erste" und die „Dritte" Welt kontrolliert.

Wir wissen nicht, wie viele Menschen diesen Aufruf zur Nachfolge inzwischen gehört und gelesen haben. Wir können aber annehmen, dass vielen dieses Bild der Wirklichkeit zu grell und, wie sie gerne sagen, zu undifferenziert erscheint. Von anderen Standpunkten aus und von anderen Erfahrungen her ergeben sich dann auch ganz andere Bilder der Wirklichkeit. Gesehen wird eine pluralistische Gesellschaft, eine differenzierte Schichtengesellschaft, die Sozialpartnerschaft, die Industriegesellschaft, die Risikogesellschaft. Allen diesen Sichtweisen gemeinsam ist der Abschied von der polaren oder polarisierten Gesellschaft. Polarität tritt erst bei weltweiter Sicht wieder vor Augen: Nord und Süd, Zentrum und Peripherie lässt sich allerdings neuerdings auch in unserer Gesellschaft wieder deutlicher ausmachen.

2. Gegensätze

Die zentralen Kategorien, mit denen der Aufruf die Wirklichkeit erschließt, sind Begriffspaare:

    Arme – Reiche

    Ohnmächtige – Mächtige

    Objekte – Subjekte

Sklaven – Herren
Schuldner – Gläubiger
Arbeiter – Kapitalbesitzer
Urvölker – Landräuber

Mehrheiten leiden je unter Minderheiten; letztlich geht es um die Bewegung von Leben und Tod, deren Ursprung, Richtung und Kraft politisch und ökonomisch gesehen wird.

Armut, Ohnmacht, Schuld, Sklaverei und Ausbeutung existieren letztlich nur, weil die herrschende Ökonomie *„Achtung vor dem Leben"* nicht kennt und *„menschenwürdiges Leben"* für alle nicht zum Ziel haben kann. Sie befriedigt nicht die *„Grundbedürfnisse"* aller, dafür aber viele *„künstlich geschaffene"* Bedürfnisse weniger. Ökonomie, die vom Ursprung und Wortsinn her Haushalterschaft für das Leben aller ist, wird hier als das vollkommene Gegenteil gesehen, eine Bewegung, die vielen das Leben vorenthält, ja zum Tode führt durch Hunger und Raub an Mensch und Natur.

Leben und Tod sind demnach die zentralen Bestimmungen von Ökonomie. Denn wir sterben, wenn wir nicht arbeiten und wirtschaften, und wir beschädigen und töten das Leben, oder wir befördern und erhalten das Leben, wenn wir so oder so wirtschaften.

Leben und Tod sind nun auch die zentralen Themen der Bibel. Das Evangelium ist die Verheißung des Sieges, des Lebens über den Tod (*„Tod wo ist dein Sieg?"* 1. Korinther 15, 55). Wir glauben an Gott, den Schöpfer und Liebhaber des Lebens, an Jesus Christus, der das Leben in seiner Fülle ist, an den Geist, der lebendig macht.

Die Spaltungen der menschlichen Gemeinschaft in Arme und Reiche, Mächtige und Ohnmächtige, Herren und Knechte, auch die Spaltung in Subjekt und Objekt, Mensch und Natur sind lebensgefährlich. Und darum sind diese Abschattungen von Leben und Tod ebenso zentrale Themen der biblischen Überlieferung und damit theologisch gefüllte Kategorien des sozialen, politischen und ökonomischen Lebens. Und sie sind auch in ganz eindeutiger Weise gefüllt. Wir reden heute ganz eindeutig von Gottes Vorliebe für die Armen, von der *„Option für die Armen"* und werden wieder unüberhörbar daran erinnert: *„Er stößt die Gewaltigen vom Thron und erhebt die Niedrigen. Die Hungrigen füllt er mit Gütern und läßt die Reichen leer ausgehen."* (Lukas 1, 52-53) In Christus wird die Herrschaft von Menschen über Menschen aufgehoben und durch ihn die Geschwisterlichkeit als menschliche Lebensform proklamiert (Galater 3, 28).

Daraus ergeben sich weitreichende Folgen für den Aufbau und die Anwendung theologischer Sozialethik nach innen und nach außen. Vor diesem Hintergrund ist dem Aufruf zunächst nun doch eine wichtige Frage zu entnehmen. Muss nicht das Sehen, die Analyse der Wirklichkeit, das Begreifen der Realität nun doch in diesen Kategorien geschehen, die die Bibel uns dafür an die Hand gibt oder gar auferlegt? Die Hinsicht kann nicht pluralistisch oder beliebig sein je nach Standpunkt, sondern hat zu erfolgen in den Dimensionen von Leben und Tod oder deren Abschattungen, wie es im Evangelium geschieht.

Oder anders ausgedrückt: Wir haben eben auch ein theologisch-biblisches Instrumentarium oder Sensorium, um die Verhältnisse aufzuhellen und zu begreifen. Analytischer Sachverstand ist theologisch gewendet die Aufgabe, Gesellschaft und Ökonomie zu begreifen unter den Kategorien Reichtum und Armut, Herrschaft und Knechtschaft, Macht und Machtlosigkeit, allesamt soziologische Kategorien, die hier aber zugleich theologische sind und eine spezifische Dynamik enthalten.

3. Gläubiges Nachdenken

Die Frage, die der Aufruf stellt, findet ihre Antwort am ehesten in eigenen Versuchen des Hinsehens auf unsere Gesellschaft und Ökonomie, um sie in diesen biblischen Kategorien neu oder intensiver zu beschreiben und unsere Ansichten mitzuteilen. Als Gemeinsames bleibt zunächst die Verpflichtung auf die Anwendung der biblischen Kategorien zur Analyse der Gesellschaft.

Ist aber dann nicht schon mit der Art und Weise zu sehen das Urteil bereits gefällt? Der Aufruf verfährt so, dass er über die zu den Stichworten Kapital, Arbeit und Boden ermittelten Befunde jeweils ein hartes Verdikt verhängt: Widerspruch gegen den lebendigen Gott, das heißt Sünde. Dieses Vorgehen wird verständlich, weil die Kategorien der Weltbetrachtung, die hier angewandt werden, eben nicht unschuldig, also neutral, sondern von ihrer biblischen Anbindung her ethisch gehaltvoll sind. Damit ist zugleich festgestellt, dass das „Sehen" und „Urteilen" im Wege einer Verschränkung unlöslich miteinander verknüpft sind. Dennoch hat nach Erfahrung und Analyse der zweite Schritt, das Urteilen (B), sein eigenes Gewicht und seinen eigenen Gehalt.

„Wir haben im Lichte des Evangeliums über unsere Erfahrungen und Analysen nachgedacht (...) und uns dabei (...) geistlichen Übungen unterzogen. (...) Unsere geistlichen Übungen geben uns das Wissen und die Kraft, die wir für unseren Kampf um Befreiung brauchen."

Das Leben im Lichte des Evangeliums zu betrachten, ist ein ganzheitlicher Vorgang, der alle Äußerungsformen des Glaubens mit Leib, Seele und Geist zur vollen Entfaltung bringen soll.

Gläubiges Nachdenken über die Frage, was Gott angesichts der Verhältnisse von uns will und was er uns verheißt, spielt eine wichtige Rolle und führt dazu, dass vertraute theologische Stücke manchmal belanglos werden und andere vergessene uns ein Licht aufgehen lassen oder neue Lichter aufsetzen.

Gläubiges Nachdenken wird ergänzt und gefüllt mit Singen, Beten, Meditation, Bewegung und Essen des Herrenmahls. Alles geschieht im Zusammenhang der Hoffnungen und Wünsche für eine veränderte, menschlichere, soziale und ökonomische Welt.

Die hier berichtete Ganzheitlichkeit von Fühlen und Denken, Reflexion und Erleben, Glauben und Handeln wird in der ökumenischen Praxis als die Einheit von Spiritualität und Kampf hervorgehoben. Sie wehrt dem leeren Aktionismus und reduziert die Kräfte des Glaubens nicht auf Selbstbewegung im Primärbereich. Der Zusammenhang von Spiritualität und Kampf leuchtet manchmal ein wenig auf der jüngeren Geschichte des Deutschen Evangelischen Kirchentages, wenn er nicht nur als *„fromm und politisch"* bezeichnet wird, sondern sich auch so ereignet. Mehr noch gibt es im Leben und Arbeiten vieler unabhängiger christlicher Gruppen der Friedens-, Ökologie- und „Dritte Welt"-Bewegung bereits eine nennenswerte Tradition solcher Einheit von Spiritualität und Kampf.

Der Aufruf spricht an verschiedenen Stellen, aber dann eben auch an zentraler Stelle des Nachdenkens ein summarisches, alle Erfahrungen und Beobachtungen einschließendes vernichtendes Urteil aus: *„Die dominierenden Wirtschaftssysteme stehen in fundamentalem Widerspruch zum Schöpfungsplan Gottes"*, weil sie Spaltungen zulassen und bewirken, die letztlich dem Tod und nicht dem Leben dienen. Dazu tragen Kirchen und Christen gewollt oder ungewollt bei, sofern sie die ökonomischen Systeme vielfältig und praktisch unterstützen und von ihnen profitieren. Gott steht auf der anderen Seite; Kirchen und Christen müssen daher einen Frontwechsel vornehmen und auf die Seite derer treten, die für Gerechtigkeit und Freiheit kämpfen.

Nach einem solch umfassenden, vernichtenden Grundsatzurteil verwundert es nicht, wenn die Folgerungen für die Praxis (C) sehr radikal und von grundsätzlicher Tragweite und Tiefe sind, weil es letztlich um Leben und Tod geht. Mit etwas anderen Worten formuliert wird von diesem Aufruf für christliches Leben und die christliche Praxis die Forderung erhoben: Kapitalismus und christlicher Glaube sind unvereinbar, und dies ist öffentlich zu erklären (status confessionis). Und diese Unvereinbarkeit ist öffentlich auszudrücken als praktischer Widerstand der Kirchen gegen den Kapitalismus.

4. Leben vor Tode oder Tod vor Leben

Die überwältigende Mehrheit der Christen in unserem Lande wird diesem Verdikt und dieser Praxisforderung sicher nicht zustimmen, sondern eher leidenschaftlich, von ganzem Herzen und mit allen Kräften widersprechen. Kapitalismus wird als soziale Marktwirtschaft erlebt, deren Errungenschaften im Blick auf gesamtgesellschaftlichen Lebensstandard, Verbesserung der Arbeitsverhältnisse, Vermehrung der Freizeit und Überlegenheit gegenüber allen denkbaren und verspielten Alternativen unbestreitbar sind. Die lebensgefährlichen und tödlichen Spaltungen, von denen die Kritik spricht, werden bearbeitet mit dem Hinweis darauf, dass die volle Anwendung und Durchsetzung des Systems ja noch immer ausstehe beziehungsweise durch unsachgemäßen Widerstand behindert werde. Dennoch wird durch den Aufruf von Sao Paulo eine andauernde und nicht beantwortete Frage zu Glaube und Ökonomie gestellt. Wie immer man die kapitalistische Marktwirtschaft einschätzt, der Kern ist und bleibt eine ethische Grundentscheidung, die christlicher Auffassung von Mensch und Dingen nicht entspricht.

Wir müssen uns mit Nachdruck vor Augen führen, dass unsere Wirtschaftsordnung auf einer menschenunwürdigen Wertentscheidung, ja einem lebensfeindlichen Prinzip beruht, das sich in unserer Sozialgeschichte seit langem durchgesetzt hat und in der Rechtsordnung fest verankert ist: Das tote Kapital hat Vorrang vor der lebendigen Arbeit.

Diese ethische und rechtliche Festlegung besagt, die Unternehmermacht ist stärker als die Macht der abhängig Beschäftigten. Die Verwertung des Kapitals ist wichtiger als die Verwirklichung der Menschenwürde in der Arbeit. Betriebswirtschaftliche Gewinne haben Vorrang vor dem Erhalt der Arbeitsplätze. Das Geld muss arbeiten, darum müssen die Menschen arbeitslos werden. Die Produkte sind wertvoller als die Produzierenden. Die Gegenstände werden veredelt, die Menschen beschädigt. Das ökonomische Wachstum steht über dem sozialen Wachstum und humaner Entwicklung.

Auf die Spitze getrieben gründet unsere Wirtschaftsordnung auf einer „Ethik", nach der gilt: Die Sachen herrschen über die Personen, das Tote herrscht über das Lebendige, der Tod herrscht über das Leben. Daran lässt sich mit verbalen Bekenntnissen nun einmal nichts ändern, sondern ausschließlich mit sozialen Reformen, die alle schon formuliert sind und auf Mehrheiten zu ihrer Durchsetzung warten. Zumindest dazu könnten Kirchen und Christen hierzulande aufrufen und damit an die Seite der Menschen treten, die im Aufruf von Sao Paulo zu uns sprechen und uns zu einem Bund für Gerechtigkeit, Frieden und Bewahrung der Schöpfung aufrufen.

Der Aufruf schließt mit dem Bundesgedanken und ordnet sich damit in den Verlauf des Konziliaren Prozesses für Gerechtigkeit, Frieden und Bewahrung der Schöpfung ein, wie er 1983 auf der Vollversammlung des Ökumenischen Rates der Kirchen in Vancouver begonnen wurde und wie er auch nach der Weltversammlung von Seoul im Jahre 1990 weitergehen wird.

Es ist seit Vancouver viel zu wenig deutlich geworden, dass der Bundes-
schlussgedanke eine zentrale Rolle in dieser Bewegung der Christen und
Kirchen für Gerechtigkeit, Frieden und Bewahrung der Schöpfung spielen
sollte.

5. Der Bundesgedanke im konziliaren Prozess

Im Bericht von Vancouver 1983 heißt es: *„Wir sollten uns eindeutig zu
diesem Bund für Gerechtigkeit und Frieden verpflichten.“* Der theologische Bundesgedanke gehört zu einer Tradition, die unserer Kirche eher
fremd ist. Dennoch muss darauf verwiesen werden, dass der Bundesgedanke im Konziliaren Prozess eine wesentliche Rolle spielt und der Konziliare Prozess ohne den Bundesgedanken leer und formlos bleiben wird.

Gemeint ist ungefähr folgender Verlauf: Die prozessbeteiligten Kirchenleitungen, Synoden, Bischofskonferenzen, andere Leitungsgremien, frei-
en Initiativen, Arbeitsgemeinschaften, Verbände, Basisgruppen, Gemeindegruppen ermitteln in einem produktiven, multikommunikativen Vorgang
unter sich und wechselseitig, wie sie die Fragen von Gerechtigkeit, Frieden
und Bewahrung der Schöpfung in ihrem Kontext sehen und im Lichte des
Evangeliums beurteilen – gerade so wie es die in Sao Paulo Versammelten
mit dem vorliegenden Aufruf getan haben.

Konziliarer Prozess heißt dann, Konvergenzen formulieren und Divergenzen festhalten. Danach kommt der Konziliare Prozess gegenseitiger
Verpflichtung (covenant) an den entscheidenden Punkt. Die gemeinsamen
Einsichten werden praktisch verbindlich gemacht. Wir sagen unter Berufung auf Gottes Zuspruch und Anspruch vor der Welt und vor einander,
was wir für Gerechtigkeit, Frieden und Bewahrung der Schöpfung zu tun
bereit sind. Wie soll unser Handeln konkret aussehen, was wollen wir auf
uns nehmen und was nicht? Wie mutig wollen wir sein und wie ängstlich
wollen wir bleiben? Was können Gott, die Nächsten und Fernsten von uns
erwarten, was nicht?

Diese gemeinsame, öffentliche, christliche, kirchliche, konziliare Abmachung heißt „gegenseitige Verpflichtung“ (covenant, Bund). Wir sind es
in unseren kirchlichen Kontexten bislang gewohnt, mit dem Gedanken der

Selbstverpflichtung zu operieren und tun uns noch schwer mit dem Bundesgedanken.

Andererseits ist der Gedanke eines nach und nach weltweit werdenden Bundesschlusses aller Christen in Ost und West, Nord und Süd die Aktualisierung aller ökumenischen Potentiale und damit für den Kampf um Gerechtigkeit, Frieden und Bewahrung der Schöpfung eine geradezu atemberaubende Utopie, die uns niemals mehr loslassen wird.

Wie immer wir den Aufruf von Sao Paulo zur Nachfolge aufnehmen und bewerten: Er ist ein ökumenisches Zeugnis im Konziliaren Prozess, der auf einen Bundesschluss zugeht. Jeder ist durch ihn in seiner Gruppe herausgefordert, in Zustimmung und Widerspruch nun seinerseits ein ökumenisches Zeugnis für Gerechtigkeit, Frieden und Bewahrung der Schöpfung zu formulieren und in den Konziliaren Weg einzubringen.

Literaturverzeichnis

Kirchen, Christen und Wirtschaftssystem. Ein Aufruf zur Nachfolge (1988): In: Sonderdruck „Junge Kirche" – Beilage zu Nr. 1/1988, S. 22-24

Sozialethische Überlegungen zum kirchlichen Mitarbeiterrecht

Als Pfarrer im Kirchlichen Dienst in der Arbeitswelt bin ich mit vielen anderen Kolleginnen und Kollegen seit langem mit Fragen der Mitbestimmung in der Kirche befasst. Ich war selbst mehr als sechs Jahre Mitarbeitervertreter in meiner kirchlichen Einrichtung und habe als weiteren Erfahrungshintergrund die ehrenamtliche Mitarbeit in einer Stiftung, der ein mittelständisches Unternehmen mit 300 Beschäftigten gehört. Dieser weithin bekannte Modellbetrieb ist auch dadurch gekennzeichnet, dass er eine ausgefeilte Mitbestimmung der Mitarbeiterinnen und Mitarbeiter auf drei Betriebsebenen praktiziert.

Unser Thema wird dadurch besonders drängend, dass die Kirche als Arbeitswelt immer mehr an Bedeutung gewinnt. Während noch vor wenigen Jahrzehnten die Kirche als Arbeitswelt so gut wie gar nicht im Blickpunkt des Interesses war, ja als Arbeitswelt gar nicht einmal erkannt war, hat sich dieser Sachverhalt in der letzten Zeit nahezu grundlegend geändert. Es wird unübersehbar, dass die Kirche auf dem Wege ist, einer der wichtigsten gesellschaftlichen Arbeitgeber zu werden. Während in vielen klassischen Branchen, insbesondere im industriellen Bereich, die Zahl der Arbeitsplätze schrumpft, expandiert die Kirche als Arbeitswelt unaufhörlich.

Wer sich die Entwicklung der Arbeitsplätze in der Kirche in der langen Zeitreihe vor Augen führt, wird aus dem Staunen nicht herauskommen. Die Statistik sagt aus, dass im Bereich der Evangelischen Kirche von Westfalen im September 1991 in Kirche und Diakonie fast 48.000 Männer und Frauen beschäftigt sind, und im Bereich der Rheinischen Kirche und Diakonie knapp 49.000. Das sind die Beschäftigtenzahlen ohne Pfarrerinnen und Pfarrer und ohne Kirchenbeamtinnen und Kirchenbeamte, die in der Kirche als Arbeitswelt wegen ihrer Größenordnungen eine zu vernachlässigende Gruppe darstellen. Ein besonderes und für Arbeitsverhältnisse einmaliges Kennzeichen der Kirche als Arbeitswelt ist der hohe Frauenanteil unter den Beschäftigten. 80 Prozent der in Rheinland und Westfalen in Kirche und

Diakonie Beschäftigten sind Frauen. Dieses singuläre Faktum wirft natürlich auch spezielle Fragen im Blick auf die Mitbestimmung in der Kirche auf. Denn aus diesem hohen Frauenanteil ergibt sich natürlich als zwangsläufige Folgerung auch ein gesellschaftlich überdurchschnittlich hoher Anteil an Mitarbeitervertreterinnen. Wenn man auf der anderen Seite in Rechnung stellt, dass in der Regel Dienststellenleitungen von Männern ausgeübt werden, dann ist damit eine spezifisch kirchliche Konstellation gegeben, die im Blick auf die Mitbestimmungsrealität noch kaum wahrgenommen wird.

Wenn es so ist, dass die Kirche ein immer bedeutenderer Arbeitgeber wird, die Zahl der Beschäftigten in Kirche und Diakonie unaufhörlich expandiert, die Kirche also im Bereich der Arbeitswelt insgesamt keineswegs eine Randgröße darstellt, dann werden auch die Fragen nach den arbeitsrechtlichen Regelungen in der Kirche immer dringlicher. Bei dem quantitativen Ausmaß, das inzwischen erreicht worden ist, wird es zwangsläufig immer notwendiger, dass die Kirche als Arbeitswelt nicht hinter den sozialen Standards im gesellschaftlichen Bereich zurückbleibt. Dies betrifft insbesondere die Frage der Mitbestimmung. Auch ihre gesamtgesellschaftliche Bedeutung steht und fällt mit der Tatsache, wie sich die Kirche als einer der größten Arbeitgeber in Fragen der Mitbestimmung verhält.

I.

Die Initiative für ein neues Mitarbeitervertretungsgesetz in Kirche und Diakonie ist nicht ausgegangen von den Mitarbeitervertretern und den Organisationen der kirchlichen Mitarbeiter, die nun entschlossen daran gegangen wären, die innerbetriebliche Mitbestimmung in der Kirche nach ihren Erfahrungen und Interessen weiterzuentwickeln. Die Initiative geht vielmehr vom Arbeitgeber aus, und über die Motivationen und Absichten wird dann gleich noch zu reden sein.

Für mich steht alle Auseinandersetzung mit der innerbetrieblichen Mitbestimmung in der Kirche und folglich auch solchen Gesetzesvorlagen im Zusammenhang der geschichtlichen Entwicklung der Mitbestimmung in meiner Landeskirche, den harten Diskussionen bei Gesetzesvorhaben und den Erfahrungen der real ablaufenden kirchlichen Mitbestimmungspraxis.

Im Jahre 1975 hat in der rheinischen und westfälischen Kirche die erste große Diskussion um die innerbetriebliche Mitbestimmung in der Kirche aufgrund einer bedeutenden Novellierung des Mitarbeitervertretungsrechts begonnen. Es ist heute mit einer gewissen Wehmut daran zu erinnern, dass die erste Hälfte der siebziger Jahre eine Zeit der gesellschaftspolitischen Reformen in diesem Lande gewesen ist. Neben vielem anderen wurde in dieser Zeit (1972) das Betriebsverfassungsgesetz (BetrVG) einer gründlichen Reform unterzogen, ebenso gab es neue Personalvertretungsgesetze (z.B. in Nordrhein-Westfalen 1975). Diesem reformerischen Zeitgeist konnte sich die Kirche nicht länger widersetzen.

Sie geriet in Zugzwang durch den Lauf der Dinge. Wir haben in der damaligen Auseinandersetzung um das Mitarbeitervertretungsgesetz eine sozialethische Stellungnahme aus dem Kreis der Industrie- und Sozialarbeit vorgelegt, die bis heute nichts an Bedeutung verloren hat und die geeignet ist, auch in der gegenwärtigen Diskussion die sozialethischen Grundpositionen zu markieren. Darum stelle ich hier für die gegenwärtige Auseinandersetzung einige sozialethische Argumentationen (a–f), wie sie damals verwandt worden sind, vor. Im Grunde ist dem heute weiter nichts hinzuzufügen:

a) Die Zielsetzung der (damaligen) Gesetzesvorlage ist/war es, *„das Mitarbeitervertretungsrecht in der Ev. Kirche von Westfalen an die Fortentwicklung anzupassen, die inzwischen bezüglich der Mitwirkung der Mitarbeiter in Angelegenheiten, die sie betreffen, im staatlichen Bereich wie auch im Raum der Kirche eingetreten ist."*

Maßgabe ist *die „Erwartung des staatlichen Gesetzgebers, daß die Kirche ein Mitarbeitervertretungsgesetz schaffen und weiterentwickeln werde, das nicht hinter dem in den staatlichen Gesetzen jeweils verwirklichten Standards zurückbleibt."* – allerdings *„unter Berücksichtigung der kirchlichen Situation."* Nebenbei ist anzumerken, dass im staatlichen Bereich die Fortentwicklung der Mitbestimmung nicht *„eingetreten"* ist, sondern von Arbeitnehmern und für Arbeitnehmer demokratisch erkämpft und durchgesetzt worden ist. Wichtig aber ist die Feststellung, dass die Gesetzesvorlage die genannten Ziele und Erwartungen nicht erfüllt. Dies ergibt ein Vergleich mit dem Landespersonalvertretungsgesetz (in Kraft seit 01.07.1975) und dem BetrVG (in Kraft seit 1972). Der Gesamteindruck der Vorlage legt die Vermutung nahe, dass kein sehr mitbestimmungs-freudiges Gremium sie verfasst hat. Diese Vermutung wird erhärtet durch die Feststellung, dass der Freiraum, den der Staat der Kirche für dieses Gesetz einräumt, sowie die Berücksichtigung der kirchlichen Situation an keiner Stelle des Entwurfes dazu geführt haben, dass ein „Mehr" an Mit-bestimmung der kirchlichen Mitarbeiter und Mitarbeiterinnen gegenüber dem staatlichen Recht gewährt wird. Die Chance, einen eigenen Beitrag zur Fortentwicklung der Mitbestimmung der Mitarbeiter und Mitarbeiterinnen zu leisten, wurde vertan. Mit diesem Gesetz bleibt die Kirche das Schluss-licht der gesellschaftlichen Entwicklung.

b) Dies hängt wohl auch damit zusammen, dass die Gesetzesvorlage den Ertrag der evangelischen Sozialethik zum Thema Mitbestimmung ignoriert. Der hätte sich der Denkschrift zur Mitbestimmung der Kammer für Soziale Ordnung der EKD und den Beiträgen zahlreicher Autoren leicht entnehmen lassen. Warum ist in der Formulierung der Ziele des Entwurfs und der Präambel von den evangelisch-sozialethischen Kriterien der Mitbestim-mung nicht die Rede und von ihrer Anwendung nichts zu bemerken?

So lautet etwa ein Schlüsselzitat aus der Mitbestimmungsdenkschrift von 1968: „*Der Sinn der Mitbestimmung liegt (aber) nicht nur in dem Recht des Arbeitnehmers, Vertreter seiner Interessen zu bestellen. Es soll zugleich bewirkt werden, daß jeder seinen Fähigkeiten entsprechend auch seine geistigen Beiträge zum Betriebsgeschehen einbringen kann. Es gibt viele Fragen, zu denen jeder Arbeitnehmer in dem jeweiligen Umkreis seiner Tätigkeit selbst Einsichten hat, die von Bedeutung sind. Die Unterstellung unter die Weisungen einer Betriebsleitung darf aus dem Arbeitnehmer nicht bloß einen Befehlempfänger machen. Er muß auch Gelegenheit bekommen, auf seinem eigenen Arbeitsgebiet sachkun-dig und verantwortlich mitzudenken und dementsprechend gehört zu werden.*"

Im Geiste dieser Denkschrift müsste es sich doch dann fast von selbst verstehen, in der Gesetzesvorlage einen Passus zu lesen wie den § 75,4 im BetrVG unter der Überschrift „*Grundsätze für die Behandlung der Be-triebsangehörigen: Arbeitgeber und Betriebsrat haben die freie Entfal-*

tung der Persönlichkeit der im Betrieb beschäftigten Arbeitnehmer zu schützen und fördern. "

Die gilt für die Industrie. Die kirchliche Vorlage verzichtet auf solche menschenfreundlichen und respektvollen Formulierungen. Weitere Beispiele sozialethischer Enthaltsamkeit in den kirchlichen Mitarbeitervertretungsgesetzentwürfen können gegeben werden.

c) Häufig begegnet man der Auffassung, dass die Kirche eine Institution sei, deren soziale Realität bestimmt und gestaltet werde vom Gedanken der biblischen Geschwisterlichkeit. Der geschwisterliche Geist mache die kirchliche Besonderheit aus und regle auch alle Konflikte, Nöte und Probleme der unterschiedlichen hauptamtlichen Mitarbeiter durch das Mittel des geschwisterlichen Gesprächs und des geschwisterlichen Verhaltens. Gesetzliche Regelungen zur Interessenvertretung der Mitarbeiter seien daher weniger wichtig.

Die biblisch-theologische Lehre von der Geschwisterlichkeit der Menschen ist von entscheidender Bedeutung für die Arbeit der Menschen und folglich auch für die Arbeit der Mitarbeiter in der Kirche. Dies ist die Besonderheit des kirchlichen Dienstes.

Aber Geschwisterlichkeit in einer hierarchischen Institution verwirklicht sich nicht von selbst oder allein auf Grund des subjektiven Wollens der Beteiligten. Der anthropologische Realismus der Bibel und die Erfahrungen in der Institution lehren uns, dass Geschwisterlichkeit auch eine Frage der organisierten Strukturen ist. Geschwisterlichkeit in einer hierarchischen Institution muss nicht nur persönlich gewollt werden (was in der Regel der Fall ist), sie muss auch strukturell gestaltet werden (was als Notwendigkeit noch nicht gesehen wird).

Die Kirche als soziale Organisation ihrer haupt- und nebenamtlichen Mitarbeiter ist eine hierarchische Organisation wie viele andere gesellschaftliche Organisationen. Damit treffen auf sie auch die Merkmale hierarchischer Organisationen zu. Zur Erfüllung ihrer Aufgaben ist die Organisation in Stufen gegliedert; Befehlsbefugnis, Kontrollrecht und Abhängigkeit sind entsprechend unterschiedlich verteilt. Eine Rangstruktur der sozialen Positionen von oben nach unten ist genau festgelegt. Die Kirche als soziale Organisation ihrer Mitarbeiter ist demnach ein gesellschaftlicher Herrschaftsverband. Ein bürokratischer Herrschaftsverband schafft Ungleichheit unter den Menschen und vielfältige Abhängigkeiten auch für den kirchlichen Arbeitnehmer. Die Kirche als bürokratisch-hierarchischer Herrschaftsverband steht in einem strukturellen Gegensatz zum Gedanken der Geschwisterlichkeit.

Will man Geschwisterlichkeit strukturell verwirklichen, dann muss man auch eintreten für ein weitreichendes Mitarbeitervertretungsgesetz, das partnerschaftliche Verfahren und Entscheidungsprozesse in allen Angelegenheiten, die die abhängig Arbeitenden betreffen, regelt.

Will man in eine hierarchische Organisation geschwisterliche Strukturen einführen, dann ist es besonders wichtig, dass nicht nur bei den einzelnen Dienststellen Mitarbeitervertretungen gebildet werden, sondern dass entsprechend den hierarchischen Stufen der Pyramide Mitarbeitervertretungen gebildet werden als Gegenüber für jedes Leitungsorgan.

Wer meint, ein Mitarbeitervertretungsgesetz für die Kirche sei überflüssig oder unwesentlich, verleugnet die Situation der abhängigen Arbeitnehmer in der Kirche als hierarchische Organisation. Wer am Gedanken der Geschwisterlichkeit festhalten will, ohne die soziale Realität zu verleugnen, der muss eintreten für ein weitgehendes Mitarbeitervertretungsgesetz, das dem Einzelnen ein hohes Maß an Entfaltung, Teilnahme und geschwisterlich-partnerschaftlicher Zusammenarbeit ermöglicht, auf jeden Fall aber über das hinausgeht, was die vorliegende Gesetzesvorlage zu bieten hat.

d) Der Mitbestimmungsgedanke ist in der Kirche trotz des Neuen Testamentes noch nicht heimisch geworden. Neben der erwähnten Auffassung einer rein interpersonalen Geschwisterlichkeit gibt es dafür noch eine Reihe weiterer Gründe.

Der Mitbestimmungsgedanke widerspricht dem in der Kirche weitverbreiteten paternalistisch-hierarchischen Denken und den diesem Denken entsprechenden Ordnungsvorstellungen. Der Mitbestimmungsgedanke stößt als eine Zielvorstellung der Arbeiterbewegung in der Kirche auf Misstrauen. Wir können ja die Tatsache nicht übergehen, dass in der Vergangenheit das Verhältnis der Kirche zur Arbeiterbewegung nicht gut war und, trotz mancher Bemühungen, heute immer noch relativ distanziert ist. Es ist leider immer noch keine Selbstverständlichkeit, dass die Gewerkschaften in das kirchliche Mitarbeitervertretungsrecht integriert sind.

e) Wenn die Kirche ihre eigene soziale Sozialethik ernst nimmt und sich auf die biblischen Gedanken der Geschwisterlichkeit beruft, dann wird deutlich, dass wirkliche Mitbestimmung in der Kirche kein Fremdkörper ist, sondern ein beachtlicher Beitrag zur humanen Gestaltung der Zusammenarbeit der Menschen auf der Grundlage des Evangeliums. Auf der anderen Seite können wir nicht in Denkschriften, Verlautbarungen und der sozialethischen Literatur theologisch-sozialethische Kriterien entwickeln und in gesellschaftlichen Gruppen die Mitbestimmung empfehlen, selbst aber als gesellschaftliche Institution ein Gesetz machen, das die Arbeitnehmer in der Kirche mit weniger Rechten ausstattet als alle anderen Arbeitnehmer in der Bundesrepublik.

Diejenigen Mitglieder der Synode, die nicht hauptamtliche Mitarbeiter der Kirche sind, arbeiten vermutlich zumeist in Betrieben und Verwaltungen, in denen Mitbestimmungsgesetze praktiziert werden. Warum treten diese Synodalen nicht dafür ein, dass die arbeitsrechtlichen Verhältnisse für die Mitarbeiter in der Kirche nicht schlechter bleiben, sondern eher besser werden als diejenigen in anderen Arbeitsbereichen in der Gesellschaft?

f) Die kirchlichen Mitarbeitervertreter sind in der Vergangenheit, sofern überhaupt Vertretungen gebildet wurden, aus den genannten Gründen in ihrer Arbeit wenig ermutigt und zur Wahrnahme ihrer Aufgaben kaum geschult worden. Auch ein besseres Gesetz als der vorliegende Entwurf garantiert noch keine funktionierende Mitbestimmungspraxis in der Kirche. Darum ist die Einrichtung von systematischen Schulungsmaßnahmen für die Mitarbeitervertreter zur Wahrnahme ihrer Aufgaben eine notwendige flankierende Maßnahme neben einem guten Mitarbeitervertretungsgesetz.

Soweit nun sozialethische Argumente aus dem Jahre 1975.

II.

Schaut man sich Begründung und Anlass des nun vorliegenden Entwurfes eines Mitarbeitervertretungsgesetzes der EKD an, so ist der Unterschied zu 1975 mit Händen zu greifen. Mit sozialen Reformen, rechtlicher Erweiterung der Mitbestimmung, Ausbau von Entfaltungs- und Teilnahmemöglichkeiten, mit alle dem hat der vorliegende Gesetzesentwurf nun ganz und gar nichts zu tun. Im Blick auf die Kirchen in den neuen Bundesländern und auf die Tatsache, dass jede bisherige EKD-Gliedkirche ihr eigenes Mitarbeitervertretungsrecht hat, wird der Gedanke der Rechtsvereinheitlichung zum zentralen Motiv dieser Gesetzesvorlage. Insbesondere die Sonderwege der Diakonie bleiben unbefriedigend im Blick auf die zukünftige Entwicklung.

Die Begründung zum Entwurf des EKD-Mitarbeitervertretungsgesetzes spricht dies deutlich an: *„Für den diakonischen Bereich kann sich zukünftig die Grundfrage stellen, ob es unter verfassungsrechtlichen Aspekten weiterhin möglich ist, die Materie Mitarbeitervertretungsrecht durch privatrechtliches Satzungsrecht zu regeln, oder ob nicht ein Kirchengesetz die adäquate Lösung darstellt. Das sich anbahnende europäische Recht sollte für die Kirchen Anlaß sein, zu einer deutlichen Positionsbestimmung zu gelangen.“*

Aus dieser eventuell berechtigten Sorge heraus, die Diakonie und ihre Einrichtungen als Teil der verfassten Kirche zu sichern, wird das EKD-Mitarbeitervertretungsgesetz zu einem Instrument der mittelfristigen kirchenpolitischen Strategie, das zur Sicherung der Einflussnahme auf EG-Ebene dient.

Neben den Gedanken der Rechtseinheitlichkeit und der Absicherung des kirchlichen Autonomiesektors spielt schließlich noch ein dritter Gesichtspunkt im Hintergrund eine Rolle. Im Rahmen der Regelungen für die Schlichtungsausschüsse wird bemängelt, dass Schlichtungsausschüsse zu unterschiedlichen Entscheidungen kommen, die dann nicht mehr anfechtbar sind. Staatliche Gerichte haben sich unzuständig erklärt, gleichzeitig aber anklingen lassen, dass das Fehlen einer zweiten Instanz dem üblichen Standard nicht annähernd entspricht.

Es wäre schön und unterstützenswert gewesen, wenn der Gesetzesentwurf den üblichen Standard auch in allen anderen Teilbereichen der Mitbestimmung und ihrer Regelungen zum Maßstab gemacht hätte. Das ist leider nicht der Fall. So bleibt der Entwurf eher den Interessen von Kirchenleitungen und Kirchenstrategen verpflichtet als den Wünschen und Erwartungen der kirchlichen MitarbeiterInnen. Das Motiv der Rechtsvereinheitlichung überzeugt nämlich schon deshalb nicht, weil ja auch die Bundesländer insgesamt mit einer Vielzahl von Landespersonalvertretungsgesetzen zusätzlich zu einem Bundespersonalvertretungsgesetz sehr gut klarkommen. Die unterschiedlichen Gesetze der Länder sind vielmehr ein Ausdruck der föderalen Struktur der Bundesrepublik. Niemand kommt aber auf den Gedanken, wegen der Vereinheitlichung der Rechtslage auch einheitliche Landesgesetze zu schaffen.

Demgegenüber wird in der kirchlichen Vorlage der Gedanke der Rechtsvereinheitlichung so hoch gehängt, dass um seinetwillen durchaus auch Rechtsverschlechterungen zugemutet werden sollen. Dazu ein weiteres Zitat aus der Begründung der EKD: *„Der Entwurf geht von dem Grundsatz aus, aus regionaler Sicht vielleicht optimal erscheinende Regelungen zu Gunsten 'zweitbester' Möglichkeiten aufzugeben, die aber in der gesamten EKD akzeptiert werden können und die sich aus dem Grundgesetz ergebende Sonderstellung der Kirche in diesem Rechtsgebiet in deutlicherer Weise rechtfertigt als ein – auch in grundsätzlichen Fragen – zersplittertes kirchliches Recht."*

Dieses Ansinnen ist schlicht eine Unzumutbarkeit für all diejenigen Kirchen, die inzwischen ein Mitarbeitervertretungsrecht entwickelt haben, das über den EKD-Entwurf hinausgeht. Hier muss ein Kernproblem der Diskussion konkret angesprochen werden. Unterschiede zwischen den einzelnen Gesetzen und Gesetzesentwürfen bestehen ja nicht aus regionaler Sicht. Bei den Unterschieden geht es vielmehr durchaus um unterschiedliche sozialethische Konzeptionen, die in den Gesetzen unterschiedlich realisiert sind. Diese schwerwiegenden theologischen Unterschiede als regionale Färbungen zu verwischen, heißt doch, der theologisch-sozialethischen Auseinandersetzung auszuweichen, um ohne größere Hürden eine Rechtsvereinheitlichung zu erreichen, um derentwillen alle Sozialethik über Bord geworfen werden kann.

Es ist nur zu hoffen und wohl aber auch ernsthaft zu erwarten, dass die Landessynoden, die ein über den Entwurf hinausgehendes Recht entwickelt haben, eine solche Zumutung mit Entschiedenheit zurückweisen werden und einer Rechtsverschlechterung um keinen Preis zustimmen werden.

Ich jedenfalls habe diese Hoffnung für die westfälische Landessynode allemal. Einer Rechtsverschlechterung gegenüber dem gegenwärtig gültigen Mitarbeitervertretungsrecht in Westfalen wird die westfälische Landessynode nicht zustimmen. Wenn man denn eine Rechtsvereinheitlichung für absolut notwendig und unausweichlich hält, dann kann es doch eine Anpassung wohl nur nach vorne geben. Und mit denen, die einem höheren sozialethischen Standard ablehnend gegenüberstehen, muss ja dann wohl in den sozialethisch-theologischen Diskurs eingetreten werden über die Frage, warum das vor über 20 Jahren formulierte sozialethische Niveau der EKD nicht angestrebt, sondern unterschritten werden soll.

III.

Wir haben 1991 wenig Lust verspürt, unter diesen Voraussetzungen über die Vorlage eines einheitlichen Mitarbeitervertretungsgesetzes für den Bereich der EKD zu diskutieren und unsere Kritik und Verbesserungsvorschläge zu formulieren. Denn in der Praxis beschäftigten uns seit 1975 inzwischen ganz andere Fragen und Probleme, die, wie zu zeigen ist, sich durch Gesetzestexte und Gesetzesveränderungen nicht beantworten und beheben lassen. Wie gesagt: Ein gutes Gesetz bedeutet noch längst nicht eine gute Praxis in der Kirche.

Als die westfälische Landessynode 1975 ihr Mitarbeitervertretungsgesetz verabschiedet hatte, hat sie gleichzeitig beschlossen, drei Jahre später eine Umfrage unter Mitarbeitervertretern und Dienststellenleitungen über die Praxis durchzuführen, die mit diesem Gesetz inszeniert werden konnte und sich durchgesetzt hat. Zu den bemerkenswerten Ergebnissen dieser Befragung zählt die Tatsache, dass die befragten Mitarbeitervertreter weniger konkrete Änderungswünsche des geltenden Gesetzes reklamierten, als vielmehr lebhafte Klage führten über mangelnde Anerkennung und Respektierung durch die Dienststellenleitungen, über unzureichende und nicht rechtzeitige Informationen in mitbestimmungspflichtigen Angelegenheiten sowie über fehlende Qualifikation und Schulungsmöglichkeiten zur Wahrnahme ihrer Aufgaben.

Manche Äußerungen waren sogar von Frustration, Enttäuschung und Verbitterung gekennzeichnet. Mitarbeitervertreter sagten, dass sie sich als

Ja-Sage-Maschinen missbraucht fühlten, weil sie nur dann herangezogen würden, wenn die Unterschrift der Zustimmung aus formal-rechtlichen Gründen unerlässlich sei. Mittlerweile sind wir in unseren Diskussionen und durch unsere Erfahrungen zu der Erkenntnis gelangt, dass nicht die weitere Entwicklung des Gesetzes vorrangig ist, sondern die Veränderung der Mitbestimmungspraxis in der Kirche durch einen verändernden Geist, eine veränderte Mentalität vor allem der Dienststellenleitungen. Ihnen macht es vor allen Dingen noch am meisten Schwierigkeiten, Mitbestimmung als integralen Bestandteil kirchlicher Arbeit zu respektieren und zu realisieren und dementsprechend die Träger der Mitbestimmung als gleichberechtigte Partner zu respektieren und von einer fruchtbaren Kooperation zu profitieren.

Die Erfahrungen der Umfrage von 1978 fanden sich in unserer Arbeit auch auf andere Weise mannigfach bestätigt. Wir haben in der Zeit von 1975 bis 1987 kontinuierlich Tagungen mit Mitarbeitervertretern der Evangelischen Kirche von Westfalen durchgeführt, die nicht in erster Linie Schulungscharakter hatten, sondern politische und sozialpsychologische Probleme der Mitbestimmung in der Kirche behandelten. Es entsprach der Natur der Sache, dass in diesen zentralen Tagungen auf der landeskirchlichen Ebene Mitarbeitervertreter zusammenkommen, um auch in einen gründlichen Erfahrungsaustausch einzutreten. Und die Resultate des Erfahrungsaustausches zeigten über viele Jahre hinweg immer dieselben stereotypen Reproduktionen: Beschwerden über das mitbestimmungsfeindliche oder -neutrale Verhalten von Dienststellenleitungen. Die Unfähigkeit von Dienststellenleitungen, ihre Arbeitgeberrolle nach dem Gesetz partnerschaftlich und vertrauensvoll zu übernehmen, das heißt, sie zu reflektieren, sie zu internalisieren und produktiv zu praktizieren, ferner die bereits in der Umfrage monierten Despektierlichkeiten, wie Verweigerung von Anerkennung und Information sowie Reduktion der Mitbestimmung auf das formal Notwendige.

Die Tagungen wurden vorbereitet, moderiert und ausgewertet von einer Gruppe sehr erfahrener und kompetenter Mitarbeitervertreter. Diese Gruppe entschloss sich 1987, diese Tagungsreihe zu beenden, weil die ständige Reproduktion der gleichen unzureichenden Praxis keinen Ansatzpunkt der

Veränderung bot. Die Erfahrungen aus über mehr als einem Jahrzehnt Tagungsarbeit wurden 1987 mit Bitterkeit von dieser Gruppe bilanziert: Der Gedanke der Mitbestimmung in der Kirche ist gescheitert! Zwar nicht, weil das Gesetz unzureichend ist, sondern weil die Haltung der Dienststellenleitungen sich nicht entscheidend verändert hat.

Damit soll nicht gesagt werden, dass sich nichts geändert hat. Es gibt sicher eine Mitbestimmungspraxis an manchen Stellen in der Kirche, die sich sehen lassen kann. Aber der vorherrschende Eindruck ist doch der eines weiterhin bestehenden tief gehenden Defizits, das mehr den Geist der Mitbestimmung betrifft als den Buchstaben. Ich will hier nur kurz vier Hinweise geben, die deutlich machen können, woraus die erwähnten Schwierigkeiten in der Mitbestimmungspraxis der Kirche resultieren. Und wer dem Mitbestimmungsgedanken in der Kirche aufhelfen will, der muss wahrscheinlich in Zusammenhang dieser Hinweise den Hebel ansetzen:

Wenn es eine kirchliche Besonderheit gibt, von der dann immer die Rede ist, wenn es darum geht, den sozialen Standard aus dem gesellschaftlichen Bereich nicht anzuwenden, wenn es also eine kirchliche Besonderheit gibt, die sich so in anderen gesellschaftlichen Arbeitsbereichen nicht findet, dann ist es die so genannte „Einmann-Einfrau-Mitarbeitervertretung", wie sie etwa auf der Ebene der vielen hundert Kirchengemeinden die Regel ist. Hier haben wir dann die besondere Erscheinung, dass ein Mann oder eine Frau als Mitarbeitervertreter das partnerschaftliche Gegenüber zu der Leitung sein soll, sein muss, die dann in diesem Falle aus einem kompetenten Gremium besteht, so dass die zahlenmäßigen Relationen schon furchteinflößend sind. Natürlich ist auch bereits versucht worden, in Gesetzestexten dieser besonderen kirchlichen Erscheinung Rechnung zu tragen, aber eine nennenswerte Änderung in der Praxis der Ungleichheit ist nicht zu verzeichnen. In einer solchen Konstellation ist die Position der Mitarbeitervertreter äußerst schwach, zumal es ja nicht nur ein quantitatives Gefälle gibt, sondern häufig ein über die Inhalte der Mitbestimmung hinausgehendes moralisch lehrhaftes Gefälle.

Hinzu kommt die Besonderheit, dass 80 Prozent der in der Kirche Beschäftigten Frauen sind, so dass aufgrund der Besonderheit der kirchlichen Leitungsstrukturen in der Mitbestimmungspraxis häufig der Fall eintritt, dass eine oder mehrere Mitarbeitervertreterin einer männlichen Dienststellenleitung gegenübertreten müssen. Es gibt eine Reihe von Erfahrungsberichten darüber, dass diese kirchenspezifische sexistische Komponente nicht ohne Einfluss bleibt auf Geist, Mentalität und Praxis der innerkirchlichen Mitbestimmung.

Die kirchliche Theorie und Praxis der Mitbestimmung ist überfrachtet und durchdrungen von der doppelten Realität der Arbeit in der Kirche als Erwerbsarbeit und Dienst in der Dienstgemeinschaft. Beides trifft zu und erschwert aber damit kirchliche Praxis. Viele Menschen arbeiten in der Kirche, um ihr Einkommen zu erzielen im Sinne des lebensnotwendigen Erwerbseinkommens. Aus dieser arbeitsrechtlichen Realität erwächst wie selbstverständlich der Gedanke der Regelungen des kollektiven Arbeitsrechts im Sinne der klaren Interessenvertretung gegenüber dem Arbeitgeber, wie es sich aus dem Einzelarbeitsvertrag ergibt. Auf der anderen Seite wird mit Recht an dem Gedanken festgehalten, dass es in der Kirche keine ungleiche Arbeit gibt, sondern dass alle kirchliche Arbeit auch Arbeit ist im Dienste und zur Verkündigung des Evangeliums. Dieser Gedanke kann manchmal einer sehr anspruchsvollen Überfrachtung der Arbeitsrealität gleichkommen, in jedem Falle aber objektiv die vorbehaltlose Anerkennung einer klaren und eindeutigen Interessenvertretung gegenüber dem Arbeitgeber erschweren. Je stärker sich Dienststellenleitungen als Ideenträger der Kirchenbotschaft im Gespräch mit der Mitarbeitervertretung gerieren, und je mehr kirchliche Mitarbeitervertreter sich durch den Dienstgemeinschaftsanspruch in Pflicht genommen fühlen, desto ferner rücken in der Praxis die Möglichkeiten einer nüchternen und eindeutigen Interessenvertretung. Nur wenn es gelingt, das Erwerbsarbeits-Dienstgemeinschaftssyndrom in der Kirche zwischen Mitarbeitern und Dienststellenleitungen in befreiender und konstruktiver Weise zu klären, wird es in der Mitbestimmungspraxis der Kirche Schritte nach vorne geben.

Mit dem gerade erwähnten Dilemma hängt die folgende Beobachtung eng zusammen. Männer und manchmal auch Frauen, die in der Kirche leitende Funktionen haben, haben mehr oder weniger große Schwierigkeiten, sich konstruktiv mit der Gestaltung ihrer Arbeitgeberrolle auseinander zu setzen. Aus der Tatsache, dass die Kirche Welt der Erwerbsarbeit ist auf der Grundlage von Einzelarbeitsverträgen, folgt der nicht weg zu diskutierende oder auch nur zu relativierende Umstand, dass dann auf der andern Seite rechtlich ein Arbeitgeber steht – unabhängig davon, wie viele auch den geschwisterlichen Charakter von Dienstgemeinschaft in den Vordergrund rücken möchten. Es ist eine Erfahrung, dass dieser Doppelcharakter der Arbeit in der Kirche als Dienst und Erwerb es vor allem den kirchlichen Arbeitgebern schwer macht, ihre Rolle als Arbeitgeber bewusst und ungeschönt anzunehmen, konstruktiv und partnerschaftlich zu gestalten und mit einem klaren Arbeitgeberselbstverständnis in die Partnerschaft mit der Mitarbeitervertretung einzutreten. Rollenklarheit verbessert das Klima der Mitbestimmung. Nebulöse Verklärungen führen immer wieder zu frustrierenden Irritationen in der Praxis. Zusammenfassend lässt sich an dieser Stelle sagen: Gegenüber diesen Praxiserfahrungen, in denen sich die entscheidenden Hemmnisse für die Entwicklung der Mitbestimmung in der Kirche haben aufspüren lassen, erscheint uns das Ringen um Gesetzestexte und die legalistische Entwicklung der Mitbestimmung durchaus zweitrangig zu sein.

Wie gesagt: Es geht aber jetzt um eine konkrete Gesetzesvorlage und deren Diskussion. Das ist richtig, und diese Diskussion ist auch zu führen, aber sie darf nicht ablenken von der Tatsache, dass die gravierenden Schwierigkeiten der Realisierung einer besseren Mitbestimmung in der Kirche eben auf den genannten Feldern liegen, und darum erlauben wir uns auch in der gegenwärtigen Diskussion eine Reihe von Vorschlägen zur Entwicklung und Verbesserung der Mitbestimmung in der Kirche, die weit über die Diskussion des Gesetzestextes hinausgehen und sich in anderen Bereichen bewegen.

In der Stellungnahme unseres westfälischen Sozialausschusses zum EKD-Mitarbeitervertretungsgesetz-Entwurf gibt es eine Reihe solcher Vorschläge:

- Das Verhalten der Leitungsorgane gegenüber der Mitarbeitervertretung muss verändert werden. Zum Konzept moderner Personalführung gehört es, dass die Entwicklung von Zielen, Organisations- und Führungsstrukturen im Dialog auch unter den Mitarbeitern stattfindet. In diesem Sinne ist eine verbesserte Praxis im vertrauensvollen Umgang mit der Mitarbeitervertretung eine Konsequenz eines veränderten Führungsverhaltens. Darum müssen die Führungskräfte gezielt aus- und fortgebildet werden. In diesem Zusammenhang ist der Vorschlag gemacht worden, ob es nicht endlich an der Zeit ist, dass angesichts des quantitativen Wachstums der kirchlichen Arbeitswelt und des Anstiegs des Führungspersonals der Gedanke der Einrichtung einer Führungsakademie für kirchliche Führungskräfte ernsthaft erwogen werden muss. Im Rahmen eines solchen Ausbildungsprogramms können dann auch kirchliche Führungskräfte Mitbestimmungskompetenz erwerben, die sich, wie die Erfahrung zeigt, eben nicht von selbst einstellt.

• Mitarbeiterführung – und nicht nur ihre rechtlichen und verwaltungstechnischen Aspekte – muss zu einem wesentlichen Bestandteil auch der Vikarsausbildung und Pfarrerfortbildung werden.

• Bei den Verwaltungslehrgängen müssen die Konzepte moderner Personalführung ein Schwerpunkt der Ausbildung werden.

• In all diesen Bereichen sind die Informations- und Beratungspflichten nach dem Mitarbeitervertretungsgesetz besonders herauszuarbeiten.

• Die Fortbildungsmöglichkeiten für Mitarbeitervertretungen müssen vermehrt und besser genutzt werden.

• In allen Kirchenkreisen soll ein Mitarbeitervertreter speziell zu dem Zweck freigestellt werden, die Beratung und Unterstützung der Mitarbeitervertreter in den Gemeinden und einzelnen Dienststellen zu verbessern. Wegen der im Vergleich mit dem Öffentlichen Dienst unverhältnismäßig kleinen Dienststellen sollte von dieser Möglichkeit verstärkt Gebrauch gemacht werden.

• Mittelfristig sollten Landeskirche und Diakonie gemeinsam ein Programm zur Förderung der partizipatorischen Leitung erarbeiten, in dem all diese Elemente aufeinander bezogen eingearbeitet sind. Ohne zusätzliche Anstrengungen wird sich die Praxis nicht von selbst verbessern. Wenn man einen Moment auf die wirtschaftsethische Diskussion der modernen Industriegesellschaft hört, dann könnte man lernen, dass die Kirche so etwas braucht wie ein modernes Unternehmensbild, an dessen Ausmalung alle leitenden und einfachen Mitarbeiterinnen und Mitarbeiter beteiligt sind. Nötig ist die gemeinsame Entwicklung einer Betriebskultur, einer Betriebstheologie, in der jeder einzelne Mitarbeiter sich wiederfinden kann, weil er selbst darin vorkommt, so dass es den Menschen Spaß macht, in der Kirche zu arbeiten, und sie keine Schwierigkeiten haben, sich nicht nur mit ihrer Arbeit, sondern mit dem gesamten Betrieb zu identifizieren. Die in der Wirtschaftsgesellschaft zunehmend gestellte Frage nach der Corporate Identitity kann auch in der Kirche gestellt werden, damit die Erfahrungen, von denen wir berichtet haben, irgendwann einmal der Vergangenheit angehören.

IV.

Es ist nicht zu übersehen, dass nach wie vor viele kirchliche Mitarbeiter dem Traum anhängen, dass die Kirche doch mannigfache günstige Voraussetzungen habe, eine besonders vorbildliche Arbeitswelt zu realisieren. Vom Modellcharakter der kirchlichen Arbeitswelt ist gelegentlich immer noch die Rede. Dahinter steht die Realität, dass die Kirche auf Grund des Autonomieartikels des Grundgesetzes auch in arbeitsrechtlicher Hinsicht völlig frei ist, ihre Verhältnisse und damit auch ihre Struktur als Arbeitswelt zu realisieren. Außerdem steht dahinter die Hoffnung, dass gerade die Kirche über ein Wertsystem verfügt, über eine Auffassung des Menschen und damit auch der Mitarbeiter als Schwestern und Brüder, die geradezu auf eine partnerschaftliche Gestaltung der Arbeit drängen.

Vielen von uns sind im grauen Staub der alltäglichen kirchlichen Arbeitswelt die Träume von der Vorbildlichkeit der Arbeitswelt Kirche verdunkelt worden.

So kommt es fast einer Sensation gleich, dass wir gerade in diesen Wochen das Erscheinen eines Buches erleben, eine empirische Untersuchung über Arbeitsstrukturen in der Kirche, mit dem Titel *„Erwerbsarbeit und Dienstgemeinschaft"*, in dessen Nachwort der bekannte Bochumer Sozialethiker Günter Brakelmann ein ganz und gar unerwartetes Plädoyer anstimmt, die alten Träume nicht zu vergessen, sondern gar zu erneuern.

Um die Richtung anzuzeigen, in der es für ihn geht, nennt Brakelmann seinen Text Plädoyer für einen „*Vierten Weg*", für einen Weg also, der im Arbeitsrecht über den staatlichen Weg (Zweiter Weg) zum Teil und über die bisherigen kirchlichen Sonderwege (Dritter Weg) in jedem Fall hinausgeht. Weil uns hier ein lange nicht mehr gehörtes und fast vergessenes Stück Sozialethik eindrucksvoll und hoffnungsvoll vorgeführt wird, möchte ich aus dem Plädoyer von Günter Brakelmann ein paar wichtige Abschnitte zitieren:

„*Die Arbeitsverhältnisse in den Kirchen (sind) von den arbeitsrechtlichen Kommissionen bewußt in enge Orientierung am staatlichen Tarifrecht geregelt. Das bedeutet, daß unter der angeblich normativen Kraft des Begriffes Dienstgemeinschaft am Ende nichts anderes – mehr oder weniger – übernommen wird, was die Tarifparteien im Öffentlichen Dienst ihrerseits zuvor ausgehandelt haben. Dieses Übernahmeverfahren, diese nachträgliche Angleichung an Arbeitsrechtsregelungen, die Tarifparteien in konfliktreichen Prozessen kompromißhaft erarbeitet haben, dürften wohl schwerlich als ein kreativer Akt kirchlicher Autonomie bezeichnet werden können. Die Dienstgemeinschaft läßt sich damit von den Tarifparteien vorgeben, was zu tun ist. Man rezipiert Ergebnisse, ohne sie selbst mitzugestalten. Die ‚Welt' liefert der ‚Kirche' die Inhalte ihrer Arbeits- und Sozialbeziehungen. Wo bleibt bei diesem Verfahren das immer wieder beschworene Proprium der Kirche als Dienstgemeinschaft? Man ist stolz darauf, daß das Mitarbeitervertretungsgesetz gegenüber dem staatlichen Recht ‚nicht schlechter sondern grundsätzlich gleichwertig' ist. Das bedeutet doch wohl wieder, daß der kirchliche Dienstgemeinschaftsgedanke bei den staatlich gesetzten Mitbestimmungsregelungen endet. Diese Konvergenz von staatlichen und kirchlichen Regelungen macht das Konzept einer autonomen Dienstgemeinschaft, die sich den Kriterien theologischer Sozialethik verpflichtet weiß, vollends zu einer Farce. Man lebt von den monetären Abschlüssen und von den arbeitsrechtlichen Regelungen, die im gesellschaftlichen und staatlichen Bereich vereinbart und festgelegt werden. Man kommt also zu dem Gesamtbefund, daß die Gruppe der Pfarrer und Kirchenbeamten analog dem staatlichen Beamtenrecht behandelt und die Angestellten und Arbeiter im Kirchendienst analog dem Tarifsystem entlohnt und behandelt werden.*

Es muß doch die Frage erlaubt sein, wo denn an dieser Stelle von kirchlicher ,Autonomie' geredet werden kann. Denn der Dienstgemeinschaftsgedanke bleibt damit in der Realität an den Vorgaben staatlicher Ordnungspolitik und gesellschaftlicher Selbstverwaltung durch die Tarifparteien gebunden. Eine etwas überraschende Übereinstimmung von weltlicher und kirchlicher Wirklichkeit.

Aber ohne ironisch zu werden: Wenn man mehr nicht will als eine permanente nachträgliche Angleichung kirchlicher Arbeitsbeziehungen an die Standards in Staat und Wirtschaft, dann wäre es doch ausreichend, den sog. Zweiten Weg zu wählen, warum dann der Umweg über den sog. Dritten Weg.

Der Dritte Weg wäre nur dann überzeugender, wenn Kirche und Diakonie die ihr verfassungsrechtlich zugestandene Regelungsautonomie auch konsequent nutzen würden, um substantiell andere und bessere Formen dialogischer und kooperativer Arbeits- und Mitbestimmungsformen zu entwickeln. Gerade im nicht-monetären Bereich gäbe es eine Fülle von Möglichkeiten, partizipative Organisationsformen durch die Mitarbeiter entwickeln zu lassen und in eine kirchliche Organisationskultur einmünden zu lassen, die die Regelungen von Betriebsrats- und Personalratsbestimmungen zu Vorformen betrieblicher Kultur werden ließen. Nähme man die theologisch-sozialethischen Kriterien der Gleichwertigkeit, Mitverantwortung, Partizipation, Mitbestimmung u.a. wirklich ernst und vollzöge man im binnenkirchlichen Bereich die Empfehlungen, die man in den Denkschriften entwickelt hat, so stünde man vor der Aufgabe einer neuen, eigenverantworteten Formulierung kirchlicher Arbeitsbeziehungen, die dann ihrerseits zur Herausforderung an die Mitbestimmungsregelung in Staat, Gesellschaft und Wirtschaft werden könnten. Von einer geschwisterlich organisierten Dienstgemeinschaft sind wir noch weit entfernt. Noch duplizieren wir alle Unterschiede, die es sonst auch gibt. Eine nennenswerte Enthierarchisierung kann noch nicht festgestellt werden, wie auch eine partnerschaftliche gleichwertige und gleichberechtigte Kooperation zwischen Dienstgeber und Dienstnehmer nur in Ansätzen existiert.

Es wäre doch zu überlegen, jedenfalls was die strukturellen Arbeitsbeziehungen angeht, ob die Kirche die Modelle, die im Betriebsverfassungsgesetz und den Personalvertretungsgesetzen zu finden sind, inhaltlich nicht weit durch die langfristige Entwicklung einer geschwisterlich organisierten Arbeits- und Dienstgemeinschaft überholt, die die traditionellen, real existierenden Ober- und Unterordnungen hinter sich läßt.

Die jetzige Praxis des sog. Dritten Weges ist eindeutig nur die Rezeption fremdgeleisteter Ergebnisse. Will man bei dieser Praxis bleiben, so wäre es eben ehrlicher, den sog. Zweiten Weg bewußt zu gehen. Will man aber bei dem Grundgedanken autonomer Ausgestaltung innerkirchlicher Arbeitsbeziehung bleiben, dann stünde eine Ordnungs- und Rechtsentwicklung zur Debatte, die die Propria geschwisterlicher Gemeinschaft erkennen ließen. Ordnungspolitisch gesprochen: Dann müßte die Kirche an der Spitze der progressiven Kräfte auf mehr Partizipation, Mitverantwortung und Mitbestimmung der einzelnen Arbeitnehmer und ihrer Gruppen hinmarschieren. Dann liefe sie den bisherigen Regelungen in Staat und Wirtschaft davon. Sie nützte dann ihrerseits der Welt durch das Beispiel gelungenerer Human- und Sozialbeziehungen. Und dann hätte sie die verfassungsrechtlich geschützte Möglichkeit, immer mehr Kirche in einem unterscheidbaren Sinne zum Staat und zur Gesellschaft zu werden. Sie hätte die Chance, einen ‚Vierten Weg' zu entwickeln. Den Weg zu einem Mehr an ‚genossenschaftlich' organisierter Gemeinschaft.

Diesen Versuch hat die Kirche ernsthaft noch nicht unternommen. Sie scheint stolz darauf zu sein, daß es in ihr nicht schlechter zugeht als anderswo. Es wäre – ohne die bisherigen Leistungen in Kirche und Diakonie überhaupt auch nur in Ansätzen schmälern zu wollen – der Mühe wert, gemeinsam an einer neuen Arbeitsverfassung der Kirche und der Diakonie zu arbeiten.

Die Sozialgestalt der Kirche ist eben nicht vorgegeben, sondern aufgegeben. Notwendig wäre ein offener Prozess der Selbstfindung und Selbstentscheidung über die soziale und auch rechtliche Gestaltung der Kirche, die sich nicht den ‚Mustern dieser Welt' angleicht, sondern in

Anbindung an ihre Ursprungsgeschichte und unter Beachtung ihrer Wirkungsgeschichte unter zeitgenössischen Bedingungen die ihr eigene adäquate Form geschwisterlicher Solidargemeinschaft findet. Es könnte sich eine ‚kirchliche Betriebsverfassung' bilden, die sowohl ihre Herkunft aus dem Geist des Evangeliums wie die Besonderheiten des heutigen kirchlich-diakonischen Dienstes widerspiegelte. Voraussetzung wäre, daß diese Diskussion um selbstentwickelte und selbstverantwortete Inhalte und Formen kirchlicher Arbeitsbeziehungen in erster Linie von denen getragen wird, die den Alltag kirchlicher Arbeit zu tragen haben. Dies kann nicht an theologische und juristische Eliten delegiert werden.

Dieses Plädoyer – notwendigerweise kurz und unvollständig – für einen ‚Vierten Weg' beruht nicht zuletzt auf Erfahrungen, die man mit kirchlichen und diakonischen Mitarbeitern vor Ort machen kann. Kirche und Diakonie haben einen Kern von hochmotivierten Mitarbeiterinnen und Mitarbeitern, deren Potential an Eigenständigkeit, Kreativität und Kooperationswilligkeit nicht voll ausgeschöpft wird, weil überflüssige Hierarchisierungen und Reglementierungen im Wege stehen. (...) Es wäre unverantwortlich, mit dieser Mitarbeiterschaft nicht einen Durchbruch durch überholte Positionen nach vorne hin zu wagen. Natürlich ist man historisch genug gebildet, um nicht zu befürchten, daß die Kirche nicht den Mut haben wird, einen Holz- und Irrweg wie den ‚Dritten Weg' zu verlassen. Einen Weg, der geschichtlich gesehen nur noch Episodencharakter hat." (Brakelmann 1991, S. 330ff.)

Vielleicht ist es nützlich, abschließend eine historisch-sozialethische Argumentationskette zu benennen, die vermutlich den springenden Punkt angibt, der die Kirche daran hindert, sich daran zu machen, im Sinne Brakelmanns einen Vierten Weg zu beschreiten.

Der Gedanke der Mitbestimmung entstammt der Geschichte der Arbeiterbewegung im Kontext der deutschen Sozialgeschichte. Er gehört damit zu einem Erbe und einer Tradition, die der Kirche eher fremd sind, jedenfalls mit der eigenen Geschichte der Kirche nicht all zuviel zu tun haben.

Letztlich ist der Gedanke der Mitbestimmung eine Vorform der Übertragung der demokratischen Grundideen auf den Bereich des Betriebes und der Wirtschaft im Sinne aller Ansätze einer Betriebs- und Wirtschaftsdemokratie, wie sie in der deutschen Sozialgeschichte theoretisch und praktisch seit Anfang des 20. Jahrhunderts eine Rolle spielen. Die Idee der Gleichheit aller Menschen, wie sie dann in der Fassung der universalen Menschenrechte ihren Ausdruck findet, will nicht nur Gestalt gewinnen im Bereich des Staates und der Politik, sondern seit langem gibt es eine Denkrichtung, die sich auch vorstellt, dass die Idee der Gleichheit in der Gestalt der Menschenrechte auch Prinzip und Ziel ökonomischer, betrieblicher Gestaltungsmuster werden muss, wenn dem Humanum auch im Bereich der Wirtschaft entsprochen werden soll. Diese Gedanken haben ihre Heimat und ihre Tradition in der Mitte und dem Umkreis der Deutschen Arbeiterbewegung und gehören zur Substanz gewerkschaftlicher Grundsatzprogramme. Und an dieser Stelle liegt nun eben die besondere Schwierigkeit für die Kirche, sich damit konstruktiv auseinander zu setzen. Denn wer unter den juristischen, theologischen und synodalen Eliten der Kirche, und die machen eben das Arbeitsrecht, entstammt dieser Tradition oder steht ihr auch nur nahe? Nach entsprechenden Personen wird man in der Kirche lange Ausschau halten müssen.

Demgegenüber meint die Kirche, oder genauer gesagt, meinen bestimmte Gruppen in der Kirche, aus dem eigenen kirchlichen Wertsystem den sozialethischen Begriff der Dienstgemeinschaft in den Mittelpunkt stellen zu müssen, dem dann zuerst und zunächst immer wieder mehr oder weniger deutlich zu entnehmen ist, dass mit ihm gewisse Grenzen der Mitbestimmung gesetzt sein sollen. Hier bedarf es noch einer sehr eingehenden kircheninternen Klärung. Es fällt auf, worauf Brakelmann bereits hingewiesen hat, dass die Bezeichnung der Kirche oder genauer gesagt der kirchlichen Arbeitswelt als Dienstgemeinschaft weder ein Kennzeichen der Gemeinde im Neuen Testament ist noch in irgendeiner Form in den Bekenntnisschriften auftaucht. Er ist vielmehr ein Begriff, der erst in der modernen Diskussion um die Gestaltung der Kirche als Arbeitswelt entwickelt worden ist. Nimmt man ihn als sozialethischen Begriff ernst, dann muss man sagen: Er ist kein Begriff, der eine deutlich vorhandene Realität beschreibt, er ist vielmehr ein Wertbegriff, der eine Zielvorstellung und

Gestaltungsaufgabe impliziert. Er ist eine erhoffte und geglaubte Gestalt der Kirche, die noch nicht erreicht, aber anzustreben ist.

Damit ergibt sich eine vertraute sozialethische Figur. Wir haben eine Wertvorstellung, eine Zielvorstellung, die den Werten unseres Glaubens und dem Ziel unserer Hoffnungen entspringt und orientieren daran die real existierende Wirklichkeit unter der Fragestellung: Wie lässt sich die Wirklichkeit Schritt um Schritt komparativ verändern oder vielleicht, etwas unbescheidener gesagt, verbessern, damit sie dem Bekenntnis der Dienstgemeinschaft etwas mehr entspricht? In diesem Sinne ist die Dienstgemeinschaft ein Bestandteil kirchlicher Weltlichkeit, mit dem sich jeder identifizieren kann. An dieser Stelle braucht es wirklich keine Kontroversen zu geben. Schwieriger wird es, wenn in der Auseinandersetzung mit Gewerkschaften und arbeitsrechtlichen Forderungen der Begriff der Dienstgemeinschaft instrumentalisiert wird, aus einem bekenntnisorientierten Wertbegriff ein defensiv orientierter Kampfbegriff wird. Häufiger nämlich wird in der Diskussion der Begriff der Dienstgemeinschaft als Filter oder gar als Bollwerk eingesetzt, um alle arbeitsrechtlichen Forderungen nach mehr Mitbestimmung und Tarifverträgen in der Kirche abzuwehren, oder nur in kleinen Dosierungen zuzulassen. So kommt es, dass im kirchlichen Alltag die Dienstgemeinschaft mehr als Waffe in der Auseinandersetzung eingesetzt wird, als dass sie als Leitbild für die erst noch zu schaffende Sozialgestalt ernst genommen wird.

Der Gedanke der Dienstgemeinschaft ist ernst zu nehmen und darum von seinem christlichen Grundgehalt her zu verstehen und zu entwickeln. Im Kern besagt die Leitvorstellung von der Dienstgemeinschaft, dass in der kirchlichen Arbeit die Gleichheit der Menschen und die Gleichwertigkeit ihrer Arbeit vorausgesetzt ist und realisiert werden soll. Abgewehrt wird damit der Gedanke der Über- und Unterordnung, so als sei kirchliche Arbeit organisiert nach dem hierarchischen Prinzip von Herrschaft und Knechtschaft. Das Neue Testament wehrt nämlich eine solche Grundordnung menschlichen Zusammenlebens und Arbeitens ab. Und demzufolge kann die Sozialgestalt der Kirche nicht so organisiert sein. Der Grundgedanke der menschlichen Gleichheit und das Muster des sich daraus ergebenden

Zusammenlebens und Arbeitens kommt exemplarisch sehr gut im Christushymnus (Philipper 2, 5 ff.) zum Ausdruck.

Jesus Christus ist das Urbild der Überwindung von Herrschaft und Knechtschaft und der Proklamation der Geschwisterlichkeit unter den Menschen, denn er selbst ist es gewesen, der in seiner Person die Herrschaft aufgegeben hat, sich selbst erniedrigte und zum Knecht wurde für alle, und in seiner Erlösungstat erhöht wurde, so dass sich vor ihm die Knie aller beugen und es unter den Menschen nicht mehr Herrschaft und Knechtschaft gibt, sondern allein den Dienst der Geschwisterlichkeit. Die Christus-Analogie bleibt das unaufgebbare Leitbild für die Sozialgestalt der Kirche und darum eben auch für die Kirche als Arbeitswelt.

Luther hat diesen Gedanken auf seine Weise wieder aufgegriffen und radikalisiert, indem er aus dem allgemeinen Priestertum aller Gläubigen, aus der Verallgemeinerung der Vocatio also die Gleichheit der Arbeit aller folgerte. Es gibt keinen Grund anzunehmen, dass das nicht zugleich für die Arbeit in gesellschaftlichen Zusammenhängen gilt – und eben auch für die Arbeit in der Kirche. Die Kirche als Arbeitswelt steht also in der Gefahr, auf zweifache Weise reformatorische Grundeinsichten zu verletzen. Einmal widerspricht es dem reformatorischen Gleichheitsprinzip, Arbeit ohne ausreichende Mitbestimmung in hierarchischen Bürokratien zu organisieren, und zum andern widerspricht es der reformatorischen Einsicht von der Gleichheit aller Arbeit, wenn im Freiraum der Kirche besondere Arbeit in der Dienstgemeinschaft auch arbeitsrechtlich besonders geregelt werden muss im Unterschied zu den Regelungen, die für die Kinder der Welt gelten. Diese Trennung ist nach reformatorischem Verständnis nicht möglich. Allenfalls möglich ist eine weitergehende Ausgestaltung, wie oben von Brakelmann beschrieben, neutestamentlich gesprochen nach dem Glauben und der Hoffnung von Galater 3, 28.

Wir können schließlich über die Fragen der biblischen Arbeits- und Menschenbewertung als Grundlage und Ziel zur Gestaltung kirchlicher Arbeitswelt nicht reden und handeln, ohne uns bewusst mit der Tatsache auseinander zu setzen, dass die Kirche sich ungewöhnlich schwer tut, ihr theologisch-sozialethisches Wertsystem nun auch in eine konkrete Sozialgestalt umzusetzen, sich also sinnenfällig zu verwirklichen als geschwisterliche Arbeitsgemeinschaft. Eine besondere Sensibilität für diesen Punkt unseres Problems wird geweckt, wenn wir im Vergleich zur Kirche die verschiedenen konkreten Sozialgestalten der Glaubensgemeinschaft der Anthroposophen betrachten, die uns zeigen, wie ein spezielles Wertsystem und Menschenbild auch umgesetzt werden kann in konkret soziale Gestaltung von Institutionen, sei es nun der Kindergarten, die Schule, das Krankenhaus oder die Werkstatt für seelenpflegebedürftige Menschen. Hier liegt ein großes Defizit der Kirche, dessen Grund ich nicht aufzuklären vermag. Zunächst einmal muss aber die Frage wach bleiben, dass wir wohl eine kirchliche Arbeitswelt haben, aber noch keine evangelische, dass wir dementsprechend kirchliche Kindergärten, kirchliche Krankenhäuser, kirchliche Gymnasien haben, aber noch längst keine Kindergärten, Krankenhäuser und Schulen in evangelischer Sozialgestalt als geschwisterliche Arbeits- und Lebensgemeinschaften.

Das sozialethische Gestaltungsdefizit der protestantischen Kirche hängt sicher auch mit dem Wortcharakter der evangelischen Tradition zusammen. Die starke Bindung des Geistes an das Wort ist vielleicht ein Hindernis dafür, dass Gottes Geist Gestalt gewinnt, dass unsere Werte abstrakt, intellektuell, verkopft bleiben, ohne einen gleitenden Übergang zur Verleiblichung und sinnlichen Ausgestaltung in real existierenden Institutionen. Hinzu kommt sicher unsere Tradition, dass das protestantische Theorie-Praxis-Verhältnis sehr stark über individualisiertes Verhalten läuft, Praxis also als die Antwort des Glaubens des Individuums in der Bewährung des Alltags verstanden wird. Die protestantische Individualisierung der Ethik verschließt uns die Augen dafür, dass Praxis des Glaubens auch heißt, kirchliche Strukturen, Einrichtungen und somit auch kirchliche Arbeitswelt so zu gestalten, dass der Geist der Geschwisterlichkeit und der Gemeinschaft zum Ausdruck kommt. Ich wünschte mir möglichst viele Orte und Einrichtungen in der Kirche, wo diesen Zusammenhängen theoretisch und experimentell im Sinne einer Weiterentwicklung der sozialen Gestaltungsmöglichkeiten des Protestantismus nachgegangen würde.

Wir haben uns sozialethisch mit dem Gedanken der Mitbestimmung in der Kirche anlässlich des EKD-Entwurfes für ein neues Mitarbeitervertretungsrecht beschäftigt. Wir sollten uns beschäftigen mit dem angestrebten Ziel der Rechtseinheit, sind aber nicht unversehens sondern zielstrebig bei der Grundfrage der Einheit von theologisch-neutestamentlicher Theorie und der Praxis der protestantischen Wirklichkeit angekommen. Vielleicht kommen noch einmal Zeiten der Kirchenreform auf uns zu und nicht nur der Kirchenstrategie.

Literaturangaben

Brakelmann, Günter (1991): Nachwort. Plädoyer für einen „Vierten Weg". In: Beyer, Heinrich; Nutzinger, Hans G. (1991): Erwerbsarbeit und Dienstgemeinschaft. Arbeitsbeziehungen in kirchlichen Einrichtungen. Eine empirische Untersuchung. Bochum, S. 327-334.

„Wirtschaft als Ort christlicher Verantwortung"

Das theologisch-sozialethische Vorverständnis der EKD-Denkschrift „Gemeinwohl und Eigennutz"

Ich soll einen Beitrag liefern zum sozialethischen Vorverständnis der Denkschrift „*Gemeinwohl und Eigennutz*" und sehe der Einfachheit halber meine Aufgabe darin, mich kritisch mit dem sozialethischen Teil und den sozialethischen Implikationen des Gesamttextes auseinander zu setzen. Ich beziehe mich also im wesentlichen auf die sozialethische Konzeption des Teils III mit dem Titel „*Wirtschaft als Ort christlicher Verantwortung*".

Zuvor allerdings muss ich mich mit Aufbau und Entstehung der Gesamtkonzeption der Denkschrift auseinander setzen, weil in beiden sozialethische Vorentscheidungen enthalten sind, von denen sich eine moderne ökumenische Sozialethik abgrenzen muss.

1. Der Aufbau der Denkschrift als sozialethisches Problem

Die Denkschrift folgt in ihrem Aufbau und in ihrer Gliederung dem klassischen Schema der Traditionsgeschichte ihrer Gattung:

- Darstellung und Analyse des Sachverhalts
- Biblische und sozialethische Reflexion
- Perspektiven und Konsequenzen für die Praxis.

Dieser Dreiteilung sind in unserem Fall so genannte Herausforderungen vorangestellt, die prägnant und eindringlich die Misere und die Folgen des modernen Wirtschaftens beschreiben, die es allemal unausweichlich machen, sich kritisch mit wirtschaftlichem Handeln in Verantwortung für die Zukunft auseinander zu setzen.

Die Durcharbeitung des Dreischritts ist aufs Ganze gesehen ziemlich misslungen. Dies liegt nicht nur aber vor allem am Charakter des Teils II.1, auf den ich hier kurz eingehen muss, weil er gesättigt ist mit sozialethischen Urteilen.

Der Teil II.1 ist hinreichend kritisiert worden, so von Peter Ulrich (Ulrich 1992, S. 86-89): Eine Verwischung von Tatsachenbeschreibungen und moralischen Postulaten. Faktisches und Normatives vereinigte sich glücklich zur heilen Welt der Marktwirtschaft. Es handelt sich um ein *„strecken-weise idealisierendes Bekenntnis zur Marktwirtschaft. (...) Dem Leser wird im wesentlichen gezeigt, wie gut die schon heute bestehende Ord-nung funktioniert, also ein harmonisches Gesamtbild vermittelt, das in einer geradezu ökonomistischen Verherrlichung des quantitativen Wirt-schaftswachstums mündet."*

Eine solche Darstellungsweise der sozialen Marktwirtschaft liefert sinnvoller-weise ihre sozialethische Beurteilung gleich mit, weil sie auf der Hand liegt.

Und da wird hochgegriffen: Unsere Wirtschaftsordnung ist *„ein Er-folgsmodell"*, das letztlich eine konfliktfreie Friedensordnung darstellt. *„Sozialer Friede"* wurde *„erreicht und bewahrt"*.

Solche letzten Urteile werden gefällt, ohne den Friedensbegriff zu klären, der nach sozialethischem Verständnis auf Gerechtigkeit basiert. Wo sich in unserer Wirtschaftsordnung Gerechtigkeit und Frieden küssen, bleibt unerörtert.

Wie immer bei solchen sozialethischen Apologien gerät die Anthropo-logie doppeldeutig ins sozialethische Kalkül. Da sind die Menschen als Herren: *„Das erwünschte Selbstinteresse ist der Eigennutz ehrbarer Kauf-leute, der durch eine im Sozialisationsprozeß erworbene und verinner-lichte moralische Selbstkontrolle geläutert ist."* Im Lichte des Evange-liums ist ein solcher Satz glatte Häresie. Da sind die Menschen als Arbeiter. Sie sind zu Fleiß, Zuverlässigkeit und Leistungsbereitschaft verpflichtet.

So gesehen kann das abschließende Urteil über den darzustellenden Sachverhalt getrost lauten: Soziale Marktwirtschaft kann, so gesehen, *„demokratische Wirtschaft"* sein.

Ist die Darstellung des Sachverhalts sozialethisch schon dergestalt gesättigt, so kann getrost jeder Ansatz eines Brückenschlags zur sozial-ethischen Auseinandersetzung in Teil III unterbleiben.

Aber wie wir sehen werden, unter diesem Mangel leidet der Teil III ersichtlich nicht. Er ist auf eine produktive sozioökonomische Analyse nicht angewiesen, weil er sich eigene Fragen stellt und auf eigene Weise eigenständig beantwortet.

Nähme die Denkschrift ihre eigene Konzeptionsabsicht ernst und würde das klassische Verfahren sozialethischer Urteilsbildung anwenden, hätte sie zunächst eine Analyse der Wirklichkeit zu leisten, die Stärken und Schwächen unseres Wirtschaftssystems herausarbeitet und von den Mängeln und Defiziten so spricht, dass die Reformbedürftigkeit des Systems für die sozialethische Auseinandersetzung mit Händen zu greifen ist.

Eine historisch dramatische Darstellung der Marktwirtschaft eignet sich zu diesem Zweck sicherlich viel besser als die langweilige Systematik des blauäugigen Lehrbuchidealismus des Teils II.1. Es gab selten eine Denkschrift, die ihren selbst gewählten methodischen Ansatz so gründlich verfehlt hat.

Der Teil II.1 und 2, der Teil III und der Teil IV wirken wie unabhängig voneinander geschriebene Beiträge mit ihren je eigenen Schwerpunkten und Intentionen. So ist die Denkschrift eine durch nichts auffallende additive Sammlung von Beiträgen verschiedener anonymer Autoren. Mit einer solchen Sammlung hätte man womöglich vieles machen können, man hätte sie aber nicht veröffentlichen dürfen unter der Überschrift „Eine Denkschrift der Evangelischen Kirche in Deutschland".

2. Die ekklesiologische Wende der Sozialethik

Die Methodenfrage ist wichtig, weil sich in ihr Gemeindeverständnis und die Auffassung über die sozialethische Urteilsbildung ausdrücken.

In beiden Hinsichten hat es in der ökumenischen Bewegung in den letzten Jahren durch Basisgruppen, Befreiungstheologie aber auch Amtskirchen neue Anstöße gegeben, die sich unter der Kennzeichnung „ekklesiologische Wende der Sozialethik" zusammenfassen lassen. Der deutsche „Gremienprotestantismus" wird davon allerdings nicht erreicht und nimmt davon keinerlei Notiz.

Seit einiger Zeit lässt sich beobachten, wie in der Ökumene Christen und Gruppen für ihre sozialtheologischen Äußerungen und Zeugnisse einen gebrauchsorientierten Typ von Wirtschaftsethik verwenden, der auf eine schon ältere katholische Tradition zurückgeht (vgl. Belitz 1991, S. 175ff.).

Der Dreischritt von „Sehen – Urteilen – Handeln" beginnt zu einer sozialethischen, ökumenischen Basismethode zu werden. Dieses Verfahren hat Kardinal Josef Cardijn, der Gründer der Christlichen Arbeiterjugend (CAJ), mit jungen Arbeitern praktiziert, um Glauben und Leben, Leben und Glauben zu verbinden, indem er damit eine Einheit von Wirklichkeitsbetrachtung, christlicher Urteilsbildung und Lebensgestaltung konstituierte. Nebenher gesagt: Als Grundfigur taucht dieser Schritt auch in der Theologie der Befreiung auf, der es in besonderer Weise um eine sozioökonomische Kontextanalyse, kritisch-theologische Reflektion und die Einheit von Theorie und Praxis, Lehre und Gestalt von Kirche und Gemeinde geht.

Auf der anderen Seite können Menschen diesen Dreischritt in ganz alltäglichen Zusammenhängen in ihren Gruppen praktizieren, indem sie von ihren Erfahrungen, Wahrnehmungen und ihrer reflektierten Betroffenheit ausgehen, dann eine Wertung und Beurteilung im Lichte des Evangeliums vornehmen, um schließlich zu fragen, was daraus für ihre Lebensgestaltung als Alltagspraxis folgt. Das Verfahren kann ausgearbeitet werden bis hin zur wissenschaftlichen Entwicklung des Zusammenhangs von Analyse, Kritik und Praxis.

Mit der Praktizierung des Dreischritts ist auch ein neues Verständnis der Bibel verbunden. Die erfahrene, ja erlittene Wirklichkeit im Lichte des Evangeliums zu betrachten ist etwas anderes, als die Bibel von ihrem Selbstverständnis her in die jeweilige aktuelle Situation hinein auszulegen. Berühmte Beispiele jenes anderen Weges, von der Gegenwart her die Bibel auszulegen und im Lichte des Evangeliums die Gegenwart aufleuchten zu lassen, sind die Bibelarbeiten von Ernesto Cardenal und Carlos Meesters, der für diesen Vorgang die dynamische Formel gebraucht hat: Vom Leben zur Bibel – von der Bibel zum Leben.

Es ist zu erwarten und zu unterstützen, dass solche Erneuerung der Bibelarbeit ein gemeinsames Merkmal aller Kirchengruppen und Gemeinschaften wird, die für Gerechtigkeit, Frieden und Bewahrung der Schöpfung beten und arbeiten. Hier zeichnet sich ein Teil des Vorgangs ab, der oben als ekklesiologische Wende der Sozialethik bezeichnet wurde. Damit ist die Forderung nach evangelischer Ganzheitlichkeit gemeint. Die Erneuerung des sozialen Handelns der Kirche und Christen ist unauflösbar verknüpft mit der Aktualisierung der spirituellen Kräfte und neuen Formen der Gemeinschaft. Gestalt und Lehre der Kirche bilden eine neue Einheit. Ökumenische Beispiele für die Anwendung dieser Basismethode Sehen – Urteilen – Handeln zeigen, dass die Analyse der Wirklichkeit, das Sehen also und die Darstellung des Sachverhalts, verbunden ist mit der Artikulation der Betroffenheit, dem Einbringen eigener Erfahrungen. Den gesellschaftlichen, politischen und ökonomischen Verhältnissen entsprechend geschieht das oft in dualer Semantik.

Die zentralen Kategorien, mit denen die Wirklichkeiten gesehen und zur Sprache gebracht werden, sind häufig Begriffspaare:

Reichtum und Armut – Reiche und Arme

Macht und Ohnmacht – Mächtige und Ohnmächtige

Herrschaft und Knechtschaft – Herren und Knechte

Kapital und Schulden – Gläubiger und Schuldner

Land und Eigentum – Landräuber und Urvölker

Das „Sehen" zeigt Herrschafts- und Leidensbilder und -geschichten. Mehrheiten leiden je unter Minderheiten, letztlich geht es um die Bewegung von Leben und Tod, deren Ursprung, Richtung und Kraft politisch und ökonomisch gesehen wird.

Armut, Ohnmacht, Schuld, Sklaverei und Ausbeutung existieren letztlich nur, weil die herrschende Ökonomie Achtung vor dem Leben nicht kennt und menschenwürdiges Leben für alle nicht zum Ziel haben kann. Sie befriedigt nicht die Grundbedürfnisse aller, dafür aber alle künstlich geschaffenen Bedürfnisse weniger. Ökonomie, die von Ursprung und Wortsinn her Haushalterschaft für das Leben ist, wird hier als das vollkommene Gegenteil gesehen, eine Bewegung, die vielen das Leben vorenthält, ja zum Tode führt durch Hunger und Raub an Mensch und Natur.

Leben und Tod sind demnach die zentralen Bestimmungen von Ökonomie. Denn wir sterben, wenn wir nicht arbeiten und wirtschaften. Und wir beschädigen und töten das Leben, oder wir befördern und erhalten das Leben, wenn wir so oder so wirtschaften.

Leben und Tod sind nun auch die zentralen Themen der Bibel. Das Evangelium ist die Verheißung des Sieges des Lebens über den Tod (*„Tod, wo ist dein Sieg?"* 1. Korinther 15, 55). Wir glauben an Gott den Schöpfer und den Liebhaber des Lebens, an Jesus Christus, der das Leben in seiner Fülle ist, an den Geist, der lebendig macht.

Die Spaltung der menschlichen Gemeinschaft in Arme und Reiche, Mächtige und Ohnmächtige, Herren und Knechte, ja und eben auch die Spaltung in Subjekt und Objekt, Mensch und Natur sind lebensgefährlich. Und darum sind diese Abschattungen von Leben und Tod so zentrale Themen der biblischen Überlieferung und damit theologisch gefüllte Kategorien wie des sozialen, politischen und ökonomischen Lebens. Und sie sind nun eben auch in ganz eindeutiger Weise gefüllt. Wir reden heute von Gottes Vorliebe für die Armen, von der *„Option für die Armen"* und werden wieder unüberhörbar daran erinnert: *„Er stößt die Gewaltigen vom Thron und erhebt die Niedrigen, die Hungrigen füllt er mit Gütern und läßt die Reichen leer ausgehen"* (Lukas 1, 52f.). In Christus wird die Herrschaft von Menschen über Menschen aufgehoben und durch ihn die Geschwisterlichkeit als menschliche Lebensform proklamiert (Galater 3, 28).

Daraus ergeben sich weitreichende Folgen für die Anwendung theologischer Sozialethik nach innen und nach außen. Muss nicht das „Sehen", die Analyse der Wirklichkeit, die Darstellung des Sachverhaltes, das Begreifen der Realität nun doch eben in diesen Kategorien geschehen, die die Bibel uns dafür an die Hand gibt oder gar auferlegt? Die Hinsicht kann nicht pluralistisch oder beliebig je nach Standpunkt sein, sondern hat zu erfolgen in den Dimensionen von Leben und Tod oder deren Abschattungen, wie es im Evangelium geschieht.

Oder anders ausgedrückt: Wir haben auch ein theologisch-biblisches Instrumentarium oder Sensorium, um die Verhältnisse aufzuhellen und zu begreifen. Analytischer Sachverstand ist theologisch gewendet die Aufgabe, Gesellschaft und Ökonomie zu begreifen unter den Kategorien von Reichtum und Armut, Herrschaft und Knechtschaft, Macht und Ohnmacht – allesamt soziologische Kategorien, die hier aber zugleich theologische sind und eine spezifische Dynamik enthalten.

Wie sehr in unserem bundesdeutschen industriegesellschaftlichen Kontext die Frage nach dem Realitätsgewinn durch die Anwendung dualer Semantiken ernst genommen werden muss, bedarf keiner weiteren Begründung. Wie immer man aber auch diese Frage beantwortet, so steht doch fest, dass das „Sehen", das die Denkschrift vornimmt, unserer Wirklichkeit nun wirklich nicht gerecht wird. Das aseptische Lehrbuchverfahren immunisiert die harten ökonomischen Realitäten gegenüber allen schöpferischen Zusprüchen und Ansprüchen des Evangeliums und der Leiden der Opfer.

Seit 1983 stehen alle kirchlichen Äußerungen, gerade auch zu ökonomischen Fragen, im Kontext des Konziliaren Prozesses für Gerechtigkeit, Frieden und Bewahrung der Schöpfung. Von Geist, Möglichkeiten und Erfahrungen des Konziliaren Prozesses ist unser protestantisches Gremiendokument meilenweit entfernt.

Die Erfahrungen und Erkenntnisse des Prozesses für Gerechtigkeit, Frieden und Bewahrung der Schöpfung legen es nahe oder machen es unausweichlich, dass alle kirchlichen Äußerungen zu oder Auseinandersetzungen mit sozialen, ökonomischen und politischen Fragen konziliar, partizipatorisch und in mehreren Schritten entwickelt werden. Alle Mitglieder des Gottesvolkes, die sich zuständig oder betroffen, berufen oder benachteiligt fühlen, sind aufgefordert zu einem Prozess gemeinsamen Forschens und Denkens, Betens und Arbeitens, Redens und Handelns in der Frage des wirtschaftlichen Handelns in Verantwortung für die Zukunft. Gemeint ist ungefähr folgender Verlauf: Die prozessbeteiligten Kirchenleitungen und Synoden, Bischofskonferenzen, andere Leitungsgremien und deren Gremien, freie Initiativen, Arbeitsgemeinschaften, Verbände, Basisgruppen, Gemeindegruppen und kirchlichen Dienste ermitteln in einem produktiven multikommunikativen Vorgang unter sich und wechselseitig, wie sie die Fragen wirtschaftlicher Gerechtigkeit im Blick auf Frieden und Bewahrung der Schöpfung in ihrem Kontext sehen und im Lichte des Evangeliums beurteilen.

Konziliarer Prozess heißt dann, Konvergenzen zu formulieren und Divergenzen festzuhalten. Danach kommt der Konziliare Prozess gegenseitiger Verpflichtung (covenant). Die gemeinsamen Einsichten werden praktisch verbindlich gemacht. Wir sagen unter Berufung auf Gottes Zuspruch und Anspruch vor der Welt und voreinander, was wir für eine gerechte Wirtschaftsordnung und die Bewahrung der Schöpfung zu tun bereit sind. Wie soll unser Handeln konkret aussehen, was wollen wir auf uns nehmen und was nicht? Wie mutig wollen wir sein und wie ängstlich wollen wir bleiben? Was können Gott, die Nächsten und Fernsten von uns erwarten und was nicht? Diese gemeinsame öffentliche, christliche, kirchliche, konziliare Abmachung heißt gegenseitige Verpflichtung – covenant – Bund.

Der Umstand, dass der Heilige Geist uns nicht in dieser Weise lebendig gemacht hat, ist kein Grund dafür, über diese neuen Möglichkeiten kirchlichen Redens zu ökonomischen Fragen zu schweigen. Ökumenisches Lernen ist sicher nicht Tugend des deutschen Gremienprotestantismus. Unsere Kirche und ihre Christenheit ist allerdings mehr, anders und lebendiger, als der Gremienprotestantismus abbilden kann. Selbst die Beteiligung der Kammer für Kirchlichen Entwicklungsdienst an der Erstellung der Denkschrift hat nicht dazu geführt, dass der Teil II, die Beschreibung der Sache, etwa von schwarzen afrikanischen Ökonomen geschrieben worden ist. Die ökonomische und konziliare Abstinenz der Denkschrift geht wohl zurück auf die eher bewusstlose soziale Grundentscheidung, nur der Eigentradition folgen zu wollen. Diese Grundentscheidung verleiht der Denkschrift paternalistische, elitäre, eurozentristische Züge.

Dies ist umso erstaunlicher und unverständlicher, da schon der berühmte Hirtenbrief der katholischen amerikanischen Bischofskonferenz von 1987 „Wirtschaftliche Gerechtigkeit für Alle" in einem mehr als zweijährigen Prozess eher konziliar entwickelt wurde.

3. Über die Vereinbarkeit von Christentum und Kapitalismus

Fragt man nach der sozialethischen Botschaft der Denkschrift, muss man den Teil III „*Wirtschaft als Ort christlicher Verantwortung*" befragen.

Diese Überschrift könnte Programm sein, ist es aber nicht. Damit hätte sich eine Wirtschaftsethik begründen und darstellen lassen, die vielen Qualitätsmerkmalen der aktuellen Wirtschaftsethik genügt hätte, wie sie in den 80er-Jahren mancherorts neu formuliert wird unter der Voraussetzung, dass entgegen Postweber'scher Tradition die Wirtschaft Raum lässt für ethische Fragen und Antworten.

Unter der globalen Überschrift von der Wirtschaft als Ort christlicher Verantwortung kann man nämlich die, wie es vielfach heißt, Orte der Moral in der Welt des Wirtschaftens aufsuchen und entsprechende ethische Werte und Normen anwenden. Zu denken ist etwa an die politische Rahmenethik, die wirtschaftliche Institutionenethik, die Unternehmensethik, die Managerethik, die Konsumentenethik.

Zwar spricht die Denkschrift von den verschiedenen Ebenen der Verantwortung, arbeitet sie aber nicht aus. Die Ebene der Unternehmensethik fehlt ganz; in Teil IV.2 wird das Thema zwar wieder aufgegriffen, bleibt aber in der Durchführung unbefriedigend. Es ist schon ein starkes Stück, als ethisches Exempel im praktischen Teil auf den verschiedenen Ebenen die Energiefrage zu wählen und dann die Unternehmensebene auszulassen.

Zudem ist der in diesem nicht ausgeführten Ansatz gewählte Verantwortungsbegriff entlarvend und folgenreich. Zugrunde gelegt wird das altprotestantische Bild der unmittelbaren Letztverantwortung des menschlichen Handelns vor Gott, der unter anderem die „*Verantwortung von Menschen für Menschen und für die Mitwelt*" in der Wirtschaft entspricht.

Zu erkennen ist ein doppeltes paternalistisches Gefälle von Gott und Mensch und von Mensch zu Mitmensch in der Wirtschaft.

„Eine Verantwortung der Wirtschaftssubjekte vor Menschen kommt aber im verantwortungsethischen Ansatz des Teils III kategorial nicht vor, bloß die Verantwortung für Menschen (95). Diese läuft jedoch, ob gewollt oder ungewollt, auf ein paternalistisches Verantwortungsverständnis statt auf eine liberale Konzeption wechselseitiger Verantwortungs- und Rechenschaftspflicht (des Rede- und Antwortstehens) unter grundsätzlich gleichberechtigten Menschen hinaus. (...) In diesem Zusammenhang muß überhaupt auffallen, daß dem in einer liberalen Gesellschaft unverzichtbaren Grundsatz der gleichen Grundrechte und Grundansprüche aller Menschen (Verallgemeinerungsprinzip) im dritten Teil keine tragende Rolle zukommt. So vermißt man einen mehr als beiläufigen (126) normativen Verweis auf den Katalog der allgemeinen Menschenrechte. Ist es unter diesen Umständen bloß ein Zufall, daß man auch

die aktuelle, noch keineswegs erledigte Forderung nach umfassender Gleichberechtigung der Frauen in unserer Wirtschaft in der Denkschrift vergeblich sucht?" (Ulrich 1992, S. 88)

Die Denkschrift bleibt also an entscheidenden Stellen gefangen in den alten Fallen, die sie daran hindern, eine geschwisterliche Ethik zu vertreten.

Es kommt aber noch schlimmer, da sie sich auch noch in neue Fallen begibt. Es bleibt zunächst unerfindlich, nach welchen Kriterien und Gesichtspunkten die Themen des gewichtigen sozialethischen Abschnitts 2 im Teil III ausgewählt und abgehandelt werden, noch dazu unter der Überschrift *„Biblische Motive und Richtungsimpulse".*

Ulrich vermutet, da sie offensichtlich keinem modernen wirtschaftsethischen System zuzurechnen sind, dass es sich wohl um *„der theologischen Tradition wirtschaftsethischer Reflektion entstammende Kategorien und Aspekte personaler Verantwortung handeln muß".*

Statt neun könnten auch sieben oder zwölf Themen angesprochen werden. Zwischen der dogmatischen Rahmengliederung von Schöpfung (b) und Eschatologie (i) herrschen eher thematisches Chaos, Willkür und Beliebigkeit. Doch der Schein trügt, die Willkür hat Methode. Dankenswerterweise gibt die Denkschrift uns selber Rechenschaft. Es werden im Abschnitt 2 des Teils III Themen und Probleme angesprochen, *„die im Gespräch zwischen Kirche und Wirtschaft immer wieder eine Rolle spielen und die heute vorrangig die Verantwortung von Christen herausfordern"* (107).

Nun weiß der Leser Bescheid: *„Gemeinwohl und Eigennutz: Wirtschaftliches Handeln in Verantwortung für die Zukunft. Eine Denkschrift der EKD, hrsg. im Auftrag des Rates der EKD, erarbeitet von der Kammer für Öffentliche Verantwortung in Zusammenarbeit mit der Kammer für Soziale Ordnung und der Kammer für Kirchlichen Entwicklungsdienst und dem Ausschuß ‚Kirche und Gesellschaft' des Bundes der EKD",* ist zumindest in ihrem sozialethischen Teil (*Biblische Motive und Richtungsimpulse*) in erster Linie zur Erläuterung für die Wirtschaft geschrieben, sozusagen als Handreichung von höchster Stelle für die Arbeitskreise Kirche und Wirtschaft in diesem Land.

Das tut Not und war längst fällig, denn *„im Hintergrund stehen tiefverwurzelte und traditionsreiche christliche Vorbehalte gegen die kapi-*

talistische Wirtschaftsweise und ihren Einfluß auf die Einstellung und alltägliche Lebensführung der Menschen" (5).

Die Abschnitte f und g sind das Herzstück der Denkschrift, darum wird hier ja auch das Anliegen auf den Punkt gebracht:

„Wirtschaftsunternehmen und die übrigen am Wirtschaftsprozess Beteiligten sind bestrebt, Gewinne zu machen; Gewinnstreben ist ihr vorrangiges Interesse; darum tun sie nur das, was ihrem eigenen wirtschaftlichen Interesse dient. Christen dagegen sollen zuerst an den andern, an den bedürftigen Nächsten denken und für die Armen eintreten. In schlagwortartiger Zuspitzung: ,Christentum' und ,Kapitalismus' schließen sich gegenseitig aus. Der Vorwurf lautet: Gewinnstreben und Teilnahme am wirtschaftlichen Konkurrenzkampf seien unmoralisch. ,Wirtschaft' und ,Ethik' gelten als unvereinbare Gegensätze. Diese Auffassung begegnet mit anderen Vorzeichen auch bei Menschen, die in der Wirtschaft Verantwortung tragen. Sie neigen aus den gleichen Gründen, die ihre Kritiker vorbringen, dazu, die harten Realitäten der Wirtschaft – Konkurrenz, Gewinn, Erfolg, Kampf um Marktbeherrschung – als einen Raum zu betrachten, in dem andere Gesetze herrschen und herrschen müssen als im übrigen Leben. Solche Urteile sitzen oft unausgesprochen mit am Tisch, wenn ,Kirche' und ,Wirtschaft' zu Gesprächen zusammenkommen."

Diese Art der Konfrontation und des Gegensatzdenkens muss von beiden Seiten her überwunden werden. Was dazu von Seiten der Kirche zu geschehen hat, leistet die Denkschrift vornehmlich in den Abschnitten f und g unter den zentralen Stichworten *„Liebe und Eigennutz – Gerechtigkeit und Gemeinwohl"*. Diese Passagen haben der Denkschrift ja auch ihren Namen gegeben. Die Argumentationen an dieser Stelle gehören zu den anregendsten des Gesamttextes, verspielen aber zugleich die Chance, Grundzüge evangelischer Wirtschaftsethik zu formulieren.

Einerseits werden wichtige Impulse gegeben zur Reflektion des Zusammenhangs von Liebe – Liebe durch Strukturen – Gerechtigkeit – wirtschaftliche Gerechtigkeit. Andererseits verfolgt der Text aber beharrlich sein vordergründiges Interesse, die Unvereinbarkeitsthese von Christentum und Kapitalismus für Leser und Öffentlichkeit zu widerlegen, indem er die christliche Liebe an der wirtschaftlichen Kategorie des Eigennutzes abarbeitet. Das Ergebnis entspricht den Intentionen der Denkschrift: Liebe und Eigennutz bilden keine Gegensätze, aber stehen doch in Spannung zueinander, so dass christliche Verantwortung in der Wirtschaft vor der Daueraufgabe steht, Eigennutz und Nächstenliebe vernünftig zusammenzuhalten, am besten unter dem aus anderen Zusammenhängen entliehenen Begriff der „intelligenten Nächstenliebe".

Auf der Ebene personaler Verantwortung wird da eine Problemlösung angeboten für ein Problem, das eine Engführung wirtschaftsethischer Fragen darstellt. Die Frage nach der ökonomischen Gerechtigkeit wird von diesen Zusammenhängen her nicht erreicht. So muss denn auch in dem nächsten Abschnitt g mit der „Gerechtigkeit" ein neuer theologischer und philosophischer Anlauf zum Verständnis von Gemeinwohl genommen werden. Dabei wird nun wieder eine Fülle von theologischen und ökonomischen Zusammenhängen angerissen (Unterschied und Beziehungen zwischen theologischer und weltlicher Gerechtigkeit, die „Option für die Armen", die Verteilung von Macht, das Konzept der Mitbestimmung), ohne dass systematisch ein Konzept theologischer Gerechtigkeitsethik vorgestellt wird, um dann über dessen Relevanz für ökonomische Gerechtigkeit explizit nachdenken zu können. So bleibt der Leser eher unaufgeklärt und ratlos; er nimmt wohl teil an der Ratlosigkeit der Denkschrift selber.

Wäre es nicht hilfreich gewesen, zunächst einmal Eigennutz und Gemeinwohl im Wirtschaften nach dem Selbstverständnis der Wirtschaft aufzugreifen und zu prüfen? Sieht die Wirtschaft selber nicht ihren „fundamentalen Zweck" darin, „Gütererzeugung zur materiellen Daseinssicherung" zu betreiben? (158) Eigennutz, Gewinnorientierung in Konkurrenz „sind auch nach dem Selbstverständnis der Sozialen Marktwirtschaft nicht Ziele des Wirtschaftens, sondern dem eigentlichen Ziel der Güterversorgung dienende Instrumente" (150).

Der Eigennutz, oder besser self-interest, aller führt über den Markt zum Gemeinwohl, so lautet oder lautete doch wohl das Credo der Wirtschaft.

Wie sollte dieser Zusammenhang nach den Vätern der Ökonomik funktionieren? Hat er je funktioniert? Warum funktioniert er heute nur noch teilweise oder gar nicht mehr?

Neben den ungeheuren Leistungen der modernen Wirtschaft stehen ihre soziale Unverträglichkeit (Arbeitslosigkeit, Armut, Ungleichheit, Unterversorgung), ihre ökologische Unverträglichkeit und ihre internationale Unzulänglichkeit (Arbeitslosigkeit, Unterversorgung, Armut, Krankheit, Hunger, Tod), um mit den Worten der Denkschrift zu reden. Gerade diese Folgen wirtschaftlichen Handelns haben doch die Diskussion um Wirtschaftsethik selbst auch bei Teilen der Wirtschaftseliten und ihrer Wissenschaftler ausgelöst.

Angesichts dieser Situation relativ isoliert über Nächstenliebe und Eigennutz nachzudenken, um die Vereinbarkeit von Christen und Kapitalismus in personaler Verantwortung zu begründen, ohne den behaupteten systematischen Zusammenhang von ökonomischem Eigennutz und Gemeinwohl zu befragen, ist naiv und provinziell. Es geht sozialethisch doch wohl um einen weiteren Zusammenhang. Dazu ein (leicht variiertes) Schlüsselzitat von Georges Enderle (Enderle 1992, S. 134f.):

„Armut (Hunger, Unterversorgung, Zerstörung der natürlichen Lebensgrundlagen W.B.) sind nicht zu vernachlässigende Nebenprodukte des Wirtschaftswachstums, sondern der Testfall und Prüfstein für eine humane (ökologische) und gerechte Wirtschaft, die nicht als maßloser, sich verselbständigender Expansionsprozeß von Kapital, sondern als Versorgungswirtschaft zur Deckung menschlicher Bedürfnisse verstanden wird, in der die produktiven und distributiven Aspekte des Wirtschaftens sehr eng ineinander verwoben sind, und in dem alle in den Wirtschaftsprozeß Involvierten nicht als bloße Objekte figurieren, sondern sich als Subjekte beteiligen können."

In der Welt, in der wir leben, wird die Wirtschaft zunehmend ein *„maßloser, sich verselbständigender Expansionsprozess von Kapital"*. Finanzströme umkreisen und durchdringen die Erde, abgekoppelt von sinnlicher Bedarfsdeckung und konkreter Nützlichkeit für das Gemeinwohl. Die Gegenstände verflüssigen sich in Geld, das abstrakte Ding, das sich um seiner selbst willen vermehrt. *„Selbstbewegung des Geldes"*, *„blinde Selbstreflexion des Geldes als Mehrgeld"*, *„tautologische Selbstbewegung des Geldes"* heißt es in einem neuen Versuch zur politischen Ökonomie (vgl. Kurz 1991).

Und Niklas Lumann konstatierte jüngst in einem Vortrag erheblichen Regelungsbedarf, weil die Ökonomie dem Monetarismus ausgeliefert sei. Die Finanzströme des Spekulationskapitals stehen zum Investitionskapital weltweit in einem Verhältnis von 10:1. Was die christliche Ethik am Kapitalismus beunruhigt, ist die alte Wahrheit: Das tote Kapital hat Vorrang vor der lebendigen Arbeit, und die sich daraus ergebenden alten und neuen Synonyme:

Die Vermehrung des Kapitals ist wichtiger als die Verwirklichung der Menschenrechte.

Das Geld muss arbeiten, darum müssen Menschen arbeitslos werden.

Die Gegenstände werden veredelt, die Menschen werden beschädigt.

Die Gegenstände herrschen über die Personen, das Geld herrscht über die Gegenstände.

Die maßlose Selbstbefriedigung des Geldes missachtet die angemessene Bedürfnisbefriedigung des Lebendigen. Auf die Spitze getrieben gilt der Satz: Das Tote herrscht über das Lebendige, der Tod herrscht über das Leben. So stellt sich die Frage der Vereinbarkeit von Christentum und Kapitalismus, denn die christliche Ethik ist beunruhigt, weil wir an Gott den Schöpfer und Liebhaber des Lebens glauben, an Jesus Christus, der das Leben in seiner Fülle ist, und an den Geist, der da lebendig macht.

In handlungsrelevantes Denken umgesetzt heißt das: Wir erstreben eine Wirtschaft, die für das Leben da ist, sinnlich und unmittelbar. Noch einmal mit den Worten von Georges Enderle: Eine *„Versorgungswirtschaft zur Deckung menschlicher Bedürfnisse, in der die produktiven und distributiven Aspekte des Wirtschaftens sehr eng ineinander verwoben sind und in dem alle in den Wirtschaftsprozeß Involvierten nicht als bloße Objekte figurieren, sondern sich als Subjekte beteiligen können."*

Aber angesichts dieser Problemstellung ist es relativ bedeutungslos, über die Vereinbarkeit von Christentum und Kapitalismus nachzudenken. Es kommt vielmehr darauf an, ob es uns gelingt, wirtschaftsethische Perspektiven zu entwickeln, mit deren Hilfe wir uns sinnvoll, effektiv und plausibel, auf welchen Ebenen auch immer, an der notwendigen *„Transformation der toten ökonomischen Vernunft"* beteiligen können.

4. Wirtschaftliche Gerechtigkeit für alle

Ob „*diese Denkschrift (...) ein weiterer Beitrag auf dem Wege zu einer evangelischen Soziallehre*" ist, wie der Ratsvorsitzende im Vorwort schreibt, will ich nicht beurteilen. Sicher ist sie ein Beleg für die Notwendigkeit eines solchen Weges.

Auf dem Wege zu einer „*evangelischen Soziallehre (?)*" hätte man sich eine Zielsetzung der theologischen Erörterungen von Liebe und Gerechtigkeit im Herzen der Denkschrift gewünscht, die geholfen hätte, ein deutlicheres Stück auf dem gewünschten Wege zurückzulegen.

Teilen der Christenheit macht es hier immer noch Schwierigkeiten, zu einer gestaltenden, komparativen Sozialethik Ja zu sagen, die auf politische, soziale, ökologische und ökonomische Reformen für mehr Gerechtigkeit, Frieden und Bewahrung der Schöpfung aus ist.

Immer noch wird stark insistiert auf der Nächstenliebe als personaler Verantwortung in Strukturen (so auch die Denkschrift) und weniger Glaubenseifer aufgebracht für ein theologisches Konzept von Gerechtigkeit, das Strukturen und Verhältnisse für mehr Menschlichkeit verändern will. Diese die Christenheit belastende Spannung sieht die Denkschrift nicht. Sie verhandelt eher neutral Liebe und Gerechtigkeit unabhängig voneinander.

Als ganz wichtige Einsicht der in der Denkschrift vorgetragenen Auslegung des Liebesgebotes muss festgehalten werden, dass es der kirchlich verbreiteten interpersonalen fürsorglich-paternalistischen Barmherzigkeitsmentalität entzogen wird. Die nüchterne empirisch-praktische Auslegung des Liebesgebots im Umkreis der Goldenen Regel ist ein Gewinn für die christliche Ethik. Die Betonung der reziproken Komponente unterstreicht die Gleichheit der Menschen in christlicher Praxis. Befördert wird der Respekt vor dem Andern und die Anerkenntnis seiner Würde und das alles in einer lebenspraktischen Regel zur Mehrung der Lebensqualität eines jeden. Jede theologische Herausstellung des Gleichheitsgedankens im Christentum wird die christliche Ethik bereichern.

Auch die theologische und nicht moralische Begründung der Nächstenliebe verdient festgehalten zu werden. Sie hat ihren Ursprung in der unendlichen Fülle der Liebe Gottes und hängt nicht ab von den moralischen Knappheiten des moralischen Mängelwesens Mensch.

Theologisch ratsam ist es, den Gerechtigkeitsbegriff in den selben theologischen Begründungszusammenhang zu stellen, um deutlich zu machen, dass Liebe und Gerechtigkeit wie lebendige Wasserströme aus ein und derselben Quelle sprudeln. Die Liebe Gottes zu den Menschen ist ohne Unterschied. Nächstenliebe und Gerechtigkeit sind zwei Gestalten der unteilbaren Liebe Gottes und aller kirchlicher Streit um Barmherzigkeit und/ oder Gerechtigkeit ist theologisch illegitim. Gerechtigkeit ist Liebe durch Strukturen, und Nächstenliebe ist die Gerechtigkeitsstruktur in der personalen Begegnung. Oder in Gleichheitsdimensionen ausgedrückt:

Nächstenliebe praktiziert Gleichheit interaktionell,

Gerechtigkeit strukturiert Gleichheit institutionell.

Die Bewegung der Nächstenliebe zur Beförderung des Lebens des Anderen in Respektierung seiner Bedürfnisse und Hoffnungen wird verstetigt und geregelt in Strukturen und Institutionen des Zusammenlebens. Deshalb also kann von Gerechtigkeit als Liebe durch Strukturen geredet werden – und nicht etwa als Liebe in Strukturen, wie in der Denkschrift. Die Verfestigung ersetzt nicht die personale Begegnung als Gleichheit, sondern ergänzt und radikalisiert sie, da sie nicht vom Menschen abgespalten werden kann und der Mensch nicht von ihr.

Nun ist für die protestantische Skepsis immer auch vom Scheitern, das heißt von der Sünde, zu sprechen, vom Misslingen des gelungenen Lebens in Nächstenliebe und Gerechtigkeit, wie wir es tagtäglich und weltweit erfahren.

Das Scheitern der Nächstenliebe ist aufgehoben in der unverwechselbaren Gerechtigkeit Gottes, der Gnade vor Leistung ergehen lässt in der Vergebung der Sünden.

Das Scheitern der Gerechtigkeit ist aufgehoben in der Liebe Gottes, die niemals aufhört, sondern dem Glauben und Handeln aufhilft in wirren Wirklichkeiten durch die gegenwärtige Kraft der Hoffnung auf einen neuen Himmel und eine neue Erde, darin Gerechtigkeit wohnt.

Zu den Aufgaben auf dem Wege zu einer evangelischen Soziallehre gehört neben der Klärung des Verhältnisses von Nächstenliebe und Gerechtigkeit, wie sie hier in Weiterführung der Denkschrift angedacht worden ist, eine weitere Klärung des Gerechtigkeitsbegriffs auch und gerade in biblisch-theologischer Perspektive.

Auch hier ist die Denkschrift eher orientierungslos. Ihr ist die Unterscheidung und Beziehung von theologischer und weltlicher Gerechtigkeit wichtig. Sie referiert stichwortartig strittige Näherbestimmungen von weltlicher Gerechtigkeit in unterschiedlichen Gerechtigkeitskonzepten, ohne sich zu engagieren. Sie nennt als theologische Schwerpunkte der Gerechtigkeit die Rechtfertigungslehre und die Orientierung am Wohl der Armen ohne Vertiefung und sozialethische Auslegung. Die notwendige Erörterung des Gleichheitsgedankens vermeidet sie weitgehend.

Unter dem Thema *„Armut und Reichtum"* wird vorher schon an anderer Stelle (2 d) Gerechtigkeitsethik kurz und verwirrend reflektiert. Dazu noch einmal Peter Ulrich:

„Da findet sich zunächst eine an von Hayek erinnernde Absage an die Suche nach jedem ‚absoluten' Gerechtigkeitskriterium (es gibt sehr wohl ein solches, nämlich den Universalisierungsgrundsatz als das deontologische Gerechtigkeitskriterium schlechthin); dann folgen ein damit nicht ohne weiteres vereinbarer ‚Imperativ' der sozialen Gerechtigkeit und danach das wiederum ziemlich gegensätzliche Konzept der Leistungsgerechtigkeit und zur Abrundung wird gleich auch noch das Rawlssche Differenzprinzip angeboten, wie wenn da die Vertreter verschiedener parteipolitischer Positionen je einen Satz oder ein Postulat hätten beisteuern dürfen. (...) Hier resultiert für den interessierten Leser der Eindruck praktischer Ratlosigkeit als eine konsistente Handlungsorientierung." (Ulrich 1992, S. 89)

War es früher bei ähnlichen Verlautbarungen der Kirche der Vorwurf der mangelnden ökonomischen Fachkompetenz, der laut wurde, so muss sich die jetzige Denkschrift die Frage gefallen lassen, ob sie überhaupt über die nötige ethische Kompetenz verfügt. Offensichtlich bewegt sie sich nicht auf der Höhe der zeitgenössischen wirtschaftsethischen Diskussion und kann nicht deren kompetenter Gesprächspartner sein.

Da es in dem Teil III, Abschnitt 2 um biblische Motive und Richtungsimpulse geht, sollen hier noch einige Punkte zum biblischen Gerechtigkeitsmotiv erwähnt werden und auf ihre ethische Handhabung hin befragt werden. Unter biblischen Gesichtspunkten ist es aufgegeben, von Gerechtigkeit als Gabe, Tat und Macht zu reden.

Gerechtigkeit als Gabe

Mit dem Verständnis von Gerechtigkeit als Gabe ist die soziale Bedeutung der reformatorischen Rechtfertigungslehre gemeint, die die Denkschrift anführt, aber unzureichend sozialethisch befragt. Die Gerechtigkeit Gottes ist ein Geschenk an den Menschen, so dass er sein Leben von Gott empfängt, nicht erwirkt. Leben ist begnadet, nicht erleistet. Was der Mensch zum Leben braucht, kommt ihm zu.

Muss dann nicht auch die theologische Lehre von der Gerechtigkeit als Rechtfertigung dessen, der am Leben erhalten werden soll, eine Entsprechung finden in der sozialen und politischen Lebensgestaltung, die sich auf christliche Sozialethik beruft?

Muss es nicht den Gedanken einer sozialen Rechtfertigungslehre geben? Müssen sich Verteilungskriterien um des menschlichen Lebens willen nicht vielmehr in Analogie zum Handeln Gottes an „Gnadenkriterien"denn an meist von der Herrschenden festgelegten „Leistungskriterien" orientieren? Das „sola gratia" der Verteilung zum Leben (Sozialprinzip) orientiert sich wie Gott an der Gleichheit aller Menschen als Mängelwesen, die in gleicher Weise ihre Grundbedürfnisse befriedigen müssen, um leben zu können. Dabei wird das Leben nicht geschenkt, sondern die Gelegenheit zum Leben gegeben.

Mit der These von der sozialen Rechtfertigung als Rechtfertigung zum Leben soll die bisherige geschichtliche und die gegenwärtige gesellschaftliche Funktion des Sozialprinzips nicht unterschlagen werden. Die These unterstreicht vielmehr mit theologisch-ethischen Argumenten die Forderung, das Sozialprinzip stärker als Gestaltungsprinzip sozialer Gerechtigkeit und nicht länger lediglich als sekundäres Korrekturprinzip zu sehen, das die leidvollen Folgen des Leistungsprinzips mindern soll.

Es soll hier ganz und gar unzeitgemäß, aber doch ganz und gar sachgemäß angesichts der sozialen Probleme der Gegenwart die Frage aufgeworfen werden, ob es nicht eine deutliche christliche Affinität zum Sozialprinzip der Verteilung gibt und eine ebenso deutliche, christlich begründete Reserve gegenüber dem Leistungsprinzip.

Gerechtigkeit als Tat

Gerechtigkeit Gottes ist Gottes Befreiungstat aus ungerechten Verhältnissen. An erster Stelle ist hier an die Befreiung Israels aus der Sklaverei zu erinnern. Hierher gehört der gesamte alttestamentliche Traditionszusammenhang, der von den Armen handelt, ihrer Stellung in den Augen Gottes und von Gottes befreiendem Handeln, um den Armen Recht zu schaffen:

Psalm 82, 3f.: *„Schaffet Recht den Armen und den Waisen und helft dem Elenden zum Recht. Errettet den Geringen und Armen und erlöst ihn aus der Gewalt des Gottlosen."*

Jesaja 1,17: *„Trachtet nach dem Recht, helft dem Unterdrückten."*

Dazu sagt die Denkschrift: *„Im christlichen Verständnis von Gerechtigkeit hat die Zuwendung zu den Armen und Benachteiligten immer einen höheren Rang eingenommen als der Ausgleich zwischen Gleichen. (...) Die Suche nach Gerechtigkeit erhält von daher eine bestimmte und unverwechselbare Richtung. Der Einsatzpunkt der Suche nach Gerechtigkeit ist nicht das Anprangern von Ungerechtigkeit, sondern – in der Orientierung am Wohl der Armen – die Bereitschaft, denen gerecht zu werden, die der Hilfe und der Unterstützung bedürfen."* (155)

Dem kann aus biblischer Sicht nur sehr eingeschränkt zugestimmt werden. Die Denkschrift ist nicht in der Lage von der besonderen Vorliebe Gottes für die Armen, der „Option für die Armen" zu reden, der die entschlossene Parteinahme in der kirchlichen Praxis entsprechen müsste. Parteinahme wird vermieden zugunsten einer Stellungnahme vom Standpunkt des Überlegenen aus, der von Orientierung, Zuwendung und anderen paternalistischen Haltungen spricht.

Es ist ein wesentlicher Aspekt der Gerechtigkeit in der Bibel, sie als Befreiungshandeln Gottes für die Armen zu sehen. Und dieser Aspekt wird zu Recht als „Option für die Armen" akzentuiert und herausgestellt. Das bleibt nicht ohne Konsequenzen für Christen und Kirchen. Ist im Blick auf Gott von der „Option für die Armen" zu reden, dann gilt dies in gebührendem Abstand aber in Richtung und Linie auch für menschliches Handeln, besonders der Christen und Kirchen. Gefordert ist also die konkrete Parteinahme für die Armen im Kampf um mehr Gerechtigkeit und der beginnt nach Gottes Wort mit dem Anprangern von Ungerechtigkeit, um den Machthabern die Chance zu geben, Gerechtigkeit zu üben.

Es ist gerade dieser Aspekt der Gerechtigkeit, der die christliche Gerechtigkeitsethik in unmittelbare Nähe zu der Dimension der Ethik, die Friedhelm Hengsbach unter Einbeziehung der Geschichte als *„Bewegungsethik"* bezeichnet, rückt. Er will damit sagen, dass alle entscheidenden Veränderungen auf dem Wege zu mehr Gerechtigkeit immer durch die ethischen Konzeptionen bewirkt worden sind, denen eine Praxis sozialer Bewegung, sozialen Aufbruchs und sozialer Auseinandersetzung – kurz: auch der Kampf um soziale Gerechtigkeit – entsprochen hat.

Gerechtigkeit als Macht

Nach dem biblischen Zeugnis ist die Gerechtigkeit Gottes auf das Engste verknüpft mit der Schöpfung. Die Gerechtigkeit Gottes ist nicht nur eine Gabe für unser Herz zur Vergebung der Sünden, sondern sie ist zugleich eine Macht, die wie andere Lebenskräfte, wie die Sonne und das Wasser, zur Schöpfung gehört. Auf der Erde unter dem Himmel in allen Teilen der Welt sollen „Gerechtigkeit und Frieden sich küssen" und die „Gerechtigkeit vom Himmel schauen" wie die Sonne (Psalm 85, 11f.).

„Es ströme aber das Recht wie Wasser und die Gerechtigkeit wie ein nie versiegender Bach." (Amos 5, 24)

„Deine Gerechtigkeit steht wie die Berge Gottes und dein Recht wie die große Tiefe. Herr, du hilfst Menschen und Tieren." (Psalm 36, 7)

„Der Herr wird deine Gerechtigkeit herausführen wie das Licht und das Recht wie Mittag." (Psalm 37, 6)

Und der Prophet sagt: *„Euch aber, die ihr meinen Namen fürchtet, soll aufgehen die Sonne der Gerechtigkeit und Heil unter ihren Flügeln."* (Maleachi 3, 20)

Mit diesen elementaren Schöpfungsbildern für die Gerechtigkeit wird uns gesagt: So wie das Leben das Licht und die Wärme der Sonne braucht und das Wasser der Flüsse, Seen und Meere, so braucht Leben Gerechtigkeit. Auf dem Weg der Gerechtigkeit ist Leben. Ohne Gerechtigkeit ist die

Schöpfung eine dunkle, kalte und vertrocknete Einöde, ohne Gerechtigkeit ist die Schöpfung tot. Natürliches und soziales Leben gedeihen nur in einer Schöpfung der Gerechtigkeit. Darum hat Gott über seiner Schöpfung die Verheißung aufgerichtet: *„ Wir warten aber auf einen neuen Himmel und eine neue Erde nach seiner Verheißung, in denen Gerechtigkeit wohnt."* (2. Petrus 3, 13)

Dieser bisher weithin unbeachtete Aspekt biblischer Gerechtigkeit gewinnt in unserer Zeit besondere Bedeutung. Mehren sich doch die Anzeichen dafür, dass wir in den 90er-Jahren Abschied nehmen werden von der jahrhundertealten Idee der Gerechtigkeit als dem Ziel einer Gesellschaft der Freien und Gleichen. Gegenüber dieser Preisgabe der Gerechtigkeitsidee stärkt das biblische Bild von der schöpferischen Kraft der Gerechtigkeit unsere Bemühungen, sich allen Forderungen nach Preisgabe der Gerechtigkeitsidee zu widersetzen.

5. Gerechtigkeit und Gleichheit

Gerechtigkeit als soziale Gerechtigkeit ist leicht zu beschreiben als gerechte Verteilung von Einkommen und Vermögen und damit Gütern, Lebenslagen, Ressourcen zur Bewältigung der Lebensrisiken.

Schwierig ist die Konkretion im Einzelnen, weil mit der Frage nach der sozialen Gerechtigkeit zugleich die Frage nach der Auffassung von der Gleichheit der Menschen aufgeworfen ist. Und dazu gibt es eben unüberbrückbare weltanschauliche Positionen, unvereinbare historische Traditionen und unüberwindliche Machtbastionen.

„Gleichheit ist der dominante Akzent der Gerechtigkeit. (...) Gerechtigkeit ist Gleichheit, Gleichheit in der Verteilung." (Hans Ruh)

Diese Auffassung ist zutiefst umstritten. Zwei Denktraditionen stehen sich in dieser Frage fast unversöhnlich gegenüber und stehen für die sozial-demokratische sowie für die sozial-konservartive Position. Für die letztere ist die Gleichheit die Feindin der Freiheit und für die erstere ist die Gleichheit die Bedingung der Möglichkeit der Freiheit aller.

Die Gleichheitsfrage stellt sich die Denkschrift eher beiläufig, als es ihr um die Anrechte derer geht, die aus der Leistungsökonomie herausfallen

(164): *„Daß vor Gott alle Menschen gleich sind – als Sünder wie als von Gott Geliebte – soll ganz reale Konsequenzen für solidarisches Verhalten über Leistung und Erfolg hinaus haben."*

Demgegenüber muss darauf bestanden werden, dass der christliche Gleichheitsgedanke mitnichten nur für eine Randgruppenethik zu veranschlagen ist. Ein universeller Gleichheitsbegriff ist konstitutiv für das christliche Gerechtigkeitsverständnis und darum erst einmal systematisch auszuformulieren und darzustellen als Beleg für die Radikalität des weithin verdrängten christlichen Gleichheitsdenkens. Christlich und biblisch gilt die Gleichheit der Menschen nicht für dieses oder jenes Merkmal, sondern in sehr umfassender Weise in allen Stadien der Heilsökonomie.

Es gilt:

Mandative Egalität der Menschen als Männer und Frauen: Gott schafft alle Menschen als sein Ebenbild. *„Und Gott schuf den Menschen zu seinem Bilde, zum Bilde Gottes schuf er ihn; und er schuf sie als Mann und Weib."* (1. Mose 1, 27) Die Gottesebenbildlichkeit begründet die unteilbare Menschenwürde. Diese besteht darin, dass allen Menschen verantwortliche Herrschaft über die Erde aufgetragen ist (1. Mose 1, 28). Vom Ursprung und Auftrag her ist die Gleichheit aller Menschen als Männer und Frauen Gottes Setzung.

Peccative Egalität der Menschen als Knechte und Mägde: Die Menschen verfehlen ihren Auftrag und ihre Verfehlung macht alle Menschen gleich als Knechte und Mägde der Sünde. Alle Menschen sind in gleicher Härte von der Realität der Sünde betroffen. Als Knechte und Mägde sind alle der egoistischen Selbstherrschaft und der widergöttlichen Fremdherrschaft unterworfen. Es besteht Gleichheit in der Unvollkommenheit. Vor Gott gibt es keine komparativen Verfehlungen. Vom Handeln her ist die Gleichheit aller Menschen als Knechte und Mägde Gottes Urteil: *„Denn es ist hier kein Unterschied: sie sind allesamt Sünder und mangeln des Ruhmes, den sie bei Gott haben sollten."* (Römer 3, 22f.)

Renative Egalität der Menschen als Brüder und Schwestern: Gott rechtfertigt den Menschen, und seine Liebe macht alle Menschen gleich als Brüder und Schwestern. Die Gerechtigkeit, die vor Gott gilt, ist geschenktes

Leben für alle gleich, denn es ist hier kein Unterschied: „(...) *werden ohne Verdienst gerecht aus seiner Gnade durch die Erlösung, die durch Christus Jesus geschehen ist.*" (Römer 3, 24)

Vom Ziel her ist die Gleichheit aller Menschen als Brüder und Schwestern Gottes Tat und Verheißung und der Menschen Auftrag und Hoffnung. *„Hier ist nicht Jude noch Grieche, hier ist nicht Sklave noch Freier, hier ist nicht Mann noch Frau: denn ihr seid allesamt einer in Christus Jesus.*" (Galater 3, 28)

Der biblisch akzentuierte und auf Gleichheit reflektierte Gerechtigkeitsbegriff der evangelischen Soziallehre wird in die wirtschaftsethische Diskussion eingebracht, genauer, in eine Sozial- und Wirtschaftsethik der Menschenrechte, um von dort aus die Orte der Moral aufzusuchen, in denen das Wirtschaftsleben für Ethik offen oder einnehmbar ist.

So ist anspruchsvoll zu reden von den *„Leitideen einer republikanischen Ethik des modernen Wirtschaftsbürgers"* (Peter Ulrich). In sie gehen ein: Die sozialen Menschenrechte auf Arbeit, Nahrung, Kleidung, Wohnung, Bildung, Gesundheit und Partizipation an allen einen betreffenden Entscheidungen, das Menschenrecht auf Gleichberechtigung von Mann und Frau, Schwarz und Weiß, die Anthropologie der universellen Gleichheit und ganz zentral eine erneuerte Auffassung von der Stellung des Menschen in der Schöpfung.

Auf dieser Grundlage ist zu reden vom wirtschaftlichen Handeln in Verantwortung für die Zukunft in Anlehnung an Friedhelm Hengsbachs Wirtschaftsethik (Hengsbach 1988) und unter der generellen Zukunftsperspektive *„Ökologische Wirtschaftsdemokratie":*

- Es ist ein wirtschaftsethisches Gebot, einen Umbau der Wirtschafts- und Industriegesellschaft zu vollziehen und die Wirtschaftsweise an die ökologischen Bedingungen der Biosphäre anzupassen. Dann brauchen wir eine andere Energie- und Verkehrskonzeption, eine andere Landwirtschafts- und Chemiepolitik, eine ökologische Erneuerung der Produktion und des Konsums. Heute ist nicht mehr von der Hand zu weisen, ob es sich nicht bei der an Verstocktheit grenzenden Unfähigkeit zur ökologischen Wende bei allem Wissen um eine Erkrankung der Menschheit handelt, so dass nicht allein entschiedenes politisches Handeln gefragt ist, sondern auch einfühlsames therapeutisches.

• Es ist ein wirtschaftsethisches Gebot, das soziale Grundrecht eines jeden Menschen auf die zum Leben notwendigen Güterleistungen und Ressourcen (primary needs) anzuerkennen. Darum ist eine strukturelle Veränderung der internationalen Verteilung der produzierten Güter und beanspruchten Ressourcen dringlich. Die ökonomische Allokation ist vornehmlich auf die Befriedigung der Grundbedürfnisse zu orientieren. Insbesondere die militärische Produktion ist auf dieses Ziel hin zu konvertieren.

• Es ist ein wirtschaftsethisches Gebot, die abhängig Beschäftigten an den Entscheidungsprozessen am Arbeitsplatz, im Betrieb und im Unternehmen und an den ökonomischen Vorgängen in der Gesellschaft zu beteiligen zur Entfaltung der Persönlichkeit und zur Demokratisierung wirtschaftlicher Macht. Darum ist das faktische Entscheidungsmonopol von Eignern und Leitern aufzuheben. Die Wirtschaftsdemokratie ist die gesellschaftliche Weiterentwicklung der politischen Demokratie.

• Es ist ein wirtschaftsethisches Gebot, wirtschaftliche Gewinne dem Kapital, der Allgemeinheit und der Arbeit zukommen zu lassen. Darum ist die Praxis der Gewinnverwendung von Grund auf zu verändern, um zu verwirklichen, dass verantwortliches Wirtschaften eine gesamtgesellschaftliche Bewegung ist. Die Frage nach produktivstem Besitz des Produktivvermögens ist nicht hinreichend beantwortet.

• Es ist ein wirtschaftsethisches Gebot, die Erträge und sozialen Möglichkeiten der neuen Rationalisierungstechnologien gesellschaftlich nützlich für alle einzusetzen. Es besteht die Notwendigkeit, und wir haben die Möglichkeit, ein neues Sozialmodell zu schaffen, in dem eine gerechtere Verteilung der Arbeit an alle und Sicherung der Einkommen für alle auf neuen, der technischen Entwicklung entsprechenden Wegen realisiert werden kann. Möglich ist ein bedarfsorientiertes integriertes Grundeinkommen für Menschen ohne Arbeit und Einkommen.

• Es ist wirtschaftsethisches Gebot, die geschlechtsspezifische Arbeitsteilung unserer Wirtschafts- und Sozialordnung aufzuheben, nach der die Männer erwerbsmäßig produzieren und die Frauen die gesellschaftlich notwendige Reproduktion als private, unbezahlte Haus- und Erziehungsarbeit leisten. Nötig ist eine Lage und Dauer der Arbeitszeit, die den Beschäftigungswünschen, den partnerschaftlichen Interessen und familiären Aufgaben von Frauen und Männern entspricht. Dabei ist an den Sechs-Stunden-Tag in der 30-Stunden-Woche an fünf Tagen zu denken.

Es braucht nicht betont zu werden, dass heute nicht Zeiten der Reformen sind. Der Sieg der angebotsorientierten Wirtschaftstheorie, der postmoderne Kapitalismus, unterdrückt reformerisches Denken und Handeln. Defizite und Mängel werden mangelnder Marktradikalität zugeschrieben. Soziale Ungerechtigkeit wird als Ausdruck der natürlichen Ungleichheit unter den Menschen erklärt. Schließlich gibt es eine Reihe von Anzeichen dafür, dass das Projekt der Moderne, die gerechte Gesellschaft, die Gesellschaft der Freien und Gleichen am Ende des zwanzigsten Jahrhunderts mancherorts lauthals und dramatisch, hierzulande eher lautlos und pragmatisch zu Grabe getragen wird.

Mit dem Charakter des postmodernen Kapitalismus beschäftigt sich die Denkschrift nicht (Deregulierung, Durchkapitalisierung des Alltags und Europas). Es ist ihr aber zugute zu halten, dass sie sich nicht an der Demontage der Gerechtigkeitsidee beteiligt. Sie tritt nach wie vor in festem und unerschütterlichem Glauben an die soziale Marktwirtschaft dafür ein, ebenso treuherzig wie der soziale Protestantismus in Deutschland das seit 40 Jahren getan hat. Und eben darin liegt die große Bedeutung der Denkschrift für die aktuelle Auseinandersetzung und die Auseinandersetzungen, die uns in den nächsten Jahren bevorstehen.

Literaturverzeichnis

Belitz, Wolfgang (1991): Ökumene und Wirtschaft. Überlegungen zum Sao-Paulo-Aufruf zur gehorsamen Nachfolge. In: Marhold, Wolfgang; Schibilsky, Michael (Hg.) (1991): Ethik, Wirtschaft, Kirche. Verantwortung in der Industriegesellschaft. Düsseldorf, S. 175-188

Enderle, Georges (1992): Ökonomische und ethische Aspekte der Armutsproblematik. In: Lenk, Hans; Maring, Matthias (Hg.) (1992): Wirtschaft und Ethik. Stuttgart , S. 134f.

Hengsbach, Friedhelm (1988): Interesse an Wirtschaftsethik. In: Jahrbuch für christliche Sozialwissenschaften. Münster, S. 127-150

Kurz, Robert (1991): Der Kollaps der Modernisierung. Frankfurt

Ulrich, Peter (1992): Moral in der Marktwirtschaft. Eine Kritik der EKD-Wirtschaftsdenkschrift. In: Evangelische Kommentare Nr. 2/1992, S.86-89

„Man muss neue Wege beschreiten, um soziale Gerechtigkeit zu erreichen"

Wir brauchen kein Bündnis für Arbeit –
Wir brauchen einen neuen Gesellschaftsvertrag

1. Der Arbeitsgesellschaft geht die Arbeit aus: Der Wahrheit ins Gesicht sehen

Alle bisherigen Versuche, die seit fast zwei Generationen in unserem Lande herrschende Massenarbeitslosigkeit zu lindern oder gar zu beseitigen, sind mehr oder weniger deutlich gescheitert. Die Zeit ist gekommen, das gravierendste soziale Problem aller fortgeschrittenen Industriegesellschaften noch einmal ganz von vorne zu durchdenken und dabei zu lernen, es zu begreifen jenseits der herrschenden Ideologie vom wirtschaftlichen Wachstum als Königsweg zu mehr Beschäftigung.

Die herrschenden Eliten in Politik, Ökonomie und Ökonomik haben in fast 30 Jahren eine nahezu pathologische Fähigkeit entwickelt, statistische Realitäten über die Entwicklung des gesamtvolkswirtschaftlichen Arbeitsvolumens und seine Beziehung zum wirtschaftlichen Wachstum und zur technologischen Rationalisierung zu ignorieren und aus allen Erwägungen zur Verringerung der Arbeitslosigkeit systematisch auszuklammern. Ein besonders abstruses Beispiel für den Umgang mit der Entwicklung des Erwerbsarbeitsvolumens liefert das Mehrheitsvotum des Berichts der Enquete-Kommission „Zukunft der Erwerbsarbeit" des Landtags Nordrhein-Westfalen 2000. (Vgl. dazu Belitz „Wir brauchen keine Sozialethik – Wir schaffen Arbeitsplätze". In: Belitz et al. 2001, S. 147-159)

In der herrschenden Diskussion um Wege aus der Arbeitslosigkeit und die Zukunft der Arbeit spielt das hier abgedruckte Schaubild 1 so gut wie keine Rolle. Es wird ignoriert und nicht diskutiert. Daher kommt ihm geradezu eine Schlüsselfunktion in der Arbeitsdiskussion der Gegenwart zu. Glaubwürdige und realitätsorientierte Beiträge zur Arbeitspolitik und Zu-

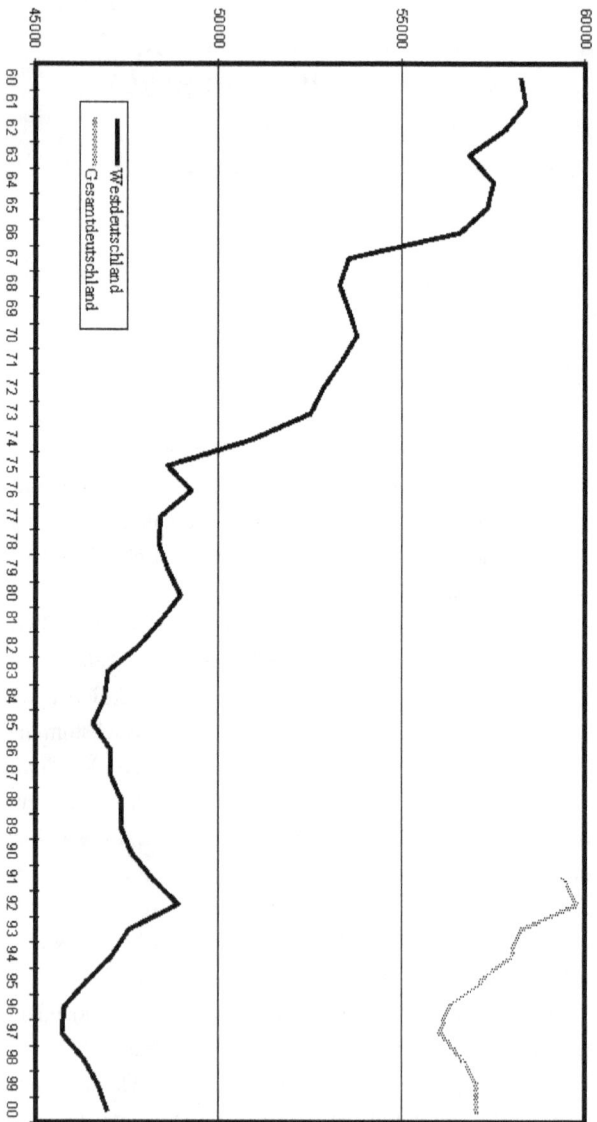

Arbeitsvolumen in Mio. Arbeitsstunden in West- und Gesamtdeutschland 1960 (1991) - 2000

Quelle: IAB

Westdeutschland
Gesamtdeutschland

Schaubild 1

kunft der Arbeitsgesellschaft können nur derjenige und diejenige einbringen, die eine überzeugende Stellungnahme zu Schaubild 1 abgeben können. Aus unserer Sicht sind dazu neben vielen anderen Erwägungen folgende Hinweise, Deutungen und Erläuterungen nötig:

• Das Schaubild 1 zeigt die Entwicklung des Arbeitsvolumens in Millionen Arbeitsstunden in Westdeutschland von 1960 bis 2000. Von 1991 an gibt es auch eine Verlaufskurve des Arbeitsvolumens im vereinigten Deutschland. Das Arbeitsvolumen wird gemessen in Arbeitsstunden. Häufig wird die Entwicklung der Arbeit dargestellt in einer Verlaufskurve der registrierten Arbeitsplätze. Das ist bezüglich des Arbeitsvolumens nicht sonderlich zutreffend und aussagekräftig, weil nicht bekannt ist, mit wie vielen Arbeitsstunden der gezählte Arbeitsplatz ausgestattet ist (80-60-40-35-25-17 oder 10). Steigende Beschäftigtenzahlen bedeuten demnach noch längst nicht ein wachsendes Arbeitsvolumen. Genaue Angaben über die Menge der Arbeit in der Arbeitsgesellschaft liefert nur die Arbeitsstundenstatistik.

• Die Statistik zählt nur die Erwerbsarbeitsstunden der Selbständigen, der Arbeitnehmerinnen und Arbeitnehmer. Alle anderen Formen der Arbeit sind in diesen Angaben nicht erfasst. Insbesondere die Haus- und Familienarbeit, die fast ausschließlich von Frauen getan wird, bleibt hier außen vor. Es ist aber nun gerade diese Form der Arbeit, die die Erwerbsarbeit erst möglich macht. Nicht statistisch erfasst sind auch die Eigenarbeit (Do-it-yourself in Wohnung, Haus, Garten und am Auto; Hobby- und Bastelarbeit) sowie die ehrenamtliche Arbeit, die heute exakter als Bürgerinnen- und Bürgerarbeit bezeichnet wird.

• Das Erwerbsarbeitsvolumen entwickelt sich nicht linear in die eine oder die andere Richtung, vielmehr verläuft es in einer Kurve mit vielen ups and downs. Dennoch kann niemand übersehen und die Augen vor der Tatsache verschließen, dass das Erwerbsarbeitsvolumen in unserer modernen Industriegesellschaft mittel- und langfristig abnimmt. Mal geht das Volumen spektakulär zurück, mal eher unmerklich, mal nimmt es geringfügig zu, mal legt es eher deutlich zu. Das Fazit bleibt im Laufe der Jahrzehnte immer konstant: Die Arbeit nimmt ab. 1960 betrug des Erwerbsarbeitsvolumen 58,2 Milliarden Stunden, 1970 53,8 Milliarden Stunden. Das ist in einem Jahrzehnt ein Rückgang von 7,2 Prozent. Bis 1985 sank es auf 46,5 Milliarden Stunden. Das sind weitere 13,6 Prozent. Von 1985 bis 1992 stieg das Arbeitsvolumen dann wieder einmal, in diesem Zeitraum um 5 Prozent. Bereits 5 Jahre später (1997) wurde dann wieder mit 45,7 Milliarden Stunden ein neuer historischer Tiefstand erreicht. Insgesamt ist das Arbeitsvolumen in Westdeutschland von 1960 bis 2000 um 20 Prozent zurückgegangen.

• Seit 1991 gibt es Zahlen über die gesamtdeutsche Entwicklung, die das Gesetz der Serie getreulich weitererfüllt:

1991	59,4 Milliarden Arbeitsstunden
1992	59,7 Milliarden Arbeitsstunden
1993	58,2 Milliarden Arbeitsstunden
1994	57,9 Milliarden Arbeitsstunden
1995	57,1 Milliarden Arbeitsstunden
1996	56,2 Milliarden Arbeitsstunden
1997	56,0 Milliarden Arbeitsstunden
1998	56,6 Milliarden Arbeitsstunden
1999	57,0 Milliarden Arbeitsstunden
2000	57,0 Milliarden Arbeitsstunden

• Diese Entwicklung des letzen Jahrzehnts, das gleichzeitig das erste gesamtdeutsche Jahrzehnt ist, entspricht einer Arbeitsvolumenreduktion von knapp 5 Prozent.

• Der uneinheitliche Verlauf der Kurve des abnehmenden Arbeitsvolumens in Deutschland mit ihrem unaufhörlichen Auf und Ab spiegelt ziemlich genau den Verlauf der wirtschaftlichen Entwicklung wider und zwar sowohl aktuell konjunkturell als auch prinzipiell technologisch.

• In Schaubild 2 markieren die senkrechten Balken die Rezessionsphasen in Westdeutschland in der zweiten Hälfte des letzten Jahrhunderts. Während der Rezessionsphase schrumpft das Arbeitsvolumen jeweils besonders stark. Anschließend kommt es jeweils

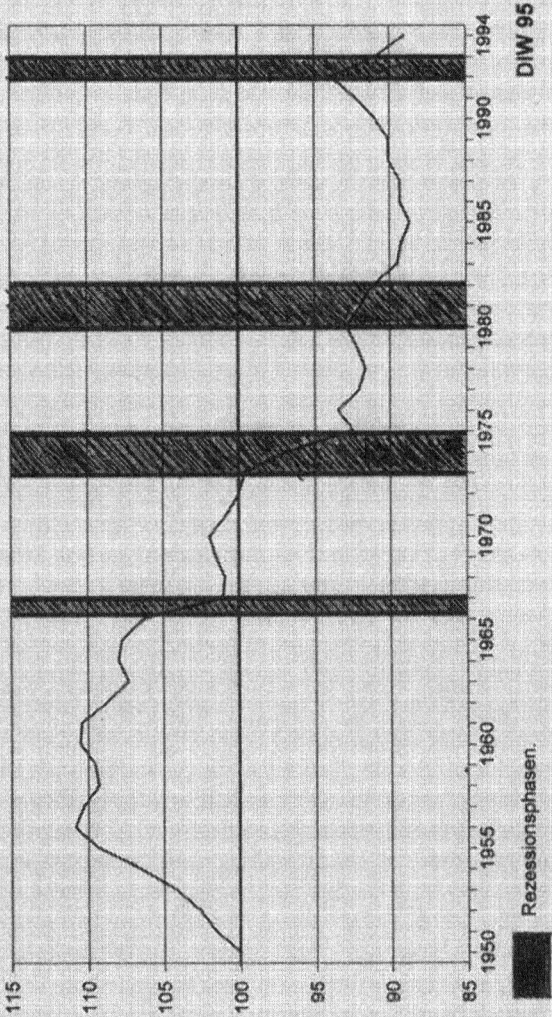

Arbeitsvolumen in Westdeutschland
1950 = 100

Rezessionsphasen.

DIW 95

Schaubild 2

zu einer deutlichen Erholung, wobei jedoch kaum einmal der Umfang vor der Rezession wieder erreicht wird. Besonders eindrücklich ist der Verlauf während der 80er- und 90er-Jahre. Während und nach der Rezession zu Zeiten der zweiten Ölkrise schrumpft das Arbeitsvolumen unaufhörlich, bis es im Jahre 1985 einen neuen historischen Tiefstand erreicht. Während der konjunkturellen Erholung ab Mitte der 80er-Jahre wächst das Arbeitsvolumen unaufhörlich über den langen Zeitraum von sieben Jahren an, einschließlich der beiden Jahre des Vereinigungsbonusses, erreicht 1992 wieder das Ausmaß von 1979, um dann in der erneuten Rezession innerhalb eines Zeitraums von zwei Jahren abermals auf einen neuen historischen Tiefstand abzusinken.

• Es gibt nicht den geringsten Anhaltspunkt für die Annahme, dass sich in Zukunft an der Entwicklung der letzten 50 Jahre etwas ändern wird. Trotz aller Bemühungen um Aufschwünge, Wachstumsschübe oder -impulse, die neuerdings vor allem durch Senkung der Arbeitskosten und noch stärkere Steigerungen der Gewinne angestrebt und erreicht werden, wird das Arbeitsvolumen im Auf und Ab der Konjunkturen weiterhin unaufhörlich schrumpfen.

Die gebetsmühlenartig vorgetragene Grundweisheit des ökonomistischen Liberalismus, die zur Grundausstattung der Argumentation nahezu aller politischen, wissenschaftlichen und ökonomischen Eliten des Mainstreams gehört, besagt, dass wirtschaftliches Wachstum das Arbeitsvolumen vergrößere und damit neue Arbeitsplätze schaffe. Diese These wird durch ständiges Wiederholen nicht wahrer und nicht realistischer. Sie bedeutet allenfalls die halbe Wahrheit, und mit halben Wahrheiten ist nicht viel Staat zu machen. Dennoch verbeißen sich Politik, Wirtschaft, Gewerkschaften und alle, die etwas zu sagen haben im Lande, in diese Halbwahrheit ohne Alternative. So ist nun das Ringen um die Halbwahrheit ein trauriger, aber notweniger Kampf im Schatten des Ringens um die Wahrheit.

Vergleicht man nun die Entwicklung des Arbeitsvolumens über den angegebenen Zeitraum hinweg mit dem wirtschaftlichen Wachstum, der

Entwicklung des Bruttosozialprodukts, erweist sich, was jeder schon weiß. In den 40 Jahren von 1960 bis heute wächst die Wirtschaft in 36 Jahren und schrumpft lediglich geringfügig in den vier Spitzenjahren der jeweiligen Rezessionsphasen:

1967	-0,3 Prozent
1975	-1,1 Prozent
1982	-1,1 Prozent
1993	-1,3 Prozent

Das Resultat ist imponierend. Im Zeitraum von 1966 bis 1991 verdoppelt sich das Bruttosozialprodukt von 1.300 Milliarden DM real auf 2.600 Milliarden DM. In demselben Zeitraum, so wurde oben gezeigt, verringert sich das Arbeitsvolumen, das zur Erstellung des Bruttosozialproduktes aufgewandt worden ist, um 15 Prozent.

Immer mehr gesellschaftlicher Reichtum an Gütern und Dienstleistungen wird produziert mit immer weniger menschlicher Arbeitskraft. Mit diesen Worten lässt sich die beschriebene Entwicklung gattungsgeschichtlich dramatisch formulieren, wobei ausdrücklich darauf hingewiesen werden soll, wie problematisch, ja lebensbedrohlich manche Entwicklungen sind, die das Wachstum des Bruttosozialproduktes impliziert. Politik, Wirtschaft und Gesellschaft müssen lernen, mit diesen Fakten und Entwicklungen zum Wohle des ganzen Volkes umzugehen. Hier besteht der Reformstau, der diesen Namen verdient.

Die Apologeten des Wirtschaftswachstums werden nicht nur im Namen des natürlichen Lebens, sondern auch im Namen des sozialen Lebens gebeten, einen Moment innezuhalten in ihren schwärmerischen Vorstellungen. Die harten Propheten des ökonomistischen Liberalismus sollten sich nicht mit Halbwahrheiten begnügen, denn Prophetie ist seit alters eine ernste Angelegenheit, die der Wahrheit bedingungslos verpflichtet ist. Sie sollten ihr bizarres Credo einer ernsthaften Prüfung unterziehen im Lichte der Zahlen und Fakten. Das Credo des ökonomistischen Liberalismus bekennt:

- Eine Senkung der Arbeitskosten führt zu höheren Gewinnen.
- Höhere Gewinne führen zu mehr Investitionen.
- Mehr Investitionen führen zu mehr Produktion.
- Mehr Produktion führt zu mehr Beschäftigung.

Mehrere Sätze dieses Credos sind falsch. Insbesondere der Zusammenhang von Wachstum und Beschäftigung ist nicht so einlinig wie die Prophetie es möchte und lässt sich, wie gezeigt, statistisch widerlegen. Wem an der ganzen Wahrheit gelegen ist, der muss auch die Wirkung der permanenten Rationalisierung des Wirtschaftsprozesses mit in Betracht ziehen. Produktionssteigerung (W) und Produktivitätssteigerungen (P) wirken gemeinsam und gleichzeitig auf die Entwicklung des Arbeitsvolumens ein. Wenn ein süddeutscher Ministerpräsident verkündet, ein Prozent Wirtschaftswachstum schafft 131.000 Arbeitsplätze, handelt es sich um die geballte Halbwahrheit, wenn nicht zugleich die Produktivitätssteigerung ins Kalkül gezogen wird:

• Ist das wirtschaftliche Wachstum gleich der Produktivitätssteigerung (W = P), dann bleibt das Arbeitsvolumen trotz wirtschaftlichem Wachstum unverändert.

• Ist das wirtschaftliche Wachstum höher als die Produktivitätssteigerung (W > P), dann wächst das Arbeitsvolumen.

• Ist das wirtschaftliche Wachstum niedriger als die Produktivitätssteigerung (W < P), dann schrumpft das Arbeitsvolumen trotz wirtschaftlichem Wachstum. Man nennt diese Erscheinung seit über 20 Jahren beschäftigungsloses Wachstum (jobless growth), ohne sie als Folge der technologischen Entwicklung ernst zu nehmen.

Im Blick auf die Vergangenheit hatte der süddeutsche Ministerpräsident schon immer unrecht, weil trotz eines halben Jahrhunderts des wirtschaftlichen Wachstums das Arbeitsvolumen wegen der gleichzeitig ablaufenden Rationalisierungsprozesse geschrumpft ist.

Im Blick auf die Zukunft ist hier keine Änderung zu erwarten. Im Gegenteil, alles deutet darauf hin, dass die ungeheuren Rationalisierungspotentiale, die in den digitalen Techniken stecken, die Schrumpfungsprozesse des Arbeitsvolumens beschleunigen und vertiefen werden.

Der gesellschaftliche Reichtum steigt, das Arbeitsvolumen sinkt. Damit wird der Gedanke der Vollbeschäftigung, wie wir sie kennen, obsolet. Die Wege, die zu diesem Ziel führen sollen, erweisen sich als Holzwege. Es bedarf anderer Überlegungen und gesamtgesellschaftlicher Reformen, um dieser Entwicklung zum Wohle der Bevölkerung Rechnung zu tragen.

Die Produktivität der Arbeitsstunde *„liegt gegenwärtig so hoch, dass (...) die Hoffnung, man werde durch Wirtschaftswachstum die Nachfrage nach Arbeit erhöhen können, illusorisch erscheint. Wachstum kann allenfalls das Tempo des weiteren Sinkens der Nachfrage nach Arbeit verlangsamen (...) Diese Sache ist freilich nur solange ein Unglück, als man sie für ein Unglück hält. Was wir tatsächlich erreicht haben, ist das, was wir gewollt haben, als wir die moderne Technik erfanden, nämlich Arbeit sparen. "* (Carl F. von Weizsäcker zitiert nach Guggenberger 1999, S. 130)

Was wir tatsächlich gewollt haben, als wir die moderne Technik erfanden, ist nicht so ganz klar. Moderne Technik wird ja nicht demokratisch entwikkelt und implementiert, sondern von der herrschenden Ökonomie usurpiert und im Interesse der Kapitalverwertung eingesetzt – und nicht etwa zum Wohle der Allgemeinheit. Wenn dies in der Folge Arbeitslosigkeit für die kleinen Leute bedeutet, dann ist das eben so, und wenn man dann den kleinen Leuten unwidersprochen erklären kann, man könne durch Gewinnsteigerungen, die zu Produktionssteigerungen führen, der Misere entkommen, dann ist das umso besser.

Soll das Wirtschaftsleben auf immer so funktionieren beziehungsweise nicht funktionieren, oder gibt es Hoffnung auf Reformen zum Wohle der Bevölkerung?

Obwohl im Zeitalter der Postmoderne die Grundwerte der Moderne Freiheit, Gleichheit und Geschwisterlichkeit lauthals oder stillschweigend als erledigt und abgehalftert gelten, die Geschichte der modernen Grundwerte als zu Ende erzählt gilt und nichts mehr geht, findet sich die Forderung nach sozialer Gerechtigkeit nach wie vor in der Programmatik jeder Partei des Parlaments, das Reformen für die Bevölkerung beschließen kann. Die beschlossene Steuerreform oder die Rentenreform sind keine Reformen, die das Wort verdienen im Blick auf die fundamentalen Veränderungen, die nötig sind, den steigenden Reichtum bei schwindender Arbeit unter dem Maßstab der sozialen Gerechtigkeit zu gestalten.

Anthony Giddens wird mancherorts apostrophiert und zitiert als der Vordenker von New Labour und eines so genannten neuen „Dritten Weges", den hierzulande auch Sozialdemokraten in einer „Neuen Mitte" gehen wollen. Es ist derzeit nun aber wenig davon zu spüren, dass die

Kernthese von Giddens Drittem Weg überhaupt wahrgenommen, geschweige denn operationalisiert wird. Solange diese Kernthese aber nicht nachweisbar aufgenommen und praktiziert wird, erscheint der hiesige Dritte Weg der Neuen Mitte als sozialdemokratische Variante des ökonomistischen Liberalismus. Giddens Kernthese lautet: „Man muss neue Wege beschreiten, um soziale Gerechtigkeit zu erreichen." Der Aufforderung, neue Wege zu beschreiten, um soziale Gerechtigkeit zu erreichen, möchte dieser Beitrag in Ansätzen und Bescheidenheit nachkommen, und dazu gehört als erstes die Erkenntnis, dass es kaum je etwas Neues unter der Sonne gibt. Darum folgt im nächsten Abschnitt eine „utopische Erinnerung" an eine gesellschaftliche Diskussion in diesem Lande, in der bereits vor einer Generation den Versuch unternommen wurde, die wirklichen Reformaufgaben einer modernen Industriegesellschaft zu eruieren und in Ansätzen zu formulieren.

2. Die Arbeitsgesellschaft wehrt sich: Eine utopische Erinnerung

In der Gestimmtheit der frühen 70er-Jahre gab es hierzulande eine immer breiter werdende gesellschaftliche, politische, sozialethische Diskussion unter der Überschrift „Qualität des Lebens" und in diesem Zusammenhang dann eben auch Bemühungen um die Qualität des Arbeitslebens unter der populären Formel „Humanisierung der Arbeit". Diese knappe Reformepoche wurde abrupt beendet mit dem Eintritt oder besser dem Einbruch der Massenarbeitslosigkeit 1974/75. Ging es eben noch um humane Arbeit, so ging es auf einmal wieder um nackte Arbeit. Wurden eben noch Rechte aus der Arbeit diskutiert, gab es alsbald eine breite sozialethische Diskussion über das Recht auf Arbeit überhaupt.

In der zweiten Hälfte der 70er-Jahre ging die Zahl der Arbeitslosen wieder deutlich zurück bis auf 800.000 im Jahre 1980. Dann kam es im Gefolge des zweiten Ölschocks zu einer sozialen Katastrophe. Die Zahl der Arbeitslosen verdreifachte sich in drei Jahren. Seither ist Arbeitslosigkeit die brennendste Wunde unserer Gesellschaft geblieben. Damals dämmerte allmählich die Erkenntnis, dass Arbeitslosigkeit ein nicht oder nicht nur konjunkturell zu erklärendes und zu bekämpfendes Übel sei.

Damals wurde zum ersten Male nach langem Zögern der Versuch gemacht, über den Tellerrand der Konjunkturthese hinaus zu schauen und die „Zukunft der Arbeit" (IAB Arbeitsmarktbilanz 2000) in den Blick zu nehmen und aus den Erkenntnissen die entsprechenden Konsequenzen zu ziehen.

In diesen Jahren, sagen wir zwischen 1977 und 1985, kam es sozialethisch betrachtet zu einer sehr bemerkenswerten Diskussion in unserem Land, die eben unter der Überschrift „Zukunft der Arbeit" geführt wurde. Die Bezeichnung „Zukunft der Arbeit" könnte fast als terminus technicus für ein modernes, die Folgen der neuen industriellen Revolution verarbeitendes Gesellschaftsreformprojekt bezeichnet werden, das zeitweise auf ein breiteres gesellschaftliches Interesse stieß. Die Bezeichnung „Zukunft der Arbeit" taucht in diesem Sinn zum ersten Mal in einem evangelisch-kirchlichen Text des Jahres 1976 auf, erhält dann breiten Raum in der Reihe rowohlt-aktuell, wird 1983 zum Beispiel Schwerpunktthema in der Evangelischen Kirche von Westfalen und ist das Motto des Deutschen Soziologentages.

Auf den Punkt gebracht wurde die Herausforderung der Zeit durch Ralf Dahrendorf, der mit erheblicher Wirkung an Hannah Arendts frühere Automationsthese erinnerte mit einem Zitat, das Geschichte machte: *„Der Arbeitsgesellschaft geht die Arbeit aus"*. Das Zitat ist es wert, genauer zitiert zu werden:

„Was uns bevorsteht, ist die Aussicht auf eine Arbeitsgesellschaft, der die Arbeit ausgegangen ist, also die einzige Tätigkeit, auf die sie sich noch versteht. Was könnte verhängnisvoller sein?(...) Denn es ist ja eine Arbeitsgesellschaft, die von den Fesseln der Arbeit befreit werden soll, und diese Gesellschaft kennt kaum noch vom Hörensagen die höheren und sinnvolleren Tätigkeiten, um deretwillen die Befreiung sich lohnen würde. " (Arendt 1960, S. 11f.)

Die anhaltende Massenarbeitslosigkeit und die seit Mitte der 70er-Jahre einsetzende Rationalisierung auf der Basis neuer mikroelektronischer Entwicklungen wurden aufeinander bezogen und als eine Verbindung von säkularer Bedeutung interpretiert.

Fast zur gleichen Zeit erschienen ein neuer Bericht des Club of Rome unter der Überschrift „Auf Gedeih und Verderb – Mikroelektronik und

Gesellschaft" (1982) und das aufregende, zumindest anregende wegweisende Büchlein von André Gorz „Wege ins Paradies – Thesen zur Krise, Automation und Zukunft der Arbeit" (1983).

Arbeitslosigkeit wurde nun nicht länger nur als ein konjunkturelles Problem angesehen, sondern als Begleit- und Folgeerscheinung eines andauernden und unumkehrbaren technologischen Prozesses, der diese Gesellschaft tiefgreifend berühren und verändern werde.

Viele Beobachter waren der Ansicht, dass auf lange Sicht die Produktivitätsrate im Vergleich zur Wachstumsrate des Bruttosozialprodukts stärker wachsen werde. Die Schere zwischen Produktion und Produktivität werde sich weiter öffnen, kurz: Die Arbeit werde durch die technische Entwicklung aus der Produktion vertrieben.

Es war die Rede von einer neuen industriellen Revolution. Gemeint war der Verlauf und die Wirkung der Gesamtheit der Techniken, die auf der Anwendung der Mikroelektronik beruhen. Der Computer war zum zweitenmal erfunden worden, miniaturisiert, universell einsetzbar, preisgünstig. *„Keine andere Entdeckung seit der Dampfmaschine hat so weitgehende Auswirkungen auf alle Bereiche der Wirtschaft"*, hieß es dazu in dem genannten Bericht des Club of Rome (S. 24).

Der Vormarsch der Mikroelektronik sollte sich als lautlose gesellschaftliche Unterwanderung vollziehen, als basisinnovatorischer Prozess, der zugleich im Bereich von Produktion und Dienstleistung seine arbeitssparenden Wirkungen entfalten würde. Die Folgen, Gefahren und Chancen werden bis heute unterschiedlich beurteilt und sind weiterhin umstritten. Darum sprechen wir auch nicht mehr vom technischen Fortschritt, sondern vom technischen Wandel mit mehr oder weniger epochalen Dimensionen. Unsere Haltung ist ambivalent: Fluch oder Segen, Befreiung des Menschen von der Arbeit oder Bedrohung der Arbeitsplätze, Vorhof der Hölle einer pathologischen Gesellschaft oder Wege ins Paradies.

Das sozialethische Projekt „Zukunft der Arbeit" von vor zwanzig Jahren war ein erster intensiver Versuch, in der Krise der Massenarbeitslosigkeit Ansätze einer konkreten Utopie zu formulieren als Spiegel der Möglichkeiten der technischen Entwicklung für den Menschen, die Vertreibung der Arbeit nicht als Bedrohung, sondern als Befreiung zu begreifen.

Begriffe wie „jobless growth", menschenleere Fabrik, papierloses Büro fanden Eingang in die Diskussion. Das Ende der Vollbeschäftigung wurde schon damals konstatiert und damit das Ende der Arbeitsgesellschaft. Eine Zukunft der Arbeit jenseits der Vollbeschäftigung sollte ersonnen werden.

Gattungsgeschichtlich konnte darauf hingewiesen werden, dass wir uns in eine Wirklichkeit hinein bewegen, in der mit immer weniger Menschen gleichbleibend viel oder mehr gesellschaftlicher Reichtum erzeugt werden kann. Danach müsse das Gewicht nicht so sehr auf Wachstumsfragen gelegt werden. Die zentralen Fragen der neuen Zeit seien die nach der Verteilung von Arbeit und Einkommen in einer immer reicheren Gesellschaft mit immer mehr Arbeitslosen.

Die wesentlichen Entwürfe zu einer „Zukunft der Arbeit" kreisten um die Frage, wie diese Entwicklung zum Wohle aller gestaltet werden könne.

Es ging in einer sterbenden Arbeitsgesellschaft um ein neues Verständnis von Arbeit und Einkommen. Wenn es durch Einsatz moderner Rationalisierungstechnologien gelingt, mit sinkendem Arbeitsvolumen mehr zu produzieren, dann ist das Maß des Einkommens auf lange Sicht nicht mehr die Arbeitszeit des Arbeiters, sondern die Lebenszeit des Bürgers.

Arbeit und Einkommen sollten stärker entkoppelt werden. Wer auf moderne Technologien in der Produktion setzt, braucht auch moderne Formen der Distribution. Man kann nicht Produktionsmethoden des 21. Jahrhunderts mit den Distributionsmethoden des 19. Jahrhunderts synchronisieren wollen. Das ist einfach anachronistisch. Das Grundübel der Zeit besteht darin, sagt heute Lester Thurow, dass im modernsten Kapitalismus Technologie und Ideologie nicht zusammen passen.

Um die Bandbreite der Teilnehmerschaft an der damaligen Diskussion kurz in Erinnerung zu rufen und um einige unkonventionelle Positionen zu dokumentieren, folgen jetzt einige Zitate interessanter Autoren: v. Nell-Breuning, Biedenkopf, Leontief, Albrecht, Gorz (vgl. Belitz 1995, S. 252-255).

• **Oswald von Nell-Breuning** (1982): *„ Um zu produzieren, was wir – die Arbeitslosen eingeschlossen – brauchen, um unseren gewohnten, anspruchsvollen Bedarf zu decken, brauchen wir keine zusätzliche Arbeit. "*

• **Kurt Biedenkopf** (1983): *„ 1931/32 ging das Bruttosozialprodukt in Deutschland innerhalb von 8 Monaten um 25% zurück. Heute verändert* *sich das Bruttosozialprodukt kaum. Das Volkseinkommen ist konstant oder leicht steigend. Gleichwohl nimmt die Zahl der Arbeitslosen zu. Das heißt, die Produktion, die das Volkseinkommen erzeugt, ist offensichtlich in Ordnung, leistungsfähig und stabil. Es gibt keine Anzeichen dafür, daß der produktive Teil der Wirtschaft in der Bundesrepublik Deutschland nicht in der Lage wäre, das gegenwärtige Sozialprodukt auf hohem Niveau und die konjunkturellen Schwankungen in engen Grenzen von 1-2 % zu halten.*

Was heute betroffen ist, ist demnach nicht der produktive Teile unserer Volkswirtschaft, sondern das Verteilungssystem. Das System also, mit dem wir die Menschen am gemeinsam erzeugten Volkseinkommen beteiligen. Hier liegen die eigentlichen Probleme, hier ist der eigentliche Ort unserer Schwierigkeiten.

Das Verteilungssystem, das wir uns geschaffen haben, um alle Menschen am Volkseinkommen zu beteiligen, ist von den jüngsten wirtschaftlichen und technologischen Entwicklungen (...) betroffen und in seiner Funktionsfähigkeit teilweise außer Kraft gesetzt. Was wir erleben, ist keine Krise der Wirtschaft, sondern die Krise der Verteilungssysteme. Diese Krise ist dadurch entstanden, daß die moderne Technologie mit immer weniger Arbeit auskommt und deshalb immer weniger Menschen über die Teilnahme am organisierten, arbeitsteiligen Produktionsprozeß am Volkseinkommen beteiligt werden können. (...)

Daraus folgt: alle Maßnahmen, die auf die Verbesserung der Produktionsstruktur gerichtet sind, gehen am Problem der Arbeitslosigkeit vorbei, denn sie haben eine Verbesserung einer Struktur zum Ziel, die im wesentlichen gesund ist und deren marginale Verbesserung die eigentlichen Ursachen für die Arbeitslosigkeit nicht beseitigen kann." (Biedenkopf 1983, S. 22f.)

• **Johannes Berger** (1984): *„Wir müssen uns mit dem Gedanken vertraut machen, daß, wenn die Einführung der Mikroelektronik in Fabrik und Büro den Prozeß der Vertreibung der Arbeit aus der Produktion und Verwaltung verstärkt, anstelle einer Politik für mehr Arbeitsplätze die Option eröffnet wird, die technisch sich vollziehende Abkopplung von Produktion und Beschäftigung auch politisch und vor allem sozialpoli-*

tisch durch arbeitsmarktunabhängige Systeme der Verteilung des Reichums nachzuvollziehen. " (Berger 1984, S. 57)

• **Wassily W. Leontief** (1982): *„Adam und Eva erfreuten sich vor der Vertreibung aus dem Paradies eines sorglosen Lebens im Überfluß, und das ohne Arbeit. Erst nach ihrer Vertreibung mußten sie und ihre Nachkommen sich kümmerlich durchschlagen, dazu verdammt, vom Morgengrauen bis zur Abenddämmerung zu arbeiten. Die Geschichte des technischen Fortschritts der letzten 200 Jahre ist im Grunde die Geschichte der Menschheit, sich langsam aber stetig wieder ein Paradies zu schaffen. Was aber würde geschehen, wenn wir uns tatsächlich darin wiederfänden? Wenn alle Güter und Dienstleistungen ohne Arbeit zu haben wären, würde niemand mehr gegen Entgeld beschäftigt. Arbeitslos sein hieße aber, ohne Einkommen sein, folglich würden im Paradies alle solange Hunger leiden, bis sich eine den veränderten Produktionsbedingungen angepaßte Einkommenspolitik durchgesetzt hätte.*

Früher oder später – sehr wahrscheinlich früher – wird sich die zunehmend technisierte Gesellschaft daher noch einem anderen Problem stellen müssen: der Frage einer sinnvollen Einkommensverteilung. (...)

Um der Gefahr einer wachsenden, technisch bedingten Arbeitslosigkeit langfristig begegnen zu können, sollte die staatliche Politik das Ziel verfolgen, eine gerechtere Verteilung von Arbeit und Einkommen sicherzustellen, und zwar ohne dabei direkt oder indirekt den technischen Fortschritt zu behindern. (...)

Im Vordergrund steht jetzt eher die Einkommensvorsorge als die Güterproduktion. Was mir vorschwebt, ist eine Einkommenspolitik mit einem Bündel von sozialen und wirtschaftlichen Maßnahmen, die alle auf eines zielen: Sie sollen die Einkünfte der Arbeitnehmer, die sie durch den Verkauf ihrer Arbeitskraft am Arbeitsplatz erhalten, durch Einkünfte aus anderen Einkommensbereichen, vor allem durch eine Beteiligung am Produktivvermögen, ergänzen. Dazu bedarf es einer sorgfältig konzipierten Einkommenspolitik.

Es wird keineswegs leicht sein, die bestehenden Verhältnisse an die Erfordernisse und Auswirkungen arbeitssparender Technik anzupassen. Außerdem dürfte es einige Zeit brauchen, bis man von der protestan-

tischen Arbeitsethik mit dem Ideal eines harten und fleißigen Arbeitsein-
satzes abkommt. " (Leontief 1982, S. 146-156)

Die Erinnerung an die Arbeit im Paradies (...den Garten Gottes zu bearbeiten und zu bewahren), ist nicht nur diesem Ökonomen unbekannt,
sondern in der nichtchristlichen und selbst in der christlichen Tradition des
Arbeitsverständnisses insgesamt verloren gegangen.

• **Ernst Albrecht** (1983, seinerzeit Ministerpräsident in Niedersachsen):
*„Unsere Gesellschaft hat eine Phase der Entwicklung erreicht, in der die
materiellen Grundbedürfnisse des Menschen ohne Einsatz von Handarbeit weitgehend befriedigt werden können. Hieraus ergeben sich gravierende Veränderungen und Probleme. Die Verteilungsmechanismen
müssen ganz neu überdacht werden. Die gewaltige Wertschöpfung in den
Fabriken muß gerecht auf die Menschen verteilt werden. Es ist fraglich,
ob der betriebliche Arbeitslohn hierfür noch ausreichend ist. Auf jeden
Fall wird die Beteiligung zunächst der Arbeitnehmerschaft, dann aber
des ganzen Volkes am Produktivvermögen zu einer vorrangigen gesellschaftspolitischen Aufgabe. Wenn das ganze Volk angemessen am Produktivvermögen beteiligt ist, sind die durch den Strukturwandel bedingten Auswirkungen auf das familiäre Einkommen der Menschen begrenzt. "*

• **André Gorz** (1980): *„Mit weniger Arbeit mehr produzieren, die Früchte des technischen Fortschritts besser verteilen, ein neues Gleichgewicht
schaffen zwischen Pflichtarbeit und frei verfügbarer Zeit, allen Menschen
die Möglichkeit zu einem entspannteren Leben und vielfältigeren Beschäftigungen geben, dies sind die neuen Ziele, um die es sozial und
politisch zu kämpfen gilt.* " (Gorz 1980, S. 14)

Wege ins Paradies wurden seinerzeit nicht beschritten. Die Zukunft der
Arbeit war schon Vergangenheit, ehe sie begonnen hatte. Dahrendorfs
Ausruf des Arendt-Zitats, „der Arbeitsgesellschaft geht die Arbeit aus",
wurde stürmisch mit zwei ideologisch unterschiedlichen Hinweisen auf
Realitäten begegnet:

   • Arbeit ist genug da. Auch wer erwerbsarbeitslos ist, ist nicht
   beschäftigungslos. Damit setzte eine sehr merkwürdige Diskussion
   über ehrenamtliche Arbeit ein.

• Arbeit ist nur knapp, weil sie zu teuer ist. Arbeit wird vermehrt, wenn sie verbilligt wird.

Damit war das Stichwort gegeben, das bis heute Diskussion und Praxis beherrscht: Die Kosten der Arbeit.

Nach Humanisierung der Arbeit, Recht auf Arbeit, Zukunft der Arbeit wird die menschliche Arbeit in diesem Land seit mehr als 15 Jahren ausschließlich in die Kosten gefasst. Dieser Frage verschließt sich niemand. Aber wenn wir die Rede von der menschlichen Arbeit ausschließlich als Kostenfaktordebatte führen, erreichen wir einen neuen Tiefstand in der humanethischen Diskussion, der den ökonomischen Interessen nutzt und den Blick verstellt für die Bedeutung der Arbeit für das Selbstverständnis und die Selbsterhaltung der Individuen in der neuzeitlichen Industriegesellschaft.

„Kosten der Arbeit", das ist der Lieblingskampfplatz der neoliberalen Konterrevolution, die seit Anfang der 80er-Jahre mehr und mehr das Feld beherrscht hat mit ihrer Ein-Ideen-Weltanschauung, die der Ökonomie und ihren Gewinnen nutzt und der Würde des Menschen schadet. Alle und alles haben sich der Marktradikalität zu beugen. Hier beginnt der mitreißende Siegeszug zur Vollbeschäftigung: Niedrigere Arbeitskosten – höhere Gewinne – mehr Investitionen – mehr Wachstum – mehr Beschäftigung. Wer geriete da nicht ins Schwärmen. Wer wäre da nicht bereit, den Staat aus seiner Verantwortung für das gesellschaftliche Subsystem Wirtschaft zu entlassen, den Sozialstaat zu schleifen, das Rad der Sozialgeschichte ins vorletzte Jahrhundert zurückzudrehen, die Steuern für Unternehmen und Wohlhabende zu erlassen, zu deregulieren, zu liberalisieren, zu privatisieren, wenn mit diesen geringen Opfern das hehre Ziel der Vollbeschäftigung wieder zu erreichen ist. Was anderes ist eine soziale Marktwirtschaft als eine libertinäre Marktwirtschaft nach dem Motto: Die Reichen müssen reicher werden, damit die Armen Arbeit finden. Oder: Das Kapital muss sich wohl fühlen, damit alle ihr Wohl finden.

John F. Galbraith hat diese Art der Kapital gesteuerten Politik schon vor Jahrzehnten als die so genannte Pferd-Spatz-Theorie bezeichnet. Wer das Wohl der Spatzen im Auge hat, darf nicht fragen, was den Spatzen zukommt und zusteht. Es ist vielmehr die Aufgabe von Politik und Gesellschaft, die Krippen der Pferde mit allen erdenklichen Gaben und mundenden Zutaten zu füllen. Pferdewohl ist auch Spatzenwohl, denn nur wohlgenährte Pferde können auch das Überleben der Spatzen sichern. Erleichterungen und Entlastungen der Wirtschaft bei Steuern und Abgaben, Löhnen und Lohnnebenkosten, Jugendschutz und Sonntagsruhe werden dazu führen, das Los der Arbeitslosen zu erleichtern.

Radikaler Ökonomismus als Leitbild und Praxis deutscher Politik seit 18 Jahren – das ist nach 150 Jahren sozialgeschichtlichen Kampfes um Gerechtigkeit und Menschenwürde in Wirtschaft und Arbeitswelt ein wahrhaft glanzvolles Ende des sozialdemokratischen Jahrhunderts, ein fulminanter Abschied von der sozialen Marktwirtschaft und ein klägliches Ende des rheinischen Kapitalismus, um den uns die Welt viele Jahre beneidet hat.

Die neoliberale Konterrevolution hat in der Arbeits- und der Lebenswelt der Menschen inzwischen tiefe Spuren hinterlassen. Nichts ist mehr wie es früher einmal war. Aber nichts ist für arbeitende und arbeitslose Frauen und Männer besser geworden in diesem Land. Es gibt Gewinner und Verlierer. Verlierer der Stunde sind die abhängig Beschäftigten und ihre Gewerkschaften.

Nun kommt aber auch die Zeit, da manch einer beginnt, den Kostenmythos der Deutschland AG zu durchschauen und zu erkennen, dass die gesamte Gesellschaft sich in einer Kostenfalle hat festsetzen lassen. Materiell betrachtet, dämmert manch einem die Erkenntnis, dass wir zwar in einem der reichsten Länder der Erde leben, die Diskussion über den gesellschaftlichen Reichtum in Deutschland aber nahezu verstummt ist. Ideell betrachtet erscheint manchen aufmerksamen Zeitgenossinnen und -genossen die Reduktion der Fülle der abendländischen Ideengeschichte auf die Idee der Alleinherrschaft der Ökonomie als eine nur den herrschenden Interessen dienende unverantwortliche und unredliche Simplifikation, die weder der Komplexität der Realität noch den Wertesystemen des Menschlichen auch nur von ferne gerecht werden kann.

3. Die Arbeitsgesellschaft ist faktisch tot: Eine utopische Erneuerung

Seit einigen Jahren ist jetzt aber auch zu beobachten, dass sich das sozialethische Projekt „Zukunft der Arbeit" nach 15 Jahren neoliberaler Konterrevolution unter Einschluss der Vereinigungserfahrung in unterschiedlichen politischen Lagern und bei verschiedenen gesellschaftlichen Gruppen zurückmeldet. Das Angebot einer universalen gesellschaftlichen Reformdiskussion wird erneuert. Die Eliten in Wirtschaft und Politik sind erneut gefragt. Die aktualisierten Diagnosen sind die alten unter verschärften Bedingungen.

Bezeichnend ist, dass es seit etwa Mitte der 90er-Jahre nach bald 20 Jahren wieder so etwas wie einen Boom einschlägiger Veröffentlichungen zum Thema „Zukunft der Arbeit" gibt:

• An der Spitze der Club of Rome: Wie wir arbeiten werden (1997)

• Aus den USA: Jeremy Rifkin: Das Ende der Arbeit und ihre Zukunft (1995) oder Robert Reich: Die neue Weltwirtschaft (1996)

• Aus dem konservativen Lager: Die Berichte der „Kommission für Zukunftsfragen der Freistaaten Bayern und Sachsen" (1996/97)

• Aus dem traditionell sozialreformerischen Lager: Der Bericht der „Zukunftskommission der Friedrich-Ebert-Stiftung" (1998)

• Aus dem kirchlichen Lager: „Für eine Zukunft in Solidarität und Gerechtigkeit". Wort des Rates der evangelischen Kirche in Deutschland und der Deutschen Bischofskonferenz zur wirtschaftlichen und sozialen Lage in Deutschland (1997)

• Aus dem grünen Lager: Tagungen der Heinrich-Böll-Stiftung „Wirtschaft im Umbruch – Zukunft der Arbeit" 28./29.11.1997 in Jena und „Zukunft der Arbeit" 20./21.11.1998 in Leipzig

• Und trotz der Mitwirkung in der bayerisch-sächsischen Zukunftskommission mit eigener sozialwissenschaftlicher Position: Ulrich Beck, Schöne neue Arbeitswelt, Frankfurt a. M. ²1999

• Immer noch und schon wieder dabei: André Gorz, Arbeit zwischen Misere und Utopie, Frankfurt a. M. 2000

(Zu neueren Veröffentlichungen vgl. auch Gerd Mutz (1999): Strukturen einer neuen Arbeitsgesellschaft. In: Aus Politik und Zeitgeschichte, Beilage zur Wochenzeitung Das Parlament, B9/99, 26. Februar 1999 und die Literaturauswahl in diesem Buch)

• Ein Novum kommt aus dem Bereich der parlamentarisch-politischen Arbeit: Der Bericht der Enquete-Kommission „Zukunft der Erwerbsarbeit" des Landtags Nordrhein-Westfalen 2000.

Der aktuellen Diskussion bleibt nichts anderes übrig, als an die utopische Erinnerung anzuknüpfen, denn keine von deren Fragen ist inzwischen ernsthaft aufgegriffen, bearbeitet oder beantwortet worden. Gleichwohl versuchen nur wenige Veröffentlichungen, den Weg der damaligen Überlegungen und Reformforderungen wieder einzuschlagen. Andere schlagen angesichts der flächendeckenden Erfolglosigkeit der ökonomistischen Politik auf dem Arbeitsmarkt finale und radikale Lösungen zu Lasten der kleinen Leute vor. So tut sich etwa der Club of Rome hervor mit einem Konzept der Zwangsarbeit für Arbeitslose gegen einen Hungerlohn. Die bayerisch-sächsische Zukunftskommission möchte eher missmutig hauptamtliche Bürgerarbeit mit dem Sozialhilfesatz honorieren. Beide Vorschläge folgen dem in Mode gekommenen Motto: Kein Geld ohne Arbeit.

Inzwischen entlässt die dritte industrielle Revolution ihre Kinder: Die Arbeitslosigkeit hat endemische Ausmaße angenommen und inzwischen haben sich alle parlamentarisch-politischen Kräfte des Landes an Maßnahmen zur Beseitigung von Arbeitslosigkeit erprobt. Keiner weiß es mehr besser.

Die dritte industrielle Revolution entlässt ihre Kinder wohldosiert: Wenn die heute verfügbare Technik in den Betrieben und Büros zum Einsatz käme, so haben Herbert A. Henzler (Mc Kinsey) und Lothar Späth in ihrem 1993 erschienenen Buch „Sind die Deutschen noch zu retten?" errechnet, würden allein in Westdeutschland etwa neun Millionen noch bestehende Arbeitsplätze wegfallen, und die Arbeitslosigkeit stiege auf Rund 38 Prozent.

Mittlerweile ist sogar Meinhard Miegel zu der Erkenntnis gelangt, die die Reformdebatte der späten 70er- und frühen 80er-Jahre bestimmt hat: *„Die Möglichkeiten der modernen Technik, Maschinen im weitesten Sinne für den Lebensunterhalt sorgen zu lassen, haben in den zurückliegenden Jahrzehnten explosionsartig zugenommen. Das meiste, was standardisierbar ist, können Maschinen heute meist besser und billiger erledigen als arbeitende Menschen. Durch Maschinen können Ideen, Wissen und Können fast beliebig vervielfältigt werden.*

In die gleiche Richtung wirken immer ausgefeiltere Managementmethoden und Strategien des Kapitaleinsatzes. Die Folge: Noch nie waren so viele Menschen für den Wertschöpfungsprozess so entbehrlich wie heute, noch nie konnten so viele durch Wissen und Kapital ersetzt werden. Dabei nutzt die Wirtschaft erst einen Bruchteil der bestehenden Möglichkeiten. Brächte sie diese konsequent zur Anwendung, könnte nach Expertenmeinung ein weiteres Drittel der derzeit Erwerbstätigen in den frühindustrialisierten Ländern zu Hause bleiben." (Miegel 1997)

In der damaligen Diskussion wurde dieser Argumentationsweise stets eine klassische These entgegengehalten: Die Automatisierungs- und Rationalisierungsprozesse verlaufen in erster Linie im Produktionsbereich und betreffen vor allem Fabriken. Die Arbeitsplätze, die hier im Laufe der Zeit verloren gehen, entstehen neu im Bereich von Verwaltungen, im Handel und Verkehr, bei Banken und Versicherungen, in Freizeit-, Urlaubs-, Kultur- und Vergnügungseinrichtungen, so dass eine quantitative Kompensation erfolgt. Die Gesellschaft der Zukunft wurde in der damaligen Zeit als Dienstleistungsgesellschaft bezeichnet. So wie im vorletzten Jahrhundert *aus* der Agrargesellschaft die Industriegesellschaft hervorging, so werde sich im letzten Jahrhundert aus der Industriegesellschaft die Dienstleistungsgesellschaft entwickeln. Statistische Belege aus dem In- und Ausland wurden ist Feld geführt. Dass Deutschland im internationalen Vergleich hier noch deutlich hinter anderen Volkswirtschaften zurückbleibt (zum Beispiel USA), liegt an der mangelnden Flexibilität der Anbieter und vor allem der Mentalität der Verbraucher auf diesem Gebiet. Noch sei das Land im Vergleich mit anderen eine „Dienstleistungswüste" mit unterentwickeltem Servicebewusstsein. Immerhin wurde inzwischen flächendeckend zum Brötchenverkauf am Sonntagvormittag geschritten.

Indes ist der Traum von der Überwindung der negativen Automationsfolgen durch die Entstehung einer blühenden Dienstleistungsgesellschaft als grundsätzliche Lösungsperspektive mittlerweile ausgeträumt für den, der die Radikalität und Universalität der digitalen Techniken ernst nimmt, deren Möglichkeiten, wie gesagt, im Bereich der Produktion und der Dienstleistung liegen.

Eine Studie der Universität Würzburg (Thome 1997) hat ergeben, dass im Laufe der nächsten zehn Jahre nach 1997 die Zahl der Beschäftigen in nahezu allen Dienstleistungsbereichen stark rückläufig sein wird. Der Dienstleistungsbereich wird im genannten Zeitraum um circa sieben Mil-

297

lionen Arbeitsplätze schrumpfen. Die Studie beziffert die Einsparpotentiale im Dienstleistungsbereich durch die Integration von Organisation und Informationsverarbeitung wie folgt:

Transport / Logistik	74 Prozent
Banken	61 Prozent
Versicherungen	59 Prozent
Büroberufe	55 Prozent
Handel	51 Prozent
Vermietung	50 Prozent
Öffentliche Verwaltung	46 Prozent
Gesundheitswesen	35 Prozent
Beratung / Überprüfung	35 Prozent
Planung	33 Prozent
Bildungswesen	27 Prozent
Werbung	19 Prozent
Reinigung	17 Prozent
Sonstige	19 Prozent

Auffällig an dieser für herkömmliches Denken katastrophalen Entwicklung ist die Tatsache, dass von der Schrumpfung sowohl einfache Dienstleistungen (Reinigung) als auch hoch eingeschätzte Zukunftsdienstleistungen wie Beratung, Planung und Bildung betroffen sind, deren Agenten noch von Robert Reich (1996) unter der Bezeichnung „Symbolanalytiker" zu den tragenden Säulen in der Arbeitswelt der zukünftigen Gesellschaft erklärt werden. Die Diskussion um die Dienstleistungsgesellschaft lässt unter ihren Propheten und Apologeten seit jüngstem *zwei Lager* erkennen.

Auf der einen Seite finden sich die Anwälte der kleinen Leute, die sich der so genannten *personenbezogenen Dienstleistungen* annehmen, die vor einer großen Zukunft stehen sollen. Gemeint sind mit dieser Bezeichnung in vielen Fällen offenbar einfache Tätigkeiten von gering qualifizierten Männern und Frauen, die gegenwärtig von Arbeitslosigkeit besonders betroffen sind, die dem Wohle anderer Menschen dienen sollen, die

sich solche Dienste leisten können: Dienstmädchen, Laufbursche, Schuh-
putzer oder vielleicht auch modernere Varianten. Erstaunliche Facetten
einer (post)modernen (personenbezogenen) Dienstleistungsgesellschaft
finden sich beispielsweise im Bericht der Enquete-Kommission „Zukunft
der Erwerbsarbeit" des Landtags Nordrhein-Westfalen:

- Rund ums Auto: An- und Abmeldung durch die Autohandlung;
Abholen, Reparatur und Zurückbringen durch die Autowerkstatt;
- Fahrradreparaturservice kommt ins Haus;
- Rund ums Haus: Tätigkeiten vom Rasen mähen bis zu kleineren
Reparaturen;
- Im Handel in allen Bereichen, insbesondere durch mehr Service
(zum Beispiel Zustelldienste, Einkaufshelferinnen und -helfer);
- In der Gastronomie, wo mehr Service, mehr Bedienungen, Platzan-
weiser möglich sind;
- In der Freizeitwirtschaft, wo mehr Servicepersonal (so in Sonnen-
studios, Erlebnisbädern, Freizeitparks, Kinos) gesucht wird;
- Bei Sozial- und Pflegediensten, wo Hilfstätigkeiten für Kranken-
und Altenpflege, Kindergärten, Schulen und Jugendeinrichtungen
möglich sind;
- Bei Verkehrs- und Sicherheitsdiensten, wo mehr Kontroll-, Ser-
vice- und Wachpersonal im öffentlichen Personennahverkehr, in
Parkhäusern und in privaten und öffentlichen Räumen gesucht
wird.

Es liegt auf der Hand, dass sich viele Menschen eine andere Vorstellung
von einer postindustriellen oder postmodernen Dienstleistungsgesellschaft gemacht haben. Die Gesellschaft von morgen kommt eher ihrer
Refeudalisierung nahe als dem, was der gesunde Menschenverstand sich
unter Modernisierung vorzustellen in der Lage ist.

Auf der anderen Seite melden sich die Propheten des Kommunikations-
zeitalters zu Worte, die nun nicht mehr von Dienstleistungsgesellschaft
sprechen, sondern von der Informations- und Kommunikationsgesell-
schaft oder sogar der „unternehmerischen Wissensgesellschaft". Die Welt
der neuen Medien und Technologien schafft auch eine neue Arbeitswelt.
Die Entwicklung der Medien-, Kommunikations- und Informationswirt-

schaft bringt im Bereich der Herstellung und genuinen Anwendung zahlreiche neue Arbeitsplätze hervor. Hier entsteht der Zukunftsmarkt, der es etwa unausweichlich macht, einen Computer mit Internetanschluss auf jede Schulbank zu stellen.

Fünf Institute der Wirtschafts- und Sozialforschung haben nach mehrjährigen Untersuchungen im letzten Jahr den Abschlussbericht „Dienstleistungen als Chance: Entwicklungspfade für die Beschäftigung" veröffentlicht, der die entsprechenden Hoffnungen entschieden dämpft. (Roitsch 1999) Falsch ist *„die These von der Job-Maschine Neue Medien mit explodierenden Märkten, die quasi von selbst Beschäftigung schaffen."* In Wirklichkeit verläuft die Entwicklung sehr uneinheitlich. Bei den Herstellern von Elektronik und Informationstechnik ist die Zahl der Beschäftigten trotz hoher Zuwachsraten bei den Umsätzen rückläufig, bei den Betreibern von Telekommunikationsnetzen verläuft der Weg ganz unterschiedlich. Fazit: *„Die neuen Jobs kommen nicht von alleine, sondern sie kommen (...) nur im Zusammenspiel von technologischen Innovationen, Deregulierungen, Reformen und Fördermaßnahmen."*

Auch die weltweite Internet-Euphorie scheint bei genauerem Hinsehen wenig begründet, auch wenn sie Repräsentanten auf höchster Ebene hat wie den US-Präsidenten Clinton: „Ich bin sicher, dass Computer und Internet uns die Möglichkeit geben, mehr Menschen denn je schnell aus der Armut zu führen."

Der US-Ökonom Robert Gordon dagegen widerspricht seinem Präsidenten ganz entschieden: Das Internet bietet nichts Neues. Es ergänzt oder ersetzt lediglich Vorhandenes wie Fernsehen oder Bibliotheken. Das Internet verschafft Anbietern keine neuen Umsätze, sondern verteilt vorhandene anders. Der E-Commerce bringt mehr Kosten, aber keine neuen Marktanteile.

In der Geschichte der großen technischen Errungenschaften kommt dem Internet keine sonderliche Bedeutung zu. Ein Wasser- und Abwasseranschluss im Hause ist von vergleichsweise größerer gattungsgeschichtlicher Bedeutung als ein Internetanschluss. In einer Welt, in der 80 Prozent der Menschheit noch nie telefoniert haben, hängt das Wohl der Menschheit nicht vom Internet ab.

Es hat den Anschein, als sei mit dem Internet ein neuer Mythos in die Welt gekommen, der von einer Göttermaschine erzählt, die alle menschlichen Möglichkeiten übersteigt und der sich die Mitglieder der menschlichen Gemeinschaft auf Gedeih und Verderb unterzuordnen haben. Nur wer sich anpasst, wird überleben, nur wer sich der Göttermaschine von Kindesbeinen an unterwirft, erhält sich die Chance zum wahren Leben. Nun endlich steht ein Lebenselixier zur Verfügung für alle Bereiche von Wirtschaft und Gesellschaft – das Medium für eine junge Web- und Softwaregeneration, die die Sterne vom Himmel holt, wenn sie früh genug ins Internet und ans Internet geht. Nüchternheit und Entmythologisierung sind hier angesagt.

Dementsprechend gibt es in der neu aufgekommenen Diskussion um die Zukunft der Arbeit sogar Publikationen, in denen man lesen kann, dass langfristig 20 Prozent des Erwerbspotentials ausreichen werden, um den gesellschaftlichen Reichtum an Gütern und Dienstleistungen für alle zu mehren. (Martin/Schumann 1996) Die wahre Königin der digitalen Revolution ist und bleibt die Produktivität.

Die Zeitzeugen sind sich auch in der neuen Debatte um die Zukunft der Arbeit einig.

„Arbeitslosigkeit entsteht aus der Tatsache, daß die Produktivität schneller wächst als die Produktion." (Claus Offe 1995)

„Das Ansteigen der Produktivität durch arbeits- und kapitalsparende Innovation wird weiterhin viel größer sein, als das mögliche Wirtschaftswachstum." (André Gorz, 1994)

Fulminant wie immer Ulrich Beck (1996): *„Der Kapitalismus schafft die Arbeit ab (...) Das Volumen der Erwerbsarbeit schwindet rapide. Wir laufen auf einen Kapitalismus ohne Arbeit zu – und zwar in allen industriellen Ländern der Welt."* Man könnte noch genauer analysieren und formulieren: Der Kapitalismus schafft die Arbeit ab für die Armen und die Abgaben und Steuern für die Reichen. Welch wundervolle und gerechte Wirtschaftsordnung!

Der katholische Soziallehrer Friedhelm Hengsbach hat im SPIEGEL (10/1997) die Neuauflage des sozialethischen Projekts „Zukunft der Arbeit" der Gegenwart noch einmal nahe gelegt: *„Das Bruttosozialprodukt in der Bundesrepublik hat sich in den vergangenen 30 Jahren verdoppelt, die*

Arbeitszeit pro Beschäftigtem ist um ein Fünftel zurückgegangen. Der Produktivitätsfortschritt ist so rasant, daß der Trend, mit weniger Arbeitskräften dasselbe oder ein besseres Produktionsergebnis zu erzielen, nicht zu stoppen ist. Vollbeschäftigung wie in den 60er Jahren wird es nicht mehr geben. Da muß ganz neu gedacht werden.(...) Ich denke, daß die Industriegesellschaft an einer Wegmarke steht, wie vor 150 Jahren die Agrarwirtschaft. Damals waren 80% der Beschäftigten in der Landwirtschaft tätig, heute sind es 2-4 Prozent. Vielleicht schaffen es in 50 Jahren 10% der Beschäftigten, die Gesellschaft mit allen Industrieprodukten zu versorgen. Und was machen die anderen? Die Frage ist, wie kann das Produktionsergebnis, also der gesellschaftliche Reichtum so verteilt werden, daß diejenigen, die wegrationalisiert werden, nicht automatisch in die Armut gestoßen werden."

Dazu gibt es neuerdings auch eine Stimme von der anderen Seite des Atlantiks in Jeremy Rifkins Buch „Das Ende der Arbeit und ihre Zukunft":

„ In Zukunft werden die Menschen immer weniger Zeit am Arbeitsplatz verbringen und immer mehr freie Zeit verfügen. Ob diese Freizeit eine durch unfreiwillige Teilzeitarbeit, Entlassung oder Arbeitslosigkeit erzwungene sein wird, oder ob sie aus der Verteilung der Produktivitätszuwächse resultiert und mit kürzerer Wochenarbeitszeit und höherem Einkommen hergehen wird, das ist eine noch ungelöste politische Frage."

Ehe diese Frage aufgegriffen werden soll, ist noch einmal ein Fazit nötig, auf das sich nicht viele Zeitgenossen einlassen mögen. Jetzt heißt es nicht mehr: Der Arbeitsgesellschaft geht die Arbeit aus. Nunmehr kann mit André Gorz gesagt werden: *„Die Arbeitsgesellschaft ist faktisch tot."* Aber das Bewusstsein und die gesellschaftlichen Institutionen der Arbeit und der sozialen Sicherung sollen immer noch so funktionieren, als sei sie noch lebendig oder könne revitalisiert werden durch einige Opfer der Massen und weitere Privilegierung der Eliten. Die schmerzlichen Benachteiligungen und die einseitigen Privilegierungen, die jetzt unter der irreführenden Bezeichnung „Reformen" auf den Weg gebracht werden, verstellen den Blick für die Tatsache, dass eine Epoche moderner Sozialgeschichte an ihr Ende gelangt ist: Der Gesellschaftsvertrag der Moderne ist zerbrochen, dessen Kernbestandteil Vollbeschäftigung war, die es nicht mehr gibt und nie wieder geben wird. Vollbeschäftigung war die Voraussetzung dafür, dass alle Menschen in mehr oder weniger gerechter Weise an der Herstellung und Verteilung des gesellschaftlichen Reichtums beteiligt sein konnten mit der demokratischen Möglichkeit, bestehende oder eintretende Ungerechtigkeiten auf reformerischem Weg zu minimieren.

Die zweite Vorstellung des sozialethischen Projektes „Zukunft der Arbeit" steht jetzt unter einem neuen Vorzeichen: Jenseits der Vollbeschäftigung, jenseits der Arbeitsgesellschaft ist ein *neuer Gesellschaftsvertrag* zu konstruieren und im Konsens herbeizuführen. Im Kern muss er eine neue Versöhnung von Arbeit und Leben für Frauen und Männer, angepasst an die Lebensweise der Natur, ermöglichen. Die Grundlagen der Gesellschaft sind zu erneuern. Es geht sozusagen um eine Jahrhundertreform, nicht aber fernerhin um das Kurieren an Symptomen.

Die Zeitzeugen benennen die Dimensionen: Offe spricht von einer gesellschaftlichen Innovation, Beck, Rifkin und Hengsbach von einem neuen Gesellschaftsvertrag, den Gorz seinerseits als ein politisches und kulturelles Gesamtprojekt bezeichnet. Im Zentrum stehen Lösungsvorschläge für eine neue Verteilung von Arbeit und Einkommen und ihre Verhältnisbestimmung:

„*Die Umverteilung des gesamten Arbeitsvolumen und die des gesamten erwirtschafteten Reichtums auf alle Menschen müssen untrennbar miteinander verbunden bleiben.*" (Gorz 1994)

Gorz und anderen schwebt zur Neuordnung der Verteilung ein duales System vor. Zunächst sind deutliche Arbeitszeitverkürzungen verstärkt von Bedeutung, wenn die bedeutenden Produktivitätssteigerungen zum Wohle aller, auch der Arbeitenden und Arbeitslosen, nach Maßgabe sozialer Gerechtigkeit realisiert werden sollen. Damit es aber auch zu Neueinstellungen kommt, sind betriebswirtschaftlich Lohnrückgänge in Kauf zu nehmen. Weil aber der volkswirtschaftliche Reichtum wächst, gibt es einen zweiten Schritt zur Verteilung durch „ein lohnergänzendes Sozialeinkommen im unteren Bereich" (Hengsbach) aus „einer neuartigen Sozialkasse" (Gorz). „*Die Arbeitnehmer beziehen dann zwei Einkommen: den gemäß Tarifvertrag und Betriebsabkommen festgesetzten Lohn, der mit der Arbeitszeit auch abnehmen kann; und ein Sozialeinkommen, einen zweiten Scheck, der mit der Zeit zu einem wichtiger werdenden Anteil des Gesamt-*

einkommens anwächst. Diese Lösung gewinnt jetzt ziemlich rasch an Boden, denn langfristig gibt es ohnehin keinen anderen Weg. " (Gorz 1994)

Diese Lösung hat den Vorzug, dass an bestehende Realitäten angeknüpft wird, weil Familieneinkommen bereits heute in der Regel Mixeinkommen aus Erwerbs- und Transfereinkommen sind (z.B. Kindergeld). Diese Lösung kann als klassisch bezeichnet werden, weil sie dem Zentralinstitut „Erwerbsarbeit für alle" sehr verbunden bleibt und die neue Verteilung lediglich eine Schwerpunktverlagerung klassischer Distributionswege erforderlich macht.

Die aktuellen Vorschläge unter dem Stichwort Kombilohn gehören nicht in diesen Zusammenhang. Das Kombilohnmodell gehört in die Kategorie „Verteilung des Mangels". Das duale System des Mixeinkommens hingegen gehört in die Kategorie „Verteilung des Reichtums" bei abnehmender Erwerbsarbeit.

Andere Autoren (Offe, Rifkin, Beck) schlagen eher zivilgesellschaftliche Regelungen für einen neuen Gesellschaftsvertrag vor. Ein „Dritter Sektor" (Rifkin) neben Markt und Staat, non-profit orientiert, wird zum Feld selbstgewählter bürgerlicher Betätigung. Dieser Sektor von Offe als „postindustrieller Haushaltssektor" vorgestellt, steht für ihn unter dem Vorbehalt der Freiwilligkeit. Dafür steht ein Sabbatkonto von zehn Jahren zur Verfügung. Es muss bei knapper werdender Erwerbsarbeit möglich werden, freiwillig auf die Teilnahme am Arbeitsmarkt zu verzichten. Ich kann freiwillig eine arbeitsmarktexterne Lebens- und Tätigkeitsform wählen. Genannt werden: Hausarbeit, Ehrenamttätigkeit in gemeinnützigen Vereinen und Gesellschaften, Genossenschaften, freiwillige Dienste, nützliche Eigenarbeit. Wer den Nachweis solcher zivilgesellschaftlichen Tätigkeit erbringt, erhält ein rechtlich gesichertes Einkommen aus öffentlichen Mitteln, das so genannte Grundeinkommen, Grundsicherung oder Bürgergeld. Dieser Weg des freiwilligen Erwerbsarbeitsverzichts entlastet den Arbeitsmarkt, forciert zivilgesellschaftliche Innovationen und stellt die Grundsicherungsdiskussion vom Kopf auf die Füße.

Rifkin möchte den markt- und staatsfreien „Dritten Sektor" bürgerlicher Betätigung dadurch fördern und entwickeln, dass sich hier Menschen betätigen, die nur Teileinkommen in Erwerbsarbeit erzielen, denen dann zum Lohn die Steuern erlassen werden. Vollzeitarbeit im Dritten Sektor kann seiner Meinung nach finanziert werden durch eine Wertschöpfungssteuer der Cyberindustrien oder durch eine Sondersteuer auf ihre speziellen Produkte.

In ähnlicher Weise konkretisiert Beck seinen Begriff der „Öffentlichen Arbeit" und favorisiert vor allem ökologische, emanzipatorische, partizipatorische Projekte und Tätigkeitsfelder. So soll die Erwerbsgesellschaft jenseits der Vollbeschäftigung um eine selbstorganisierte Zivilgesellschaft ergänzt werden. Neben die arbeitsmarktrelevanten Aspekte tritt hier die gesellschaftspolitische Perspektive, nach der es wünschenswert ist, dass Arbeit nicht nur als Erwerbsarbeit begriffen wird, sondern anderen Formen der menschlichen Betätigung ein gleicher Rang und gleiches Ansehen eingeräumt werden. „Wenn das amerikanische Modell auf eine Kombination von Vollbeschäftigung und working poor hinausläuft, dann könnte das deutsche (europäische Modell) eine Kombination von Erwerbsarbeit und grundfinanzierter Mitwirkung in der zivilen Gesellschaft zum Ziel haben. Diejenigen, die sich in Selbstorganisationen engagieren, stehen ja nicht mehr dem Arbeitsmarkt zur Verfügung und sind in diesem Sinne keine Arbeitslosen. Sie sind aktive Bürger, die sich für das Allgemeinwohl engagieren und dafür eine (zeitlich begrenzte) ‚Grundsicherung' erhalten." (Beck 1996)

Nicht unerwähnt bleiben soll die Position, die besagt, dass in der menschenleeren Fabrik die Einkommen langfristig von Lohn- und Gehaltseinkommen zu Kapitaleinkommen umgebaut werden müssen. Wassily Leontiefs Überlegungen in diese Richtung sind im Zusammenhang der früheren Diskussion bereits zitiert worden. In ähnlicher Weise können auch Gedanken von Meinhard Miegel aufgenommen werden:

„Ganz offenkundig wurde versäumt, breiten Schichten der Bevölkerung nicht nur über Erwerbsarbeit und Transfers, sondern auch über Wissen und Kapital Zugang zum Volkseinkommen zu verschaffen. Dieses Versäumnis wiegt umso schwerer, als durch Jahrzehnte hindurch kräftig am Ast der Erwerbsarbeit gesägt worden ist und zugleich Wissen und Kapital im Wertschöpfungsprozess aufgewertet wurden.

Was hätte da näher gelegen, als mit der Rückführung der Erwerbsarbeit möglichst vielen Menschen den Verteilungsschlüssel Wissen und Kapital *in die Hand zu geben? Die Bevölkerungen der frühindustrialisierten Länder hätten sich im produktivsten Sinne dieses Begriffs zu arbeitenden Rentiersgesellschaften entwickeln können und müssen – zu Rentiers ihres Wissens.*" (Miegel 1997)

Bei all diesen Ansätzen und Reformpfaden, die den Namen verdienen, zeigt sich, dass es mit einem Vorschlag nicht getan ist. Vor allem eine wie derzeit in Deutschland isoliert vorgetragene Forderung nach Beteiligung der abhängig Beschäftigten am Produktivvermögen erweist sich als ein gut gemeintes Relikt einer verflossenen aber nie ernsthaft aufgegriffenen sozialgeschichtlichen Tradition. Modern werden diese und andere Forderungen, wenn sie eingehen in die Gesamtkonzeption einer postindustriellen Gesellschaft der Vollbeschäftigung nach der Vollbeschäftigung, einer Arbeitsgesellschaft nach dem Tode der Arbeitsgesellschaft, die wir gekannt haben.

4. Es lebe die Arbeitsgesellschaft:
Plädoyer für einen neuen Gesellschaftsvertrag

Der Begriff Gesellschaftsvertrag, der in der gegenwärtigen Minderheitendebatte über die Zukunft der Arbeit herumgeistert, wird hier in einem spezifischen Sinne aufgegriffen und ausgefüllt. Die Bezeichnung „neuer Gesellschaftsvertrag" ist in die Diskussion gebracht worden von denjenigen, die deutlich machen wollen, dass mit dem vergangenen Jahrhundert eine Epoche der Sozialgeschichte zu Ende gegangen ist, die mit der frühindustriellen Revolution begonnen hat und nach vielen positiven und dramatisch negativen Entwicklungen sowie zahlreichen historischen Errungenschaften für das Proletariat mit dem Vollzug der digitalen Revolution endet. Der Begriff ist ein Symbol für die Erkenntnis, dass das Alte vergangen ist und Grundregeln des Zusammenlebens neu gestaltet werden müssen. Er ist Symbol für Gesellschaftsreformen, die den wirklichen Problemen entsprechen und darum diesen Namen auch verdienen.

Der Begriff Gesellschaftsvertrag ist eine philosophische Fiktion, die der Gesellschaftstheorie und dem Staatsdenken der Aufklärung entstammt und besagt, dass das Zusammenleben der Menschen in Staat und Gesellschaft auf fiktiven, ursprünglichen Übereinkünften der freien und gleichen Individuen beruht zur humanen Regelung der grundlegenden sozialen Sachverhalte der Herrschaft von Menschen über Menschen (Freiheit) und der Beteiligung der Einzelnen an der Herstellung und Verteilung des gesellschaftlichen Reichtums (soziale Gerechtigkeit), ohne die die Gesellschaft eine „Räuberhöhle" ist, wie Augustin sagt.

Der jüngste Entwurf einer umfassenden kontraktualistischen Theorie stammt von dem amerikanischen praktischen Philosophen John Rawls (Rawls 1975), die hier nicht unerwähnt bleiben darf, weil sie mit ihrer Wirkungsgeschichte auch die deutsche Debatte beeinflusst, wenn auch eher unbewusst und unwissentlich. Nach Rawls sind im Vertrag hinter dem Schleier der Unwissenheit zwei Grundregeln zu Freiheit und Gerechtigkeit festgehalten: 1. Alle Grundfreiheiten müssen für alle Menschen, also für jeden Einzelnen gewährleistet sein. 2. Soziale und wirtschaftliche Ungleichheiten müssen so beschaffen sein, dass sie den am wenigsten Begünstigten den größtmöglichen Vorteil unter Garantie der Chancengleichheit bringen. Rawls' Gesellschaftsvertrag ist der Tradition der Aufklärung und der Menschenrechte verpflichtet und damit einem universalistischen Menschenbild und einer allgemeingültigen Philosophie. In den USA wurde von verschiedenen Autoren in den 80er- und 90er-Jahren eine alternative praktische Philosophie formuliert, die sich gegen Rawls' Grundannahmen richtet und unter der Bezeichnung „Kommunitarismus" bekannt geworden ist.

Die Kritiker bemängeln den kalten blutleeren Gerechtigkeitsindividualismus. Ein abstraktes, zeit- und geschichtsloses Wesen über den Sternen ist der Mensch der Vertragstheorie, „the unencumbered self". Demgegenüber sehen die Kommunitaristen die Menschen als herzhafte Wesen, die in bestimmten Regionen zu Hause sind, einer Geschichte entstammen, zu traditionellen Kulturen mit spezifischen Sitten, Gebräuchen, religiösen und sozialen Werten gehören. Der Gemeinschafts- und Nachbarschaftsmensch ist ein „radical situated subject". (Zur Diskussion vgl. neben den Veröffentlichungen von Rawls auch: Kersting 1993; Reese-Schäfer [2]1995; Brumlik/ Brunkhorst 1993; Honneth [3]1995; Walzer 1992) Aus den verschiedenen anthropologischen Sichtweisen erwachsen, kurz gesagt, unterschiedliche politische Optionen. Der Kontraktualismus scheint stärker etatistisch ausgerichtet zu sein. Es bedarf der ordnenden Hand des Sozial- und Rechtsstaates, um die Normen der Gerechtigkeit und Freiheit in erfüllbare Regeln des Zusammenlebens als gleiches Recht für alle umzusetzen und zur Geltung zu bringen. Der Kommunitarismus ist primär zivilgesellschaftlich ausgerichtet. Die Gemeinschaftswerte und -traditionen und die mitmenschliche Orientierung im kommunalen Nahbereich sind die Quellen für Eigenverantwortung, Selbsthilfe und die Entschlossenheit zum eigenständigen und gemeinwohlorientierten Handeln. Es ist darauf hingewiesen worden, dass es in der Auseinandersetzung zwischen Kontraktualismus und Kommunitarismus um vielfältige Differenzierungen und Akzentverschiebungen gehe; ob im Ausschluss- oder Ergänzungsverfahren ist nicht so recht ersichtlich: Gerechtigkeit und Gemeinschaft, das Gerechte und das Gute, Normen und Ideale, die Regeln und die Tugend, die Verhältnisse und das Verhalten.

Bei uns ist die amerikanische Kontroverse der praktischen Philosophie in einer eher vulgären Variante ohne sonderliches theoretisches Niveau in der politischen Tagesdiskussion angekommen. Die deutsche Debatte ist, ohne theoretisch strukturiert zu sein, faktisch geprägt von den drei Optionen Neoliberalismus (sprich: ökonomistischer Liberalismus), Kontraktualismus (sprich: soziale Marktwirtschaft, ein Staatsziel als Synthese aus Freiheit und sozialer Gerechtigkeit) und Kommunitarismus (sprich: Eigenverantwortung der Zivilgesellschaft als moderne Variante des Subsidiaritätsprinzips).

Nun hat sich auf diesem Feld in der letzten Zeit ein überparteiliches Politikmuster herausgestellt, dass sich in den unterschiedlichsten politischen Lagern findet und einen Dreischritt impliziert.

• Dem *Neoliberalismus* wird breiter Raum eingeräumt, zum Beispiel durch Entlastung der Wirtschaft auf allen Gebieten und Ermöglichung aller nur von ihr geforderten innovativen Prozesse, in der Hoffnung auf ein dadurch entstehendes kontinuierliches Wachstum des Arbeitsvolumens zur Verringerung der Arbeitslosigkeit.

• Damit verknüpft ist die Kritik am Steuer- und Sozialstaat, die von allen ökonomischen und politischen Eliten geteilt wird: Rückzug des Staates aus der Wirtschaft, Verzicht auf Steuern von Unternehmen und Unternehmern und allen anderen Vermögensbesitzern. Kultivierung eines Zerrbildes vom interventionistischen, überregulierenden, strangulierenden, bevormundenden Staatsmoloch, das gestürmt werden muss. Faktisch wird das Ende des *Kontraktualismus* gefordert.

• Die Aufgaben des Sozialstaates sollen mehr und mehr an die Bürger und Bürgerinnen zurückgegeben werden, um sie aus einer unerträglichen Bevormundung zu befreien. Die plötzlich entdeckte Zivilgesellschaft wird sozusagen der Ausfallbürge für die Aufgaben des Sozialstaats. Hier meint man, kräftige Anleihen bei der erwähnten *Kommunitarismusdebatte* machen zu können, um mit ideologischer Aufrüstung Kosten zu sparen.

Das Schaubild 3 bildet diesen Dreischritt ab, zeigt aber auch andere Zuordnungsmöglichkeiten von Staat, Wirtschaft und Gesellschaft, die derzeit politisch inopportun erscheinen. Das Schaubild folgt zum Teil sprachlichen Vorgaben aus dem oben genannten Sozialwort der Kirchen von 1997.

Merkwürdigerweise wird dieser gesamtpolitische, vielleicht auch gesamtgesellschaftliche Elitenkonsens als „Politik der Modernisierung" dargestellt, obwohl mit Händen zu greifen ist, dass mit diesem Dreischritt der endgültige Abschied von der Moderne in der Gestalt des rheinischen Kapitalismus vollzogen wird. Es ist schon ein eigentümliches Phänomen, dass auch die politischen Kräfte des Landes (Gewerkschaften und Sozialdemokraten), die aus genuin kommunitaristischen Traditionen stammen (Arbeiterbewegung, Wohnungsgenossenschaften, Konsumgenossenschaften, andere soziale Selbsthilfeeinrichtungen) und gerade deshalb den Gesellschaftskontrakt der Moderne entscheidend mit erkämpft haben, nun den Weg des Kontraktualismus verlassen wollen, um die Rollbahn des ökonomistischen Liberalismus als Zukunftsweg unter kommunitaristischen Schalmeienklängen zu betreten .

Wer die digitale Revolution ernst nimmt und zugleich an den Grundwerten der Moderne (Freiheit, Gerechtigkeit, Geschwisterlichkeit) festhalten will, weil es nichts Humaneres gibt, wird keine Schwierigkeiten haben, den

Freiheit und Gerechtigkeit

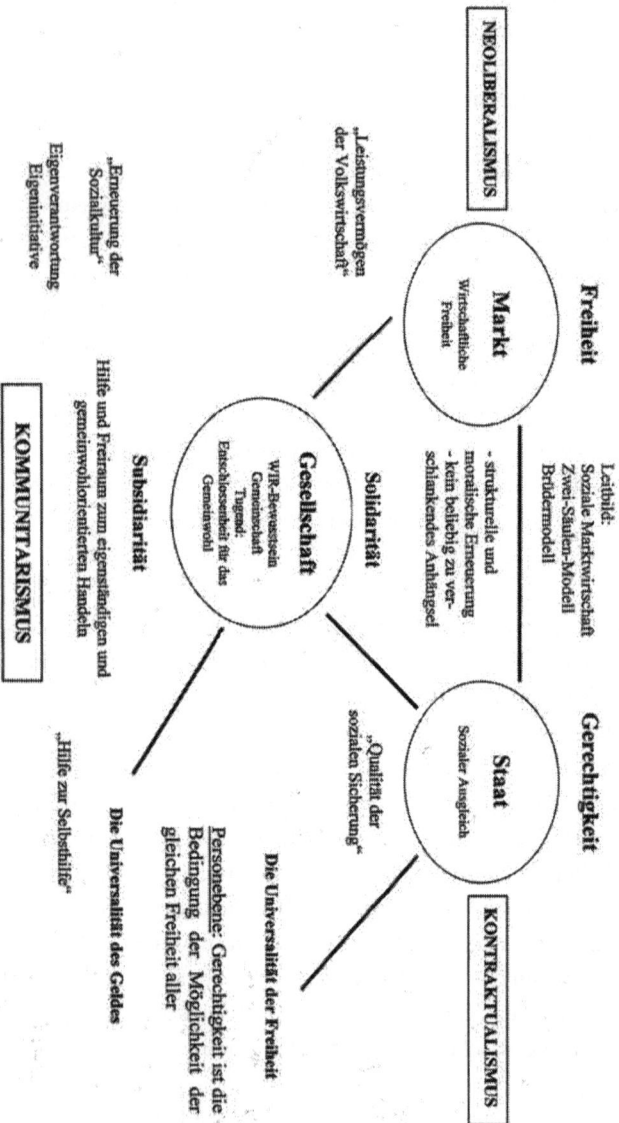

NEOLIBERALISMUS

„Leistungsvermögen der Volkswirtschaft"

„Erneuerung der Sozialkultur"

Eigenverantwortung
Eigeninitiative

Markt
Wirtschaftliche Freiheit

Freiheit

Leitbild:
Soziale Marktwirtschaft
Zwei-Säulen-Modell
Brüdermodell

- strukturelle und moralische Erneuerung
- kein beliebig zu verschränkendes Anhängsel

Gesellschaft
WIR-Bewusstsein
Gemeinschaft
Tugend:
Entschlossenheit für das Gemeinwohl

Solidarität

KOMMUNITARISMUS

Subsidiarität

Hilfe und Freiraum zum eigenständigen und gemeinwohlorientierten Handeln

„Hilfe zur Selbsthilfe"

Staat
Sozialer Ausgleich

Gerechtigkeit

„Qualität der sozialen Sicherung"

Die Universalität des Geldes

Personebene: Gerechtigkeit ist die Bedingung der Möglichkeit der gleichen Freiheit aller

Die Universalität der Freiheit

KONTRAKTUALISMUS

Schaubild 3

310

einfachen Gedanken nachzuvollziehen, dass wir einen neuen Gesellschaftsvertrag brauchen, wenn der alte zerbrochen ist.

Dazu ist es nötig, eine Reihe von Schritten nacheinander zurückzulegen,
um die Aufgabe konkreter zu Gesicht zu bekommen (siehe S. 317).

Der Gesellschaftsvertrag unseres Landes, der sich im Verlaufe einer sehr
langen Zeit seit dem vorletzten Jahrhundert herausgebildet hat, ist nicht
vom Himmel gefallen, sondern das Resultat langwieriger, auch leidvoller
gesellschaftlicher, politischer und ökonomischer Auseinandersetzungen und
sozialer Kämpfe der Schwachen gegen die Starken um soziale Gerechtigkeit.

Sein sozio-ökonomischer Kernbestand sieht die Vollbeschäftigung aller
Männer im erwerbsfähigen Alter in einem so genannten Normalarbeits-
verhältnis vor. Jeder Mann arbeitet 45 Jahre 48, 40 oder 35 Stunden in einer
Fünf-Tage-Woche mit einem Acht-Stunden-Tag. Er erhält einen gerechten
Lohn und den notwendigen Erholungsurlaub. Mit seinem Einkommen
ernährt und erhält er sich, seine Frau und seine Kinder. Mit seinen Steuern
finanziert er die öffentlichen Ausgaben des Staates und seiner Gemeinde.
Mit seinen Abgaben finanziert er seine soziale Sicherheit bei Krankheit,
Unfall, Pflegebedürftigkeit, Arbeitslosigkeit und im Alter. Seine Frau erhält
über sein Erwerbsarbeitsverhältnis eine abgeleitete soziale Sicherheit. Sie
pflegt und erhält ihn und seine Kinder an Leib und Seele und richtet die
häuslichen Angelegenheiten.

Sehr grundsätzliche und konkrete Angaben zu diesem Gesellschaftsvertrag finden sich sogar in kodifizierter Form in verschiedenen Verfassungen
unseres Landes. Die Weimarer Verfassung widmet sich ausführlich dem
Wirtschaftsleben und stellt zunächst einmal klar, dass die Wirtschaft dem
Volke zu dienen hat. Dies ist sozusagen die Voraussetzung und der Ausgangspunkt des Gesellschaftsvertrags:

*„Art. 151: Die Ordnung des Wirtschaftslebens muß den Grundsätzen
der Gerechtigkeit mit dem Ziel der Gewährleistung eines menschenwürdigen Daseins für alle entsprechen. In diesen Grenzen ist die wirtschaftliche Freiheit des einzelnen zu sichern. (...)*

*Art. 163: Jeder Deutsche hat unbeschadet seiner persönlichen Freiheit
die sittliche Pflicht, seine geistigen und körperlichen Kräfte so zu betätigen, wie es das Wohl der Gesamtheit erfordert. (...)*

Jedem Deutschen soll die Möglichkeit gegeben werden, durch wirtschaftliche Arbeit seinen Unterhalt zu erwerben. Soweit ihm angemessene Arbeitsgelegenheit nicht nachgewiesen werden kann, wird für seinen notwendigen Unterhalt gesorgt."

Da diese Elemente des Gesellschaftsvertrags in der Weimarer Republik nicht eingehalten worden sind oder werden konnten, haben die Verfasser des Grundgesetzes 1949 gänzlich darauf verzichtet, soziale Grundrechte und soziale Grundverpflichtungen des Staates, also ökosoziale Grundelemente des Gesellschaftsvertrags in das Grundgesetz der Bundesrepublik Deutschland aufzunehmen.

Anders dagegen die meisten Verfassungen der Bundesländer, die ebenfalls nach dem Zweiten Weltkrieg entstanden sind. Ein besonders aufschlussreiches Beispiel liefert die Verfassung des Landes Nordrhein-Westfalen aus dem Jahre 1950. Sie kodifiziert gleichsam einen kompletten Gesellschaftsvertrag im Sinne des hier dargelegten Verständnisses:

„Art. 24 (Arbeit, Lohn, Urlaub) (1) Im Mittelpunkt des Wirtschaftslebens steht das Wohl des Menschen. Der Schutz seiner Arbeitskraft hat Vorrang vor dem Schutz des materiellen Besitzes. Jedermann hat ein Recht auf Arbeit.

(2) Der Lohn muss der Leistung entsprechen und den angemessenen Lebensbedarf des Arbeitenden und seiner Familie decken (...).

(3) Das Recht auf einen ausreichenden bezahlten Urlaub ist festzulegen.

Art. 5 (2) Die der Familie gewidmete Hausarbeit der Frau wird der Berufsarbeit gleichgeachtet."

Der Satz: „Jedermann hat ein Recht auf Arbeit", soll heißen: Jeder Mann hat ein Recht auf Arbeit. Was schon in der exklusiven Sprache der Weimarer Verfassung zum Ausdruck kam, wird hier unmissverständlich auf den Begriff gebracht. Erwerbsarbeit ist Männersache, Hausarbeit ist Frauensache. Neben diesem schweren Mangel des modernen Gesellschaftsvertrages dokumentiert die Verfassung zugleich die grundlegenden positiven Elemente: Vollbeschäftigung ist gemeint (Jeder Mann = alle Männer), und es wird ein Arbeitsverhältnis verfassungsmäßig festgelegt, von dessen Lohn eine Familie leben kann, das so genannte Normalarbeitsverhältnis.

Bevor wieder auf den aktuellen und nicht mehr zu heilenden Bruch des Gesellschaftsvertrags der Moderne eingegangen wird, soll noch ein Blick auf einige andere Landesverfassungen geworfen werden, der vor Augen führt, in welchem Geist und mit welcher Würdigung und Aufgabenstellung der Ökonomie nach 1945 der Gesellschaftsvertrag der Moderne reformuliert worden ist:

Rheinland-Pfalz 1947, Art. 51: *„Die Wirtschaft hat die Aufgabe (...) für alle Glieder des Volkes die zur Befriedigung der Lebensbedürfnisse erforderlichen Sachgüter zur Verfügung zu stellen. Die Ordnung des Wirtschaftslebens muss den Grundsätzen der sozialen Gerechtigkeit mit dem Ziel der Gewährleistung eines menschenwürdigen Daseins für alle entsprechen. "*

Bayern 1946, Art. 151: *„Die gesamte wirtschaftliche Tätigkeit dient dem Gemeinwohl, insbesondere der Gewährleistung eines menschenwürdigen Daseins für alle und der allmählichen Erhöhung der Lebenshaltung aller Volksschichten. "*

Hessen 1946, Art. 38: *„Die Wirtschaft des Landes hat die Aufgabe, dem Wohle des ganzen Volkes und der Befriedigung seines Bedarfs zu dienen. Zu diesem Zwecke hat das Gesetz die Maßnahmen anzuordnen, die erforderlich sind, um die Erzeugung, Herstellung und Verteilung sinnvoll zu lenken und jedermann einen gerechten Anteil an dem wirtschaftlichen Ergebnis aller Arbeit zu sichern. "* (So auch in den Verfassungen des Saarlands und Bremens)

Das sozialethische Niveau dieser Verfassungen ist in der Praxis nie erreicht worden, wenngleich die Politik und die Institutionen der abhängig Beschäftigten über Jahrzehnte hinweg versucht haben, die Wirtschaft bei ihrer in diesen Verfassungen vorgesehenen Rolle nach dem Motto des Hirtenbriefes der Katholischen Bischofskonferenz der USA aus dem Jahre 1987 „Die Wirtschaft ist für das Volk da, ja für das ganze Volk, und nicht das Volk für die Wirtschaft" zu behaften.

Nun ist letzteres Alltag geworden in Deutschland. Die ökonomischen Realitäten haben den Boden der Verfassungen verlassen. Der ökonomistische Liberalismus sieht im Gegenteil das Wohl des Volkes am ehesten gewährleistet, wenn das Volk und seine politischen Institutionen sich den wirtschaftlichen Interessen und Ansprüchen unterordnen und ausschließlich den wilden Regeln des Marktes gehorchen. Wer diesen Unterordnungsprozess aktiv mitgestaltet, wird Modernisierer genannt und arbeitet an der Zukunft der Gesellschaft. Wer an das sozialethische Niveau und die Realität der Verfassung erinnert, gilt als Traditionalist, der in der Vergangenheit gefesselt bleibt.

Die ideologische Grundlegung der historischen Wende „Freier Markt gegen Soziale Gerechtigkeit" hat der Kirchenvater des ökonomistischen Liberalismus, Friedrich August von Hayek, schon vor Jahrzehnten vollzogen und immer wieder bekräftigt:

„Der Ausdruck soziale Gerechtigkeit gehört nicht in die Kategorie des Irrtums, sondern in die des Unsinns wie der Ausdruck ‚ein moralischer Stein'. Was heißt denn hier Gerechtigkeit? Wer ist denn da gerecht oder ungerecht? Die Natur? Oder Gott? Jedenfalls nicht Menschen, da die Verteilung, die aus dem Marktprozeß hervorgeht, nicht das beabsichtigte Ergebnis menschlichen Handelns ist. Daher ist der Begriff der sozialen Gerechtigkeit in einer marktwirtschaftlichen Ordnung (...) völlig sinnlos." (von Hayek 1981)

Solche Äußerungen erweisen den letztlich transmetaphysischen Charakter der ökonomistisch-liberalistischen Marktradikalität jenseits von Mensch, Natur und Gott. Der Markt wird zur singulären übergöttlichen Gottheit erklärt, der man unter keinen Umständen den Gehorsam verweigern kann, weil es dafür keinen natürlichen, keinen menschlichen und keinen übermenschlichen Grund gibt. Das apokalyptische Credo des ökonomistischen Liberalismus steht in einem diametralen Gegensatz zur Philosophie und Ethik der Sozialen Markwirtschaft, deren Intention und Konzeption sich immer noch am besten mit einem unvergleichlichen Zitat von Adolf Müller-Armack zum Ausdruck bringen lassen:

„Zwei großen sittlichen Zielen fühlen wir uns verpflichtet: der Freiheit und der sozialen Gerechtigkeit. (...) Die soziale Gerechtigkeit muß mit und neben der Freiheit zum integrierenden Bestandteil unserer Wirtschaftsordnung werden." (Müller-Armack 1950, S. 16)

Der Gesellschaftsvertrag der Moderne ist also auf vielfältige Weise an sein Ende gekommen und zerbrochen:

• Die sozialethische Grundlage des Wirtschaftssystem, auf der die Ausgestaltung des Gesellschaftsvertrags basierte, ist in den letzten 20 Jahren faktisch aufgekündigt worden: Verteilungsgerechtigkeit als Aufgabe des Wirtschaftens.

• Ein Normalarbeitsverhältnis für jedermann in einem System der Vollbeschäftigung wird nicht mehr gewährt. Es gibt vier Millionen registrierte arbeitslose Erwerbsfähige und eine Dunkelziffer von mehreren Millionen Menschen, die statistisch nicht registriert sind, sich aber faktisch auf Arbeitssuche befinden. Neben dem verschwindenden Normalarbeitsverhältnis haben sich zahlreiche Arbeitsformen eines Beschäftigungsniveaus unterhalb des Normalarbeitsverhältnisses entwickelt: Zeitlich befristete, untertariflich bezahlte, mit geringer Stundenzahl versehene und/oder zu allen Tageszeiten oder auf Abruf stattfindende Arbeitsformen. Von flockigen und bunten Beschäftigungsverhältnissen ist heute die Rede. Bereits 40 Prozent der Erwerbsfähigen sind derzeit arbeitslos oder arbeiten in diesen Formen außerhalb des Normalarbeitsverhältnisses.

• Der alte Gesellschaftsvertrag der Moderne war ein Unternehmen von Männern für Männer mit einer abgeleiteten Schattenexistenz für Frauen. Ein klassisches Beispiel für das, was Ulrich Beck die „halbierte Moderne" nennt, deren Komplettierung immer noch aussteht. Jetzt steht die bestausgebildete Frauengeneration in der Geschichte der Menschheit am Ende der Bildungssysteme und fordert ihren angemessenen Platz im Beschäftigungssystem. Statt nun den Gesellschaftsvertrag reformerisch nach vorne zu entwickeln, ist er nun gänzlich aus den Fugen geraten.

Jenseits der Vollbeschäftigung, jenseits der Arbeitslosigkeit, jenseits der Schattenexistenz von Frauen ist im Einklang mit der Natur ein neuer Gesellschaftsvertrag zu entwerfen, der eine neue Versöhnung von Arbeit und Leben, Männern und Frauen, Mensch und Natur zum Ziele hat. Es ist für die menschliche Erfahrung ja nichts Neues, dass geschichtliche Entwicklungen an ihr Ende gelangen, durch neue Lösungen ersetzt werden müssen und durch neue Möglichkeiten abgelöst werden.

Im Bereich des Wirtschaftslebens sprechen die Eliten in diesem Zusammenhang seit geraumer Zeit vom Strukturwandel. Sein soziales Pendant ist ein neuer Gesellschaftsvertrag.

5. Die Arbeitsgesellschaft wird wieder lebendig: Der 4-3-2-1-Pfad zu einem neuen Gesellschaftsvertrag

Ein neuer Gesellschaftsvertrag ist das Modernisierungprojekt der Gegenwart, das diesen Namen verdient. Darauf verweisen die Schlüsselfragen, Kernthesen und Grundforderungen der folgenden Darstellung:

Woher kommen die Einkommen der kleinen Leute in der menschenleeren Fabrik?

Die Einkommensquellen der Einen sprudeln immer kräftiger, die Einkommensquellen der Massen versiegen.

Wer auf moderne Technologien setzt in der Produktion, braucht auch moderne Formen in der Distribution.

Wir haben die Produktionsmethoden des 21. Jahrhunderts und die Distributionsmethoden des 19. Jahrhunderts.

Wir produzieren mit Bill Gates und verteilen mit Bismarck.

Die technologischen und ökonomischen Innovationen müssen von entsprechenden sozialen und distributiven Innovationen begleitet werden. Alle anderen Wege schließen wachsende Teile der Bevölkerung von der Teilhabe am gesellschaftlichen Reichtum aus und verlassen den Boden der Verfassung.

Das dringlichste politisch-gesellschaftliche Reformprojekt unter der Perspektive „Zukunft der Arbeit" in einem neuen Gesellschaftsvertrag ist jetzt eine **„breite und nachhaltige Einkommenssicherung"** (Sozialwort), das heißt Einkommen für alle und lebenslang durch eine Modernisierung der Verteilungswege.

Zukunft der Arbeit in einem neuen Gesellschaftsvertrag
Vier - Drei - Zwei - Eins
4321

Wir kennen vier Formen der Arbeit und drei Arten von Einkommen. In einem neuen Gesellschaftsvertrag werden die Formen der Arbeit und die Formen der Einkommen einander neu zugeordnet.

Welches Einkommen für welche Arbeit? Welche Arbeit ohne Einkommen? Welches Einkommen ohne Arbeit? Wie sind Männer und Frauen an Arbeit und Einkommen beteiligt?

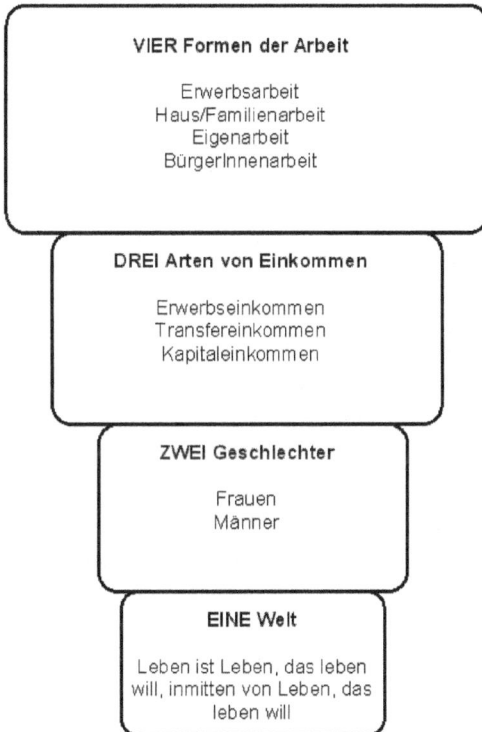

VIER Formen der Arbeit

Erwerbsarbeit
Haus/Familienarbeit
Eigenarbeit
BürgerInnenarbeit

DREI Arten von Einkommen

Erwerbseinkommen
Transfereinkommen
Kapitaleinkommen

ZWEI Geschlechter

Frauen
Männer

EINE Welt

Leben ist Leben, das leben will, inmitten von Leben, das leben will

Schaubild 4

317

Es mag sein, dass unterschiedliche Reformansätze, unterschiedliche Reformvorhaben und unterschiedliche Wege zu dem Ziel eines neuen Gesellschaftsvertrages führen können. Es muss aber so sein, dass zu Beginn ein unverwechselbares Ensemble ins Auge gefasst werden muss, welches in Schaubild 4 dargestellt ist. In diesem Ensemble müssen alte Rollen festgeschrieben und neue verteilt werden und mit ihm, aber eben nur mit ihm, muss das neue Werk in Szene gesetzt werden.

1. VIER Formen der Arbeit

Nun ist ja seit Jahrzehnten in der Diskussion um die Arbeit, ihr Verschwinden und ihre Zukunft viel die Rede von einem neuen Arbeitsbegriff, von einem erweiterten Arbeitsverständnis, von der Lage und Dauer der Arbeitszeit, vom Wertewandel des menschlichen Bewusstseins im Verhältnis zur Arbeit. Von welcher Arbeit ist die Rede und muss in Zukunft die Rede sein? Wir kennen vier Formen der Arbeit. Immer wenn in solchen Diskussionen die Rede ist von drei Formen der Arbeit, einer so genannten Triade der Arbeit, muss man genau hinschauen, warum welche Arbeit hier ungenannt bleibt.

* **Erwerbsarbeit** ist die bezahlte Arbeit in Wirtschaft, Staat und in privaten oder öffentlichen Bereichen der Gesellschaft. Sie dominiert nach wie vor das Bewusstsein aller Mitglieder der Gesellschaft, die nach wie vor auf den alten Gesellschaftsvertrag fixiert sind. Ihre Institutionalisierungen strukturieren nach wie vor das gesellschaftliche und private Leben. Die Menschheit wird sortiert nach denen, die dazu gehören und denen, die davon ausgeschlossen sind. Das Leben außerhalb der Erwerbsarbeit wird bezeichnenderweise Freizeit genannt, egal wie viel lebensnotwendige, auch schweißtreibende Arbeit außerhalb der Erwerbsarbeit getan wird. Unser Leben wird auf lange Zeit von der Erwerbsarbeit dominiert bleiben.

* **Haus- und Familienarbeit** bleibt nach wie vor der den Frauen reservierte „Aschenputtelsektor" des tätigen Lebens: Die stetige Wiederkehr der alltäglichen Verrichtungen zur Bewahrung des Lebens vor dem Tod, Einkaufen - Kochen - Auftischen - Abräumen - Abwaschen - Aufräumen - Herrichten - Säubern - Reinigen - Waschen

- Bügeln und die stetige Wiederkehr der alltäglichen Betreuung zur Bewahrung der Lieben vor der seelischen Pression. Obwohl selbst jeder Erwerbsarbeitsplatz ein bestimmtes Quantum an Reproduktionsarbeit voraussetzt, wird sie nicht ins Kalkül gezogen, bleibt wertlos und unbeachtet als banalisierte Selbstverständlichkeit. Wertschätzung und gesellschaftliche Anerkennung dieser Arbeit sind auch nach Jahrzehnten der Genderdiskussion nicht entscheidend vorangekommen. Schon vor vielen Jahren hat Sigrid Metz-Göckel das Verhaltensmuster der Männer in der neuen Diskussion brillant auf den Begriff gebracht: *„Verbale Aufgeschlossenheit bei weitgehender Verhaltensstarre."* Ein schönes Beispiel der tiefen männlichen Bewegungs- und Bewusstlosigkeit auf diesem Felde der gesellschaftlichen Arbeit liefert auch das allenthalben so leidenschaftlich um Gerechtigkeit für Frauen bemühte Sozialwort der Kirchen von 1997: *„Frauen erhalten einen gerechten Anteil an der Erwerbsarbeit. (...) Männer übernehmen einen gerechten Anteil an den Haus-, Erziehungs- und Pflegearbeiten."* (Ziffer 153) Hier wird das Anliegen der Zweiten Moderne in der Sprache der Vormoderne vorgetragen – Frauen sind immer die Empfangenden und Männer bleiben auch am Ceranfeld die Übernehmenden, wie schon auf dem Schlachtfeld – und damit deutlich versichert, dass sich nichts ändern wird.

• Die Bezeichnung **Eigenarbeit** taucht seit Mitte der 70er-Jahre in der Diskussion um die Zukunft der Arbeit auf und meint die Arbeiten des Menschen zwischen Reproduktionsarbeit und ehrenamtlicher Arbeit: Renovierungs- und Reparaturarbeiten in Wohnung und Haus, kreatürliche Arbeit im Garten und kreatorische im Bereich von Kunsthandwerk und Hobby, Arbeit am Auto oder an der eigenen Persönlichkeit. Sie bewegt sich zwischen Notwendigkeit und Freiheit, ist an die Fähigkeiten und Begabungen des Individuums angepasst, entspringt der Selbstbestimmung und Selbstverwirklichung, ohne der Entfremdung ganz entgehen zu können. Lange hat es gedauert, sie als eigenes Arbeitsfeld dem Mythos der Freizeit unter der Dominanz der Erwerbsarbeit zu entwinden.

• **Bürgerinnenarbeit** hieß früher ehrenamtliche Arbeit und bezeichnet jenseits von Haus und Hof das gesellschaftliche Engagement der Bürgerinnen und Bürger im weitesten Sinne, sei es im kommunalen Nahbereich oder in internationalen Kontexten. Selbstverwirklichungswünsche im Bereich des geselligen Vereinslebens oder der lokalen Politik kommen hier zum Tragen. Altruistische Motive können zu Formen der sozialen und karitativen Arbeit für Alte, Pflegebedürftige, Kranke oder Kinder und Jugendliche führen. Jede bürgerliche Form des Engagements für Gerechtigkeit, Menschenrechte, Frieden und Bewahrung der Schöpfung in der Stadt, im Land oder ganz woanders ist Bürgerinnenarbeit im zivilgesellschaftlichen Sinne. Ein schönes Wort für diese wichtigen Tätigkeiten ist der Begriff „republikanische Arbeit" (Ulrich Beck), weil er zum Ausdruck bringt, dass in der Bürgergesellschaft der Freien und Gleichen, die Bürgerinnen und Bürger die Ziele und Formen ihres Engagements selbst formulieren und festlegen, ohne sich vom Staat und den Eliten als Ersatzspieler und Einsatztruppen eines liquidierten Sozialstaates ideologisch manipulieren und praktisch instrumentalisieren zu lassen. Die Zivilgesellschaft ist nicht die Sparvariante des Sozialstaats, sondern kostbares und eben auch kostspieliges Feld bürgerlicher Emanzipation.

Alle diese Formen der Arbeit sind unter uns vorhanden, wenn auch in der Tradition einer Hierarchie der männlichen Erwerbsarbeit und immer noch unter den Vorgaben des zerbrochenen Gesellschaftsvertrages. In der Inszenierung eines neuen Gesellschaftsvertrages werden die Rollen neu verteilt werden müssen, um mehr Gerechtigkeit und Freiheit unter den Menschen und zwischen den Geschlechtern zu erreichen.

2. DREI Arten von Einkommen

Es gibt eine beliebte Variante in der Diskussion um die Zukunft der Arbeit, die um eine Erweiterung des Arbeitsbegriffs bemüht ist, nach der die Konzentration auf die Erwerbsarbeit kritisiert und die ehrenamtliche Arbeit hofiert wird, ohne sonderlich nach dem zu fragen, was für den Menschen in seiner Arbeit nun einmal nach unserem alten Gesellschaftsvertrag das Ausschlaggebende ist: Woher kommt das Einkommen, das dem einzelnen Menschen oder seiner Familie ein menschenwürdiges Leben ermöglicht? Deshalb müssen in unserem Ensemble die heute bekannten Formen des Einkommens registriert werden, um die Frage vor Augen zu haben, welche Rolle welche Einkommensart in einem zukünftigen Gesellschaftsvertrag spielen wird. Im Evangelischen Soziallexikon (7. Auflage 1980) werden in sozialethischer Sicht auf der Verteilungsseite zwei Einkommensarten unterschieden, in denen sich die aus dem Markt resultierende Primärverteilung darstellt: Kapital- und Arbeitseinkommen. Die Sekundärverteilung ist das Ergebnis der Politik des Steuerstaates und des Sozialstaates, die sich auf der Haushaltsseite in Transferleistungen und/oder Transfereinkommen zur Korrektur von Ungerechtigkeiten der ersten Verteilung niederschlägt.

•**Arbeitseinkommen** sind Löhne, Gehälter, Renten, Honorare etc. Sie sollen nach dem Leistungsprinzip erzielt werden, wobei es unüberwindliche Probleme in der Leistungsbewertung und Leistungsbemessung gibt. Faktisch ist Leistungsgerechtigkeit bezüglich der Arbeitseinkommen eine Fiktion. Tatsächlich ist die Höhe der Arbeitseinkommen Ergebnis konfliktreicher gesellschaftlicher Auseinandersetzungen. Dabei spielen etablierte Machtverhältnisse (Vorrang des Kapitals vor der Arbeit), traditionelle Verfestigungen (Männerarbeit vor Frauenarbeit, Kopfarbeit vor Handarbeit) und durch lange Gewöhnung eingeschliffene Legitimationseinverständnisse eine beachtliche, wenn nicht die entscheidende Rolle. Das Erwerbsarbeitseinkommen ist für die Mehrheit der Bevölkerung nach wie vor die wichtigste Einkommensquelle. Die ausgeprägten Einkommensunterschiede führen wiederum zu sehr ungleichen Möglichkeiten zur Vermögensbildung und damit zur Erzielung von Kapitaleinkommen.

•**Kapitaleinkommen** sind Besitz- oder Vermögenseinkommen, wie Zinsen, entnommene Gewinne, Dividenden, Mieten, Pachten, die in Deutschland mit einer geradezu extremen Ungleichverteilung einhergehen. Derzeit haben wir die ungleichste Vermögensverteilung

in der Geschichte der Bundesrepublik. (Vgl. Belitz 2000) Das Akti-
envermögen beispielsweise befindet sich nur zu 14 Prozent in den
Händen der privaten Haushalte. Zwei Drittel des Aktienvermögens
befinden sich im Besitz von Unternehmen, Banken und Versicherungen. Das Immobilienvermögen und das Geldvermögen der privaten Haushalte gehören nahezu vollständig der reicheren Hälfte
der privaten Haushalte. 1998 betrug das private Geldvermögen
5.700 Milliarden DM und erbrachte ein Vermögenseinkommen von
230 Milliarden DM.

• **Transfereinkommen** sind Leistungen wie Kindergeld, Sozialhilfe, Wohngeld, Bafög, die bedarfsorientiert nach dem Sozialprinzip
gezahlt werden und soziale Ungerechtigkeiten minimieren, Chan-
cengerechtigkeit verbessern oder ein menschenwürdiges Existenzminimum garantieren sollen. Obwohl die Bedarfe auf diesen Feldern
laufend steigen, ist diese Einkommensart nie systematisch weiterentwickelt worden. Sie ist zwar ein konstitutives Element im System
der Sozialen Marktwirtschaft, hat aber nie eine umfassende gesellschaftlich Würdigung und Akzeptanz erhalten.

Die mittel- und langfristigen Tendenzen der gesellschaftlichen Einkom-
mensentwicklung sind unverkennbar. Die harsche Kritik des ökonomistischen Liberalismus am Sozialstaat und dem in seinem Dienst stehenden
Steuerstaat hat zu einem immer stärkeren Druck auf die Transfereinkommen
und ihre Begründung geführt, trotz der gegenläufigen sozialen Entwicklung und der Tatsache, dass in diesem Lande auf dem Felde der Transfereinkommen noch nie jemandem etwas geschenkt worden ist, von den
Subventionen für die Wirtschaft einmal abgesehen.

Auf der anderen Seite wird öffentlich wenig darüber diskutiert, dass die
Erwerbsarbeitseinkommen der privaten Haushalte in den letzten Jahrzehnten im Verhältnis zu den Kapitaleinkommen an Bedeutung verloren haben.
Zu diesen Zusammenhängen konstatiert der Bericht der Kommission für
Zukunftsfragen der Freistaaten Bayern und Sachsen 1997: „*Von 1960 bis
1993 ging in Westdeutschland der Anteil der Nettolohn- und -gehalts-
summe am verfügbaren Einkommen um knapp ein Fünftel von 55,8 vH auf
45,7 vH zurück. Dagegen stieg der Anteil der entnommenen Gewinne und*

*Vermögenseinkommen um reichlich ein Viertel von 28,8 vH auf 31,4 vH
(...) Am gesamtdeutschen verfügbaren Einkommen machte 1996 die Net-
tolohn- und -gehaltssumme sogar nur noch 43,1 vH aus, während die
entnommenen Gewinne und Vermögenseinkommen bei 32,4 vH und die
Transfers bei 24,5 vH lagen.*" (Kommission 1997, 77)

Diese Entwicklung bedeutet nun aber nicht, dass sich im durchschnittlichen Haushalt eine Schwerpunktverlagerung vom Erwerbsarbeitseinkommen zum Kapitaleinkommen entsprechend der technologischen
Entwicklung vollzieht. Die Zuwächse des Kapitaleinkommens kommen in
erster Linie den einkommensstarken Haushalten zugute. Die Einkommens-
und Vermögensungleichheit verschärft sich fortlaufend. Die Einkommensquellen der Einen sprudeln immer stärker, während die der Anderen irgendwann zu versiegen drohen. Verschiebungen der Gewichte der Einkommen werden entscheidende Schritte sein auf dem Wege zu einem neuen
Gesellschaftsvertrag.

3. ZWEI Geschlechter

Politik und Wirtschaftseliten wollen seit geraumer Zeit mit neuer Entschlossenheit der Arbeitslosigkeit mit einem „Bündnis für Arbeit" ent-
gegentreten. Alle an diesem Bündnis für Arbeit beteiligten Menschen
sind Männer. Frauen kommen nicht vor, wenn es darum geht, in einer
konzertierten politisch-gesellschaftlichen Gesamtaktion der Arbeitslosigkeit beizukommen. Es versetzt immer wieder in Erstaunen, wie unver-
froren, unbelehrbar, nahezu verstockt Männer in Angelegenheiten verfahren, die auch und vor allem Frauen betreffen. Schon von daher wird
einem Bündnis für Arbeit kein Erfolg beschieden sein. Es soll in der
Tradition des alten Gesellschaftsvertrags der Moderne von Männern
für Männer geschlossen werden, wobei die Frauen natürlich auch mit
gemeint sind.

Schon seit vielen Jahrzehnten haben sich Frauen weit über die Ideen zu
einem Bündnis für Arbeit hinaus zu den Grundfragen eines neuen Gesellschaftsvertrags analytisch und perspektivisch geäußert und auch die
Misere und die Belange von Frauen in der Arbeitswelt und deren Zukunft

deutlich artikuliert. (Als aktuelle Beispiele seien nur zitiert: Kurz-Scherf; Herrmann 2000; Biesecker 1999; Jansen 1999) In der Frage der Zukunft der Arbeit verlaufen die Grenzen in erster Linie nicht zwischen Frauen und Männern, sondern zwischen den unterschiedlichen ökonomischen und politischen Weltanschauungen und deren Machtpotentialen.

In der integrativen Genderethik ist auf den Begriff gebracht worden, dass es eine Sache ist, die Summe der Benachteiligung von Frauen in allen Bereichen des Wirtschaftslebens und der ihm zugeordneten Lebenswelten zu ziehen und die entsprechenden Forderungen aufzustellen und Förderungen zu beschließen. Eine noch etwas andere Sache ist die Erkenntnis, dass aus der Sicht der historischen und systematischen Ausgangslage im Gesellschaftsvertrag der Moderne das „gute Leben" für Frauen nicht vorgesehen ist.

Erst wenn das gesamtgesellschaftliche Reformprojekt eines Gesellschaftsvertrags der Zweiten Moderne ernst- und aufgenommen wird, gibt es eine neue Möglichkeit, das Genderverhältnis auf eine neue Grundlage zu stellen, und genau dies ist einer der wichtigen Gründe für ein Plädoyer für einen neuen Gesellschaftsvertrag.

4. EINE Welt

Alle Schritte auf dem Weg zu einem neuen Gesellschaftsvertrag müssen über einen Pfad führen, der die natürlichen Lebensgrundlagen und Lebenszusammenhänge nicht weiter zerstört. Letztlich müssten solche Schritte auf einem Weg zurückgelegt werden, der zu einem solaren Wirtschaftszeitalter führt.

Im Augenblick sind wir erneut an einem äußerst kritischen Punkt angelangt. Der ökonomistische Liberalismus ist seit eh und je im Unterschied zum rheinischen Kapitalismus gänzlich mit ökologischer Blindheit geschlagen durch seine gnadenlose transmetaphysische Marktverfallenheit, seine Shareholder-Value Dogmatik und seine apokalyptische Geldwirtschaft. Er hat jede Beziehung zum Leben verloren.

Der ökonomistische Liberalismus hat die „Ethik" des Kapitalismus jetzt wieder einmal auf die Spitze getrieben, für die gilt: Das tote Kapital hat

Vorrang vor der lebendigen Arbeit. *„Wir leben in einer Gesellschaft, in der die toten Dinge einen höheren Wert besitzen als das Lebendige, die menschliche Arbeitskraft."* (Erich Fromm) Was wir erleben, geht weit darüber hinaus. Die Sachen herrschen über die Personen, das heißt letztlich: Das Tote herrscht über das Lebendige, der Tod herrscht über das Leben. Die lange Herrschaft der Sachen über die Personen, die trotz aller aufgezeigten verheerenden Folgen einen neuen Höhepunkt erreicht hat, hat das Denken verwüstet, die Herzen versteinert, die Seelen beschädigt und die Augen blind gemacht für die Fülle des Lebens und seine Empfindsamkeit.

Die Leistungen auf dem Gebiete des Umweltschutzes sollen wissenschaftlich, politisch und vor allem zivilgesellschaftlich nicht herabgewürdigt werden. Aber geschieht hier entscheidend mehr als die Weiterentwicklung der Forderung nach qualitativem Wachstum zur Forderung nach Nachhaltigkeit ohne praktische Konsequenz? Das Festhalten am Begriff „Umweltschutz" mag ein Indiz sein für eine nach wie vor nicht genügend eindringliche Betrachtungsweise der Zerstörungen. Der Begriff bleibt an der Oberfläche und hält fest an der alten anthropozentrischen Vorstellung: Der Mensch ist beherrschendes Zentrum – und von ihm getrennt, ihm nachgeordnet, die Natur. Sie muss er schützen um seinetwillen, nicht aber um ihretwillen. So verhält sich auch der Sklavenhalter.

Das „oberflächliche Umweltdenken" sorgt sich um eine wirksame Kontrolle und ein besseres Management der natürlichen Umwelt zum Nutzen des Menschen. Bewahrung der Schöpfung ist nicht Umweltschutz, sondern die Rettung der „Heiligen Gabe des Lebens" vor ökonomistischer und zivilisatorischer Zerstörung.

Es gibt nur einen Weg für die Zukunft der Arbeit, für die Zukunft des Lebens selber, das ist die Rückkehr des Menschen und seiner Gattung zur vertrauten und verdrängten Haltung der „Ehrfurcht vor dem Leben". Sie ist die einzige Hoffnung für das Leben selber. Ehrfurcht vor dem Leben ist die Voraussetzung des lebensnotwendigen Übergangs von den Wegen des Todes auf den Weg des Lebens. Was ist das höchste Gebot, gegen das wir nur verstoßen können um den Preis des eigenen Untergangs?

„Ich bin Leben, das leben will, inmitten von Leben, das leben will." (Albert Schweitzer) Eine bessere Präambel gibt es nicht für einen neuen

Gesellschaftsvertrag, dessen Ziel eine neue Versöhnung von Arbeit und Leben, Männern und Frauen, Mensch und Natur ist.

Nach der Darstellung und Kommentierung des Ensembles für einen neuen Gesellschaftsvertrag folgt nun das Beispiel einer Rollenverteilung für eine neue Inszenierung. Es geht um eine neue Bewertung, Quantifizierung, Verteilung und Zuordnung, da die alten Gewichte und Beziehungen nicht mehr stimmen und zahlreiche Ungleichheiten und Ungerechtigkeiten implizieren. Ein neuer Gesellschaftsvertrag ist ein nachhaltiges andauerndes Reformprojekt, dessen Träger an die Verfassungen und die obige Präambel gebunden sind. Deshalb spricht nichts dagegen, dass es nicht gesamtgesellschaftlich betrachtet werden kann. Verschiedene Pfade sind möglich, ein möglicher **4-3-2-1-Pfad** wird hier als Denkanstoß konkretisiert.

Zur Operationalisierung dienen fünf Leitfragen:

> 1. Welches Einkommen soll für welche Arbeit erzielt werden?
> 2. Welche Arbeit soll ohne Einkommen verrichtet werden?
> 3. Welches Einkommen soll ohne Arbeit erzielt werden?
> 4. Wie sind Frauen und Männer an Arbeit und Einkommen beteiligt?
> 5. Was verletzt die Ehrfurcht vor dem Leben?

1. Männer und Frauen arbeiten erwerbswirtschaftlich

Alle Menschen, Männer und Frauen, müssen, sollen, dürfen, wollen und können erwerbswirtschaftlich im Reich der Notwendigkeit tätig sein, weil das Reich der Notwendigkeit Teil des menschlichen Daseins ist. Erwerbsarbeit bleibt nach wie vor von großer Bedeutung für das menschliche Leben.

Durch Arbeitszeitverkürzung wird ein *neues Normalarbeitszeitver-hältnis* für alle geschaffen: Der nächste sozialgeschichtliche Meilenstein ist der Sechs-Stunden-Tag in der 30-Stunden-Woche an fünf Tagen von Montag bis Freitag, wenn möglich in zwei Schichten von 8 bis 14 Uhr und von 12 bis 18 Uhr. Der Sonntag bleibt als Tag der Arbeitsruhe und der seelischen Erhebung gesetzlich geschützt. Überstunden werden abgeschafft.

Arbeitszeitflexibilisierung darf nicht nur der Logik des Kapitals folgen, sie muss auch der Zeitsouveränität der abhängig Beschäftigten dienen. 1999 arbeitete eine Arbeitnehmerin oder ein Arbeitnehmer im Durchschnitt 1.478 Stunden im Jahr, das sind 32 Stunden pro Woche. Eine 30-Stunden-Woche ergibt ein Jahreskontingent von 1.326 Stunden. Dieses Kontingent kann im Jahres- oder Mehrjahresrhythmus flexibilisiert werden.

Arbeitszeitverkürzung ist genuiner Bestandteil der Arbeitswelt der neuzeitlichen Industriegesellschaft. Die Verkürzung der Arbeitszeit gehört zu ihrer Eigenlogik. Dieser Prozess ist fortzusetzen. Um Neueinstellungen zu erleichtern und somit Erwerbstätigkeit für möglichst viele zu ermöglichen, kann die Verkürzung der Arbeitszeit mit entsprechender Minderung des Arbeitslohn einhergehen.

Wenn der gesellschaftliche Reichtum wächst, wäre es eine Obszönität, wenn das Arbeitseinkommen sinken würde. Darum wird die betriebswirtschaftliche Lohnreduktion bei Arbeitszeitverkürzung volkswirtschaftlich kompensiert durch die Beteiligung der Arbeitnehmerinnen und Arbeitnehmer an Kapitaleinkommen aus gesamtwirtschaftlichem Produktivvermögen. Der Beteiligung der Arbeitnehmerinnen und Arbeitnehmer am Produktivvermögen ihres Unternehmens wird nicht das Wort geredet, da dieses Uraltprojekt gesamtgesellschaftlich überholt ist.

Es wird eine *„Bundesanstalt für Einkommen"* eingeführt, an die ein Teil der Gewinne der Gesamtwirtschaft abgeführt wird. So werden auch die gewinnstarken, kapitalintensiven Unternehmen, die wenig oder gar keine Lohnkosten haben, an der Einkommensbildung beteiligt. Der Arbeitnehmer und die Arbeitnehmerin erhalten ein Mixeinkommen aus Lohn- und Kapitaleinkommen, dessen Zusammensetzung sich im Laufe des Prozesses der Automatisierung und der Arbeitszeitverkürzung zugunsten des

letzteren verlagert. Auf diesem Wege kommen Einkommen der „Kleinen
Leute" in der menschenleeren Fabrik zustande, und die Leute können den
Golf kaufen, den sie selber nicht mehr herstellen. Der Ungläubige sei daran
erinnert, dass es weder 1870 noch 1890, weder 1910 noch 1920 eine Bundesanstalt für Arbeit gab. Aber 1927 wurde sie als Reichsanstalt für Arbeit
errichtet. Es gibt in der Sozialgeschichte Institutionen, die es vorher nicht
gab. Technische Innovationen bedingen soziale Innovationen, sonst bleiben sie unmenschlich und verfehlen den verfassungsmäßigen Auftrag des
Wirtschaftens.

Der Sechs-Stunden-Tag ist eine strukturelle Voraussetzung für die Möglichkeit der Vereinbarkeit von Familie und Beruf für Männer und Frauen.
Alles andere ist Augenwischerei und geht zu Lasten der Frauen. Frauen
und Männer in Erwerbsarbeit, die Kinder aufziehen, erhalten weitgehende
Zeitsouveränität und bestimmen Lage und Dauer der Arbeitszeit selbst
nach partnerschaftlicher Absprache. *„Arbeitswelt und Betriebe müssen
sich stärker auf die Bedürfnisse der Familien einstellen."* (so das Sozialwort der Kirchen 1997, Ziffer 193)

2. Männer und Frauen arbeiten hauswirtschaftlich

Haus- und Familienarbeit wird von Männern und Frauen zu gleichen Teilen
im eigenen Bereich ohne Bezahlung verrichtet. Die Vereinbarkeit von Familie und Beruf wird für Frauen und Männer, die das wollen, auf neue Füße
gestellt. Das neue Normalarbeitsverhältnis und die gewährte Zeitsouveränität bieten dafür günstige Voraussetzungen. Das Konzept „Lohn für
Hausarbeit" wird verworfen. Bei diesen Arbeitszeiten kann die Kinder-
betreuung im Wechsel erfolgen.

Dennoch sind zwei grundlegende Veränderungen im Bildungsbereich
einer modernen Industriegesellschaft unausweichlich: Eine grundlegende
Reform des Kindergartenwesens hin zu kreativen obligatorischen Vor-
schuleinrichtungen ohne Computer und Internet, aber mit starken Anleihen bei Maria Montessori und Rudolf Steiner. Weiterhin ist eine konse-
quente Umwandlung aller Schulen zu Ganztagsschulen notwendig.
Deutschland ist das einzige Industrieland der Welt ohne Ganztagsschule.

Männer und Frauen, die drei und mehr Kinder aufziehen, zahlen keine Steuern und erhalten Kindergeld in Höhe der tatsächlichen Kosten. Diese Maßnahme ist einkommensabhängig. Ein Staat, der kinderreiche Familien besteuert, ist von allen guten Geistern verlassen.

3. Männer und Frauen leisten Eigenarbeit als Entlastung und Entfaltung

Eigenarbeit von Männern und Frauen ist in alter Tradition ein ökonomischer Faktor zur Entlastung des Haushalts aufgrund der geldwerten Vorteile, die sie erbringt. Ganze Industriezweige stellen Hilfsmittel zu ihrer Förderung bereit.

Bestimmte Formen der modernen Eigenarbeit beziehen sich weniger auf ökonomische Aspekte, als auf vernachlässigte kreative Möglichkeiten der Persönlichkeitsentwicklung. Im digitalen Zeitalter und in virtuellen Welten ist die praktische Erinnerung an alte handwerkliche Techniken und traditonelle Formen der Kultivierung der Natur sicher ein bedeutenderer Beitrag zur menschlichen Lebensgestaltung als der Umgang mit Gameboys. Das Erlernen des Umgangs mit alten Werkzeugen und guten natürlichen Materialien bewahrt mehr von der Tradition des Humanen als die Faszination des Digitalen an Neuem zu eröffnen vermag.

Die Kultivierung der Eigenarbeit ist ein wertvoller und möglicherweise lebenswichtiger Vorgang gegenüber der ausufernden Herrschaft des Banalen im deutschen Trash-TV. Es setzt immer wieder in Erstaunen, wie kritiklos und mit welcher Begeisterung dem Bildungssystem die PC-Welt zur Bewältigung des zukünftigen Lebens junger Menschen aufgenötigt wird, ohne dass es jemanden in den Sinn kommt, auf die Wichtigkeit der erwähnten Elemente der Eigenarbeit für den Bildungsprozess zu verweisen.

4. Bürgerinnenarbeit ist Arbeit für den Menschen

In Verbindung mit den oben erwähnten Elementen der Eigenarbeit scheint diese Form der Arbeit vor einer großen Zukunft zu stehen. Sie ist zivilgesellschaftliche Arbeit, die außerhalb staatlicher Zuständigkeiten und der profitorientierten Wirtschaft geleistet wird. Diese Ansiedlung jenseits von Markt und Staat, Profit und Verordnung hat ihrem Ort die Bezeichnung „Dritter Sektor" eingebracht. (Vgl. auch Klute 2001, der mit guten Gründen den Dritten Sektor als Drittes System analysiert) Hierher gehört der gesamte Bereich der ehrenamtlichen Tätigkeit einschließlich der Arbeit in gemeinnützigen Vereinen und Verbänden, möglicherweise auch in den Kirchen und ihrer Diakonie. Zu dieser Form der Arbeit und diesem Feld der Betätigung sollen hier nur zwei Anmerkungen angefügt werden.

Die Arbeit im Dritten Sektor soll immer wieder neu erfunden werden. Sie ist ein wichtiges Betätigungsfeld für Arbeitslose und Arbeitsuchende im wörtlichen aber auch im übertragenen Sinne. Sie unterscheidet sich von der Erwerbsarbeit unter anderem dadurch, dass der Arbeiter und die Arbeiterin nicht auf die Arbeit vorbereitet werden oder gar für sie abgerichtet werden müssen, um den Effizienzkriterien zu entsprechen. Vielmehr kommen die Arbeitsplätze auf die Menschen zu, indem die Menschen wissen, was ihre Arbeit ist und wie sie sie zu tun haben, oder sie lernen behutsam zu probieren und herauszufinden, was ihre Arbeit sein könnte. Viele Menschen haben glanzvolle und menschenfreundliche Ideen für gesellschaftlich nützliche und persönlich bereichernde Arbeitsprojekte, sind aber um des Lebensunterhalts willen an das starre System der Erwerbsarbeit gefesselt. Bürgerinnenarbeit soll es allen, die es wollen, ermöglichen, aus dem Erwerbsarbeitsleben ganz oder temporär auszuscheiden und zu arbeiten oder zu erarbeiten, was sie immer schon tun wollten, sei es als Facharbeiter, Architekten, Ingenieure, Erzieherinnen, Krankenschwestern, Verkäuferinnen oder Rechtsanwältinnen. Es ist alles erlaubt, was der Beförderung des menschlichen und natürlichen Lebens dient.

Andere haben die Fähigkeit, anderen ihre Fähigkeiten zu vermitteln beziehungsweise ihnen zu helfen herauszufinden, was ihre Arbeit sein könnte. Es gibt kommunale Qualitätszirkel, in denen insbesondere die so genannten gering qualifizierten Menschen, für die im Erwerbsarbeitssystem immer weniger Platz vorhanden ist, herausfinden könnten, welche Arbeit zu ihnen passt, auf welche Arbeit sie gerne zugehen möchten.

Es ist kein zweiter Arbeitsmarkt, für den sich Bürokraten und hauptamtliche Leiter „schmuddelökonomische" Projekte ausdenken und in Pro-

grammen mit unsicherer Perspektive realisieren. Es ist gar kein Arbeitsmarkt, sondern ein Feld der Arbeitsfindung, eine Schule des Tätigseins
ohne die Zwänge der Kapitalverwertung. Ganz starke und ganz schwache
Männer und Frauen treten hier in Erscheinung.

Solche Arbeitssuche und Arbeitsfindung wird nicht entlohnt wie im
Erwerbsarbeitssystem, sondern alimentiert, weil sie von großem gesellschaftlichen Nutzen ist. In vielen Fällen kann man auch sagen, sie wird
prämiert. Für diese Arbeit im Dritten Sektor wird ein Transfereinkommen
gezahlt, das im wesentlichen bedarfsorientiert ist und darüber hinaus eine
Nützlichkeits- oder Schönheitsprämie vorsieht, einen Gebrauchswert- oder
Ästhetikfaktor.

Der zivilgesellschaftliche Charakter solcher Arbeit wird dadurch unterstrichen, dass auch die Finanzmittel nach Möglichkeit zivilgesellschaftlich
akquiriert werden sollen. Auf Landes- oder Bundesebene wird die *„Stiftung res publica"* eingerichtet, aus deren Mitteln die gesamte Bürgerinnenarbeit finanziert wird.

Es gibt zwei Möglichkeiten, ein sehr großes Stiftungsvermögen zu bilden. Auf freiwilliger Basis werden im Sinne einer gemeinwohlorientierten
Aktion hohe Beträge aus allen Bereichen der Wirtschaft und allen reichen
Privathaushalten gestiftet, bis ein großes Stiftungsvermögen zusammen-
getragen ist. Hier können durchaus Anleihen ideeller Art an der kommunitaristischen Tradition der USA gemacht werden. Das ganze Arsenal der
Eigenverantwortung und staatsfreien Selbsthilfe kann hier auf frucht-
barem Boden ausgebreitet werden. Allein eine Bürgerinitiative der hundert
deutschen Milliardäre könnte mühelos ein Stiftungsvermögen von 50
Milliarden DM erbringen. Da nach Meinung vieler Kritiker in Deutschland
ein zivilgesellschaftlicher Nachholbedarf zu verzeichnen ist, bietet sich
hier ein weites Feld, von höchster Stelle diese Lücke zu schließen. Dieses
Verfahren wäre die sozusagen republikanisch-kommunitaristische Lösung.

Die Alternative ist die demokratisch-kontraktualistische Lösung, die
womöglich kalkulierbarer und planbarer ist. Zur Bildung und Vermehrung
des Stiftungsvermögens wird eine Vermögensabgabe auf mittlere und
große Vermögen erhoben, die zweckgebunden werden kann und nach dem
Wegfall der Vermögenssteuer ohnehin unerlässlich ist – wie sollte sonst

die Sozialpflichtigkeit des Eigentums auch nur annähernd gewährleistet werden können.

Es herrschen in diesem Lande völlig falsche Vorstellungen über seinen Reichtum, weil öffentliche Statistiken darüber systematisch verhindert werden, und die kritische Rede darüber unter das Verdikt des Sozialneids fällt. Wer in Deutschland Millionär ist, ist nicht reich. Wer mehrfacher Millionär ist, ist nicht reich, sondern wohlhabend. Jenseits der vielen Millionen Vermögensmillionäre in unserem Land liegt die Reichtumsgrenze in Deutschland bei einem Vermögen von circa 13 Millionen DM. Davon ist die Rede, wenn von einer Vermögensabgabe für die Stiftung die Rede ist. (vgl. Belitz et al. 2000)

Zur Finanzierung der Arbeit im Dritten Sektor hat Jeremy Rifkin, wie erwähnt, die Einführung einer Luxussteuer vorgeschlagen und die Einführung einer High-Tech-Steuer auf die digitalen Superprodukte, um nach dem Verursacherprinzip die Folgen des Verschwindens der Erwerbsarbeit bewältigen zu helfen.

5. Die Grundsicherung vom Kopf auf die Füße stellen

Männer und Frauen über 18 Jahre ohne Vermögen, Arbeit und Einkommen, die unter den Punkten 1. und 4. kein Unterkommen für Auskommen aus welchen Gründen auch immer gefunden haben, erhalten eine bedarfsorientierte integrierte Grundsicherung als Transfereinkommen für sich und ihre Kinder. Die Höhe der Grundsicherung liegt deutlich über der Armutsgrenze, die in diesem Lande derzeit bei etwa 1.400 DM liegt.

Die Forderung nach einer Grundsicherung ist so alt wie die neue Armut in diesem Land und stößt in den einschlägigen Kreisen auf die leidenschaftlichsten Vorbehalte. Auf diesem Pfad zu einem neuen Gesellschaftsvertrag erhält sie ihre Rolle an dieser Stelle. Es ist nicht mehr zu erkennen, welche Vorbehalte ihrer Einführung hier noch im Wege stehen sollten.

Schlussbemerkung

Der 4-3-2-1-Pfad zu einem neuen Gesellschaftsvertrag führt zu einer breiten und nachhaltigen Einkommenssicherung für die Bevölkerung durch die Einführung eines dynamischem Mixeinkommens. Er garantiert ein menschenwürdiges Grundeinkommen und zielt auf einen deutlichen Lastenausgleich für Familien. Die Sozialpflichtigkeit des Eigentums wird wieder in Kraft gesetzt. Die Bürgerinnenarbeit wird auf eine solide finanzielle Grundlage gestellt. Aus Sicht der Frauen werden die Verhältnisse gerechter. Alle Reformen bieten nichts spektakulär Neues, sondern knüpfen an bisherige sozialgeschichtliche Entwicklungen an. Die wirklich grundlegende Frage allerdings bleibt, ob nämlich der Kapitalismus irgendwann einmal in der Lage sein wird, sich den Spielregeln des Lebendigen auf diesem Planeten anzupassen, oder ob er sie weiterhin in hybrider Weise ignorieren wird.

Noch ein kurzes Wort zur Finanzierung: Schwindende Arbeit und wachsender Reichtum sind die beiden Seiten der Medaille des digitalen Kapitalismus. Die Überfülle ist so groß, dass ausreichende Einkommen für alle möglich sind. Darum wurde die Verteilungsfrage hier neu gestellt und neu beantwortet, ohne den Weg unserer sozialen Reformgeschichte zu verlassen. Um die Plausibilitäten zu verstärken, muss aber in Deutschland auch die Reichtumsfrage auf den Tisch, weil die Bevölkerung hier zu Lande sich in eine Kostenfalle hat treiben lassen und in tiefer Bewusstlosigkeit bezüglich des materiellen Reichtums der Gesellschaft verharrt. Es muss eine öffentliche Aufklärung darüber stattfinden, wie reich diese Gesellschaft ist, wie der Reichtum verteilt ist und dass seine Sozialpflichtigkeit auf dem Wege zu einem neuen Gesellschaftsvertrag neu zu organisieren ist. In diesem Jahr gab es den ersten Reichtumsbericht in der Geschichte Deutschlands, der bezeichnenderweise in erster Linie ein Armutsbericht wurde. Die Erwartungen konnten nicht allzu hoch sein, da das, worüber berichtet werden sollte, in Deutschland statistisch gar nicht oder nur völlig unzureichend erfasst ist. Es konnte also im Wesentlichen nur berichtet werden, dass nicht berichtet werden kann, was Reichtum in Deutschland ist.

Dennoch nur ein spektakuläres Beispiel: Die Bundesbank erfasst jährlich das Geldvermögen der privaten Haushalte in einer wahrlich imponierenden Statistik: Es ist von 494 Milliarden DM im Jahre 1970 auf 5.700 Milliarden DM im Jahre 1998 angewachsen, im letzten Jahr allein um 339 Milliarden DM. Dieses Vermögen hat sich allein seit 1990 verdoppelt, und in einer einzigen Generation von 1970 bis heute hat es sich verzehnfacht. Über die Verteilung ist nur bekannt, dass sie immer ungleicher wird, und eine alte Zahl besagt, dass zehn Prozent der privaten Haushalte über 50 Prozent dieses Vermögens verfügt und die reichere Hälfte der Haushalte über das gesamte Vermögen, während die andere Hälfte der privaten Haushalte praktisch vermögenslos ist.

Die Statistik lehrt auch, dass demgegenüber die Gesamtkosten der Sozialhilfe, die für die Kritiker die Grenzen des Sozialstaats sprengen, mit 45 Milliarden DM weniger als 0,8 Prozent des Geldvermögens der privaten Haushalte ausmachten. Im Blick auf den gesellschaftlichen Reichtum ist damit eine Größenordnung im Spiel, die nach neudeutschem Sprachgebrauch nicht einmal als „peanuts" bezeichnet werden kann.

Nach Schätzungen sind 70 Prozent des letztjährigen Zuwachses des Geldvermögens der privaten Haushalte von 339 Milliarden DM Zinserträge, das wären allein 237 Milliarden DM. Also würden rein rechnerisch 19 Prozent der Zinserträge des Geldvermögens der privaten Haushalte ausreichen, um die Kosten der gesamten Sozialhilfe abzudecken. Es handelt sich hierbei lediglich um ein Rechenbeispiel, dem entnommen werden kann, wie schmerzlos es in diesem Lande zugehen würde, wenn menschenfreundliche Arbeit für alle in verschiedenen Formen mit unterschiedlichen Typen von Einkommen als neue Form des alten sozialen Lastenausgleichs gefördert oder entwickelt werden würde, um einen Gesellschaftsvertrag anzustreben, der den Erfordernissen einer minimalen sozialen Gerechtigkeit unter den Bedingungen des digitalen Zeitalters entspricht.

„Man muss neue Wege beschreiten, um soziale Gerechtigkeit zu erreichen". Das wird nicht teuer, nur anders.

Literaturhinweise

Albrecht, Ernst (1983): 10 Thesen zum Problem der Arbeitslosigkeit. München (unveröffentlichtes Maschinenskript)

Arendt, Hannah (1960): Vita activa oder Vom tätigen Leben. München

Beck, Ulrich (1996): Kapitalismus ohne Arbeit. Über Mythen der Politik, globale Wirtschaft und die Zukunft der Demokratie. In: DER SPIEGEL 20/1996

Belitz, Wolfgang (1995): Arbeit ist das tägliche Brot. In: Belitz, Wolfgang (Hg.) (1995): Wege aus der Arbeitslosigkeit. Reinbek, S. 243 - 259

Belitz, Wolfgang (2001): „Wir brauchen keine Sozialethik – Wir schaffen Arbeitsplätze". In: Belitz, Wolfgang; Klute, Jürgen; Schneider Hans-Udo (Hg.) (2001): Zukunft der Arbeit in einem neuen Gesellschaftsvertrag. Münster et al., S. 147-158

Belitz, Wolfgang et al. (Hg.) (2000): Spurensuche Reichtum. Beiträge und Arbeitsmaterialien zur Situation in Deutschland. Witten

Belitz, Wolfgang; Klute, Jürgen; Schneider Hans-Udo (Hg.) (2001): Zukunft der Arbeit in einem neuen Gesellschaftsvertrag. Münster et al.

Berger, Johannes (1984): Die Zukunft der Arbeitergesellschaft. In: Heinze, Rolf G. et al. (Hg.) (1984): Beschäftigungskrise und Neuverteilung der Arbeit. Bonn

Biedenkopf, Kurt (1983): Die Erneuerung der Sozialen Marktwirtschaft – Von der Notwendigkeit der Reform des Arbeitsmarktes. Referat anlässlich der Tagung „Mensch und Arbeit. Arbeitslosigkeit – Herausforderung für eine freiheitliche Gesellschaft" der Katholischen Akademie in Bayern am 11./12. Juni 1983 in München. Maschinenskript

Biesecker, Adelheid (1999): Zur Zukunft von Arbeit und Wirtschaft – lebensweltliche und ökologische Grundlagen in einer globalisierten Welt. Vortrag. Iserlohn (unveröffentlicht)

Brumlik, Micha; Brunkhorst, Hauke (Hg.) (1993): Gemeinschaft und Gerechtigkeit. Frankfurt a. M.

Friedrichs, Günter (Hg.) (1982): Auf Gedeih und Verderb – Mikroelektronik und Gesellschaft. Bericht an den Club of Rome. Wien et al.

Giddens, Anthony (2000): Soziale Gerechtigkeit in der Programmdebatte der europäischen Sozialdemokratie. In: Grundwerte heute: Gerechtigkeit. Materialien zur Programmdiskussion. Berlin, 17-23

Gorz, André (1980): Das Ende der Politik der Vollbeschäftigung. In: Leben ohne Vollbeschäftigung? Reinbek, S. 8-28

Gorz, André (1983): Wege ins Paradies. Thesen zur Krise, Automation und Zukunft der Arbeit. Berlin

Gorz, André (1994): Die Arbeitsgesellschaft ist faktisch tot. Interview mit Martin Kempe. In: TAZ, Nr. 4260 vom 10. März 1994

Guggenberger, Bernd (1999): Arbeit und Lebenssinn. In: Arbeit im Umbruch. Sozialethische Maßstäbe für die Arbeitswelt von morgen. Stuttgart et al.

von Hayek, Friedrich August (1981): Interview. In: Wirtschaftswoche Februar 1981 (wiederabgedruckt im Januar 1996 a.a.O.)

Hengsbach, Friedhelm (1997): Zukunft der Arbeit. In: Der SPIEGEL 10/1997

Henzler, Herbert A.; Späth, Lothar (1993): Sind die Deutschen noch zu retten? Von der Krise in den Aufbruch. München

Honneth, Axel (Hg.) (1995): Kommunitarismus, Frankfurt a. M.

Jansen, Mechthild (1999): Zukunftsmodelle der Arbeit –Betrachtungen über den Status quo und die Perspektiven. Vortrag. Berlin (unveröffentlicht)

Kersting, Wolfgang (1993): John Rawls zur Einführung. Hamburg

Kirchenamt der Evangelischen Kirche in Deutschland (Hg.) (1997): „Für eine Zukunft in Solidarität und Gerechtigkeit". Wort des Rates der Evangelischen Kirche in Deutschland und der Deutschen Bischofskonferenz zur wirtschaftlichen und sozialen Lage in Deutschland. Hannover

Klute, Jürgen (2001): Das Dritte System. In: Belitz, Wolfgang; Klute, Jürgen; Schneider Hans-Udo (Hg.) (2001): Zukunft der Arbeit in einem neuen Gesellschaftsvertrag. Münster et al., S. 83-119

Kommission für Zukunftsfragen der Freistaaten Bayern und Sachsen (Hg.) (1997): Erwerbstätigkeit und Arbeitslosigkeit in Deutschland. Entwicklungen, Ursachen und Maßnahmen. Teil III: Maßnahmen zur Verbesserung der Beschäftigungslage. Bonn

Kurz-Scherf, Ingrid; Herrmann, Brigitte (2000): Minderheitenvotum im Bericht der Enquete-Kommission „Zukunft der Erwerbsarbeit" des Landtags Nordrhein-Westfalen. Düsseldorf

Leontief, Wassily W. (1982): Die Folgen für Arbeitsplätze und Einkommensverteilung. In: Spektrum der Wissenschaft 12/1982, S.146-156

Martin, Hans-Peter; Schumann, Harald (19996): Die Globalisierungsfalle. Reinbek

Miegel, Meinhard (1997): Arbeit ohne Zukunft. In: manager-magazin 3/1997

Müller-Armack, Adolf (1950): Mensch oder Arbeitstier. In: Kirche im Volk 6/1950.

Mutz, Gerd (1999): Strukturen einer neuen Arbeitsgesellschaft. In: Aus
    Politik und Zeitgeschichte. Beilage zur Wochenzeitung „Das Parla-
    ment", B 9/99, 26. Februar 1999

Offe, Claus (1995): „Freiwillig auf die Teilnahme am Arbeitsmarkt verzich-
    ten" – Arbeitslosigkeit, Gewerkschaften und gesellschaftspolitische
    Innovation. Sechs Thesen. In: Frankfurter Rundschau, Dokumentation
    19.07.1995

von Nell-Breuning, Oswald (1982): Gesellschaftspolitische Aspekte der
    Arbeitszeitverkürzung. In: Frankfurter Rundschau 25.11.1982

Rawls, John (1975): Eine Theorie der Gerechtigkeit. Frankfurt a.M. (engl.:
    A Theory of Justice, Cambridge MS. 1971)

Reese-Schäfer, Walter (1995): Was ist Kommunitarismus? Frankfurt a.M.

Reich, Robert (1996): Die neue Weltwirtschaft. Frankfurt a.M.

Rifkin, Jeremy (1995): Das Ende der Arbeit und ihre Zukunft. Frankfurt a.M.

Roitsch, Jutta (1999): Neue Medien sind keine Job-Maschine. In: Frankfur-
    ter Rundschau vom 24. Juni 1999

Thome, Rainer (Hg.) (1997): Arbeit ohne Zukunft. München

Walzer, Michael (1992): Sphären der Gerechtigkeit. Frankfurt a. M.

Veröffentlichungsnachweise

Herrschaft im Betrieb. Theologisch-sozialethische und anthropologische Aspekte. In: Die Mitarbeit (24. Jg.) 1/1975, 1-12

Arbeitslosigkeit als Anfrage an die soziale Gerechtigkeit. In: Zwischenbericht des Sozialausschusses der Evangelischen Kirche von Westfalen 1975

Entfaltung der Persönlichkeit und Verwertung der Arbeitskraft. Sozialethische Überlegungen zu § 75 Abs. 2 des Betriebsverfassungsgesetzes von 1972. In: Die Mitarbeit (27. Jg.) 4/1978, 325-344

„Es gibt keine zwingenden Gründe gegen Tarifverträge in der Kirche". In: Helfende Hände. Mitteilungen aus der Arbeit des Diakonischen Werkes Westfalen, 6/1978, 39-43

Am Ort der Arbeit – Messwartentätigkeit. In: Christian Gremmels; Franz Segbers (Hg.), Am Ort der Arbeit. Berichte und Interpretationen. Mainz, München 1981, 36-48

Mensch und Arbeit in Gottes Schöpfung und Reich. In: Kirchlicher Dienst in der Arbeitswelt (Hg.), Jenseits der Vollbeschäftigung – Über die Zukunft der Arbeitswelt (Teil 1), epd-Dokumentation 23-24/1982

Die Entwicklung der protestantischen Arbeitsethik und ihr Beitrag zu einem neuen Arbeitsverständnis. In: epd-Dokumentation 52/1984, 1-20

Ökumene und Wirtschaft. In: Wolfgang Marhold; Michael Schibilsky (Hg.), Ethik, Wirtschaft, Kirche, Düsseldorf 1991, 175-188

Sozialethische Überlegungen zum kirchlichen Mitarbeiterrecht. In: epd-Dokumentation 13/1992, 1-20

„Wirtschaft als Ort christlicher Verantwortung"- Das theologisch-sozialethische Vorverständnis der EKD-Denkschrift „Gemeinwohl und Eigennutz". In: kda (8. Jg.) 5/1993, 17-23

„Man muss neue Wege beschreiten, um soziale Gerechtigkeit zu erreichen" Wir brauchen kein Bündnis für Arbeit – Wir brauchen einen neuen Gesellschaftsvertrag. In: Wolfgang Belitz; Jürgen Klute; Hans-Udo Schneider, Zukunft der Arbeit in einem neuen Gesellschaftsvertrag, Münster ²2002

SOZIALWISSENSCHAFTLICHES INSTITUT
DER EVANGELISCHEN KIRCHE IN DEUTSCHLAND

lieferbare Veröffentlichungen

Günter Brakelmann
Für eine menschlichere Gesellschaft
Band II: Historische und sozialethische Vorträge
SWI Verlag Bochum 2001
348 Seiten, ISBN 3-925895-72-8, 25,00 Euro

Jürgen Ebach
Vielfalt ohne Beliebigkeit.
Theologische Reden 5
SWI Verlag Bochum 2002
270 Seiten, ISBN 3-925895-76-0, 20,00 Euro

Lutz Finkeldey
Jugend im Hexenkessel.
Zwischen Anpassung und Ausgrenzung
SWI Verlag Bochum 2002
168 Seiten, ISBN 3-925895-77-9, 15,50 Euro

Hartmut Przybylski
Wir könnten auch anders ...
Sozialethische Notizen
SWI Verlag Bochum 2002
216 Seiten, ISBN 3-925895-80-9, 16,00 Euro

Heiko Kastner
Mythos Marktwirtschaft
Die irrationale Herrschaft des Geldes über Arbeit, Mensch und Natur.
Eine ganzheitliche Analyse der modernen Ökonomie
SWI Verlag Bochum 2002
520 Seiten, ISBN 3-925895-81-7, 32,00 Euro

SWI VERLAG

Zu beziehen über den Buchhandel